は　じ　め　に

減価償却は、固定資産の取得原価を費用として各事業年度に配分する会計手続で、企業の課税所得の計算上、重要な事項の一つです。

この減価償却の計算において適用する耐用年数の判定は、避けて通ることのできないものですが、企業の会計実務に携わっておられる方々にとって、個々の減価償却資産の耐用年数の判定はなかなか容易でないという声も少なくありません。

一方、IT化が急速に進展するなど技術革新、産業構造の変化が著しく、ｅビジネスなど事業の形態も様変わりし企業に個性が求められる今日にあっては、減価償却資産が多様化、複雑化していることから、法人税の申告に際して耐用年数の適用を誤るということも考えられます。

減価償却制度については、平成19年度の税制改正において、残存価額及び償却可能限度額の撤廃などの大規模な改正が行われたのに引き続き、平成20年度の税制改正では、減価償却資産の使用実態を踏まえ、機械及び装置を中心に資産区分の大括り化、法定耐用年数の見直しが行われています。

また、平成24年１月には、平成24年４月１日以後に取得をされた減価償却資産に適用される、いわゆる「200％定率法」の償却率等を定めた別表第十の新設などの改正が行われています。

そこで本書は、可能な限り広範囲の減価償却資産について収録するとともに、よりスピーディに、かつ、正確に個々の資産の耐用年数が判定できるよう、資産や設備をその名称により50音順に配列して編集しました。

本書が正しい減価償却の実務にお役に立つことができれば幸いです。

令和５年11月

編　者

目　次

《凡　例》

耐用年数省令…………減価償却資産の耐用年数等に関する省令
別 表 第 ○……………減価償却資産の耐用年数等に関する省令別表第○
旧別表第二……………減価償却資産の耐用年数等に関する省令の一部を改正する省令（平成20年財務省令第32号）による改正前の減価償却資産の耐用年数等に関する省令別表第二
基通……………………法人税基本通達
耐通……………………耐用年数の適用等に関する取扱通達

※　本書の内容は、令和５年11月１日現在公表されている法令通達等によっています。

減価償却資産の耐用年数等に関する省令

（制　　定　昭和40年３月31日大蔵省令第15号）
（最終改正　令和２年６月30日財務省令第56号）

（一般の減価償却資産の耐用年数）

第１条　法人税法（昭和40年法律第34号）第２条第23号（定義）に規定する減価償却資産（以下「減価償却資産」という。）のうち鉱業権（租鉱権及び採石権その他土石を採掘し又は採取する権利を含む。以下同じ。）、坑道、公共施設等運営権及び樹木採取権以外のものの耐用年数は、次の各号に掲げる資産の区分に応じ当該各号に定める表に定めるところによる。

一　法人税法施行令（昭和40年政令第97号）第13条第１号、第２号及び第４号から第７号まで（減価償却資産の範囲）に掲げる資産（坑道を除く。）　別表第一（機械及び装置以外の有形減価償却資産の耐用年数表）

二　法人税法施行令第13条第３号に掲げる資産　別表第二（機械及び装置の耐用年数表）

三　法人税法施行令第13条第８号に掲げる資産（鉱業権、公共施設等運営権及び樹木採取権を除く。）　別表第三（無形減価償却資産の耐用年数表）

四　法人税法施行令第13条第９号に掲げる資産　別表第四（生物の耐用年数表）

２　鉱業権、坑道、公共施設等運営権及び樹木採取権の耐用年数は、次の各号に掲げる資産の区分に応じ当該各号に定める年数とする。

一　採掘権　当該採掘権に係る鉱区の採掘予定数量を、当該鉱区の最近における年間採掘数量その他当該鉱区に属する設備の採掘能力、当該鉱区において採掘に従事する人員の数等に照らし適正に推計される年間採掘数量で除して計算した数を基礎として納税地の所轄税務署長の認定した年数

二　試掘権　次に掲げる試掘権の区分に応じそれぞれ次に定める年数

イ　石油、アスファルト又は可燃性天然ガスに係る試掘権　８年

ロ　イに掲げる試掘権以外の試掘権　５年

三　租鉱権及び採石権その他土石を採掘し又は採取する権利　第１号の規定に準じて計算した数を基礎として納税地の所轄税務署長の認定した年数

四　坑道　第１号の規定に準じて計算した数を基礎として納税地の所轄税務署長の認定した年数

五　公共施設等運営権　当該公共施設等運営権に係る民間資金等の活用による公共施設等の整備等の促進に関する法律（平成11年法律第117号）第19条第３項（公共施設等運営権の設定の時期等）の規定により公表された同法第17条第３号（公共施設等運営権に関する実施方針における記載事項の追加）に掲げる存続期間の年数

六　樹木採取権　国有林野の管理経営に関する法律（昭和26年法律第246号）第８条の12第１項（樹木採取権の設定を受ける者の決定等）の設定をする旨の通知において明らかにされた当該樹木採取権の同法第８条の７第２号（公募）に掲げる存続期間の年数

３　前項第５号及び第６号に定める年数は、暦に従って計算し、１年に満たない端数を生じたときは、これを切り捨てる。

４　第２項第１号、第３号又は第４号の認定を受けようとする法人（人格のない社団等（法人税法第２条第８号に規定する人格のない社団等をいう。第１号において同じ。）を含む。以下同じ。）は、次に掲げる事項を記載した申請書を納税地の所轄税務署長に提出しなければならない。

一　申請をする者の氏名又は名称及び代表者（人格のない社団等で代表者の定めがなく、管理人の定めが

あるものについては、管理人。以下この号において同じ。）の氏名（法人税法第２条第４号に規定する外国法人（人格のない社団等で同条第２号に規定する国外に本店又は主たる事務所を有するものを含む。）にあっては、代表者及び同法第141条各号（課税標準）に定める国内源泉所得に係る事業又は資産の経営又は管理の責任者の氏名）並びに納税地並びに法人にあっては、法人番号（行政手続における特定の個人を識別するための番号の利用等に関する法律（平成25年法律第27号）第２条第15項（定義）に規定する法人番号をいう。）

二　申請に係る採掘権等（第２項第１号、第３号又は第４号に掲げる資産をいう。以下この条において同じ。）に係る鉱区その他これに準ずる区域（次号において「鉱区等」という。）の所在地

三　申請に係る採掘権等の鉱区等の採掘予定数量、最近における年間採掘数量、当該鉱区等に属する設備の採掘能力及び当該鉱区等において採掘に従事する人員の数

四　認定を受けようとする年数

五　その他参考となるべき事項

5　税務署長は、前項の申請書の提出があった場合には、遅滞なく、これを審査し、その申請に係る年数を認定するものとする。

6　税務署長は、第２項第１号、第３号又は第４号の認定をした後、その認定に係る年数により、その認定に係る採掘権等の法人税法第31条第１項（減価償却資産の償却費の計算及びその償却の方法）の規定による償却費として損金の額に算入する金額の限度額（第８項において「償却限度額」という。）の計算をすることを不適当とする特別の事由が生じたと認める場合には、その年数を変更することができる。

7　税務署長は、前２項の処分をするときは、その認定に係る法人に対し、書面によりその旨を通知する。

8　第６項の処分があった場合には、その処分のあった日の属する事業年度以後の各事業年度の所得の金額を計算する場合のその処分に係る採掘権等の償却費の額又は償却限度額の計算についてその処分の効果が生ずるものとする。

（特殊の減価償却資産の耐用年数）

第２条　次の各号に掲げる減価償却資産の耐用年数は、前条第１項の規定にかかわらず、当該各号に掲げる表に定めるところによる。

一　汚水処理（汚水、坑水、廃水又は廃液の沈でん、ろ過、中和、生物化学的方法、混合、冷却又は乾燥その他これらに類する方法による処理をいう。）又はばい煙処理（大気汚染防止法（昭和43年法律第97号）第２条第１項若しくは第７項（定義等）に規定するばい煙若しくは粉じん又は同法第17条第１項（事故時の措置）に規定する特定物質（ばい煙を除く。）の重力沈降、慣性分離、遠心分離、ろ過、洗浄、電気捕集、音波凝集、吸収、中和、吸着又は拡散の方法その他これらに類する方法による処理をいう。）の用に供されている減価償却資産で別表第五（公害防止用減価償却資産の耐用年数表）に掲げるもの　　同表

二　開発研究（新たな製品の製造若しくは新たな技術の発明又は現に企業化されている技術の著しい改善を目的として特別に行われる試験研究をいう。）の用に供されている減価償却資産で別表第六（開発研究用減価償却資産の耐用年数表）に掲げるもの　　同表

（中古資産の耐用年数等）

第３条　法人において事業の用に供された法人税法施行令第13条各号（減価償却資産の範囲）に掲げる資産（これらの資産のうち試掘権以外の鉱業権及び坑道を除く。以下この項において同じ。）の取得（法人税法第２条第12号の８（定義）に規定する適格合併又は同条第12号の12に規定する適格分割型分割（以下この

項において「適格分割型分割」という。）による同条第11号に規定する被合併法人又は同条第12号の２に規定する分割法人からの引継ぎ（以下この項において「適格合併等による引継ぎ」という。）を含む。）をしてこれを法人の事業の用に供した場合における当該資産の耐用年数は、前２条の規定にかかわらず、次に掲げる年数によることができる。ただし、当該資産を法人の事業の用に供するために当該資産について支出した法人税法施行令第132条（資本的支出）に規定する金額が当該資産の取得価額（適格合併等による引継ぎの場合にあっては、同法第62条の２第１項（適格合併及び適格分割型分割による資産等の帳簿価額による引継ぎ）に規定する時又は適格分割型分割の直前の帳簿価額）の100分の50に相当する金額を超える場合には、第２号に掲げる年数についてはこの限りでない。

一　当該資産をその用に供した時以後の使用可能期間の年数

二　次に掲げる資産（別表第一、別表第二、別表第五又は別表第六に掲げる減価償却資産であって、前号の年数を見積もることが困難なものに限る。）の区分に応じそれぞれ次に定める年数（その年数が２年に満たないときは、これを２年とする。）

イ　法定耐用年数（第１条第１項（一般の減価償却資産の耐用年数表）に規定する耐用年数をいう。以下この号において同じ。）の全部を経過した資産　　当該資産の法定耐用年数の100分の20に相当する年数

ロ　法定耐用年数の一部を経過した資産　　当該資産の法定耐用年数から経過年数を控除した年数に、経過年数の100分の20に相当する年数を加算した年数

2　法人が、法人税法第２条第12号の８、第12号の11、第12号の14又は第12号の15に規定する適格合併、適格分割、適格現物出資又は適格現物分配（次項において「適格組織再編成」という。）により同条第11号、第12号の２、第12号の４又は第12号の５の２に規定する被合併法人、分割法人、現物出資法人又は現物分配法人（以下この項及び次項において「被合併法人等」という。）から前項本文に規定する資産の移転を受けた場合（当該法人が当該資産について同項の規定の適用を受ける場合を除く。）において、当該被合併法人等が当該資産につき同項又は第４項の規定の適用を受けていたときは、当該法人の当該資産の耐用年数については、第２条の規定にかかわらず、当該被合併法人等において当該資産の耐用年数とされていた年数によることができる。

3　法人が、適格組織再編成により被合併法人等から第１項本文に規定する資産の移転を受けた場合において、当該資産について同項の規定の適用を受けるときは、当該資産の法人税法施行令第48条第１項第１号イ（１）若しくは第３号ハ又は第48条の２第１項第１号イ（１）若しくは第３号イ（２）若しくは第５項第１号（減価償却資産の償却の方法）に規定する取得価額には、当該被合併法人等がした償却の額（当該資産につき同令第48条第５項第３号に規定する評価換え等が行われたことによりその帳簿価額が減額された場合には、当該帳簿価額が減額された金額を含む。）で当該被合併法人等の各事業年度の所得の金額の計算上損金の額に算入された金額を含まないものとする。

4　別表第四の「細目」欄に掲げる一の用途から同欄に掲げる他の用途に転用された牛、馬、綿羊及びやぎの耐用年数は、第１条第１項第４号並びに第１項及び第２項の規定にかかわらず、その転用の時以後の使用可能期間の年数による。

5　第１項各号に掲げる年数及び前項の年数は、暦に従って計算し、１年に満たない端数を生じたときは、これを切り捨てる。

（旧定額法及び旧定率法の償却率）

第４条　平成19年３月31日以前に取得をされた減価償却資産の耐用年数に応じた償却率は、法人税法施行令第48条第１項第１号イ（１）（減価償却資産の償却の方法）に規定する旧定額法（次項において「旧定額法」

という。）及び法人税法施行令第48条第１項第１号イ（２）に規定する旧定率法（次項において「旧定率法」という。）の区分に応じそれぞれ別表第七（平成19年３月31日以前に取得をされた減価償却資産の償却率表）に定めるところによる。

2　法人の事業年度が１年に満たない場合においては、前項の規定にかかわらず、減価償却資産の旧定額法の償却率は、当該減価償却資産の耐用年数に対応する別表第七に定める旧定額法の償却率に当該事業年度の月数を乗じてこれを12で除したものにより、減価償却資産の旧定率法の償却率は、当該減価償却資産の耐用年数に12を乗じてこれを当該事業年度の月数で除して得た耐用年数に対応する同表に定める旧定率法の償却率による。

3　前項の月数は、暦に従って計算し、１月に満たない端数を生じたときは、これを１月とする。

（定額法の償却率並びに定率法の償却率、改定償却率及び保証率）

第５条　平成19年４月１日以後に取得をされた減価償却資産の耐用年数に応じた償却率、改定償却率及び保証率は、次の各号に掲げる区分に応じ当該各号に定める表に定めるところによる。

一　定額法（法人税法施行令第48条の２第１項第１号イ（１）（減価償却資産の償却の方法）に規定する定額法をいう。次項において同じ。）の償却率　別表第八（平成19年４月１日以後に取得をされた減価償却資産の定額法の償却率表）

二　定率法（法人税法施行令第48条の２第１項第１号イ（２）に規定する定率法をいう。次項及び第４項において同じ。）の償却率、改定償却率及び保証率　次に掲げる資産の区分に応じそれぞれ次に定める表

イ　平成24年３月31日以前に取得をされた減価償却資産　別表第九（平成19年４月１日から平成24年３月31日までの間に取得をされた減価償却資産の定率法の償却率、改定償却率及び保証率の表）

ロ　平成24年４月１日以後に取得をされた減価償却資産　別表第十（平成24年４月１日以後に取得をされた減価償却資産の定率法の償却率、改定償却率及び保証率の表）

2　法人の事業年度が１年に満たない場合においては、前項の規定にかかわらず、減価償却資産の定額法の償却率又は定率法の償却率は、当該減価償却資産の耐用年数に対応する別表第八に定める定額法の償却率又は別表第九若しくは別表第十に定める定率法の償却率に当該事業年度の月数を乗じてこれを12で除したものによる。

3　法人の前項の事業年度（この項の規定の適用を受けた事業年度を除く。以下この項において「適用年度」という。）終了の日以後１年以内に開始する各事業年度（当該適用年度開始の日から各事業年度終了の日までの期間が１年を超えない各事業年度に限る。）における法人税法施行令第48条の２第１項第２号ロに規定する取得価額は、当該適用年度の同号ロに規定する取得価額とすることができる。

4　減価償却資産の法人税法施行令第48条の２第１項第１号イ（２）に規定する取得価額（前項の規定の適用を受ける場合には、同項の規定による取得価額）に当該減価償却資産の耐用年数に対応する別表第九又は別表第十に定める定率法の償却率を乗じて計算した金額が同条第５項第１号に規定する償却保証額に満たない場合における第２項の規定の適用については、同項中「定率法の償却率」とあるのは、「改定償却率」とする。

5　第２項の月数は、暦に従って計算し、１月に満たない端数を生じたときは、これを１月とする。

（残存価額）

第６条　平成19年３月31日以前に取得をされた減価償却資産の残存価額は、別表第十一（平成19年３月31日以前に取得をされた減価償却資産の残存割合表）の「種類」及び「細目」欄の区分に応じ、同表に定める残存割合を当該減価償却資産の法人税法施行令第54条第１項（減価償却資産の取得価額）の規定による取

得価額に乗じて計算した金額とする。

2　前項に規定する減価償却資産のうち牛及び馬の残存価額は、同項の規定にかかわらず、同項に規定する金額と10万円とのいずれか少ない金額とする。

減価償却資産の耐用年数・償却率表

別表第一　機械及び装置以外の有形減価償却資産の耐用年数表

種類	構造又は用途	細目	耐用年数
建物	鉄骨鉄筋コンクリート造又は鉄筋コンクリート造のもの	事務所用又は美術館用のもの及び下記以外のもの	50年
		住宅用、寄宿舎用、宿泊所用、学校用又は体育館用のもの	47
		飲食店用、貸席用、劇場用、演奏場用、映画館用又は舞踏場用のもの 　飲食店用又は貸席用のもので、延べ面積のうちに占める木造内装部分の面積が３割を超えるもの 　その他のもの	 34 41
		旅館用又はホテル用のもの 　延べ面積のうちに占める木造内装部分の面積が３割を超えるもの 　その他のもの	 31 39
		店舗用のもの	39
		病院用のもの	39
		変電所用、発電所用、送受信所用、停車場用、車庫用、格納庫用、荷扱所用、映画製作ステージ用、屋内スケート場用、魚市場用又はと畜場用のもの	38
		公衆浴場用のもの	31
		工場（作業場を含む。）用又は倉庫用のもの 　塩素、塩酸、硫酸、硝酸その他の著しい腐食性を有する液体又は気体の影響を直接全面的に受けるもの、冷蔵倉庫用のもの（倉庫事業の倉庫用のものを除く。）及び放射性同位元素の放射線を直接受けるもの 　塩、チリ硝石その他の著しい潮解性を有する固体を常時蔵置するためのもの及び著しい蒸気の影響を直接全面的に受けるもの 　その他のもの 　　倉庫事業の倉庫用のもの 　　　冷蔵倉庫用のもの 　　　その他のもの 　　その他のもの	 24 31 21 31 38
	れんが造、石造又はブロック造のもの	事務所用又は美術館用のもの及び下記以外のもの	41
		店舗用、住宅用、寄宿舎用、宿泊所用、学校用又は体育館用のもの	38
		飲食店用、貸席用、劇場用、演奏場用、映画館用又は舞踏場用のもの	38
		旅館用、ホテル用又は病院用のもの	36

別表第一　機械及び装置以外の有形減価償却資産の耐用年数表

種類	構造又は用途	細目	耐用年数
建物		変電所用、発電所用、送受信所用、停車場用、車庫用、格納庫用、荷扱所用、映画製作ステージ用、屋内スケート場用、魚市場用又はと畜場用のもの	34
		公衆浴場用のもの	30
		工場（作業場を含む。）用又は倉庫用のもの 塩素、塩酸、硫酸、硝酸その他の著しい腐食性を有する液体又は気体の影響を直接全面的に受けるもの及び冷蔵倉庫用のもの（倉庫事業の倉庫用のものを除く。） 塩、チリ硝石その他の著しい潮解性を有する固体を常時蔵置するためのもの及び著しい蒸気の影響を直接全面的に受けるもの その他のもの 倉庫事業の倉庫用のもの 冷蔵倉庫用のもの その他のもの その他のもの	 22 28 20 30 34
	金属造のもの（骨格材の肉厚が４ミリメートルを超えるものに限る。）	事務所用又は美術館用のもの及び下記以外のもの	38
		店舗用、住宅用、寄宿舎用、宿泊所用、学校用又は体育館用のもの	34
		飲食店用、貸席用、劇場用、演奏場用、映画館用又は舞踏場用のもの	31
		変電所用、発電所用、送受信所用、停車場用、車庫用、格納庫用、荷扱所用、映画製作ステージ用、屋内スケート場用、魚市場用又はと畜場用のもの	31
		旅館用、ホテル用又は病院用のもの	29
		公衆浴場用のもの	27
		工場（作業場を含む。）用又は倉庫用のもの 塩素、塩酸、硫酸、硝酸その他の著しい腐食性を有する液体又は気体の影響を直接全面的に受けるもの、冷蔵倉庫用のもの（倉庫事業の倉庫用のものを除く。）及び放射性同位元素の放射線を直接受けるもの 塩、チリ硝石その他の著しい潮解性を有する固体を常時蔵置するためのもの及び著しい蒸気の影響を直接全面的に受けるもの その他のもの 倉庫事業の倉庫用のもの 冷蔵倉庫用のもの その他のもの その他のもの	 20 25 19 26 31

別表第一　機械及び装置以外の有形減価償却資産の耐用年数表

種類	構造又は用途	細目	耐用年数
建物	金属造のもの（骨格材の肉厚が３ミリメートルを超え４ミリメートル以下のものに限る。）	事務所用又は美術館用のもの及び下記以外のもの	30
		店舗用、住宅用、寄宿舎用、宿泊所用、学校用又は体育館用のもの	27
		飲食店用、貸席用、劇場用、演奏場用、映画館用又は舞踏場用のもの	25
		変電所用、発電所用、送受信所用、停車場用、車庫用、格納庫用、荷扱所用、映画製作ステージ用、屋内スケート場用、魚市場用又はと畜場用のもの	25
		旅館用、ホテル用又は病院用のもの	24
		公衆浴場用のもの	19
		工場（作業場を含む。）用又は倉庫用のもの	
		塩素、塩酸、硫酸、硝酸その他の著しい腐食性を有する液体又は気体の影響を直接全面的に受けるもの及び冷蔵倉庫用のもの	15
		塩、チリ硝石その他の著しい潮解性を有する固体を常時蔵置するためのもの及び著しい蒸気の影響を直接全面的に受けるもの	19
		その他のもの	24
	金属造のもの（骨格材の肉厚が３ミリメートル以下のものに限る。）	事務所用又は美術館用のもの及び下記以外のもの	22
		店舗用、住宅用、寄宿舎用、宿泊所用、学校用又は体育館用のもの	19
		飲食店用、貸席用、劇場用、演奏場用、映画館用又は舞踏場用のもの	19
		変電所用、発電所用、送受信所用、停車場用、車庫用、格納庫用、荷扱所用、映画製作ステージ用、屋内スケート場用、魚市場用又はと畜場用のもの	19
		旅館用、ホテル用又は病院用のもの	17
		公衆浴場用のもの	15
		工場（作業場を含む。）用又は倉庫用のもの	
		塩素、塩酸、硫酸、硝酸その他の著しい腐食性を有する液体又は気体の影響を直接全面的に受けるもの及び冷蔵倉庫用のもの	12
		塩、チリ硝石その他の著しい潮解性を有する固体を常時蔵置するためのもの及び著しい蒸気の影響を直接全面的に受けるもの	14
		その他のもの	17

別表第一　機械及び装置以外の有形減価償却資産の耐用年数表

種類	構造又は用途	細目	耐用年数
建物	木造又は合成樹脂造のもの	事務所用又は美術館用のもの及び下記以外のもの	24
		店舗用、住宅用、寄宿舎用、宿泊所用、学校用又は体育館用のもの	22
		飲食店用、貸席用、劇場用、演奏場用、映画館用又は舞踏場用のもの	20
		変電所用、発電所用、送受信所用、停車場用、車庫用、格納庫用、荷扱所用、映画製作ステージ用、屋内スケート場用、魚市場用又はと畜場用のもの	17
		旅館用、ホテル用又は病院用のもの	17
		公衆浴場用のもの	12
		工場（作業場を含む。）用又は倉庫用のもの	
		塩素、塩酸、硫酸、硝酸その他の著しい腐食性を有する液体又は気体の影響を直接全面的に受けるもの及び冷蔵倉庫用のもの	9
		塩、チリ硝石その他の著しい潮解性を有する固体を常時蔵置するためのもの及び著しい蒸気の影響を直接全面的に受けるもの	11
		その他のもの	15
	木骨モルタル造のもの	事務所用又は美術館用のもの及び下記以外のもの	22
		店舗用、住宅用、寄宿舎用、宿泊所用、学校用又は体育館用のもの	20
		飲食店用、貸席用、劇場用、演奏場用、映画館用又は舞踏場用のもの	19
		変電所用、発電所用、送受信所用、停車場用、車庫用、格納庫用、荷扱所用、映画製作ステージ用、屋内スケート場用、魚市場用又はと畜場用のもの	15
		旅館用、ホテル用又は病院用のもの	15
		公衆浴場用のもの	11
		工場（作業場を含む。）用又は倉庫用のもの	
		塩素、塩酸、硫酸、硝酸その他の著しい腐食性を有する液体又は気体の影響を直接全面的に受けるもの及び冷蔵倉庫用のもの	7
		塩、チリ硝石その他の著しい潮解性を有する固体を常時蔵置するためのもの及び著しい蒸気の影響を直接全面的に受けるもの	10
		その他のもの	14
	簡易建物	木製主要柱が10センチメートル角以下のもので、土居ぶき、杉皮ぶき、ルーフィングぶき又はトタンぶきのもの	10

別表第一　機械及び装置以外の有形減価償却資産の耐用年数表

種類	構造又は用途	細目	耐用年数
建物		掘立造のもの及び仮設のもの	7
建物附属設備	電気設備（照明設備を含む。）	蓄電池電源設備	6
		その他のもの	15
	給排水又は衛生設備及びガス設備		15
	冷房、暖房、通風又はボイラー設備	冷暖房設備（冷凍機の出力が22キロワット以下のもの）	13
		その他のもの	15
	昇降機設備	エレベーター	17
		エスカレーター	15
	消火、排煙又は災害報知設備及び格納式避難設備		8
	エヤーカーテン又はドアー自動開閉設備		12
	アーケード又は日よけ設備	主として金属製のもの	15
		その他のもの	8
	店用簡易装備		3
	可動間仕切り	簡易なもの	3
		その他のもの	15
	前掲のもの以外のもの及び前掲の区分によらないもの	主として金属製のもの	18
		その他のもの	10
構築物	鉄道業用又は軌道業用のもの	軌条及びその附属品	20
		まくら木 木製のもの コンクリート製のもの 金属製のもの	 8 20 20
		分岐器	15
		通信線、信号線及び電灯電力線	30
		信号機	30
		送配電線及びき電線	40
		電車線及び第三軌条	20
		帰線ボンド	5
		電線支持物（電柱及び腕木を除く。）	30

別表第一　機械及び装置以外の有形減価償却資産の耐用年数表

種類	構造又は用途	細目	耐用年数
構築物		木柱及び木塔（腕木を含む。）	
		架空索道用のもの	15
		その他のもの	25
		前掲以外のもの	
		線路設備	
		軌道設備	
		道床	60
		その他のもの	16
		土工設備	57
		橋りょう	
		鉄筋コンクリート造のもの	50
		鉄骨造のもの	40
		その他のもの	15
		トンネル	
		鉄筋コンクリート造のもの	60
		れんが造のもの	35
		その他のもの	30
		その他のもの	21
		停車場設備	32
		電路設備	
		鉄柱、鉄塔、コンクリート柱及びコンクリート塔	45
		踏切保安又は自動列車停止設備	12
		その他のもの	19
		その他のもの	40
	その他の鉄道用又は軌道用のもの	軌条及びその附属品並びにまくら木	15
		道床	60
		土工設備	50
		橋りょう	
		鉄筋コンクリート造のもの	50
		鉄骨造のもの	40
		その他のもの	15
		トンネル	
		鉄筋コンクリート造のもの	60
		れんが造のもの	35
		その他のもの	30
		その他のもの	30
	発電用又は送配電用のもの	小水力発電用のもの（農山漁村電気導入促進法（昭和27年法律第358号）に基づき建設したものに限る。）	30

別表第一　機械及び装置以外の有形減価償却資産の耐用年数表

種類	構造又は用途	細目	耐用年数
構築物		その他の水力発電用のもの（貯水池、調整池及び水路に限る。）	57
		汽力発電用のもの（岸壁、さん橋、堤防、防波堤、煙突、その他汽力発電用のものをいう。）	41
		送電用のもの 　地中電線路 　塔、柱、がい子、送電線、地線及び添架電話線	 25 36
		配電用のもの 　鉄塔及び鉄柱 　鉄筋コンクリート柱 　木柱 　配電線 　引込線 　添架電話線 　地中電線路	 50 42 15 30 20 30 25
	電気通信事業用のもの	通信ケーブル 　光ファイバー製のもの 　その他のもの	 10 13
		地中電線路	27
		その他の線路設備	21
	放送用又は無線通信用のもの	鉄塔及び鉄柱 　円筒空中線式のもの 　その他のもの	 30 40
		鉄筋コンクリート柱	42
		木塔及び木柱	10
		アンテナ	10
		接地線及び放送用配線	10
	農林業用のもの	主としてコンクリート造、れんが造、石造又はブロック造のもの 　果樹棚又はホップ棚 　その他のもの	 14 17
		主として金属造のもの	14
		主として木造のもの	5
		土管を主としたもの	10
		その他のもの	8
	広告用のもの	金属造のもの	20
		その他のもの	10

別表第一　機械及び装置以外の有形減価償却資産の耐用年数表

種類	構造又は用途	細目	耐用年数
構築物	競技場用、運動場用、遊園地用又は学校用のもの	スタンド 　主として鉄骨鉄筋コンクリート造又は鉄筋コンクリート造のもの 　主として鉄骨造のもの 　主として木造のもの	 45 30 10
		競輪場用競走路 　コンクリート敷のもの 　その他のもの	 15 10
		ネット設備	15
		野球場、陸上競技場、ゴルフコースその他のスポーツ場の排水その他の土工施設	30
		水泳プール	30
		その他のもの 　児童用のもの 　　すべり台、ぶらんこ、ジャングルジムその他の遊戯用のもの 　　その他のもの 　その他のもの 　　主として木造のもの 　　その他のもの	 10 15 15 30
	緑化施設及び庭園	工場緑化施設	7
		その他の緑化施設及び庭園（工場緑化施設に含まれるものを除く。）	20
	舗装道路及び舗装路面	コンクリート敷、ブロック敷、れんが敷又は石敷のもの	15
		アスファルト敷又は木れんが敷のもの	10
		ビチューマルス敷のもの	3
	鉄骨鉄筋コンクリート造又は鉄筋コンクリート造のもの（前掲のものを除く。）	水道用ダム	80
		トンネル	75
		橋	60
		岸壁、さん橋、防壁（爆発物用のものを除く。）、堤防、防波堤、塔、やぐら、上水道、水そう及び用水用ダム	50
		乾ドック	45
		サイロ	35
		下水道、煙突及び焼却炉	35
		高架道路、製塩用ちんでん池、飼育場及びへい	30
		爆発物用防壁及び防油堤	25

別表第一　機械及び装置以外の有形減価償却資産の耐用年数表

種類	構造又は用途	細目	耐用年数
構築物		造船台	24
		放射性同位元素の放射線を直接受けるもの	15
		その他のもの	60
	コンクリート造又はコンクリートブロック造のもの（前掲のものを除く。）	やぐら及び用水池	40
		サイロ	34
		岸壁、さん橋、防壁（爆発物用のものを除く。）、堤防、防波堤、トンネル、上水道及び水そう	30
		下水道、飼育場及びへい	15
		爆発物用防壁	13
		引湯管	10
		鉱業用廃石捨場	5
		その他のもの	40
	れんが造のもの（前掲のものを除く。）	防壁（爆発物用のものを除く。）、堤防、防波堤及びトンネル	50
		煙突、煙道、焼却炉、へい及び爆発物用防壁 塩素、クロールスルホン酸その他の著しい腐食性を有する気体の影響を受けるもの その他のもの	 7 25
		その他のもの	40
	石造のもの（前掲のものを除く。）	岸壁、さん橋、防壁（爆発物用のものを除く。）、堤防、防波堤、上水道及び用水池	50
		乾ドック	45
		下水道、へい及び爆発物用防壁	35
		その他のもの	50
	土造のもの（前掲のものを除く。）	防壁（爆発物用のものを除く。）、堤防、防波堤及び自動車道	40
		上水道及び用水池	30
		下水道	15
		へい	20
		爆発物用防壁及び防油堤	17
		その他のもの	40
	金属造のもの（前掲のものを除く。）	橋（はね上げ橋を除く。）	45
		はね上げ橋及び鋼矢板岸壁	25
		サイロ	22

別表第一　機械及び装置以外の有形減価償却資産の耐用年数表

種類	構造又は用途	細目	耐用年数
構築物		送配管 鋳鉄製のもの 鋼鉄製のもの	 30 15
		ガス貯そう 液化ガス用のもの その他のもの	 10 20
		薬品貯そう 塩酸、ふっ酸、発煙硫酸、濃硝酸その他の発煙性を有する無機酸用のもの 有機酸用又は硫酸、硝酸その他前掲のもの以外の無機酸用のもの アルカリ類用、塩水用、アルコール用その他のもの	 8 10 15
		水そう及び油そう 鋳鉄製のもの 鋼鉄製のもの	 25 15
		浮きドック	20
		飼育場	15
		つり橋、煙突、焼却炉、打込み井戸、へい、街路灯及びガードレール	10
		露天式立体駐車設備	15
		その他のもの	45
	合成樹脂造のもの（前掲のものを除く。）		10
	木造のもの（前掲のものを除く。）	橋、塔、やぐら及びドック	15
		岸壁、さん橋、防壁、堤防、防波堤、トンネル、水そう、引湯管及びへい	10
		飼育場	7
		その他のもの	15
	前掲のもの以外のもの及び前掲の区分によらないもの	主として木造のもの	15
		その他のもの	50
船舶	船舶法（明治32年法律第46号）第４条から第19条までの適用を受ける鋼船 漁船	総トン数が500トン以上のもの	12
		総トン数が500トン未満のもの	9
	油そう船	総トン数が2,000トン以上のもの	13
		総トン数が2,000トン未満のもの	11

別表第一　機械及び装置以外の有形減価償却資産の耐用年数表

種類	構造又は用途	細目	耐用年数
船舶	薬品そう船		10
	その他のもの	総トン数が2,000トン以上のもの	15
		総トン数が2,000トン未満のもの しゅんせつ船及び砂利採取船 カーフェリー その他のもの	 10 11 14
	船舶法第４条から第19条までの適用を受ける木船 漁船 薬品そう船 その他のもの		 6 8 10
	船舶法第4条から第19条までの適用を受ける軽合金船（他の項に掲げるものを除く。）		9
	船舶法第４条から第19条までの適用を受ける強化プラスチック船		7
	船舶法第４条から第19条までの適用を受ける水中翼船及びホバークラフト		8
	その他のもの 鋼船	しゅんせつ船及び砂利採取船	7
		発電船及びとう載漁船	8
		ひき船	10
		その他のもの	12
	木船	とう載漁船	4
		しゅんせつ船及び砂利採取船	5
		動力漁船及びひき船	6
		薬品そう船	7
		その他のもの	8
	その他のもの	モーターボート及びとう載漁船	4
		その他のもの	5

別表第一　機械及び装置以外の有形減価償却資産の耐用年数表

種類	構造又は用途	細目	耐用年数
航空機	飛行機	主として金属製のもの 　最大離陸重量が130トンを超えるもの 　最大離陸重量が130トン以下のもので5.7トンを超えるもの 　最大離陸重量が5.7トン以下のもの	 10 8 5
		その他のもの	5
	その他のもの	ヘリコプター及びグライダー	5
		その他のもの	5
車両及び運搬具	鉄道用又は軌道用車両（架空索道用搬器を含む。）	電気又は蒸気機関車	18
		電車	13
		内燃動車（制御車及び附随車を含む。）	11
		貨車 　高圧ボンベ車及び高圧タンク車 　薬品タンク車及び冷凍車 　その他のタンク車及び特殊構造車 　その他のもの	 10 12 15 20
		線路建設保守用工作車	10
		鋼索鉄道用車両	15
		架空索道用搬器 　閉鎖式のもの 　その他のもの	 10 5
		無軌条電車	8
		その他のもの	20
	特殊自動車（この項には別表第二に掲げる減価償却資産に含まれるブルドーザー、パワーショベルその他の自走式作業用機械並びにトラクター及び農林業用運搬機具を含まない。）	消防車、救急車、レントゲン車、散水車、放送宣伝車、移動無線車及びチップ製造車	5
		モータースィーパー及び除雪車	4
		タンク車、じんかい車、し尿車、寝台車、霊きゅう車、トラックミキサー、レッカーその他特殊車体を架装したもの 　小型車（じんかい車及びし尿車にあっては積載量が２トン以下、その他のものにあっては総排気量が２リットル以下のものをいう。） 　その他のもの	 3 4
	運送事業用、貸自動車業用又は自動車教習所用の車両及び運搬具（前掲のものを除く。）	自動車（二輪又は三輪自動車を含み、乗合自動車を除く。） 　小型車（貨物自動車にあっては積載量が２トン以下、その他のものにあっては総排気量が２リットル以下のものをいう。）	 3

別表第一　機械及び装置以外の有形減価償却資産の耐用年数表

種類	構造又は用途	細目	耐用年数
車両及び運搬具		その他のもの 　大型乗用車（総排気量が３リットル以上のものをいう。） 　その他のもの	 5 4
		乗合自動車	5
		自転車及びリヤカー	2
		被けん引車その他のもの	4
	前掲のもの以外のもの	自動車（二輪又は三輪自動車を除く。） 　小型車（総排気量が0.66リットル以下のものをいう。） 　その他のもの 　　貨物自動車 　　　ダンプ式のもの 　　　その他のもの 　　報道通信用のもの 　　その他のもの	 4 4 5 5 6
		二輪又は三輪自動車	3
		自転車	2
		鉱山用人車、炭車、鉱車及び台車 　金属製のもの 　その他のもの	 7 4
		フォークリフト	4
		トロッコ 　金属製のもの 　その他のもの	 5 3
		その他のもの 　自走能力を有するもの 　その他のもの	 7 4
工具	測定工具及び検査工具（電気又は電子を利用するものを含む。）		5
	治具及び取付工具		3
	ロール	金属圧延用のもの	4
		なつ染ロール、粉砕ロール、混練ロールその他のもの	3
	型（型枠(わく)を含む。）、鍛圧工具及び打抜工具	プレスその他の金属加工用金型、合成樹脂、ゴム又はガラス成型用金型及び鋳造用型	2
		その他のもの	3
	切削工具		2

別表第一　機械及び装置以外の有形減価償却資産の耐用年数表

種類	構造又は用途	細目	耐用年数
工具	金属製柱及びカッペ		3
	活字及び活字に常用される金属	購入活字（活字の形状のまま反復使用するものに限る。）	2
		自製活字及び活字に常用される金属	8
	前掲のもの以外のもの	白金ノズル	13
		その他のもの	3
	前掲の区分によらないもの	白金ノズル	13
		その他の主として金属製のもの	8
		その他のもの	4
器具及び備品	1　家具、電気機器、ガス機器及び家庭用品（他の項に掲げるものを除く。）	事務机、事務いす及びキャビネット 主として金属製のもの その他のもの	 15 8
		応接セット 接客業用のもの その他のもの	 5 8
		ベッド	8
		児童用机及びいす	5
		陳列だな及び陳列ケース 冷凍機付及び冷蔵機付のもの その他のもの	 6 8
		その他の家具 接客業用のもの その他のもの 主として金属製のもの その他のもの	 5 15 8
		ラジオ、テレビジョン、テープレコーダーその他の音響機器	5
		冷房用又は暖房用機器	6
		電気冷蔵庫、電気洗濯機その他これらに類する電気又はガス機器	6
		氷冷蔵庫及び冷蔵ストッカー（電気式のものを除く。）	4
		カーテン、座ぶとん、寝具、丹前その他これらに類する繊維製品	3
		じゅうたんその他の床用敷物 小売業用、接客業用、放送用、レコード吹込用又は劇場用のもの その他のもの	 3 6

別表第一　機械及び装置以外の有形減価償却資産の耐用年数表

種類	構造又は用途	細目	耐用年数
器具及び備品		室内装飾品 主として金属製のもの その他のもの	 15 8
		食事又はちゅう房用品 陶磁器製又はガラス製のもの その他のもの	 2 5
		その他のもの 主として金属製のもの その他のもの	 15 8
	2　事務機器及び通信機器	謄写機器及びタイプライター 孔版印刷又は印書業用のもの その他のもの	 3 5
		電子計算機 パーソナルコンピュータ（サーバー用のものを除く。） その他のもの	 4 5
		複写機、計算機（電子計算機を除く。）、金銭登録機、タイムレコーダーその他これらに類するもの	5
		その他の事務機器	5
		テレタイプライター及びファクシミリ	5
		インターホーン及び放送用設備	6
		電話設備その他の通信機器 デジタル構内交換設備及びデジタルボタン電話設備 その他のもの	 6 10
	3　時計、試験機器及び測定機器	時　計	10
		度量衡器	5
		試験又は測定機器	5
	4　光学機器及び写真製作機器	オペラグラス	2
		カメラ、映画撮影機、映写機及び望遠鏡	5
		引伸機、焼付機、乾燥機、顕微鏡その他の機器	8
	5　看板及び広告器具	看板、ネオンサイン及び気球	3
		マネキン人形及び模型	2
		その他のもの 主として金属製のもの その他のもの	 10 5
	6　容器及び金庫	ボンベ 溶接製のもの	 6

別表第一　機械及び装置以外の有形減価償却資産の耐用年数表

種類	構造又は用途	細目	耐用年数
器具及び備品		鍛造製のもの 　塩素用のもの 　その他のもの	 8 10
		ドラムかん、コンテナーその他の容器 　大型コンテナー（長さが6メートル以上のものに限る。） 　その他のもの 　　金属製のもの 　　その他のもの	 7 3 2
		金　　庫 　手さげ金庫 　その他のもの	 5 20
	7　理容又は美容機器		5
	8　医療機器	消毒殺菌用機器	4
		手術機器	5
		血液透析又は血しょう交換用機器	7
		ハバードタンクその他の作動部分を有する機能回復訓練機器	6
		調剤機器	6
		歯科診療用ユニット	7
		光学検査機器 　ファイバースコープ 　その他のもの	 6 8
		その他のもの 　レントゲンその他の電子装置を使用する機器 　　移動式のもの、救急医療用のもの及び自動血液分析器 　　その他のもの 　その他のもの 　　陶磁器製又はガラス製のもの 　　主として金属製のもの 　　その他のもの	 4 6 3 10 5
	9　娯楽又はスポーツ器具及び興行又は演劇用具	たまつき用具	8
		パチンコ器、ビンゴ器その他これらに類する球戯用具及び射的用具	2
		ご、しょうぎ、まあじゃん、その他の遊戯具	5
		スポーツ具	3

別表第一　機械及び装置以外の有形減価償却資産の耐用年数表

種類	構造又は用途	細目	耐用年数
器具及び備品		劇場用観客いす	3
		どんちょう及び幕	5
		衣しょう、かつら、小道具及び大道具	2
		その他のもの 　主として金属製のもの 　その他のもの	 10 5
	10　生　物	植　　物 　貸付業用のもの 　その他のもの	 2 15
		動　　物 　魚　　類 　鳥　　類 　その他のもの	 2 4 8
	11　前掲のもの以外のもの	映画フィルム（スライドを含む。）、磁気テープ及びレコード	2
		シート及びロープ	2
		きのこ栽培用ほだ木	3
		漁　　具	3
		葬儀用具	3
		楽　　器	5
		自動販売機（手動のものを含む。）	5
		無人駐車管理装置	5
		焼　却　炉	5
		その他のもの 　主として金属製のもの 　その他のもの	 10 5
	12　前掲する資産のうち、当該資産について定められている前掲の耐用年数によるもの以外のもの及び前掲の区分によらないもの	主として金属製のもの	15
		その他のもの	8

別表第二　機械及び装置の耐用年数表

番　号	設　備　の　種　類	細　　　目	耐用年数
1	食料品製造業用設備		10年
2	飲料、たばこ又は飼料製造業用設備		10
3	繊維工業用設備	炭素繊維製造設備 　黒鉛化炉 　その他の設備 その他の設備	 3 7 7
4	木材又は木製品（家具を除く。）製造業用設備		8
5	家具又は装備品製造業用設備		11
6	パルプ、紙又は紙加工品製造業用設備		12
7	印刷業又は印刷関連業用設備	デジタル印刷システム設備 製本業用設備 新聞業用設備 　モノタイプ、写真又は通信設備 　その他の設備 その他の設備	4 7 3 10 10
8	化学工業用設備	臭素、よう素又は塩素、臭素若しくはよう素化合物製造設備 塩化りん製造設備 活性炭製造設備 ゼラチン又はにかわ製造設備 半導体用フォトレジスト製造設備 フラットパネル用カラーフィルター、偏光板又は偏光板用フィルム製造設備 その他の設備	5 4 5 5 5 5 8
9	石油製品又は石炭製品製造業用設備		7
10	プラスチック製品製造業用設備（他の号に掲げるものを除く。）		8
11	ゴム製品製造業用設備		9
12	なめし革、なめし革製品又は毛皮製造業用設備		9
13	窯業又は土石製品製造業用設備		9
14	鉄鋼業用設備	表面処理鋼材若しくは鉄粉製造業又は鉄スクラップ加工処理業用設備 純鉄、原鉄、ベースメタル、フェロアロイ、鉄素形材又は鋳鉄管製造業用設備 その他の設備	5 9 14
15	非鉄金属製造業用設備	核燃料物質加工設備 その他の設備	11 7

別表第二　機械及び装置の耐用年数表

番　号	設　備　の　種　類	細　　　　目	耐用年数
16	金属製品製造業用設備	金属被覆及び彫刻業又は打はく及び金属製ネームプレート製造業用設備 その他の設備	6 10
17	はん用機械器具（はん用性を有するもので、他の器具及び備品並びに機械及び装置に組み込み、又は取り付けることによりその用に供されるものをいう。）製造業用設備（第20号及び第22号に掲げるものを除く。）		12
18	生産用機械器具（物の生産の用に供されるものをいう。）製造業用設備（次号及び第21号に掲げるものを除く。）	金属加工機械製造設備 その他の設備	9 12
19	業務用機械器具（業務用又はサービスの生産の用に供されるもの（これらのものであって物の生産の用に供されるものを含む。）をいう。）製造業用設備（第17号、第21号及び第23号に掲げるものを除く。）		7
20	電子部品、デバイス又は電子回路製造業用設備	光ディスク（追記型又は書換え型のものに限る。）製造設備 プリント配線基板製造設備 フラットパネルディスプレイ、半導体集積回路又は半導体素子製造設備 その他の設備	6 6 5 8
21	電気機械器具製造業用設備		7
22	情報通信機械器具製造業用設備		8
23	輸送用機械器具製造業用設備		9
24	その他の製造業用設備		9
25	農業用設備		7
26	林業用設備		5
27	漁業用設備（次号に掲げるものを除く。）		5
28	水産養殖業用設備		5
29	鉱業、採石業又は砂利採取業用設備	石油又は天然ガス鉱業用設備 　坑井設備 　掘さく設備 　その他の設備 その他の設備	 3 6 12 6
30	総合工事業用設備		6

別表第二　機械及び装置の耐用年数表

番　号	設　備　の　種　類	細　　　目	耐用年数
31	電気業用設備	電気業用水力発電設備	22
		その他の水力発電設備	20
		汽力発電設備	15
		内燃力又はガスタービン発電設備	15
		送電又は電気業用変電若しくは配電設備	
		需要者用計器	15
		柱上変圧器	18
		その他の設備	22
		鉄道又は軌道業用変電設備	15
		その他の設備	
		主として金属製のもの	17
		その他のもの	8
32	ガス業用設備	製造用設備	10
		供給用設備	
		鋳鉄製導管	22
		鉄鋳製導管以外の導管	13
		需要者用計量器	13
		その他の設備	15
		その他の設備	
		主として金属製のもの	17
		その他のもの	8
33	熱供給業用設備		17
34	水道業用設備		18
35	通信業用設備		9
36	放送業用設備		6
37	映像、音声又は文字情報制作業用設備		8
38	鉄道業用設備	自動改札装置	5
		その他の設備	12
39	道路貨物運送業用設備		12
40	倉庫業用設備		12
41	運輸に附帯するサービス業用設備		10
42	飲食料品卸売業用設備		10
43	建築材料、鉱物又は金属材料等卸売業用設備	石油又は液化石油ガス卸売用設備（貯そうを除く。）	13
		その他の設備	8
44	飲食料品小売業用設備		9

別表第二　機械及び装置の耐用年数表

番　号	設　備　の　種　類	細　　　目	耐用年数
45	その他の小売業用設備	ガソリン又は液化石油ガススタンド設備 その他の設備 　主として金属製のもの 　その他のもの	8 17 8
46	技術サービス業用設備（他の号に掲げるものを除く。）	計量証明業用設備 その他の設備	8 14
47	宿泊業用設備		10
48	飲食店業用設備		8
49	洗濯業、理容業、美容業又は浴場業用設備		13
50	その他の生活関連サービス業用設備		6
51	娯楽業用設備	映画館又は劇場用設備 遊園地用設備 ボウリング場用設備 その他の設備 　主として金属製のもの 　その他のもの	11 7 13 17 8
52	教育業（学校教育業を除く。）又は学習支援業用設備	教習用運転シミュレータ設備 その他の設備 　主として金属製のもの 　その他のもの	5 17 8
53	自動車整備業用設備		15
54	その他のサービス業用設備		12
55	前掲の機械及び装置以外のもの並びに前掲の区分によらないもの	機械式駐車設備 ブルドーザー、パワーショベルその他の自走式作業用機械設備 その他の設備 　主として金属製のもの 　その他のもの	10 8 17 8

別表第三　無形減価償却資産の耐用年数表

種　　類	細　　目	耐用年数
漁　業　権		10年
ダム使用権		55
水　利　権		20
特　許　権		8
実用新案権		5
意　匠　権		7
商　標　権		10
ソフトウエア	複写して販売するための原本	3
	その他のもの	5
育成者権	種苗法(平成10年法律第83号)第４条第２項に規定する品種	10
	そ　の　他	8
営　業　権		5
専用側線利用権		30
鉄道軌道連絡通行施設利用権		30
電気ガス供給施設利用権		15
水道施設利用権		15
工業用水道施設利用権		15
電気通信施設利用権		20

別表第四　生物の耐用年数表

種　類	細　目	耐用年数
牛	繁殖用（家畜改良増殖法（昭和25年法律第209号）に基づく種付証明書、授精証明書、体内受精卵移植証明書又は体外受精卵移植証明書のあるものに限る。）	
	役肉用牛	6年
	乳用牛	4
	種付用（家畜改良増殖法に基づく種畜証明書の交付を受けた種おす牛に限る。）	4
	その他用	6
馬	繁殖用（家畜改良増殖法に基づく種付証明書又は授精証明書のあるものに限る。）	6
	種付用（家畜改良増殖法に基づく種畜証明書の交付を受けた種おす馬に限る。）	6
	競走用	4
	その他用	8
豚		3
綿羊及びやぎ	種付用	4
	その他用	6
かんきつ樹	温州みかん	28
	その他	30
りんご樹	わい化りんご	20
	その他	29
ぶどう樹	温室ぶどう	12
	その他	15
梨樹		26
桃樹		15
桜桃樹		21
びわ樹		30
くり樹		25
梅樹		25
柿樹		36
あんず樹		25
すもも樹		16
いちじく樹		11
キウイフルーツ樹		22

別表第四　生物の耐用年数表

種　　類	細　　　　　　　　目	耐用年数
ブルーベリー樹		25
パイナップル		3
茶　　　樹		34
オリーブ樹		25
つばき樹		25
桑　　　樹	立て通し	18
	根刈り、中刈り、高刈り	9
こりやなぎ		10
みつまた		5
こうぞ		9
もう宗竹		20
アスパラガス		11
ラミー		8
まおらん		10
ホップ		9

別表第五　公害防止用減価償却資産の耐用年数表

種　　　　　類	耐用年数
構　築　物	18年
機械及び装置	5

別表第六　開発研究用減価償却資産の耐用年数表

種　　類	細　　　　目	耐用年数
建物及び建物附属設備	建物の全部又は一部を低温室、恒温室、無響室、電磁しゃへい室、放射性同位元素取扱室その他の特殊室にするために特に施設した内部造作又は建物附属設備	5年
構　築　物	風どう、試験水そう及び防壁	5
	ガス又は工業薬品貯そう、アンテナ、鉄塔及び特殊用途に使用するもの	7
工　　　具		4
器具及び備品	試験又は測定機器、計算機器、撮影機及び顕微鏡	4
機械及び装置	汎用ポンプ、汎用モーター、汎用金属工作機械、汎用金属加工機械その他これらに類するもの	7
	その他のもの	4
ソフトウエア		3

別表第七　平成19年３月31日以前に取得をされた減価償却資産の償却率表

耐用年数	旧定額法の償却率		旧定率法の償却率	
	年　率	半年率	年　率	半年率
年				
2	0.500	0.250	0.684	0.438
3	0.333	0.167	0.536	0.319
4	0.250	0.125	0.438	0.250
5	0.200	0.100	0.369	0.206
6	0.166	0.083	0.319	0.175
7	0.142	0.071	0.280	0.152
8	0.125	0.063	0.250	0.134
9	0.111	0.056	0.226	0.120
10	0.100	0.050	0.206	0.109
11	0.090	0.045	0.189	0.099
12	0.083	0.042	0.175	0.092
13	0.076	0.038	0.162	0.085
14	0.071	0.036	0.152	0.079
15	0.066	0.033	0.142	0.074
16	0.062	0.031	0.134	0.069
17	0.058	0.029	0.127	0.066
18	0.055	0.028	0.120	0.062
19	0.052	0.026	0.114	0.059
20	0.050	0.025	0.109	0.056
21	0.048	0.024	0.104	0.053
22	0.046	0.023	0.099	0.051
23	0.044	0.022	0.095	0.049
24	0.042	0.021	0.092	0.047
25	0.040	0.020	0.088	0.045
26	0.039	0.020	0.085	0.043
27	0.037	0.019	0.082	0.042
28	0.036	0.018	0.079	0.040
29	0.035	0.018	0.076	0.039
30	0.034	0.017	0.074	0.038
31	0.033	0.017	0.072	0.036
32	0.032	0.016	0.069	0.035
33	0.031	0.016	0.067	0.034
34	0.030	0.015	0.066	0.033
35	0.029	0.015	0.064	0.032
36	0.028	0.014	0.062	0.032
37	0.027	0.014	0.060	0.031
38	0.027	0.014	0.059	0.030
39	0.026	0.013	0.057	0.029
40	0.025	0.013	0.056	0.028
41	0.025	0.013	0.055	0.028
42	0.024	0.012	0.053	0.027
43	0.024	0.012	0.052	0.026
44	0.023	0.012	0.051	0.026
45	0.023	0.012	0.050	0.025
46	0.022	0.011	0.049	0.025
47	0.022	0.011	0.048	0.024
48	0.021	0.011	0.047	0.024
49	0.021	0.011	0.046	0.023
50	0.020	0.010	0.045	0.023

耐用年数	旧定額法の償却率		旧定率法の償却率	
	年　率	半年率	年　率	半年率
51年	0.020	0.010	0.044	
52	0.020	0.010	0.043	
53	0.019	0.010	0.043	
54	0.019	0.010	0.042	
55	0.019	0.010	0.041	
56	0.018	0.009	0.040	
57	0.018	0.009	0.040	
58	0.018	0.009	0.039	
59	0.017	0.009	0.038	
60	0.017	0.009	0.038	
61	0.017	0.009	0.037	
62	0.017	0.009	0.036	
63	0.016	0.008	0.036	
64	0.016	0.008	0.035	
65	0.016	0.008	0.035	
66	0.016	0.008	0.034	
67	0.015	0.008	0.034	
68	0.015	0.008	0.033	
69	0.015	0.008	0.033	
70	0.015	0.008	0.032	
71	0.014	0.007	0.032	
72	0.014	0.007	0.032	
73	0.014	0.007	0.031	
74	0.014	0.007	0.031	
75	0.014	0.007	0.030	
76	0.014	0.007	0.030	
77	0.013	0.007	0.030	
78	0.013	0.007	0.029	
79	0.013	0.007	0.029	
80	0.013	0.007	0.028	
81	0.013	0.007	0.028	
82	0.013	0.007	0.028	
83	0.012	0.006	0.027	
84	0.012	0.006	0.027	
85	0.012	0.006	0.026	
86	0.012	0.006	0.026	
87	0.012	0.006	0.026	
88	0.012	0.006	0.026	
89	0.012	0.006	0.026	
90	0.012	0.006	0.025	
91	0.011	0.006	0.025	
92	0.011	0.006	0.025	
93	0.011	0.006	0.025	
94	0.011	0.006	0.024	
95	0.011	0.006	0.024	
96	0.011	0.006	0.024	
97	0.011	0.006	0.023	
98	0.011	0.006	0.023	
99	0.011	0.006	0.023	
100	0.010	0.005	0.023	

別表第八　平成19年４月１日以後に取得をされた減価償却資産の定額法の償却率表

耐用年数	償却率		耐用年数	償却率	
	年　率	半年率		年　率	半年率
年			年		
2	0.500	0.250	51	0.020	0.010
3	0.334	0.167	52	0.020	0.010
4	0.250	0.125	53	0.019	0.010
5	0.200	0.100	54	0.019	0.010
6	0.167	0.084	55	0.019	0.010
7	0.143	0.072	56	0.018	0.009
8	0.125	0.063	57	0.018	0.009
9	0.112	0.056	58	0.018	0.009
			59	0.017	0.009
10	0.100	0.050	60	0.017	0.009
11	0.091	0.046	61	0.017	0.009
12	0.084	0.042	62	0.017	0.009
13	0.077	0.039	63	0.016	0.008
14	0.072	0.036	64	0.016	0.008
15	0.067	0.034	65	0.016	0.008
16	0.063	0.032	66	0.016	0.008
17	0.059	0.030	67	0.015	0.008
18	0.056	0.028	68	0.015	0.008
19	0.053	0.027	69	0.015	0.008
20	0.050	0.025	70	0.015	0.008
21	0.048	0.024	71	0.015	0.008
22	0.046	0.023	72	0.014	0.007
23	0.044	0.022	73	0.014	0.007
24	0.042	0.021	74	0.014	0.007
25	0.040	0.020	75	0.014	0.007
26	0.039	0.020	76	0.014	0.007
27	0.038	0.019	77	0.013	0.007
28	0.036	0.018	78	0.013	0.007
29	0.035	0.018	79	0.013	0.007
30	0.034	0.017	80	0.013	0.007
31	0.033	0.017	81	0.013	0.007
32	0.032	0.016	82	0.013	0.007
33	0.031	0.016	83	0.013	0.007
34	0.030	0.015	84	0.012	0.006
35	0.029	0.015	85	0.012	0.006
36	0.028	0.014	86	0.012	0.006
37	0.028	0.014	87	0.012	0.006
38	0.027	0.014	88	0.012	0.006
39	0.026	0.013	89	0.012	0.006
40	0.025	0.013	90	0.012	0.006
41	0.025	0.013	91	0.011	0.006
42	0.024	0.012	92	0.011	0.006
43	0.024	0.012	93	0.011	0.006
44	0.023	0.012	94	0.011	0.006
45	0.023	0.012	95	0.011	0.006
46	0.022	0.011	96	0.011	0.006
47	0.022	0.011	97	0.011	0.006
48	0.021	0.011	98	0.011	0.006
49	0.021	0.011	99	0.011	0.006
50	0.020	0.010	100	0.010	0.005

別表第九　平成19年４月１日から平成24年３月31日までの間に取得をされた減価償却資産の定率法の償却率、改定償却率及び保証率の表

耐用年数	償却率		改定償却率		保証率
	年率	半年率	年率	半年率	
年					
2	1.000	0.500	—	—	—
3	0.833	0.417	1.000	0.500	0.02789
4	0.625	0.313	1.000	0.500	0.05274
5	0.500	0.250	1.000	0.500	0.06249
6	0.417	0.209	0.500	0.250	0.05776
7	0.357	0.179	0.500	0.250	0.05496
8	0.313	0.157	0.334	0.167	0.05111
9	0.278	0.139	0.334	0.167	0.04731
10	0.250	0.125	0.334	0.167	0.04448
11	0.227	0.114	0.250	0.125	0.04123
12	0.208	0.104	0.250	0.125	0.03870
13	0.192	0.096	0.200	0.100	0.03633
14	0.179	0.090	0.200	0.100	0.03389
15	0.167	0.084	0.200	0.100	0.03217
16	0.156	0.078	0.167	0.084	0.03063
17	0.147	0.074	0.167	0.084	0.02905
18	0.139	0.070	0.143	0.072	0.02757
19	0.132	0.066	0.143	0.072	0.02616
20	0.125	0.063	0.143	0.072	0.02517
21	0.119	0.060	0.125	0.063	0.02408
22	0.114	0.057	0.125	0.063	0.02296
23	0.109	0.055	0.112	0.056	0.02226
24	0.104	0.052	0.112	0.056	0.02157
25	0.100	0.050	0.112	0.056	0.02058
26	0.096	0.048	0.100	0.050	0.01989
27	0.093	0.047	0.100	0.050	0.01902
28	0.089	0.045	0.091	0.046	0.01866
29	0.086	0.043	0.091	0.046	0.01803
30	0.083	0.042	0.084	0.042	0.01766
31	0.081	0.041	0.084	0.042	0.01688
32	0.078	0.039	0.084	0.042	0.01655
33	0.076	0.038	0.077	0.039	0.01585
34	0.074	0.037	0.077	0.039	0.01532
35	0.071	0.036	0.072	0.036	0.01532
36	0.069	0.035	0.072	0.036	0.01494
37	0.068	0.034	0.072	0.036	0.01425
38	0.066	0.033	0.067	0.034	0.01393
39	0.064	0.032	0.067	0.034	0.01370
40	0.063	0.032	0.067	0.034	0.01317
41	0.061	0.031	0.063	0.032	0.01306
42	0.060	0.030	0.063	0.032	0.01261
43	0.058	0.029	0.059	0.030	0.01248
44	0.057	0.029	0.059	0.030	0.01210
45	0.056	0.028	0.059	0.030	0.01175
46	0.054	0.027	0.056	0.028	0.01175
47	0.053	0.027	0.056	0.028	0.01153
48	0.052	0.026	0.053	0.027	0.01126
49	0.051	0.026	0.053	0.027	0.01102
50	0.050	0.025	0.053	0.027	0.01072

別表第九　平成19年４月１日から平成24年３月31日までの間に取得をされた減価償却資産の定率法の償却率、改定償却率及び保証率の表

耐用年数	償却率		改定償却率		保証率
	年率	半年率	年率	半年率	
51年	0.049	0.025	0.050	0.025	0.01053
52	0.048	0.024	0.050	0.025	0.01036
53	0.047	0.024	0.048	0.024	0.01028
54	0.046	0.023	0.048	0.024	0.01015
55	0.045	0.023	0.046	0.023	0.01007
56	0.045	0.023	0.046	0.023	0.00961
57	0.044	0.022	0.046	0.023	0.00952
58	0.043	0.022	0.044	0.022	0.00945
59	0.042	0.021	0.044	0.022	0.00934
60	0.042	0.021	0.044	0.022	0.00895
61	0.041	0.021	0.042	0.021	0.00892
62	0.040	0.020	0.042	0.021	0.00882
63	0.040	0.020	0.042	0.021	0.00847
64	0.039	0.020	0.040	0.020	0.00847
65	0.038	0.019	0.039	0.020	0.00847
66	0.038	0.019	0.039	0.020	0.00828
67	0.037	0.019	0.038	0.019	0.00828
68	0.037	0.019	0.038	0.019	0.00810
69	0.036	0.018	0.038	0.019	0.00800
70	0.036	0.018	0.038	0.019	0.00771
71	0.035	0.018	0.036	0.018	0.00771
72	0.035	0.018	0.036	0.018	0.00751
73	0.034	0.017	0.035	0.018	0.00751
74	0.034	0.017	0.035	0.018	0.00738
75	0.033	0.017	0.034	0.017	0.00738
76	0.033	0.017	0.034	0.017	0.00726
77	0.032	0.016	0.033	0.017	0.00726
78	0.032	0.016	0.033	0.017	0.00716
79	0.032	0.016	0.033	0.017	0.00693
80	0.031	0.016	0.032	0.016	0.00693
81	0.031	0.016	0.032	0.016	0.00683
82	0.030	0.015	0.031	0.016	0.00683
83	0.030	0.015	0.031	0.016	0.00673
84	0.030	0.015	0.031	0.016	0.00653
85	0.029	0.015	0.030	0.015	0.00653
86	0.029	0.015	0.030	0.015	0.00645
87	0.029	0.015	0.030	0.015	0.00627
88	0.028	0.014	0.029	0.015	0.00627
89	0.028	0.014	0.029	0.015	0.00620
90	0.028	0.014	0.029	0.015	0.00603
91	0.027	0.014	0.027	0.014	0.00649
92	0.027	0.014	0.027	0.014	0.00632
93	0.027	0.014	0.027	0.014	0.00615
94	0.027	0.014	0.027	0.014	0.00598
95	0.026	0.013	0.027	0.014	0.00594
96	0.026	0.013	0.027	0.014	0.00578
97	0.026	0.013	0.027	0.014	0.00563
98	0.026	0.013	0.027	0.014	0.00549
99	0.025	0.013	0.026	0.013	0.00549
100	0.025	0.013	0.026	0.013	0.00546

別表第十　平成24年４月１日以後に取得をされた減価償却資産の定率法の償却率、改定償却率及び保証率の表

耐用年数	償却率		改定償却率		保証率
	年率	半年率	年率	半年率	
年					
2	1.000	0.500	—	—	—
3	0.667	0.334	1.000	0.500	0.11089
4	0.500	0.250	1.000	0.500	0.12499
5	0.400	0.200	0.500	0.250	0.10800
6	0.333	0.167	0.334	0.167	0.09911
7	0.286	0.143	0.334	0.167	0.08680
8	0.250	0.125	0.334	0.167	0.07909
9	0.222	0.111	0.250	0.125	0.07126
10	0.200	0.100	0.250	0.125	0.06552
11	0.182	0.091	0.200	0.100	0.05992
12	0.167	0.084	0.200	0.100	0.05566
13	0.154	0.077	0.167	0.084	0.05180
14	0.143	0.072	0.167	0.084	0.04854
15	0.133	0.067	0.143	0.072	0.04565
16	0.125	0.063	0.143	0.072	0.04294
17	0.118	0.059	0.125	0.063	0.04038
18	0.111	0.056	0.112	0.056	0.03884
19	0.105	0.053	0.112	0.056	0.03693
20	0.100	0.050	0.112	0.056	0.03486
21	0.095	0.048	0.100	0.050	0.03335
22	0.091	0.046	0.100	0.050	0.03182
23	0.087	0.044	0.091	0.046	0.03052
24	0.083	0.042	0.084	0.042	0.02969
25	0.080	0.040	0.084	0.042	0.02841
26	0.077	0.039	0.084	0.042	0.02716
27	0.074	0.037	0.077	0.039	0.02624
28	0.071	0.036	0.072	0.036	0.02568
29	0.069	0.035	0.072	0.036	0.02463
30	0.067	0.034	0.072	0.036	0.02366
31	0.065	0.033	0.067	0.034	0.02286
32	0.063	0.032	0.067	0.034	0.02216
33	0.061	0.031	0.063	0.032	0.02161
34	0.059	0.030	0.063	0.032	0.02097
35	0.057	0.029	0.059	0.030	0.02051
36	0.056	0.028	0.059	0.030	0.01974
37	0.054	0.027	0.056	0.028	0.01950
38	0.053	0.027	0.056	0.028	0.01882
39	0.051	0.026	0.053	0.027	0.01860
40	0.050	0.025	0.053	0.027	0.01791
41	0.049	0.025	0.050	0.025	0.01741
42	0.048	0.024	0.050	0.025	0.01694
43	0.047	0.024	0.048	0.024	0.01664
44	0.045	0.023	0.046	0.023	0.01664
45	0.044	0.022	0.046	0.023	0.01634
46	0.043	0.022	0.044	0.022	0.01601
47	0.043	0.022	0.044	0.022	0.01532
48	0.042	0.021	0.044	0.022	0.01499
49	0.041	0.021	0.042	0.021	0.01475
50	0.040	0.020	0.042	0.021	0.01440

別表第十　平成24年４月１日以後に取得をされた減価償却資産の定率法の償却率、改定償却率及び保証率の表

耐用年数	償却率		改定償却率		保証率
	年率	半年率	年率	半年率	
51年	0.039	0.020	0.040	0.020	0.01422
52	0.038	0.019	0.039	0.020	0.01422
53	0.038	0.019	0.039	0.020	0.01370
54	0.037	0.019	0.038	0.019	0.01370
55	0.036	0.018	0.038	0.019	0.01337
56	0.036	0.018	0.038	0.019	0.01288
57	0.035	0.018	0.036	0.018	0.01281
58	0.034	0.017	0.035	0.018	0.01281
59	0.034	0.017	0.035	0.018	0.01240
60	0.033	0.017	0.034	0.017	0.01240
61	0.033	0.017	0.034	0.017	0.01201
62	0.032	0.016	0.033	0.017	0.01201
63	0.032	0.016	0.033	0.017	0.01165
64	0.031	0.016	0.032	0.016	0.01165
65	0.031	0.016	0.032	0.016	0.01130
66	0.030	0.015	0.031	0.016	0.01130
67	0.030	0.015	0.031	0.016	0.01097
68	0.029	0.015	0.030	0.015	0.01097
69	0.029	0.015	0.030	0.015	0.01065
70	0.029	0.015	0.030	0.015	0.01034
71	0.028	0.014	0.029	0.015	0.01034
72	0.028	0.014	0.029	0.015	0.01006
73	0.027	0.014	0.027	0.014	0.01063
74	0.027	0.014	0.027	0.014	0.01035
75	0.027	0.014	0.027	0.014	0.01007
76	0.026	0.013	0.027	0.014	0.00980
77	0.026	0.013	0.027	0.014	0.00954
78	0.026	0.013	0.027	0.014	0.00929
79	0.025	0.013	0.026	0.013	0.00929
80	0.025	0.013	0.026	0.013	0.00907
81	0.025	0.013	0.026	0.013	0.00884
82	0.024	0.012	0.024	0.012	0.00929
83	0.024	0.012	0.024	0.012	0.00907
84	0.024	0.012	0.024	0.012	0.00885
85	0.024	0.012	0.024	0.012	0.00864
86	0.023	0.012	0.023	0.012	0.00885
87	0.023	0.012	0.023	0.012	0.00864
88	0.023	0.012	0.023	0.012	0.00844
89	0.022	0.011	0.022	0.011	0.00863
90	0.022	0.011	0.022	0.011	0.00844
91	0.022	0.011	0.022	0.011	0.00825
92	0.022	0.011	0.022	0.011	0.00807
93	0.022	0.011	0.022	0.011	0.00790
94	0.021	0.011	0.021	0.011	0.00807
95	0.021	0.011	0.021	0.011	0.00790
96	0.021	0.011	0.021	0.011	0.00773
97	0.021	0.011	0.021	0.011	0.00757
98	0.020	0.010	0.020	0.010	0.00773
99	0.020	0.010	0.020	0.010	0.00757
100	0.020	0.010	0.020	0.010	0.00742

別表第十一　平成19年３月31日以前に取得をされた減価償却資産の残存割合表

種　　　類	細　　　目	残存割合
別表第一、別表第二、別表第五及び別表第六に掲げる減価償却資産（同表に掲げるソフトウエアを除く。）		0.100
別表第三に掲げる無形減価償却資産、別表第六に掲げるソフトウエア並びに鉱業権及び坑道		0
別表第四に掲げる生物	牛	
	繁殖用の乳用牛及び種付用の役肉用牛	0.200
	種付用の乳用牛	0.100
	その他用のもの	0.500
	馬	
	繁殖用及び競走用のもの	0.200
	種付用のもの	0.100
	その他用のもの	0.300
	豚	0.300
	綿羊及びやぎ	0.050
	果樹その他の植物	0.050

耐用年数の適用等に関する取扱通達

（昭和45年５月25日付直法４－25他１課共同
最終改正　令５．６．20課法２－８他１課共同）

目　　　次

序章　本通達運用上の基本的留意事項

耐用年数の適用等に関する取扱通達（以下「耐用年数通達」という。）は、さきに制定された基本通達に呼応し、従来の耐用年数等減価償却の技術的事項に関する通達について全面的な再検討を行い、これを整備統合すると共に、その取扱いにつき可及的に簡素化と弾力化を図ったものである。

もとより、耐用年数通達は、主として技術的な事項に関するものであるから、その簡素化及び弾力化については、ある程度制約があることは否めないが、個々の減価償却資産の種類、構造、用途等の判断については、合理的な社会的慣行を尊重しつつ、弾力的な処理を行うべきものと考えられる。

したがって、耐用年数通達の制定に当たっては、単なる解説的な事項及び公正な社会的慣行にその判断を委ねることが相当と認められる事項は、原則として通達として定めず、おおむね次のことに主眼をおいて定めた。

（1）　耐用年数表の適用区分についての基本的判定基準として定めることが相当な事項

（2）　現行耐用年数省令等の規定のもとにおいて、個々の実情に即し弾力的な取扱いをする場合として明らかにすることが必要と認められる事項

（3）　減価償却資産の属性、その区分等につき誤解を生ずることのないよう明らかにすることが相当と認められる事項

（4）　税法上の特別な制度についての具体的な適用に関してその取扱いを明らかにする必要があると認められる事項

この耐用年数通達において、上記に定めた事項については、その取扱いに従って処理することとなるが、その取扱いを定めていない事項については、個々の具体的実情に応じ、それが会計処理のあり方に関するものであるときは基本通達及びその制定の趣旨にのっとって処理することとし、減価償却資産の属性、その区分等の技術的な事項に関するものであるときは第一次的には適正かつ合理的な社会慣行に従い、なお明確な判定等が困難なときは物品の分類等に関する文献等を参酌して合理的な判定等を行うよう留意する必要がある。

いやしくも、通達に定めがないとの理由で法令の規定の趣旨や社会通念等から逸脱した運用を行ったり、解釈を行ったりすることのないように留意されたい。

第１章　耐用年数関係総論

第１節　通　　則

（２以上の用途に共用されている資産の耐用年数）

1-1-1　同一の減価償却資産について、その用途により異なる耐用年数が定められている場合において、減価償却資産が２以上の用途に共通して使用されているときは、その減価償却資産の用途については、その使用目的、使用の状況等より勘案して合理的に判定するものとする。この場合、その判定した用途に係る耐用年数は、その判定の基礎となった事実が著しく異ならない限り、継続して適用する。

（資本的支出後の耐用年数）

1-1-2　省令に定める耐用年数を適用している減価償却資産について資本的支出をした場合には、その資本的支出に係る部分の減価償却資産についても、現に適用している耐用年数により償却限度額を計算することに留意する。

令第55条第４項及び第５項《資本的支出の取得価額の特例》の規定により新たに取得したものとされる一の減価償却資産については、同条第４項に規定する旧減価償却資産に現に適用している耐用年数により償却限度額を計算することに留意する。

（他人の建物に対する造作の耐用年数）

1-1-3　法人が建物を賃借し自己の用に供するため造作した場合（現に使用している用途を他の用途に変えるために造作した場合を含む。）の造作に要した金額は、当該造作が、建物についてされたときは、当該建物の耐用年数、その造作の種類、用途、使用材質等を勘案して、合理的に見積もった耐用年数により、建物附属設備に

ついてされたときは、建物附属設備の耐用年数により償却する。ただし、当該建物について賃借期間の定めがあるもの（賃借期間の更新のできないものに限る。）で、かつ、有益費の請求又は買取請求をすることができないものについては、当該賃借期間を耐用年数として償却することができる。

（注）同一の建物（一の区画ごとに用途を異にしている場合には、同一の用途に属する部分）についてした造作は、その全てを一の資産として償却をするのであるから、その耐用年数は、その造作全部を総合して見積もることに留意する。

（賃借資産についての改良費の耐用年数）

1-1-4　法人が使用する他人の減価償却資産（1-1-3によるものを除く。）につき支出した資本的支出の金額は、当該減価償却資産の耐用年数により償却する。

この場合において、1-1-3のただし書の取扱いを準用する。

（貸与資産の耐用年数）

1-1-5　貸与している減価償却資産の耐用年数は、別表において貸付業用として特掲されているものを除き、原則として、貸与を受けている者のその資産の用途等に応じて判定する。

（前掲の区分によらない資産の意義等）

1-1-6　別表第一又は別表第二に掲げる「前掲の区分によらないもの」とは、法人が別表第一に掲げる一の種類に属する減価償却資産又は別表第二の機械及び装置について「構造又は用途」、「細目」又は「設備の種類」ごとに区別しないで、当該一の種類に属する減価償却資産又は機械及び装置の全部を一括して償却する場合のこれらの資産をいい、別表第一に掲げる一の種類に属する減価償却資産又は別表第二の機械及び装置のうち、その一部の資産については区別されて定められた耐用年数を適用し、その他のものについては「前掲の区分によらないもの」の耐用年数を適用することはできないことに留意する。

ただし、当該その他のものに係る「構造又は用途」、「細目」又は「設備の種類」による区分ごとの耐用年数の全てが、「前掲の区分によらないもの」の耐用年数より短いものである場合には、この限りでない。

（器具及び備品の耐用年数の選択適用）

1-1-7　器具及び備品の耐用年数については、1-1-6にかかわらず、別表第一に掲げる「器具及び備品」の「１」から「11」までに掲げる品目のうちそのいずれか一についてその区分について定められている耐用年数により、その他のものについて一括して「12前掲する資産のうち、当該資産について定められている前掲の耐用年数によるもの以外のもの及び前掲の区分によらないもの」の耐用年数によることができることに留意する。

（耐用年数の選択適用ができる資産を法人が資産に計上しなかった場合に適用する耐用年数）

1-1-8　法人が減価償却資産として計上すべきものを資産に計上しなかった場合において、基本通達7-5-1によりその取得価額に相当する金額を償却費として損金経理をしたものとして取り扱うときにおける当該計上しなかった資産（1-1-6ただし書又は1-1-7の適用がある場合に限る。）の耐用年数は、次による。

（１）　法人が当該計上しなかった資産と品目を一にするものを有している場合には、その品目について法人が適用している耐用年数による。

（２）　法人が当該計上しなかった資産と品目を一にするものを有していない場合には、それぞれ区分された耐用年数によるか、「前掲の区分によらないもの」の耐用年数によるかは、法人の申出によるものとし、その申出のないときは、「前掲の区分によらないもの」の耐用年数による。

（「構築物」又は「器具及び備品」で特掲されていないものの耐用年数）

1-1-9　「構築物」又は「器具及び備品」（以下1-1-9において「構築物等」という。）で細目が特掲されていないもののうちに、当該構築物等と「構造又は用途」及び使用状況が類似している別表第一に特掲されている構築物等がある場合には、別に定めるものを除き、税務署長（調査部(課)所管法人にあっては、国税局長）の確認を受けて、当該特掲されている構築物等の耐用年数を適用することができる。

（特殊の減価償却資産の耐用年数の適用の特例）

1-1-10　法人が別表第五又は別表第六に掲げられている減価償却資産について、別表第一又は別表第二の耐用年数を適用している場合には、継続して適用することを要件としてこれを認める。

第２節　建物関係共通事項

（建物の構造の判定）

1-2-1　建物を構造により区分する場合において、どの構造に属するかは、その主要柱、耐力壁又ははり等その建物の主要部分により判定する。

（２以上の構造から成る建物）

1-2-2　一の建物が別表第一の「建物」に掲げる２以上の構造により構成されている場合において、構造別に区分することができ、かつ、それぞれが社会通念上別の建物とみられるもの（例えば、鉄筋コンクリート造３階建ての建物の上に更に木造建物を建築して４階建てとしたようなもの）であるときは、その建物については、それぞれの構造の異なるごとに区分して、その構造について定められた耐用年数を適用する。

（建物の内部造作物）

1-2-3　建物の内部に施設された造作については、その造作が建物附属設備に該当する場合を除き、その造作の構造が当該建物の骨格の構造と異なっている場合においても、それを区分しないで当該建物に含めて当該建物の耐用年数を適用する。したがって、例えば、旅館等の鉄筋コンクリート造の建物について、その内部を和風の様式とするため特に木造の内部造作を施設した場合においても、当該内部造作物を建物から分離して、木造建物の耐用年数を適用することはできず、また、工場建物について、温湿度の調整制御、無菌又は無じん空気の汚濁防止、防音、しゃ光、放射線防御等のために特に内部造作物を施設した場合には、当該内部造作物が機械装置とその効用を一にするとみられるときであっても、当該内部造作物は建物に含めることに留意する。

（２以上の用途に使用される建物に適用する耐用年数の特例）

1-2-4　一の建物を２以上の用途に使用するため、当該建物の一部について特別な内部造作その他の施設をしている場合、例えば、鉄筋コンクリート造の６階建てのビルディングのうち１階から５階までを事務所に使用し、６階を劇場に使用するため、６階について特別な内部造作をしている場合には、1-1-1にかかわらず、当該建物について別表第一の「建物」の「細目」に掲げる２以上の用途ごとに区分して、その用途について定められている耐用年数をそれぞれ適用することができる。ただし、鉄筋コンクリート造の事務所用ビルディングの地階等に附属して設けられている電気室、機械室、車庫又は駐車場等のようにその建物の機能を果たすに必要な補助的部分（専ら区分した用途に供されている部分を除く。）については、これを用途ごとに区分しないで、当該建物の主たる用途について定められている耐用年数を適用する。

第３節　構築物関係共通事項

（構築物の耐用年数の適用）

1-3-1　構築物については、まず、その用途により判定し、用途の特掲されていない構築物については、その構造の異なるごとに判定する。

（構築物と機械及び装置の区分）

1-3-2　次に掲げるもののように生産工程の一部としての機能を有しているものは、構築物に該当せず、機械及び装置に該当するものとする。

（1） 醸成、焼成等の用に直接使用される貯蔵槽、仕込槽、窯等

（2） ガス貯槽、薬品貯槽又は水槽及び油槽のうち、製造工程中にある中間受槽及びこれに準ずる貯槽で、容量、規模等から見て機械及び装置の一部であると認められるもの

（3） 工業薬品、ガス、水又は油の配管施設のうち、製造工程に属するもの

(注) タンカーから石油精製工場内の貯蔵タンクまで原油を陸揚げするために施設されたパイプライン等は、構築物に該当する。

（構築物の附属装置）

1-3-3 構築物である石油タンクに固着する消火設備、塔の昇降設備等構築物の附属装置については、法人が継続して機械及び装置としての耐用年数を適用している場合には、これを認める。

第４節　機械及び装置関係共通事項

（機械及び装置の耐用年数）

1-4-1 機械及び装置の耐用年数の適用については、機械及び装置を別表第二、別表第五又は別表第六に属するもの（別表第二に属する機械及び装置については、更に設備の種類ごと）に区分し、その耐用年数を適用する。

(注)「前掲の区分によらないもの」の意義については、1-1-6参照。

（いずれの「設備の種類」に該当するかの判定）

1-4-2 機械及び装置が一の設備を構成する場合には、当該機械及び装置の全部について一の耐用年数を適用するのであるが、当該設備が別表第二の「設備の種類」に掲げる設備（以下「業用設備」という。）のいずれに該当するかは、原則として、法人の当該設備の使用状況等からいずれの業種用の設備として通常使用しているかにより判定することに留意する。

（最終製品に基づく判定）

1-4-3 1-4-2の場合において、法人が当該設備をいずれの業種用の設備として通常使用しているかは、当該設備に係る製品（役務の提供を含む。以下「製品」という。）のうち最終的な製品（製品のうち中間の工程において生ずる製品以外のものをいう。以下「最終製品」という。）に基づき判定する。なお、最終製品に係る設備が業用設備のいずれに該当するかの判定は、原則として、日本標準産業分類の分類によることに留意する。

（中間製品に係る設備に適用する耐用年数）

1-4-4 1-4-3の場合において、最終製品に係る一連の設備を構成する中間製品（最終製品以外の製品をいう。以下同じ。）に係る設備の規模が当該一連の設備の規模に占める割合が相当程度であるときは、当該中間製品に係る設備については、最終製品に係る業用設備の耐用年数を適用せず、当該中間製品に係る業用設備の耐用年数を適用する。

この場合において、次のいずれかに該当すると認められるときは、当該割合が相当程度であると判定して差し支えない。

（1） 法人が中間製品を他に販売するとともに、自己の最終製品の材料、部品等として使用している場合において、他に販売している数量等の当該中間製品の総生産量等に占める割合がおおむね50%を超えるとき

（2） 法人が工程の一部をもって、他から役務の提供を請け負う場合において、当該工程における稼動状況に照らし、その請負に係る役務の提供の当該工程に占める割合がおおむね50%を超えるとき

（自家用設備に適用する耐用年数）

1-4-5 次に掲げる設備のように、その設備から生ずる最終製品を専ら用いて他の最終製品が生産等される場合の当該設備については、当該最終製品に係る設備ではなく、当該他の最終製品に係る設備として、その使用状況等から1-4-2の判定を行うものとする。

（1） 製造業を営むために有する発電設備及び送電設備

（2） 製造業を営むために有する金型製造設備

（3） 製造業を営むために有するエレベーター、スタッカー等の倉庫用設備

（4） 道路旅客運送業を営むために有する修理工場設備、洗車設備及び給油設備

（複合的なサービス業に係る設備に適用する耐用年数）

1-4-6 それぞれの設備から生ずる役務の提供が複合して一の役務の提供を構成する場合の当該設備については、それぞれの設備から生ずる役務の提供に係る業種用の設備の耐用年数を適用せず、当該一の役務の提供に係る業種用の設備の耐用年数を適用する。したがって、例えば、ホテルにおいて宿泊業の業種用の設備の一部として通常使用しているクリーニング設備や浴場設備については、「47宿泊業用設備」の耐用年数を適用することとなる。

（プレス及びクレーンの基礎）

1-4-7 プレス及びクレーンの基礎は、原則として機械装置に含めるのであるが、次に掲げるものは、それぞれ次による。

（1） プレス　自動車ボデーのタンデムプレスラインで多量生産方式に即するため、ピットを構築してプレスを装架する等の方式（例えば「総地下式」、「連続ピット型」、「連続基礎型」等と呼ばれているものをいう。）の場合における当該ピットの部分は、建物に含める。

（2） クレーン　造船所の大型ドック等において、地上組立用、船台取付用、ドック用又はぎ装用等のために有する走行クレーン（門型、ジブ型、塔形等）でその走行区間が長く、構築物と一体となっていると認められる場合には、その基礎に係る部分についてはその施設されている構築物に含め、そのレールに係る部分についてはその施設されている構築物以外の構築物に該当するものとする。

第５節　中古資産の耐用年数

（中古資産の耐用年数の見積法及び簡便法）

1-5-1 中古資産についての省令第３条第１項第１号に規定する方法（以下1-7-2までにおいて「見積法」という。）又は同項第２号に規定する方法（以下1-5-7までにおいて「簡便法」という。）による耐用年数の算定は、その事業の用に供した事業年度においてすることができるのであるから当該事業年度においてその算定をしなかったときは、その後の事業年度においてはその算定をすることができないことに留意する。

（注） 法人が、法第72条第１項に規定する期間（当該法人が通算子法人である場合には、同条第５項第１号に規定する期間。以下「中間期間」という。）において取得した中古の減価償却資産につき法定耐用年数を適用した場合であっても、当該中間事業年度を含む事業年度においては当該資産につき見積法又は簡便法により算定した耐用年数を適用することができることに留意する。

（見積法及び簡便法を適用することができない中古資産）

1-5-2 法人が中古資産を取得した場合において、当該減価償却資産を事業の用に供するに当たって支出した資本的支出の金額が当該減価償却資産の再取得価額の100分の50に相当する金額を超えるときは、当該減価償却資産については、別表第一、別表第二、別表第五又は別表第六に定める耐用年数によるものとする。

（中古資産に資本的支出をした後の耐用年数）

1-5-3 1-5-2の取扱いは、法人が見積法又は簡便法により算定した耐用年数により減価償却を行っている中古資産につき、各事業年度において資本的支出を行った場合において、一の計画に基づいて支出した資本的支出の金額の合計額又は当該各事業年度中に支出した資本的支出の金額の合計額が、当該減価償却資産の再取得価額の100分の50に相当する金額を超えるときにおける当該減価償却資産及びこれらの資本的支出の当該事業年度における資本的支出をした後の減価償却について準用する。

（中古資産の耐用年数の見積りが困難な場合）

1-5-4 省令第３条第１項第２号に規定する「前

号の年数を見積もることが困難なもの」とは、その見積りのために必要な資料がないため技術者等が積極的に特別の調査をしなければならないこと又は耐用年数の見積りに多額の費用を要すると認められることにより使用可能期間の年数を見積もることが困難な減価償却資産をいう。

（経過年数が不明な場合の経過年数の見積り）

1-5-5　法人がその有する中古資産に適用する耐用年数を簡便法により計算する場合において、その資産の経過年数が不明なときは、その構造、形式、表示されている製作の時期等を勘案してその経過年数を適正に見積もるものとする。

（資本的支出の額を区分して計算した場合の耐用年数の簡便計算）

1-5-6　法人がその有する中古資産に適用する耐用年数について、省令第３条第１項ただし書の規定により簡便法によることができない場合であっても、法人が次の算式により計算した年数（１年未満の端数があるときは、これを切り捨てた年数とする。）を当該中古資産に係る耐用年数として計算したときには、当該中古資産を事業の用に供するに当たって支出した資本的支出の金額が当該減価償却資産の再取得価額の100分の50に相当する金額を超えるときを除き、これを認める。

（算　式）

$$\text{当該中古資産の取得価額（資本的支出の額を含む。）} \div \left\{ \frac{\text{当該中古資産の取得価額（資本的支出の額を含まない。）}}{\text{当該中古資産につき省令第３条第１項第２号の規定により算定した耐用年数}} + \frac{\text{当該中古資産の資本的支出の額}}{\text{当該中古資産に係る法定耐用年数}} \right\}$$

（中古資産の耐用年数を簡便法により算定している場合において法定耐用年数が短縮されたときの取扱い）

1-5-7　法人が、中古資産を取得し、その耐用年数を簡便法により算定している場合において、その取得の日の属する事業年度後の事業年度においてその資産に係る法定耐用年数が短縮されたときには、改正後の省令の規定が適用される最初の事業年度において改正後の法定耐用年数を基礎にその資産の耐用年数を簡便法により再計算することを認める。

（注）この場合の再計算において用いられる経過年数はその中古資産を取得したときにおける経過年数によることに留意する。

（中古の総合償却資産を取得した場合の総合耐用年数の見積り）

1-5-8　総合償却資産（機械及び装置並びに構築物で、当該資産に属する個々の資産の全部につき、その償却の基礎となる価額を個々の資産の全部を総合して定められた耐用年数により償却することとされているものをいう。以下同じ。）については、法人が工場を一括して取得する場合等別表第一、別表第二、別表第五又は別表第六に掲げる一の「設備の種類」又は「種類」に属する資産の相当部分につき中古資産を一時に取得した場合に限り、次により当該資産の総合耐用年数を見積もって当該中古資産以外の資産と区別して償却することができる。

（１）　中古資産の総合耐用年数は、同時に取得した中古資産のうち、別表第一、別表第二、別表第五又は別表第六に掲げる一の「設備の種類」又は「種類」に属するものの全てについて次の算式により計算した年数（その年数に１年未満の端数があるときは、その端数を切り捨て、その年数が２年に満たない場合には、２年とする。）による。

（算　式）

$$\text{当該中古資産の取得価額の合計額} \div \text{当該中古資産を構成する個々の資産の全部につき、それぞれ個々の資産の取得価額を当該個々の資産について使用可能と見積もられる耐用年数で除して得た金額の合計額}$$

（２）　（１）の算式において、個々の中古資産の耐用年数の見積りが困難な場合には、当該資産の種類又は設備の種類について定められた旧別表第二の法定耐用年数の算定の基礎となった当該個々の資産の個別耐用年数を基礎として省令第３条第１項第２号の規定の例によりその耐用年数を算定することができる。この場合において、当該資産が同項ただし書の場合に該当するときは1-5-6の取扱いを準用する。

(注) 個々の資産の個別耐用年数とは、「機械装置の個別年数と使用時間表」の「機械及び装置の細目と個別年数」の「同上算定基礎年数」をいい、構築物については、付表３又は付表４に定める算定基礎年数をいう。

ただし、個々の資産の個別耐用年数がこれらの表に掲げられていない場合には、当該資産と種類等を同じくする資産又は当該資産に類似する資産の個別耐用年数を基準として見積もられる耐用年数とする。

(取得した中古機械装置等が設備の相当部分を占めるかどうかの判定)

1-5-9　1-5-8の場合において、取得した中古資産がその設備の相当部分であるかどうかは、当該取得した資産の再取得価額の合計額が、当該資産を含めた当該資産の属する設備全体の再取得価額の合計額のおおむね100分の30以上であるかどうかにより判定するものとする。

この場合において、当該法人が２以上の工場を有するときは、工場別に判定する。

(総合償却資産の総合耐用年数の見積りの特例)

1-5-10　法人が工場を一括して取得する場合のように中古資産である一の設備の種類に属する総合償却資産の全部を一時に取得したときは、1-5-8にかかわらず、当該総合償却資産について定められている法定耐用年数から経過年数（当該資産の譲渡者が譲渡した日において付していた当該資産の帳簿価額を当該資産のその譲渡者に係る取得価額をもって除して得た割合に応ずる当該法定耐用年数に係る未償却残額割合に対応する譲渡者が採用していた償却の方法に応じた経過年数による。）を控除した年数に、経過年数の100分の20に相当する年数を加算した年数（その年数に１年未満の端数があるときは、その端数を切り捨て、その年数が２年に満たない場合には、２年とする。）を当該中古資産の耐用年数とすることができる。

(注)１　償却の方法を旧定率法又は定率法によっている場合にあっては、未償却残額割合に対応する経過年数は、それぞれ付表７(１)旧定率法未償却残額表又は付表７(２)定率法未償却残額表若しくは付表７(３)定率法未償却残額表によることができる。

２　租税特別措置法に規定する特別償却をした資産（当該特別償却を準備金方式によったものを除く。）については、未償却残額割合を計算する場合の当該譲渡者が付していた帳簿価額は、合理的な方法により調整した金額によるものとする。

(見積法及び簡便法によることができない中古の総合償却資産)

1-5-11　1-5-2の取扱いは、総合償却資産に属する中古資産を事業の用に供するに当たって資本的支出を行った場合に準用する。

(取り替えた資産の耐用年数)

1-5-12　総合耐用年数を見積もった中古資産の全部又は一部を新たな資産と取り替えた場合（その全部又は一部について資本的支出を行い、1-5-3に該当することとなった場合を含む。）のその資産については、別表第一、別表第二、別表第五又は別表第六に定める耐用年数による。

第６節　耐用年数の短縮

(総合償却資産の使用可能期間の算定)

1-6-1　総合償却資産の使用可能期間は、総合償却資産に属する個々の資産の償却基礎価額の合計額を個々の資産の年要償却額（償却基礎価額を個々の資産の使用可能期間で除した額をいう。以下1-6-1の2において同じ。）の合計額で除して得た年数（１年未満の端数がある場合には、その端数を切り捨てて、その年数が２年に満たない場合には、２年とする。）とする。

(総合償却資産の未経過使用可能期間の算定)

1-6-1の2　総合償却資産の未経過使用可能期間は、総合償却資産の未経過期間対応償却基礎価額を個々の資産の年要償却額の合計額で除して得た年数（その年数に１年未満の端数がある場合には、その端数を切り捨て、その年数が２年に満たない場合には、２年とする。）による。

(注) 1　未経過期間対応償却基礎価額とは、個々の資産の年要償却額に経過期間（資産の取得の時から使用可能期間を算定しようとする時までの期間をいう。）の月数を乗じてこれを12で除して計算した金額の合計額を個々の資産の償却基礎価額の合計額から控除した残額をいう。

2　月数は暦に従って計算し、１月に満たない端数を生じたときは、これを１月とする。

（陳腐化による耐用年数の短縮）

1-6-2　製造工程の一部の工程に属する機械及び装置が陳腐化したため耐用年数の短縮を承認した場合において、陳腐化した当該機械及び装置の全部を新たな機械及び装置と取り替えたときは、令第57条第４項の「不適当とする」特別の事由が生じた場合に該当することに留意する。

第７節　そ　の　他

（定率法を定額法に変更した資産の耐用年数改正後の適用年数）

1-7-1　法人が減価償却資産の償却方法について、旧定率法から旧定額法に又は定率法から定額法に変更し、その償却限度額の計算につき基本通達7-4-4《定率法を定額法に変更した場合等の償却限度額の計算》の(２)のロに定める年数によっている場合において、耐用年数が改正されたときは、次の算式により計算した年数（その年数に１年未満の端数があるときは、その端数を切り捨て、その年数が２年に満たない場合には、２年とする。）により償却限度額を計算することができる。

$$\text{耐用年数改正前において適用していた年数} \times \frac{\text{改正後の耐用年数}}{\text{改正前の耐用年数}} = \text{新たに適用する年数}$$

（見積法を適用していた中古資産の耐用年数）

1-7-2　見積法により算定した耐用年数を適用している中古資産について、法定耐用年数の改正があったときは、その改正後の法定耐用年数を基礎として当該中古資産の使用可能期間の見積り替えをすることはできないのであるが、改正後の法定耐用年数が従来適用していた見積法により算定した耐用年数より短いときは、改正後の法定耐用年数を適用することができる。

（耐用年数の短縮承認を受けていた減価償却資産の耐用年数）

1-7-3　令第57条の規定により耐用年数短縮の承認を受けている減価償却資産について、耐用年数の改正があった場合において、改正後の耐用年数が当該承認を受けた耐用年数より短いときは、当該減価償却資産については、改正後の耐用年数によるのであるから留意する。

第２章　耐用年数関係各論

第１節　建　　物

（下記以外のもの）

2-1-1　別表第一の「建物」に掲げる「事務所用……及び下記以外のもの」の「下記以外のもの」には、社寺、教会、図書館、博物館の用に供する建物のほか、工場の食堂（2-1-10に該当するものを除く。）、講堂（学校用のものを除く。）、研究所、設計所、ゴルフ場のクラブハウス等の用に供する建物が該当する。

（内部造作を行わずに賃貸する建物）

2-1-2　一の建物のうち、その階の全部又は適宜に区分された場所を間仕切り等をしないで賃貸することとされているもので間仕切り等の内部造作については賃借人が施設するものとされている建物のその賃貸の用に供している部分の用途の判定については、1-1-5にかかわらず、「下記以外のもの」に該当するものとする。

（店　　舗）

2-1-3　別表第一の「建物」に掲げる「店舗用」の建物には、いわゆる小売店舗の建物のほか、次の建物（建物の細目欄に特掲されているものを除く。）が該当する。

（1）　サンプル、モデル等を店頭に陳列し、顧客の求めに応じて当該サンプル等に基づいて製造、修理、加工その他のサービスを行うための建物、例えば、洋装店、写真業、理容業、美容業等の用に供される建物
（2）　商品等又はポスター類を陳列してＰ・Ｒをするいわゆるショールーム又はサービスセンターの用に供する建物
（3）　遊戯場用又は浴場業用の建物
（4）　金融機関、保険会社又は証券会社がその用に供する営業所用の建物で、常時多数の顧客が出入りし、その顧客と取引を行うための建物

（保育所用、託児所用の建物）

2-1-4　保育所用及び託児所用の建物は、別表第一の「建物」に掲げる「学校用」のものに含まれるものとする。

（ボーリング場用の建物）

2-1-5　ボーリング場用の建物は、別表第一の「建物」に掲げる「体育館用」のものに含まれるものとする。

（診療所用、助産所用の建物）

2-1-6　診療所用及び助産所用の建物は、別表第一の「建物」に掲げる「病院用」のものに含めることができる。

（木造内装部分が３割を超えるかどうかの判定）

2-1-7　旅館用、ホテル用、飲食店用又は貸席用の鉄骨鉄筋コンクリート造又は鉄筋コンクリート造の建物について、その木造内装部分の面積が延べ面積の３割を超えるかどうかを判定する場合には、その木造内装部分の面積は、客室、ホール、食堂、廊下等一般に顧客の直接利用の用に供される部分の面積により、延べ面積は、従業員控室、事務室その他顧客の利用の用に供されない部分の面積を含めた総延べ面積による。この場合における木造内装部分とは、通常の建物について一般的に施設されている程度の木造内装でなく客室等として顧客の直接利用の用に供するために相当の費用をかけて施設されている場合のその内装部分をいう。

（飼育用の建物）

2-1-8　家畜、家きん、毛皮獣等の育成、肥育、採卵、採乳等の用に供する建物については、別表第一の「建物」に掲げる「と畜場用のもの」に含めることができる。

（公衆浴場用の建物）

2-1-9　別表第一の「建物」に掲げる「公衆浴場用のもの」の「公衆浴場」とは、その営業につき公衆浴場法（昭和23年法律第139号）第２条の規定により都道府県知事の許可を受けた者が、公衆浴場入浴料金の統制額の指定等に関する省令（昭和32年厚生省令38号）に基づき公衆浴場入浴料金として当該知事の指定した料金を収受して不特定多数の者を入浴させるための浴場をいう。したがって、特殊浴場、スーパー銭湯、旅館、ホテルの浴場又は浴室については、当該「公衆浴場用」に該当しないことに留意する。

（工場構内の附属建物）

2-1-10　工場の構内にある守衛所、詰所、監視所、タイムカード置場、自転車置場、消火器具置場、更衣所、仮眠所、食堂（簡易なものに限る。）、浴場、洗面所、便所その他これらに類する建物は、工場用の建物としてその耐用年数を適用することができる。

（給食加工場の建物）

2-1-11　給食加工場の建物は、別表第一の「建物」に掲げる「工場（作業場を含む。）」に含まれるものとする。

（立体駐車場）

2-1-12　いわゆる立体駐車場については、構造体、外壁、屋根その他建物を構成している部分は、別表第一の「建物」に掲げる「車庫用のもの」の耐用年数を適用する。

（塩素等を直接全面的に受けるものの意義）

2-1-13　別表第一の「建物」に掲げる「塩素、塩酸、硫酸、硝酸その他の著しい腐食性を有する液体又は気体の影響を直接全面的に受けるもの」とは、これらの液体又は気体を当該建物の内部で製造、処理、使用又は蔵置（以下「製造等」という。）し、当該建物の一棟の全部にわたりこれらの液体又は気体の腐食の影響を受けるものをいうのであるが、当該法人が有する次に掲げる建物についても当該腐食の影響を受ける建物としての耐用年数を適用することができる。

（1）　腐食性薬品の製造等をする建物が上屋式（建物の内部と外部との間に隔壁がなく機械装置を被覆するための屋根のみがあるものをいう。）であるため、又は上屋式に準ずる構造であるため、その建物に直接隣接する建物（腐食性薬品の製造等をする建物からおおむね50メートル以内に存するものに限る。）についても腐食性薬品の製造等をする建物とほぼ同様の腐食が進行すると認められる場合におけるその隣接する建物

（2）　２階以上の建物のうち特定の階で腐食性薬品の製造等が行われ、その階については全面的に腐食性薬品の影響がある場合に、当該建物の帳簿価額を当該特定の階とその他の階の部分とに区分経理をしたときにおける当該特定の階に係る部分

（3）　建物の同一の階のうち隔壁その他により画然と区分された特定の区画については全面的に腐食性薬品の影響がある場合に、当該建物の帳簿価額を当該特定の区画とその他の区画の部分とに区分経理をしたときにおける当該特定の区画に係る部分

（塩素等を直接全面的に受けるものの例示）

2-1-14　別表第一の「建物」に掲げる「塩素、塩酸、硫酸、硝酸その他の著しい腐食性を有する液体又は気体の影響を直接全面的に受けるもの」に通常該当すると思われる建物を例示すると、この通達の付表（以下「付表」という。）１の「塩素、塩酸、硫酸、硝酸その他の著しい腐食性を有する液体又は気体の影響を直接全面的に受ける建物の例示」のとおりである。

（冷 蔵 倉 庫）

2-1-15　別表第一の「建物」に掲げる「冷蔵倉庫用のもの」には、冷凍倉庫、低温倉庫及び氷の貯蔵庫の用に供される建物も含まれる。

（放射線を直接受けるもの）

2-1-16　別表第一の「建物」に掲げる「放射性同位元素の放射線を直接受けるもの」とは、放射性同位元素の使用等に当たり、放射性同位元素等の規制に関する法律（昭和32年法律第167号）に定める使用許可等を受けた者が有する放射性同位元素の使用等のされる建物のうち、同法第３条《使用の許可》又は第４条の２《廃棄の業の許可》に定める使用施設、貯蔵施設、廃棄施設、廃棄物詰替施設又は廃棄物貯蔵施設として同法に基づく命令の規定により特に設けた作業室、貯蔵室、廃棄作業室等の部分をいう。

（放射線発生装置使用建物）

2-1-17　サイクロトロン、シンクロトロン等の放射線発生装置の使用により放射線を直接受ける工場用の建物についても、「放射性同位元素の放射線を直接受けるもの」の耐用年数を適用することができる。

（著しい蒸気の影響を直接全面的に受けるもの）

2-1-18　別表第一の「建物」に掲げる「著しい蒸気の影響を直接全面的に受けるもの」とは、操業時間中常時建物の室内の湿度が95％以上であって、当該建物の一棟の全部にわたり蒸気の影響を著しく受けるものをいう。

（塩、チリ硝石等を常置する建物及び蒸気の影響を受ける建物の区分適用）

2-1-19　塩、チリ硝石その他の著しい潮解性を有する固体を一の建物のうちの特定の階等に常時蔵置している場合若しくは蒸気の影響が一の建物のうちの特定の階等について直接全面的である場合には、2-1-13の（２）及び（３）の取扱いを準用する。

（塩、チリ硝石等を常置する建物及び著しい蒸気の影響を受ける建物の例示）

2-1-20　別表第一の「建物」に掲げる「塩、チリ硝石その他の著しい潮解性……及び著しい蒸気の影響を直接全面的に受けるもの」に通常該当すると思われる建物を例示すると、付表２「塩、チリ硝石……の影響を直接全面的に受ける建物の例示」のとおりである。

（バナナの熟成用むろ）

2-1-21　鉄筋コンクリート造りのバナナ熟成用むろについては、別表第一の「建物」の「鉄筋コンクリート造」に掲げる「著しい蒸気の影響を直接全面的に受けるもの」に該当するものとして取り扱う。

（ビルの屋上の特殊施設）

2-1-22　ビルディングの屋上にゴルフ練習所又は花壇その他通常のビルディングとしては設けることがない特殊施設を設けた場合には、その練習所又は花壇等の特殊施設は、当該ビルディングと区分し、構築物としてその定められている耐用年数を適用することができる。

（仮設の建物）

2-1-23　別表第一の「建物」の「簡易建物」の「仮設のもの」とは、建設業における移動性仮設建物（建設工事現場において、その工事期間中建物として使用するためのもので、工事現場の移動に伴って移設することを常態とする建物をいう。）のように解体、組立てを繰り返して使用することを常態とするものをいう。

第２節　建物附属設備

（木造建物の特例）

2-2-1　建物の附属設備は、原則として建物本体と区分して耐用年数を適用するのであるが、木造、合成樹脂造又は木骨モルタル造の建物の附属設備については、建物と一括して建物の耐用年数を適用することができる。

（電 気 設 備）

2-2-2　別表第一の「建物附属設備」に掲げる「電気設備」の範囲については、それぞれ次による。

（１）　「蓄電池電源設備」とは、停電時に照明用に使用する等のためあらかじめ蓄電池に充電し、これを利用するための設備をいい、蓄電池、充電器及び整流器（回転変流機を含む。）並びにこれらに附属する配線、分電盤等が含まれる。

（２）　「その他のもの」とは、建物に附属する電気設備で（１）以外のものをいい、例えば、次に掲げるものがこれに該当する。

イ　工場以外の建物については、受配電盤、変圧器、蓄電器、配電施設等の電気施設、電灯用配線施設及び照明設備（器具及び備品並びに機械装置に該当するものを除く。以下2-2-2において同じ。）並びにホテル、劇場等が停電時等のために有する内燃力発電設備

ロ　工場用建物については、電灯用配線施設及び照明設備

（給水設備に直結する井戸等）

2-2-3　建物に附属する給水用タンク及び給水設備に直結する井戸又は衛生設備に附属する浄化水槽等でその取得価額等からみて強いて構築物として区分する必要がないと認められるものについては、それぞれ、別表第一の「建物附属設備」に掲げる「給排水設備」又は「衛生設備」に含めることができる。

（冷房、暖房、通風又はボイラー設備）

2-2-4　別表第一の「建物附属設備」に掲げる「冷房、暖房、通風又はボイラー設備」の範囲については、次による。

（１）　冷却装置、冷風装置等が一つのキャビネットに組み合わされたパッケージドタイプのエヤーコンディショナーであっても、ダクトを通じて相当広範囲にわたって冷房するものは、「器具及び備品」に掲げる「冷房用機器」に該当せず、「建物附属設備」の冷房設備に該当することに留意する。

（2）　「冷暖房設備（冷凍機の出力が22キロワット以下のもの）」には、冷暖房共用のもののほか、冷房専用のものも含まれる。

（注）冷暖房共用のものには、冷凍機及びボイラーのほか、これらの機器に附属する全ての機器を含めることができる。

（3）　「冷暖房設備」の「冷凍機の出力」とは、冷凍機に直結する電動機の出力をいう。

（4）　浴場業用の浴場ボイラー、飲食店業用のちゅう房ボイラー並びにホテル又は旅館のちゅう房ボイラー及び浴場ボイラーは、建物附属設備に該当しない。

（注）これらのボイラーには、その浴場設備又はちゅう房設備の該当する業用設備の耐用年数を適用する。

（格納式避難設備）

2-2-4の2　別表第一の「建物附属設備」に掲げる「格納式避難設備」とは、火災、地震等の緊急時に機械により作動して避難階段又は避難通路となるもので、所定の場所にその避難階段又は避難通路となるべき部分を収納しているものをいう。

（注）折たたみ式縄ばしご、救助袋のようなものは、器具及び備品に該当することに留意する。

（エヤーカーテン又はドアー自動開閉設備）

2-2-5　別表第一の「建物附属設備」に掲げる「エヤーカーテン又はドアー自動開閉設備」とは、電動機、圧縮機、駆動装置その他これらの附属機器をいうのであって、ドアー自動開閉機に直結するドアーは、これに含まれず、建物に含まれることに留意する。

（店用簡易装備）

2-2-6　別表第一の「建物附属設備」に掲げる「店用簡易装備」とは、主として小売店舗等に取り付けられる装飾を兼ねた造作（例えば、ルーバー、壁板等）、陳列棚（器具及び備品に該当するものを除く。）及びカウンター（比較的容易に取替えのできるものに限り、単に床の上においたものを除く。）等で短期間（おおむね別表第一の「店用簡易装備」に係る法定耐用年数の期間）内に取替えが見込まれるものをいう。

（可動間仕切り）

2-2-6の2　別表第一の「建物附属設備」に掲げる「可動間仕切り」とは、一の事務室等を適宜仕切って使用するために間仕切りとして建物の内部空間に取り付ける資材のうち、取り外して他の場所で再使用することが可能なパネル式若しくはスタッド式又はこれらに類するものをいい、その「簡易なもの」とは、可動間仕切りのうち、その材質及び構造が簡易で、容易に撤去することができるものをいう。

（注）会議室等に設置されているアコーディオンドア、スライディングドア等で他の場所に移設して再使用する構造になっていないものは、「可動間仕切り」に該当しない。

（前掲のもの以外のものの例示）

2-2-7　別表第一の「建物附属設備」の「前掲のもの以外のもの」には、例えば、次のようなものが含まれる。

（1）　雪害対策のため建物に設置された融雪装置で、電気設備に該当するもの以外のもの（当該建物への出入りを容易にするため設置するものを含む。）

（注）構築物に設置する融雪装置は、構築物に含め、公共的施設又は共同的施設に設置する融雪装置の負担金は、基本通達8-1-3又は8-1-4に定める繰延資産に該当する。

（2）　危険物倉庫等の屋根の過熱防止のために設置された散水装置

（3）　建物の外窓清掃のために設置された屋上のレール、ゴンドラ支持装置及びこれに係るゴンドラ

（4）　建物に取り付けられた避雷針その他の避雷装置

（5）　建物に組み込まれた書類搬送装置（簡易なものを除く。）

第３節　構　築　物

（鉄道用の土工設備）

2-3-1　別表第一の「構築物」の「鉄道業用又は軌道業用のもの」及び「その他の鉄道用又は軌道用のもの」に掲げる「土工設備」とは、鉄道軌道施設のため構築した線路切取り、線路築堤、川道付替え、土留め等の土工施設をいう。

（高架鉄道の高架構造物のく体）

2-3-2　高架鉄道の高架構造物のく(躯)体は「高架道路」に該当せず、「構築物」に掲げる「鉄道業用又は軌道業用のもの」又は「その他の鉄道用又は軌道用のもの」の「橋りょう」に含まれる。

（配電線、引込線及び地中電線路）

2-3-3　別表第一の「構築物」に掲げる「発電用又は送配電用のもの」の「配電用のもの」の「配電線」、「引込線」及び「地中電線路」とは、電気事業者が需用者に電気を供給するための配電施設に含まれるこれらのものをいう。

（注）電気事業以外の事業を営む者の有するこれらの資産のうち、建物の配線施設は別表第一の「建物附属設備」の「電気設備」に該当し、機械装置に係る配電設備は当該機械装置に含まれる。

（有線放送電話線）

2-3-4　いわゆる有線放送電話用の木柱は、別表第一の「構築物」の「放送用又は無線通信用のもの」に掲げる「木塔及び木柱」に該当する。

（広告用のもの）

2-3-5　別表第一の「構築物」に掲げる「広告用のもの」とは、いわゆる野立看板、広告塔等のように広告のために構築された工作物（建物の屋上又は他の構築物に特別に施設されたものを含む。）をいう。

（注）広告用のネオンサインは、「器具及び備品」の「看板及び広告器具」に該当する。

（野球場、陸上競技場、ゴルフコース等の土工施設）

2-3-6　別表第一の「構築物」の「競技場用、運動場用、遊園地用又は学校用のもの」に掲げる「野球場、陸上競技場、ゴルフコースその他のスポーツ場の排水その他の土工施設」とは、野球場、庭球場等の暗きょ、アンツーカー等の土工施設をいう。

（注）ゴルフコースのフェアウェイ、グリーン、築山、池その他これらに類するもので、一体となって当該ゴルフコースを構成するものは土地に該当する。

（「構築物」の「学校用」の意義）

2-3-7　2-1-4の取扱いは、「構築物」の「学校用のもの」についても準用する。

（幼稚園等の水飲場等）

2-3-8　幼稚園、保育所等が屋外に設けた水飲場、足洗場及び砂場は、別表第一の「構築物」の「競技場用、運動場用、遊園地用又は学校用のもの」の「その他のもの」の「児童用のもの」の「その他のもの」に該当する。

（緑 化 施 設）

2-3-8の2　別表第一の「構築物」に掲げる「緑化施設」とは、植栽された樹木、芝生等が一体となって緑化の用に供されている場合の当該植栽された樹木、芝生等をいい、いわゆる庭園と称されるもののうち、花壇、植樹等植物を主体として構成されているものはこれに含まれるが、ゴルフ場、運動競技場の芝生等のように緑化以外の本来の機能を果たすために植栽されたものは、これに含まれない。

（注）1　緑化施設には、並木、生垣等はもとより、緑化の用に供する散水用配管、排水溝等の土工施設も含まれる。

2　緑化のための土堤等であっても、その規模、構造等からみて緑化施設以外の独立した構築物と認められるものは、当該構築物につき定められている耐用年数を適用する。

（緑化施設の区分）

2-3-8の3　緑化施設が別表第一の「構築物」に掲げる「緑化施設」のうち、工場緑化施設に該当するかどうかは、一の構内と認められる区域ごとに判定するものとし、その区域内に施設される建物等が主として工場用のものである場合のその区域内の緑化施設は、工場緑化施設に該当するものとする。

(注)　工場緑化施設には、工場の構外に施設された緑化施設であっても、工場の緑化を目的とすることが明らかなものを含む。

（工場緑化施設を判定する場合の工場用の建物の判定）

2-3-8の4　2-3-8の3において工場用の建物には、作業場及び2-1-10に掲げる附属建物のほか、発電所又は変電所の用に供する建物を含むものとする。

(注)　倉庫用の建物は、工場用の建物に該当しない。

（緑化施設を事業の用に供した日）

2-3-8の5　緑化施設を事業の用に供した日の判定は、一の構内と認められる区域に施設される緑化施設の全体の工事が完了した日によるものとするが、その緑化施設が２以上の計画により施工される場合には、その計画ごとの工事の完了の日によることができるものとする。

（庭　　園）

2-3-9　別表第一の「構築物」に掲げる「庭園（工場緑化施設に含まれるものを除く。)」とは、泉水、池、とうろう、築山、あづまや、花壇、植樹等により構成されているもののうち、緑化施設に該当しないものをいう。

（舗装道路）

2-3-10　別表第一の「構築物」に掲げる「舗装道路」とは、道路の舗装部分をいうのであるが、法人が舗装のための路盤部分を含めて償却している場合には、これを認める。

（舗装路面）

2-3-11　別表第一の「構築物」に掲げる「舗装路面」とは、道路以外の地面の舗装の部分をいう。したがって、工場の構内、作業広場、飛行場の滑走路(オーバーラン及びショルダーを含む。)、誘導路、エプロン等の舗装部分が、これに該当する。この場合2-3-10の取扱いは、「舗装路面」の償却についても準用する。

（ビチューマルス敷のもの）

2-3-12　別表第一の「構築物」に掲げる「舗装道路及び舗装路面」の「ビチューマルス敷のもの」とは、道路又は地面を舗装する場合に基礎工事を全く行わないで、砕石とアスファルト乳剤類とを材料としてこれを地面に直接舗装したものをいう。

（砂　利　道）

2-3-13　表面に砂利、砕石等を敷設した砂利道又は砂利路面については、別表第一の「構築物」の「舗装道路及び舗装路面」に掲げる「石敷のもの」の耐用年数を適用する。

（高架道路）

2-3-14　別表第一の「構築物」に掲げる「高架道路」とは、高架道路の高架構築物のく(躯)体をいい、道路の舗装部分については、「舗装道路」の耐用年数を適用する。

（飼　育　場）

2-3-15　別表第一の「構築物」に掲げる「飼育場」とは、家きん、毛皮獣等の育成、肥育のための飼育小屋、さくその他の工作物をいうのであるが、これに附帯する養鶏用のケージ等の一切の施設もこれに含めてその耐用年数を適用することができる。

（爆発物用防壁）

2-3-16　別表第一の「構築物」に掲げる「爆発物用防壁」とは、火薬類取締法（昭和25年法律第149号)、高圧ガス保安法（昭和26年法律第204号）等火薬類の製造、蔵置又は販売等の規制に関する法令に基づいて構築される爆発物用の防壁をいうのであるから、単なる延焼防止用の防火壁等については「防壁（爆発物用のものを除く。）」の耐用年数を適用することに留意する。

（防　油　堤）

2-3-17　別表第一の「構築物」の「防油堤」とは、危険物貯蔵タンクに貯蔵されている危険物の流出防止のために設けられた危険物の規制に関する政令（昭和34年政令第306号）第11条第１項第15号に規定する防油堤をいう。

（放射性同位元素の放射線を直接受けるもの）

2-3-18　別表第一の「構築物」に掲げる「鉄骨鉄筋コンクリート造又は鉄筋コンクリート造のもの」の「放射性同位元素の放射線を直接受けるもの」とは、放射性同位元素等の規制に関する法律（昭和32年法律第167号）第３条《使用の許可》又は第４条の２《廃棄の業の許可》に定める使用施設、貯蔵施設、廃棄施設、詰替施設、廃棄物詰替施設又は廃棄物貯蔵施設の設置のため必要なしゃへい壁等をいう。

（放射線発生装置のしゃへい壁等）

2-3-19　2-1-17の取扱いは、別表第一の「構築物」に掲げる「鉄骨鉄筋コンクリート造又は鉄筋コンクリート造のもの」の「放射性同位元素の放射線を直接受けるもの」について準用する。

（塩素等著しい腐食性を有するガスの影響を受けるもの）

2-3-20　2-1-13の（１）の取扱いは、別表第一の「構築物」に掲げる「れんが造のもの」の「塩素、クロールスルホン酸その他の著しい腐食性を有するガスの影響を受けるもの」について準用する。

（自 動 車 道）

2-3-21　別表第一の「構築物」の「土造のもの」に掲げる「自動車道」とは、道路運送法（昭和26年法律第183号）第47条《免許》の規定により国土交通大臣の免許を受けた自動車道事業者がその用に供する一般自動車道（自動車道事業者以外の者が専ら自動車の交通の用に供する道路で一般自動車道に類するものを含む。）で、原野、山林等を切り開いて構築した切土、盛土、路床、路盤、土留め等の土工施設をいう。

（打込み井戸）

2-3-22　別表第一の「構築物」の「金属造のもの」に掲げる「打込み井戸」には、いわゆるさく井（垂直に掘削した円孔に鉄管等の井戸側を装置した井戸をいう。）を含むものとする。

（注）いわゆる掘り井戸については、井戸側の構造に応じ、別表第一の構築物について定められている耐用年数を適用することに留意する。

（地盤沈下による防潮堤、防波堤等の積上げ費）

2-3-23　地盤沈下のため、防潮堤、防波堤等の積上げ工事を行った場合におけるその積上げ工事の償却の基礎とする耐用年数は、積上げ工事により積み上げた高さをその工事の完成前５年間における地盤沈下の１年当たり平均沈下高で除して計算した年数（１年未満の端数は、切り捨てる。）による。

（注）法人が地盤沈下に基因して、防潮堤、防波堤、防水堤等の積上げ工事を行った場合において、数年内に再び積上げ工事を行わなければならないものであると認められるときは、基本通達7-8-8によりその積上げ工事に要した費用を一の減価償却資産として償却することができる。

（地盤沈下対策設備）

2-3-24　地盤沈下による浸水の防止又は排水のために必要な防水塀、排水溝、排水ポンプ及びモーター等の地盤沈下対策設備の耐用年数は、それぞれ次の年数によることができる。ただし、（３）に掲げる排水ポンプ、モーター等の機械装置及び排水溝その他これに類する構築物で簡易なものについては、これらの資産を一括して耐用年数10年を適用することができる。

（１）　防水塀については、2-3-23に準じて計算した年数

（2） 通常機械及び装置と一体となって使用される排水ポンプ及びモーター等については、当該機械及び装置に含めて当該機械及び装置に適用すべき耐用年数

（3） （2）以外の排水ポンプ及びモーター等については、別表第二「55前掲の機械及び装置以外のもの並びに前掲の区分によらないもの」の耐用年数

（4） コンクリート造等のような恒久的な排水溝その他これに類する構築物については、それぞれの構造に係る「下水道」の耐用年数

第４節　船　　舶

（船舶搭載機器）

2-4-1　船舶に搭載する機器等についての耐用年数の適用は、次による。

（1） 船舶安全法（昭和８年法律第11号）及びその関係法規により施設することを規定されている電信機器、救命ボートその他の法定備品については、船舶と一括してその耐用年数を適用する。

（2） （1）以外の工具、器具及び備品並びに機械及び装置で船舶に常時搭載するものについても船舶と一括してその耐用年数を適用すべきであるが、法人が、これらの資産を船舶と区分して別表第一又は別表第二に定める耐用年数を適用しているときは、それが特に不合理と認められる場合を除き、これを認める。

（注）別表第一の「船舶」に掲げる「しゅんせつ船」、「砂利採取船」及び「発電船」に搭載されている掘削機、砂利採取用機械等の作業用機器及び発電機のようにその船舶の細目の区分に関係する機器について、これらを搭載している船舶本体と分離して別個の耐用年数を適用することは、不合理と認められる場合に該当する。

（Ｌ・Ｐ・Ｇタンカー）

2-4-2　Ｌ・Ｐ・Ｇ（液化石油ガス）タンカーについては、油そう船の耐用年数を適用する。

（しゅんせつ船及び砂利採取船）

2-4-3　別表第一の「船舶」に掲げる「しゅんせつ船及び砂利採取船」とは、しゅんせつ又は砂利採取（地表上にある砂、砂利及び岩石の採取を含む。以下「2-4-3」において同じ。）用の機器を搭載しているなど、主としてしゅんせつ又は砂利採取に使用される構造を有する船舶をいうのであるが、しゅんせつ又は砂利採取を行うとともに、その採取した砂、砂利、岩石等を運搬することができる構造となっている船舶も含めることができる。

（サルベージ船等の作業船、かき船等）

2-4-4　サルベージ船、工作船、起重機船その他の作業船は、自力で水上を航行しないものであっても船舶に該当するが、いわゆるかき船、海上ホテル等のようにその形状及び構造が船舶に類似していても、主として建物又は構築物として用いることを目的として建造（改造を含む。）されたものは、船舶に該当しないことに留意する。

第５節　車両及び運搬具

（車両に搭載する機器）

2-5-1　車両に常時搭載する機器（例えば、ラジオ、メーター、無線通信機器、クーラー、工具、スペアータイヤ等をいう。）については、車両と一括してその耐用年数を適用する。

（高圧ボンベ車及び高圧タンク車）

2-5-2　別表第一の「車両及び運搬具」の「鉄道用又は軌道用車両」に掲げる「高圧ボンベ車及び高圧タンク車」とは、車体と一体となってその用に供される高圧ボンベ又は高圧タンクで、高圧ガス保安法（昭和26年法律第204号）第44条《容器検査》の規定により搭載タンクの耐圧試験又は気密試験を必要とするものを架装した貨車をいう。

（薬品タンク車）

2-5-3　別表第一の「車両及び運搬具」の「鉄道用又は軌道用車両」に掲げる「薬品タンク車」

とは、液体薬品を専ら輸送するタンク車をいう。

（架空索道用搬器）

2-5-4　別表第一の「車両及び運搬具」に掲げる「架空索道用搬器」とは、架空索条に搬器をつるして人又は物を運送する設備の当該搬器をいい、ロープウェイ、観光リフト、スキーリフト、貨物索道等の搬器がこれに該当する。

（特殊自動車に該当しない建設車両等）

2-5-5　トラッククレーン、ブルドーザー、ショベルローダー、ロードローラー、コンクリートポンプ車等のように人又は物の運搬を目的とせず、作業場において作業することを目的とするものは、「特殊自動車」に該当せず、機械及び装置に該当する。この場合において、当該建設車両等の耐用年数の判定は、1-4-2によることに留意する。

（運送事業用の車両及び運搬具）

2-5-6　別表第一の「車両及び運搬具」に掲げる「運送事業用の車両及び運搬具」とは、道路運送法（昭和26年法律第183号）第４条《一般旅客自動車運送事業の許可》の規定により国土交通大臣の許可を受けた者及び貨物自動車運送事業法（平成元年法律第83号）第３条《一般貨物自動車運送事業の許可》の規定により国土交通大臣の許可を受けた者が自動車運送事業の用に供するものとして登録された車両及び運搬具をいう。

（貸自動車業用）

2-5-7　別表第一の「車両及び運搬具」に掲げる「貸自動車業用の車両」とは、不特定多数の者に一時的に自動車を賃貸することを業とする者がその用に供する自動車をいい、いわゆるレンタカーがこれに該当する。なお、特定者に長期にわたって貸与するいわゆるリース事業を行う者がその用に供する自動車は、貸自動車業用の耐用年数を適用せず、その貸与先の実際の用途に応じた耐用年数を適用することに留意する。

（貨物自動車と乗用自動車との区分）

2-5-8　貨客兼用の自動車が貨物自動車であるかどうかの区分は、自動車登録規則（昭和45年運輸省令第７号）第13条《自動車登録番号》の規定による自動車登録番号により判定する。

（乗合自動車）

2-5-9　別表第一の「車両及び運搬具」の「運送事業用」に掲げる「乗合自動車」とは、道路交通法（昭和35年法律第105号）第３条《自動車の種類》に定める大型自動車又は中型自動車で、専ら人の運搬を行う構造のものをいう。

（報道通信用のもの）

2-5-10　別表第一の「車両及び運搬具」の「前掲のもの以外のもの」に掲げる「報道通信用のもの」とは、日刊新聞の発行、ラジオ放送若しくはテレビ放送を業とする者又は主として日刊新聞、ラジオ放送等に対するニュースを提供することを業とする者が、報道通信用として使用する自動車をいう。したがって、週刊誌、旬刊誌等の発行事業用のものは、これに該当しないことに留意する。

（電気自動車に適用する耐用年数）

2-5-11　電気自動車のうち道路運送車両法（昭和26年法律第185号）第３条《自動車の種別》に規定する軽自動車に該当するものは、「車両及び運搬具」の「前掲のもの以外のもの」の「自動車（２輪又は３輪自動車を除く。）」の「小型車」に該当することに取り扱う。

第６節　工　　　具

（測定工具及び検査工具）

2-6-1　別表第一の「工具」に掲げる「測定工具及び検査工具」とは、ブロックゲージ、基準巻尺、ダイヤルゲージ、粗さ測定器、硬度計、マイクロメーター、限界ゲージ、温度計、圧力計、回転計、ノギス、水準器、小型トランシット、スコヤー、Ｖ型ブロック、オシロスコープ、電圧計、電力計、信号発生器、周波数測定器、抵抗測定器、インピーダンス測定器その他測定又は検査に使用するもので、主として生産工程(製品の検査等を含む。)で使用する可搬式のものをいう。

(ロ　ー　ル)

2-6-2　別表第一の「工具」に掲げる「ロール」とは、鉄鋼圧延ロール、非鉄金属圧延ロール、なっ染ロール、製粉ロール、製麦ロール、火薬製造ロール、塗料製造ロール、ゴム製品製造ロール、菓子製造ロール、製紙ロール等の各種ロールで被加工物の混練、圧延、成型、調質、つや出し等の作業を行うものをいう。したがって、その形状がロール状のものであっても、例えば、移送用ロールのようにこれらの作業を行わないものは、機械又は装置の部品としてその機械又は装置に含まれることに留意する。

(金属製柱及びカッペ)

2-6-3　別表第一の「工具」に掲げる「金属製柱及びカッペ」とは、鉱業の坑道において使用する金属製の支柱及び横はり（梁）で鉱物の採掘等の作業に使用するものをいう。

(建設用の足場材料)

2-6-4　建設業者等が使用する建設用の金属製の足場材料は、別表第一の「工具」に掲げる「金属製柱及びカッペ」の耐用年数を適用する。

第７節　器具及び備品

(前掲する資産のうち当該資産について定められている前掲の耐用年数によるもの以外のもの及び前掲の区分によらないもの)

2-7-1　「12前掲する資産のうち、当該資産について定められている前掲の耐用年数によるもの以外のもの」とは、器具及び備品について「１家具、電気機器、ガス機器及び家庭用品」から「11前掲のもの以外のもの」までに掲げる細目のうち、そのいずれか一についてはその区分に特掲されている耐用年数により、その他のものについては一括して償却する場合のその一括して償却するものをいい、「前掲の区分によらないもの」とは、「１」から「11」までの区分によらず、一括して償却する場合のそのよらないものをいう。

(注) 1-1-7参照。

(主として金属製のもの)

2-7-2　器具及び備品が別表第一の「器具及び備品」の「細目」欄に掲げる「主として金属製のもの」又は「その他のもの」のいずれに該当するかの判定は、耐用年数に最も影響があると認められるフレームその他の主要構造部分の材質が金属製であるかどうかにより行う。

(接客業用のもの)

2-7-3　別表第一の「器具及び備品」の「１家具、電気機器、ガス機器及び家庭用品」に掲げる「接客業用のもの」とは、飲食店、旅館等においてその用に直接供するものをいう。

(冷房用又は暖房用機器)

2-7-4　別表第一の「器具及び備品」の「１家具、電気機器、ガス機器及び家庭用品」に掲げる「冷房用又は暖房用機器」には、いわゆるウインドータイプのルームクーラー又はエアーコンディショナー、電気ストーブ等が該当する。

(注) パッケージドタイプのエアーコンディショナーでダクトを通じて相当広範囲にわたって冷房するものは、「器具及び備品」に該当せず、「建物附属設備」の「冷房、暖房、通風又はボイラー設備」に該当する。

(謄 写 機 器)

2-7-5　別表第一の「器具及び備品」の「２事務機器及び通信機器」に掲げる「謄写機器」とは、いわゆる謄写印刷又はタイプ印刷の用に供する手刷機、輪転謄写機等をいい、フォトオフセット、タイプオフセット、フォトタイプオフセット等の印刷機器は、別表第二の「７印刷業又は印刷関連業用設備」に該当することに留意する。

(電子計算機)

2-7-6　別表第一の「器具及び備品」の「２事務機器及び通信機器」に掲げる「電子計算機」と

は、電子管式又は半導体式のもので、記憶装置、演算装置、制御装置及び入出力装置からなる計算機をいう。

(注) 電子計算機のうち記憶容量（検査ビットを除く。）が12万ビット未満の主記憶装置（プログラム及びデータが記憶され、中央処理装置から直接アクセスできる記憶装置をいう。）を有するもの（附属の制御装置を含む。）は、計算機として取り扱うことができる。

（旅館、ホテル業における客室冷蔵庫自動管理機器）

2-7-6の2　旅館業又はホテル業における客室冷蔵庫自動管理機器（客室の冷蔵庫における物品の出し入れを自動的に記録するため、フロント等に設置された機器並びにこれと冷蔵庫を連結する配線及び附属の機器をいう。）は、別表第一の「器具及び備品」の耐用年数を適用する。

(注) 冷蔵庫については、「電気冷蔵庫、……ガス機器」の耐用年数を適用する。

（オンラインシステムの端末機器等）

2-7-7　いわゆるオンラインシステムにおける端末機器又は電子計算機に附属するせん孔機、検査機、カーボンセパレーター、カッター等は、別表第一の「器具及び備品」の「２事務機器及び通信機器」の「その他の事務機器」に該当する。

（書類搬送機器）

2-7-8　建物附属設備に該当しない簡易な書類搬送機器は、別表第一の「器具及び備品」の「２事務機器及び通信機器」の「その他の事務機器」に該当する。

（テレビジョン共同聴視用装置）

2-7-9　テレビジョン共同聴視用装置のうち、構築物に該当するもの以外のものについては、別表第一の「器具及び備品」の「２事務機器及び通信機器」に掲げる「電話設備その他の通信機器」の耐用年数を、当該装置のうち構築物に該当するものについては、同表の「構築物」に掲げる「放送用又は無線通信用のもの」の耐用年数をそれぞれ適用する。

（ネオンサイン）

2-7-10　別表第一の「器具及び備品」の「５看板及び広告器具」に掲げる「ネオンサイン」とは、ネオン放電管及びこれに附属する変圧器等の電気施設をいうのであるから、ネオン放電管が取り付けられている鉄塔、木塔等は、構築物の「広告用のもの」の耐用年数を適用することに留意する。

（染 色 見 本）

2-7-11　染色見本は、別表第一の「器具及び備品」の「５看板及び広告器具」に掲げる「模型」の耐用年数を適用する。

（金　　庫）

2-7-12　金融機関等の建物にみられる「金庫室」は、別表第一の「器具及び備品」の「６容器及び金庫」に掲げる「金庫」に該当せず、その全部が建物に含まれることに留意する。

（医 療 機 器）

2-7-13　病院、診療所等における診療用又は治療用の器具及び備品は、全て別表第一の「器具及び備品」の「８医療機器」に含まれるが、法人が同表の「器具及び備品」の他の区分に特掲されているものについて当該特掲されているものの耐用年数によっているときは、これを認める。

この場合、「８医療機器」に含まれるものについての当該「８医療機器」の区分の判定については、次のものは、次による。

(1)　例えば、ポータブル式のように携帯することができる構造の診断用（歯科用のものを含む。）のレントゲン装置は、「レントゲンその他の電子装置を使用する機器」の「移動式のもの」に該当する。

(注) レントゲン車に積載しているレントゲンは、レントゲン車に含めてその耐用年数を適用する。

(2)　治療用、断層撮影用等のレントゲン装置に附属する電圧調整装置、寝台等は、「レントゲンその他の電子装置を使用する機器」の「その他のもの」に含まれる。

（3） 歯科診療用椅子は、「歯科診療用ユニット」に含まれるものとする。

（4） 医療用蒸りゅう水製造器、太陽灯及びレントゲンフィルムの現像装置は、「その他のもの」に含まれる。

（自動遊具等）

2-7-14 遊園地、遊技場、百貨店、旅館等に施設されている自動遊具（硬貨又はメダルを投入することにより自動的に一定時間遊具自体が駆動する機構又は遊具の操作をすることができる機構となっているもの、例えば、馬、ステレオトーキー、ミニドライブ、レットガン、クレーンピック、スロットマシン、マスゲームマシン（球戯用具に該当するものを除く。）、テレビゲームマシン等の遊具をいう。）、モデルカーレーシング用具及び遊園地内において一定のコースを走行するいわゆるゴーカート、ミニカー等は、別表第一の「器具及び備品」の「９娯楽又はスポーツ器具及び興行又は演劇用具」に掲げる「スポーツ具」の耐用年数を適用することができる。

（貸　衣　装）

2-7-15 婚礼用衣装等の貸衣装業者がその用に供する衣装及びかつらについては、別表第一の「器具及び備品」の「９娯楽又はスポーツ器具及び興行又は演劇用具」に掲げる「衣しょう」の耐用年数を適用することができる。

（生　　　物）

2-7-16 別表第一の「器具及び備品」に掲げる「10生物」には、動物園、水族館等の生物並びに備品として有する盆栽及び熱帯魚等の生物が含まれるのであるが、次のものについても生物について定められている耐用年数を適用することができる。

（1） 医療用の生物

（2） 熱帯魚、カナリヤ、番犬その他の生物を入れる容器（器具及び備品に該当するものに限る。）

（天　幕　等）

2-7-17 天幕、組立式プール等器具及び備品に該当するもので、通常、その支柱と本体とが材質的に異なるため、その耐久性に著しい差異がある場合には、その支柱と本体とをそれぞれ区分し、その区分ごとに耐用年数を適用することができる。

（自動販売機）

2-7-18 別表第一の「器具及び備品」の「11前掲のもの以外のもの」に掲げる「自動販売機」には、自動両替機、自動理容具等を含み、コインロッカーは含まれない。

（注） コインロッカーは、「11前掲のもの以外のもの」の「主として金属製のもの」に該当する。

（無人駐車管理装置）

2-7-19 別表第一の「器具及び備品」の「11前掲のもの以外のもの」に掲げる「無人駐車管理装置」には、バイク又は自転車用の駐輪装置は含まれないことに留意する。

（注） バイク又は自転車用の駐輪装置は、「11前掲のもの以外のもの」の「主として金属製のもの」に該当する。

第８節　機械及び装置

（鉱業用の軌条、まくら木等）

2-8-1 坑内の軌条、まくら木及び坑内動力線で、鉱業の業種用のものとして通常使用しているものは、別表第二の「29鉱業、採石業又は砂利採取業用設備」に含まれるものとする。

また、建設作業現場の軌条及びまくら木で、総合工事業の業種用のものとして通常使用しているものは、同表の「30総合工事業用設備」に含まれるものとする。

（総合工事業以外の工事業用設備）

2-8-2 機械及び装置で、職別工事業又は設備工事業の業種用の設備として通常使用しているものは、別表第二の「30総合工事業用設備」に含まれるものとする。

(鉄道業以外の自動改札装置)

2-8-3　自動改札装置で、鉄道業以外の業種用の設備として通常使用しているものについても、別表第二の「38鉄道業用設備」の「自動改札装置」の耐用年数を適用して差し支えないものとする。

(その他の小売業用設備)

2-8-4　別表第二の「45その他の小売業用設備」には、機械及び装置で、日本標準産業分類の中分類「60その他の小売業」の業種用の設備として通常使用しているものが該当することに留意する。

(ホテル内のレストラン等のちゅう房設備)

2-8-5　ホテル内にある宿泊客以外も利用可能なレストラン等のちゅう房用の機械及び装置は、別表第二の「48飲食店業用設備」に含まれることに留意する。

(持ち帰り・配達飲食サービス業用のちゅう房設備)

2-8-6　ちゅう房用の機械及び装置で、持ち帰り・配達飲食サービス業の業種用の設備として通常使用しているものは、別表第二の「48飲食店業用設備」に含まれるものとする。

(その他のサービス業用設備)

2-8-7　別表第二の「54その他のサービス業用設備」には、機械及び装置で、日本標準産業分類の中分類「95その他のサービス業」の業種用の設備として通常使用しているものが該当することに留意する。

(道路旅客運送業用設備)

2-8-8　機械及び装置で、道路旅客運送業の業種用の設備として通常使用しているものは、別表第二の「55前掲の機械及び装置以外のもの並びに前掲の区分によらないもの」に含まれることに留意する。

(電光文字設備等)

2-8-9　電光文字設備は、例えば、総合工事業の業種用の設備として通常使用しているものであっても、別表第二の「55前掲の機械及び装置以外のもの並びに前掲の区分によらないもの」に含まれるものとする。

蓄電池電源設備及びフライアッシュ採取設備についても同様とする。

第９節　公害防止用減価償却資産

(汚水処理用減価償却資産の範囲)

2-9-1　別表第五の公害防止用減価償却資産のうち省令第２条第１号の汚水処理の用に供される減価償却資産（以下この節において「汚水処理用減価償却資産」という。）とは、工場等内で生じた汚水等（同号に規定する汚水、坑水、廃水及び廃液をいい、温水を含む。以下同じ。）でそのまま排出すれば公害が生ずると認められるものを公害の生じない水液（水その他の液体をいう。以下「2-9-1」において同じ。）にして排出するために特に施設された汚水処理の用に直接供される減価償却資産（専ら当該汚水等を当該汚水処理の用に直接供される減価償却資産に導入するための送配管等及び処理後の水液を排出口に誘導するための送配管等を含む。）をいうのであるが、次に掲げる減価償却資産についても、汚水処理用減価償却資産に含めることができることに取り扱う。

（１）　汚水等の処理後の水液（当該処理によって抽出した有用成分を含む。）を工場等外に排出しないで製造工程等において再使用する場合における汚水処理の用に直接供される減価償却資産（専ら当該汚水等を当該汚水処理の用に直接供される減価償却資産へ導入するための送配管等を含む。）

（２）　汚水等の処理の過程において得た有用成分を自己の主製品の原材料等として使用する場合（当該有用成分がそのまま原材料等として使用できる場合を除く。）において、次のいずれにも該当するときにおける当該有用成分

を原材料等として使用するための加工等の用に供される減価償却資産

イ　当該有用成分を廃棄することにより公害を生ずる恐れがあると認められる事情があること。

ロ　当該有用成分を原材料等として使用するための加工等を行うことにより、その原材料等を他から購入することに比べ、明らかに継続して損失が生ずると認められること。

（３）　汚水等の処理の過程において得た有用成分を製品化する場合（当該有用成分を他から受け入れて製品化する場合を除く。）において、次のいずれにも該当するときにおける当該製品化工程の用に供される減価償却資産

イ　当該有用成分を廃棄することにより公害を生ずれ恐れがあると認められる事情があること。

ロ　当該有用成分を製品化して販売することにより、その有用成分をそのまま廃棄することに比べ、明らかに継続して損失が生ずると認められること。

(注) 汚水処理用減価償却資産を図示すれば、それぞれ次の区分に応じ、斜線の部分が汚水処理用減価償却資産に該当することとなる。

（イ）通常の汚水処理用減価償却資産

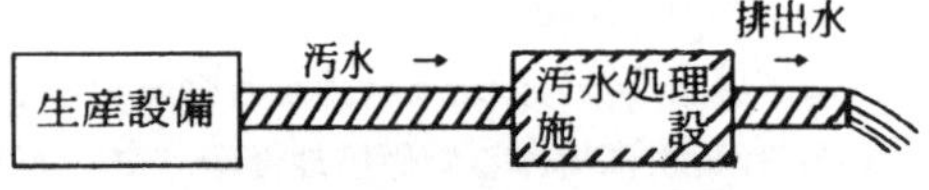

（ロ）（１）に掲げる減価償却資産

（ハ）（２）に掲げる減価償却資産

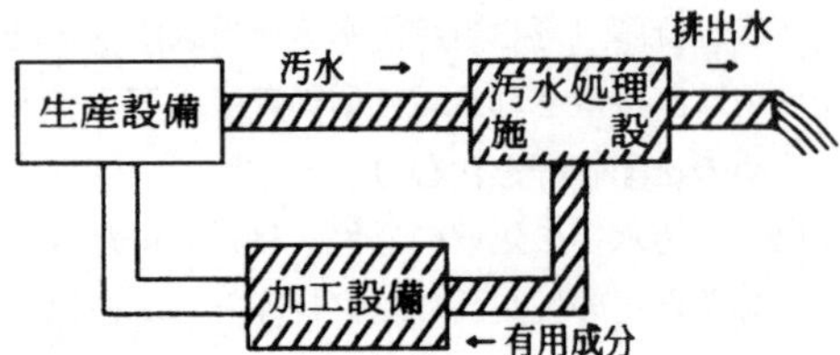

（ニ）（３）に掲げる減価償却資産

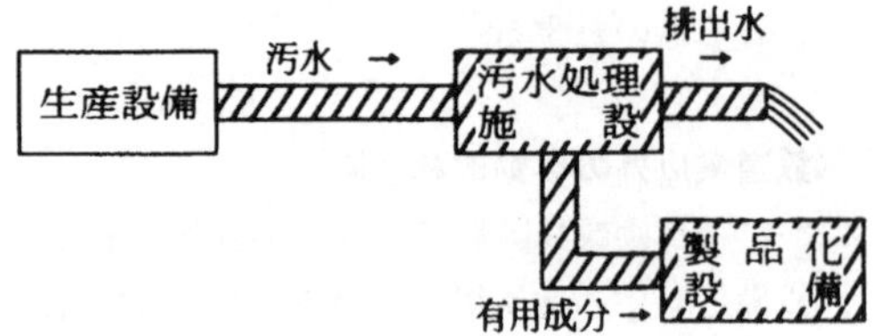

（建物に係る浄化槽等）

2-9-2　ビル、寄宿舎等から排出される汚水を浄化するために施設した浄化槽等で、構築物に該当するものは、汚水処理用減価償却資産に含まれるものとする。

（家畜し尿処理設備）

2-9-3　牛、馬、豚等のし尿処理をする場合における地中蒸散による処理方法は、省令第２条第１号に規定するろ過に準じ、汚水処理の方法に該当するものとして取り扱う。

（汚水処理用減価償却資産に該当する機械及び装置）

2-9-4　汚水処理用減価償却資産には、例えば、沈殿又は浮上装置、油水分離装置、汚泥処理装置、ろ過装置、濃縮装置、抜気装置、洗浄又は冷却装置、中和又は還元装置、燃焼装置、凝縮沈殿装置、生物化学的処理装置、輸送装置、貯留装置等及びこれらに附属する計測機器、調整用機器、電動機、ポンプ等が含まれる。

（ばい煙処理用減価償却資産の範囲）

2-9-5　別表第五の公害防止用減価償却資産のうち省令第２条第１号のばい煙処理の用に供される減価償却資産（以下この節において「ばい煙処理用減価償却資産」という。）とは、工場等内で生じたばい煙等（同号に規定するばい煙、粉じん又は特定物質をいう。以下同じ。）を公害の生ずるおそれのない状態で排出（大気中に飛散しないよう防止して公害のおそれのない状態を維持することを含む。）をするため、特に施設されたばい煙処理の用に直接供される減価償却資産をいうのであるが、次に掲げる減価償却資産についても、ばい煙処理用減価償却資産に含め

ることができることに取り扱う。

（1） ばい煙等の処理の過程において得た物質を自己の主製品の原材料等として使用する場合（当該物質がそのまま原材料等として使用できる場合を除く。）において、次のいずれにも該当するときにおける当該物質を原材料等として使用するための加工等の用に供される減価償却資産

イ 当該物質を廃棄することにより公害を生ずる恐れがあると認められる事情があること。

ロ 当該物質を原材料等として使用するための加工等を行うことにより、その原材料等を他から購入することに比べ、明らかに継続して損失が生ずると認められること。

（2） ばい煙等の処理の過程において得た物質を製品化する場合（当該物質を他から受け入れて製品化する場合を除く。）において、次のいずれにも該当するときにおける当該製品化工程の用に供される減価償却資産

イ 当該物質を廃棄することにより公害を生ずるおそれがあると認められる事情があること。

ロ 当該物質を製品化して販売することにより、その物質をそのまま廃棄することに比べ、明らかに継続して損失が生ずると認められること。

（注）1 ばい煙等の処理によって得られる余熱等を利用するために施設された減価償却資産は、ばい煙処理用減価償却資産に該当しない。

2 ばい煙処理用減価償却資産を図示すれば、それぞれ次の区分に応じ、斜線の部分がばい煙処理用減価償却資産に該当することとなる。

（イ） 通常のばい煙処理用減価償却資産

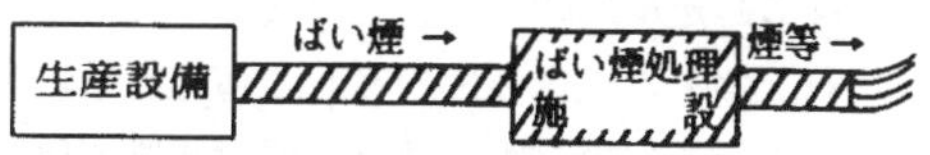

（ロ） （1）に掲げる減価償却資産

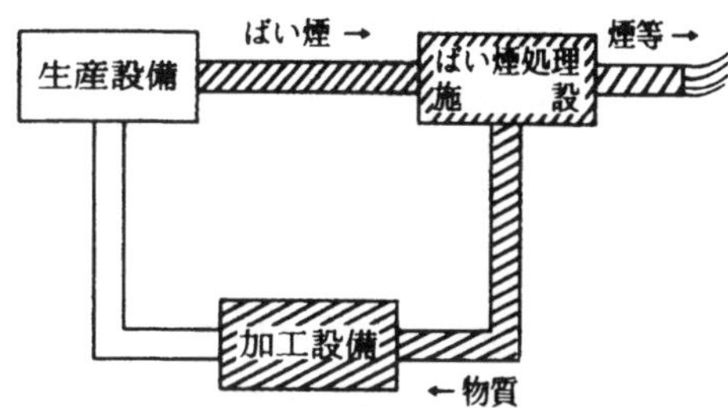

（ハ） （2）に掲げる減価償却資産

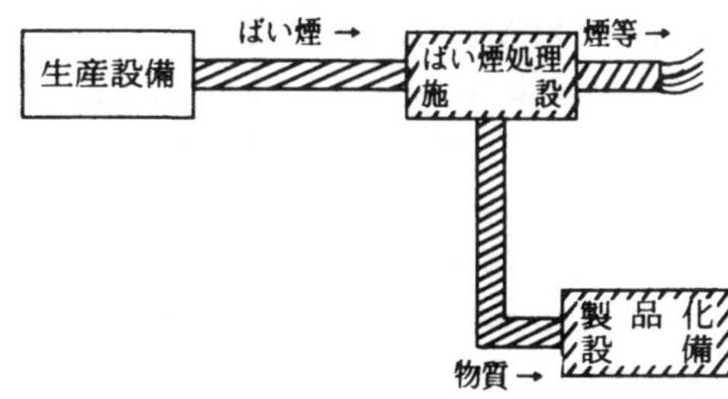

（建物附属設備に該当するばい煙処理用の機械及び装置）

2-9-6 ビル等の建物から排出されるばい煙を処理するために施設した機械及び装置は、原則として建物附属設備に該当するのであるが、当該機械及び装置が省令第２条第１号に定めるばい煙処理のために施設されたものであり、かつ、その処理の用に直接供されるものであるときは、別表第五に掲げる機械及び装置の耐用年数を適用することができる。

（ばい煙処理用減価償却資産に該当する機械及び装置）

2-9-7 ばい煙処理用減価償却資産には、集じん装置及び処理装置の本体（電気捕集式のものにあっては、本体に直結している変圧器及び整流器を含む。）のほか、これらに附属するガス導管、水管、ガス冷却器、通風機、ダスト搬送器、ダスト貯留器、ミスト除却機等が含まれる。

第10節 開発研究用減価償却資産

（開発研究の意義）

2-10-1 省令第２条第２号に規定する「開発研究」とは、次に掲げる試験研究をいう。

（1） 新規原理の発見又は新規製品の発明のた

めの研究

（2） 新規製品の製造、製造工程の創設又は未利用資源の活用方法の研究

（3） （1）又は（2）の研究を基礎とし、これらの研究の成果を企業化するためのデーターの収集

（4） 現に企業化されている製造方法その他の生産技術の著しい改善のための研究

（開発研究用減価償却資産の意義）

2-10-2 別表第六の開発研究用減価償却資産とは、主として開発研究のために使用されている減価償却資産をいうのであるから、他の目的のために使用されている減価償却資産で必要に応じ開発研究の用に供されるものは、含まれないことに留意する。

（開発研究用減価償却資産の範囲）

2-10-3 開発研究用減価償却資産には、開発研究の用に供するため新たに取得された減価償却資産のほか、従来から有していた減価償却資産で他の用途から開発研究の用に転用されたものも該当する。

第3章　増加償却

（増加償却の適用単位）

3-1-1 法人が同一工場構内に2以上の棟を有している場合において、一の設備の種類を構成する機械装置が独立して存在する棟があるときは、当該棟ごとに増加償却を適用することができる。

（中古機械等の増加償却割合）

3-1-2 同一用途に供される中古機械と新規取得機械のように、別表第二に掲げる設備の種類を同じくするが、償却限度額の計算をそれぞれ別個に行う機械装置についても、増加償却の適用単位を同一にするものにあっては、増加償却割合の計算に当たっては、当該設備に含まれる機械装置の全てを通算して一の割合をそれぞれ適用することに留意する。

（平均超過使用時間の意義）

3-1-3 増加償却割合の計算の基礎となる平均超過使用時間とは、当該法人の属する業種に係る設備の標準稼働時間（通常の経済事情における機械及び装置の平均的な使用時間をいう。）を超えて使用される個々の機械装置の1日当たりのその超える部分の当該事業年度における平均時間をいう。この場合において、法人が週5日制（機械装置の稼働を休止する日が1週間に2日あることを常態とする操業体制をいう。）を採用している場合における機械装置の標準稼働時間は、当該法人の属する業種における週6日制の場合の機械装置の標準稼働時間に、当該標準稼働時間を5で除した数を加算した時間とする。

（機械装置の単位）

3-1-4 平均超過使用時間の算定は、通常取引される個々の機械装置の単位ごとに行う。

（標準稼働時間内における休止時間）

3-1-5 個々の機械装置の日々の超過使用時間の計算に当たっては、標準稼働時間内における個々の機械装置の稼働状況は、超過使用時間の計算に関係のないことに留意する。

（日曜日等の超過使用時間）

3-1-6 日曜、祭日等通常休日とされている日（週5日制による日曜日以外の休日とする日を含む。）における機械装置の稼働時間は、その全てを超過使用時間とする。

（注）1 この取扱いは、機械装置の標準稼働時間が24時間であるものについては適用がない。

2 週5日制による日曜日以外の休日とする日は、通常使用されるべき日数に含めることとされているので留意する。

（日々の超過使用時間の算定方法）

3-1-7 個々の機械装置の日々の超過使用時間は、法人の企業規模、事業種目、機械装置の種類等に応じて、次に掲げる方法のうち適当と認められる方法により求めた稼働時間を基礎として算定するものとするが、この場合に個々の機械装

置の稼働時間が不明のときは、これらの方法に準じて推計した時間によるものとする。

（1） 個々の機械装置の従事員について労務管理のため記録された勤務時間を基として算定する方法
（2） 個々の機械装置の従事員が報告した機械装置の使用時間を基として算定する方法
（3） 生産1単位当たりの標準所要時間を生産数量に乗じ、又は単位時間当たり標準生産能力で生産数量を除して得た時間を基として算定する方法
（4） 常時機械装置に運転計の付してあるもの又は「作業時間調」（就業時間中の機械装置の稼働状況を個別に時間集計しているもの）等のあるものについては、それらに記録され、又は記載された時間を基として算定する方法
（5） 当該法人の企業規模等に応じ適当と認められる(1)から(4)までに掲げられている方法に準ずる方法

（日々の超過使用時間の簡便計算）

3-1-8 機械装置の日々の超過使用時間は、個々の機械装置ごとに算定することを原則とするが、その算定が困難である場合には、一の製造設備を製造単位（同一の機能を果たす機械装置を組織的に、かつ、場所的に集約した単位をいう。）ごとに分割して、その分割された製造単位の超過使用時間をもって当該製造単位に含まれる個々の機械装置の超過使用時間とすることができる。

（月ごとの計算）

3-1-9 機械装置の平均超過使用時間は、月ごとに計算することができる。この場合における当該事業年度の機械装置の平均超過使用時間は、月ごとの機械装置の平均超過使用時間の合計時間を当該事業年度の月数で除して得た時間とする。

（超過使用時間の算定の基礎から除外すべき機械装置）

3-1-10 次のいずれかに該当する機械装置及びその稼働時間は、日々の超過使用時間の算定の基礎には含めないものとする。

（1） 受電盤、変圧器、配電盤、配線、配管、貯槽、架台、定盤その他これらに準ずるもので、その構造等からみて常時使用の状態にあることを通常の態様とする機械装置
（2） 熱処理装置、冷蔵装置、発酵装置、熟成装置その他これらに準ずるもので、その用法等からみて長時間の仕掛りを通常の態様とする機械装置

(注) この取扱いによって除外した機械装置であっても、増加償却の対象になることに留意する。3-1-11の取扱いを適用した場合も同様とする。

（超過使用時間の算定の基礎から除外することができる機械装置）

3-1-11 次に掲げる機械装置（3-1-10に該当するものを除く。）及びその稼働時間は、法人の選択によりその全部について継続して除外することを条件として日々の超過使用時間の算定の基礎には含めないことができる。

（1） 電気、蒸気、空気、ガス、水等の供給用機械装置
（2） 試験研究用機械装置
（3） 倉庫用機械装置
（4） 空気調整用機械装置
（5） 汚水、ばい煙等の処理用機械装置
（6） 教育訓練用機械等の生産に直接関連のない機械装置

（通常使用されるべき日数の意義）

3-1-12 増加償却割合の算定の基礎となる機械装置の通常使用されるべき日数は、当該事業年度の日数から、日曜、祭日等当該法人の営む事業の属する業界において通常休日とされている日数を控除した日数をいう。この場合において、週5日制による日曜日以外の休日とする日は、通常使用されるべき日数に含むものとする。

第４章　特別な償却率による償却

第１節　対象資産の範囲、残存価額等

（漁網の範囲）

4-1-1　漁網には、網地、浮子（あば）、沈子（いわ）及び綱並びに延縄を含むものとする。

（鉛 板 地 金）

4-1-2　活字地金には、鉛板地金を含むものとする。

（映画用フィルムの取得価額）

4-1-3　映画用フィルムの取得価額には、ネガティブフィルム（サウンドフィルム及びデュープネガを含む。）及びポジティブフィルム（デュープポジを含む。）の取得に直接、間接に要した一切の費用が含まれるが、自己の所有に係るネガティブフィルムからポジティブフィルムを作成する場合には、当該ポジティブフィルムの複製費用は、映画フィルムの取得価額に算入しないことができる。

（映画フィルムの範囲と上映権）

4-1-4　法人が他人の有するネガティブフィルムから作成される16ミリ版ポジティブフィルム（公民館、学校等を巡回上映するもの又はこれらに貸与することを常態とするものに限る。）を取得した場合の当該フィルム又は上映権を取得した場合の当該上映権は、規則第12条第５号に掲げる資産に該当するものとして取り扱う。

（非鉄金属圧延用ロール）

4-1-5　非鉄金属圧延用ロールには、作動ロール（ワーキングロール）のほか、押さえロール（バックアップロール）を含むものとする。

（譲渡、滅失資産の除却価額）

4-1-6　特別な償却率により償却費の額を計算している一の資産の一部につき、除却、廃棄、滅失又は譲渡（以下「除却等」という。）をした場合における当該資産の除却等による損益の計算の基礎となる帳簿価額は、次による。

（１）　活字地金については、除却等の直前の帳簿価額を除却等の直前の保有量で除して算出した価額を当該活字地金の一単位当たりの価額とする。

（２）　なつ染用銅ロール、非鉄金属圧延用ロール及び規則第12条第４号に掲げる金型その他の工具（以下「専用金型等」という。）については、個々の資産につき償却費の額を配賦しているものはその帳簿価額とし、個々の資産につき償却費の額を配賦していないものは4-1-8の残存価額とする。

（３）　漁網につき、その一部を修繕等により取り替えた場合におけるその取り替えた部分については、ないものとする。

（修繕費と資本的支出の区分）

4-1-7　特別な償却率により償却費を計算する資産に係る次の費用についての修繕費と資本的支出の区分は次による。

（１）　漁網については、各事業年度において漁網の修繕等（災害等により漁網の一部が滅失又は損傷した場合におけるその修繕等を含む。）のために支出した金額のうち、次の算式により計算される金額は、資本的支出とする。この場合における計算は、原則として、法人の有する漁網について一統ごとに行うのであるが、その計算が著しく困難であると認められるときは、特別な償却率の異なるごとに、かつ事業場の異なるごとに行うことができる。

$$算式 = \frac{A}{B}\left\{B - (C \times 一定割合)\right\}$$

（注）1　A……当該事業年度において修繕等のために当該漁網に支出した金額をいう。

2　B……当該事業年度において修繕等のために当該漁網に使用した網地等の合計量をいう。

3　C……当該事業年度開始の日における当該漁網の全構成量をいう。

4　一定割合……30％（法人の事業年度

が１年に満たない場合には、当該事業年度の月数を12で除し、これに30％を乗じて得た割合）とする。

（２） 活字地金については、鋳造に要した費用及び地金かすから地金を抽出するために要した費用は修繕費とし、地金の補給のために要した費用は資本的支出とする。

（３） なつ染用銅ロールの彫刻に要した費用は彫刻したときの修繕費とし、銅板の巻替えに要した費用は資本的支出とする。

（４） 非鉄金属圧延用ロールについては、ロールの研磨又は切削に要した費用は研磨又は切削をしたときの修繕費とする。

（残 存 価 額）

4-1-8 特別な償却率による償却費の額を計算する資産の残存価額は、次による。

（１） 漁　　網　　　零
（２） 活字地金　　　零
（３） なつ染用銅ロール　取得価額の100分の15
（４） 映画用フィルム　零
（５） 非鉄金属圧延用ロール　取得価額の100分の３
（６） 専用金型等　　処分可能価額

（残存価額となった資産）

4-1-9 特別な償却率は、その認定を受けた資産の償却累積額が当該資産の取得価額から4-1-8に定める残存価額を控除した金額に相当する額に達するまで償却を認めることとして認定する建前としているから、特別な償却率により償却費の額を計算している資産で、特別な償却率が同一であるため、一括して償却しているものについて、その償却費が個々の資産に配賦されている場合において、当該個々の資産の帳簿価額が残存価額に達したときは、その後においては、償却限度額の計算の基礎となる取得価額から当該資産の取得価額を除くことに留意する。

第２節　特別な償却率等の算定式

（特別な償却率等の算定式）

4-2-1 令第50条の規定による特別な償却率は、次の区分に応じ、次により算定する。

（１） 漁網　原則として一統ごとに、当該漁網の種類に応じて、次により算定される月数（法人の事業年度が１年に満たない場合には、当該月数を12倍し、これを当該事業年度の月数で除して得た月数）に応じた次表に定める割合とする。

（イ） 一時に廃棄されることがなく修繕等により継続してほぼ恒久的に漁ろうの用に供することができる漁網については、当該漁網が新たに漁ろうの用に供された日からその法人の操業状態において修繕等のために付加される網地等の合計量（反数その他適正な量的単位により計算した量）が当該漁網の全構成量に達すると予想される日までの経過月数

（ロ） （イ）以外の漁網については、当該漁網が新たに漁ろうの用に供された日から、その法人の操業状態において当該漁網が一時に廃棄されると予想される日までの経過月数

月				数			割　合
12	以	上		15	未	満	90 ％
15	〃			18	〃		85
18	〃			20	〃		80
20	〃			23	〃		75
23	〃			27	〃		70
27	〃			31	〃		65
31	〃			35	〃		60
35	〃			40	〃		55
40	〃			47	〃		50
47	〃			54	〃		45
54	〃			65	〃		40
65	〃			77	〃		35
77	〃			96	〃		30
96	〃			124	〃		25
124	〃			170	〃		20
170	〃			262	〃		15
262	〃			540	〃		10
540	〃						5

(注) 1 (1)の(イ)及び(ロ)の月数は、法人が当該漁網と種類、品質、修繕等の状況及び使用状態等がほぼ同一であるものを有していた場合にはその実績を、当該法人にその実績がない場合には当該法人と事業内容か操業状態等が類似するものが有する漁網の実績を考慮して算定する。

2 1の場合において、その月数は法人が予備網を有し、交互に使用しているようなときは、当該漁網と予備網を通常交互に使用した状態に基づいて算定することに留意する。

(2) 活字地金　活字地金が活字の鋳造等によって1年間に減量する率とする。

(3) なつ染用銅ロール　各事業年度におけるロールの実際彫刻回数の彫刻可能回数のうちに占める割合とする。

(4) 映画用フィルム　ポジティブフィルムの封切館における上映日から経過した月数ごとに、その月までの収入累計額の全収入予定額のうちに占める割合とする。

(5) 非鉄金属圧延用ロール　各事業年度におけるロールの直径の減少値の使用可能直径(事業の用に供したときのロールの直径からロールとして使用し得る最小の直径を控除した値をいう。)のうちに占める割合とする。

(6) 専用金型等　各事業年度における専用金型等による実際生産数量の当該専用金型等に係る総生産計画数量のうちに占める割合とする。

第3節　特別な償却率の認定

(特別な償却率の認定)

4-3-1　特別な償却率の認定は、申請資産の実情により認定するのであるが、当該資産が漁網、活字地金及び専用金型等以外の資産である場合において、申請に係る率又は回数若しくは直径が付表6に掲げる基準率以下のもの又は基準回数若しくは基準直径以上であるときは、その申請どおり認定する。

(中古資産の特別な償却率)

4-3-2　特別な償却率の認定を受けている法人が、当該認定を受けた資産と同様の中古資産を取得した場合には、当該中古資産については、その取得後の状況に応じて特別な償却率を見積もることができる。

(特別な償却率による償却限度額)

4-3-3　特別な償却率による各事業年度の償却限度額は、次の区分に応じ、次により算定する。

(1) 漁網　認定を受けた特別な償却率の異なるごとに当該事業年度開始の日における漁網の帳簿価額に特別な償却率を乗じて計算した金額とする。この場合において、事業年度の中途に事業の用に供した漁網については、その取得価額に特別な償却率を乗じて計算した金額に次の割合を乗じて計算した金額とする。

イ　当該漁網による漁獲について漁期の定めがある場合

$$\frac{\text{当該漁網を当該事業年度において漁ろうの用に供した期間の月数}}{\text{当該漁期の期間(当該事業年度に2以上の漁期を含むときは、各漁期の期間の合計の期間)の月数}}$$

ロ　イ以外の場合

$$\frac{\text{当該漁網を事業の用に供した日から当該事業年度終了の日までの期間の月数}}{\text{当該事業年度の月数}}$$

(2) 活字地金　各事業年度開始の日における帳簿価額に特別な償却率(事業年度が1年未満の場合には、特別な償却率に当該事業年度の月数を乗じ、これを12で除した率。以下4-3-3の(2)において同じ。)を乗じて計算した金額とする。この場合において、当該事業年度の中途に事業の用に供した活字地金については、その取得価額に特別な償却率を乗じて計算した金額に、その供した日から当該事業年度終了の日までの期間の月数を乗じてこれを当該事業年度の月数で除して計算した金額とする。

(3) なつ染用銅ロール　ロールの取得価額から残存価額を控除した金額に当該事業年度の特別な償却率を乗じて計算した金額とする。

(注) なつ染用銅ロールが２以上ある場合における特別な償却率は、ロールの種類ごとに、各事業年度における実際の彫刻回数（当該事業年度において譲渡又は廃棄したロールの彫刻回数を除き、基準模様以外の模様を彫刻した場合の彫刻回数は、実際彫刻回数に換算率を乗じた回数とする。）の合計数の当該事業年度終了の日において有するロールの彫刻可能回数の合計数のうちに占める割合による。

(４) 映画用フィルム　取得価額に当該フィルムの上映日から当該事業年度終了の日までに経過した期間の月数に応ずる特別な償却率（当該事業年度前の事業年度において上映したフィルムについては、当該特別な償却率から当該事業年度直前の事業年度終了の日における特別な償却率を控除した率）を乗じて計算した金額とする。

ただし、付表６の(２)のただし書の適用を受ける場合には、各事業年度ごとに封切上映したものの取得価額の総額に同ただし書の割合を乗じて計算した金額の合計額とする。

(５) 非鉄金属圧延用ロール　使用可能の直径の異なるごとに、当該ロールの取得価額から残存価額を控除した金額に当該事業年度の特別な償却率を乗じて計算した金額とする。

(注) 非鉄金属圧延用ロールが２以上ある場合における特別な償却率は、使用可能の直径の異なるごとに、各事業年度におけるロールの直径の減少値（当該事業年度において譲渡又は廃棄したロールに係る減少値を除く。）の合計数の当該事業年度終了の日において有するロールの使用可能直径の合計数のうちに占める割合による。

(６) 専用金型等　その種類及び形状を同じくするものごとに、当該専用金型等の取得価額から残存価額を控除した金額に当該事業年度の特別な償却率を乗じて計算した金額とする。

（特別な償却率の認定を受けている資産に資本的支出をした場合の取扱い）

4-3-4　特別な償却率の認定を受けている減価償却資産について資本的支出をした場合には、当該資本的支出は当該認定を受けている特別な償却率により償却を行うことができることに留意する。

第５章　そ　の　他

（事業年度が１年に満たない場合の償却率等）

5-1-1　減価償却資産の償却の方法につき旧定額法、旧定率法、定額法又は定率法を選定している法人の事業年度が１年に満たないため、省令第４条第２項又は第５条第２項若しくは第４項の規定を適用する場合の端数計算については、次によるものとする。

(１) 旧定額法、定額法又は定率法を選定している場合

当該減価償却資産の旧定額法、定額法又は定率法に係る償却率又は改定償却率に当該事業年度の月数を乗じてこれを12で除した数に小数点以下３位未満の端数があるときは、その端数は切り上げる。

(注) 令第48条の２第１項第１号イ(２)《定率法》に規定する償却保証額の計算は、法人の事業年度が１年に満たない場合においても、別表第九又は別表第十に定める保証率により計算することに留意する。なお、当該償却保証額に満たない場合に該当するかどうかの判定に当たっては、同号イ(２)に規定する取得価額に乗ずることとなる定率法の償却率は、上記の月数による按分前の償却率によることに留意する。

(２) 旧定率法を選定している場合

当該減価償却資産の耐用年数に12を乗じてこれを当該事業年度の月数で除して得た年数に１年未満の端数があるときは、その端数は切り捨てる。

（中間期間における償却率等）

5-1-2　１年決算法人で旧定額法、旧定率法、定額法又は定率法を採用しているものが、その事業年度を６月ごとに区分してそれぞれの期間につき償却限度額を計算し、その合計額をもって

当該事業年度の償却限度額としている場合において、当該各期間に適用する償却率又は改定償却率を、それぞれ別表第七から別表第十までの償却率又は改定償却率に２分の１を乗じて得た率（小数点以下第４位まで求めた率）とし、当該事業年度の期首における帳簿価額（旧定額法又は定額法を採用している場合は、取得価額）又は当該減価償却資産の改定取得価額を基礎として当該償却限度額を計算しているときは、これを認める。

(注) 令第48条の２第１項第１号イ（２）《定率法》に規定する償却保証額に満たない場合に該当するかどうかの判定に当たっては、同号イ（２）に規定する取得価額に乗ずることとなる定率法の償却率は、２分の１を乗ずる前の償却率によることに留意する。

（取替法の承認基準）

5-1-3　税務署長は、次に掲げる取替資産について令第49条第４項の規定による申請書の提出があった場合には、原則としてこれを承認する。

（1）　鉄道事業者又は鉄道事業者以外の法人でおおむね５キロメートル以上の単路線（仮設路線を除く。）を有するものの有する規則第10条第１号に掲げる取替資産

（2）　電気事業者又は電気事業者以外の法人でおおむね回線延長10キロメートル以上の送電線を有するものの有する規則第10条第２号及び第３号に掲げる取替資産

（3）　電気事業者の有する規則第10条第４号に掲げる取替資産

（4）　ガス事業者又はガス事業者以外の法人でおおむね延長10キロメートル以上のガス導管を有するものの有する規則第10条第５号に掲げる取替資産

附　　則

（施 行 期 日）

1　耐用年数通達は、昭和45年６月１日から施行する。

〈以下省略〉

（経過的取扱い）

法人が、平成13年４月１日以後に開始する事業年度において、同日前に開始した事業年度に取得したＬＡＮ設備を構成する個々の減価償却資産について、この法令解釈通達による改正前の2-7-6の2（ＬＡＮ設備の耐用年数）の本文の取扱いの例により、引き続き当該取得したものの全体を一の減価償却資産として償却費の計算を行っている場合には、これを認める。（平14課法２－１第３「五 経過的取扱い」）

(注) 当該取得したものの全体を一の減価償却資産として償却費の計算を行っている場合において、その後の事業年度において、個々の減価償却資産ごとに償却費の計算を行う方法に変更する場合には、既に計上した償却費の額をその取得価額比等により個々の減価償却資産に合理的に配賦するものとする。

（経過的取扱い…新旧資産区分の対照表）

平成20年４月１日前に開始する事業年度において取得をされた機械及び装置が、同日以後に開始する事業年度において別表第二「機械及び装置の耐用年数表」における機械及び装置のいずれに該当するかの判定は、付表９「機械及び装置の耐用年数表（別表第二）における新旧資産区分の対照表」を参考として行う。（平20課法２－14第５「三十一 経過的取扱い」）

付表１　塩素、塩酸、硫酸、硝酸その他の著しい腐食性を有する液体又は気体の影響を直接全面的に受ける建物の例示

	旧別表第二の「番号」	旧別表第二の「設備の種類」	薬品名	腐食の影響を受ける工程
1	9	化学調味料製造設備	塩酸	化学調味料製造設備のうち、グルタミン酸塩酸塩製造工程
2	72	セロファン製造設備	硫酸	セロファン製造設備のうち、二硫化炭素反応工程、硫化反応工程及び製膜工程
3	82	硫酸又は硝酸製造設備	無水硫酸 発煙硫酸 硫酸	硫酸製造設備のうち、硫酸製造工程の反応工程及び吸収工程
			硝酸 硫酸	1.　濃硝酸製造設備のうち、硝酸濃縮工程及び硫酸回収工程 2.　希硝酸製造設備のうち、アンモニア酸化工程及び希硝酸製造工程
4	83	溶成りん肥製造設備	ふっ酸	溶成りん肥製造設備のうち、溶成りん肥電気炉工程
5	84	その他の化学肥料製造設備	硫酸	高度化成肥料製造設備のうち、中和工程
			ふっ酸 硫酸	過りん酸製造設備のうち、原料配合工程
			硫酸	硫安製造設備のうち、合成工程
			アンモニア 尿素液	尿素製造設備のうち、送液ポンプ、合成筒、濃縮槽、結晶機及び乾燥機の作業工程
6	86	ソーダ灰、塩化アンモニウム、か性ソーダ又はか性カリ製造設備（塩素処理設備を含む。）	塩素 塩酸	ソーダ製造設備のうち、食塩電解工程、合成塩酸製造工程、液体塩素製造工程並びにさらし粉及びさらし液製造工程
			か性ソーダ アンモニア 炭酸ソーダ 塩水	1.　ソーダ灰製造設備のうち、粗重曹製造工程、たん（煅）焼工程及びアンモニア回収工程 2.　アンモニア性か性ソーダ製造設備のうち、か性化工程、煮詰工程及び塩化アンモニウム製造工程 3.　塩水電解工程に使用する原料塩水の精製工程
7	87	硫化ソーダ、水硫化ソーダ、無水ぼう硝、青化ソーダ又は過酸化ソーダ製造設備	アルカリ（濃度が20%以上のもの）	硫化ソーダ製造設備のうち、黒灰抽出工程及び煮詰工程
			硫酸	無水ぼう硝製造設備のうち、蒸発煮詰工程
			シアン	青化ソーダ製造設備のうち、反応工程及び濃縮工程
8	88	その他のソーダ塩又はカリ塩（第97号（塩素酸	塩素	塩素酸カリ製造設備のうち、電解工程及び精製工程のうちの濃縮工程

	旧別表第二の「番号」	旧別表第二の「設備の種類」	薬品名	腐食の影響を受ける工程
		塩を除く。)、第98号及び第106号に掲げるものを除く。) 製造設備	硝酸	亜硝酸ソーダ製造設備のうち、酸化窒素製造工程のうちの酸化工程
9	90	アンモニウム塩(硫酸アンモニウム及び塩化アンモニウムを除く。) 製造設備	硫酸	重炭酸アンモニア製造設備のうち、重炭酸アンモニア製造工程及びアンモニア回収工程
			硝酸	硝酸ソーダ及び硝酸アンモニア製造設備のうち、中和蒸発工程及び仕上工程
10	95	硫酸鉄製造設備	硫酸	硫酸鉄製造設備のうち、反応工程及び仕上工程
11	96	その他の硫酸塩又は亜硫酸塩製造設備(他の号に掲げるものを除く。)	硫酸	硫酸アルミニウム製造設備のうち、反応工程
12	97	臭素、よう素又は塩素、臭素若しくはよう素化合物製造設備	クロールスルホン酸	クロールスルホン酸製造設備のうち、反応工程及び塩酸ガス発生塔
			塩酸	塩化亜鉛製造設備のうち、反応工程
			塩化亜鉛	塩化亜鉛製造設備のうち、煮詰工程、ろ過工程及び粉砕工程
			塩素 塩酸	塩素誘導体製造設備のうち、電解工程、濃縮工程、反応工程及び塩素回収工程
			塩素	臭素製造設備のうち、発生工程及び蒸留工程
13	98	ふっ酸その他のふっ素化合物製造設備	ふっ酸	ふっ酸その他のふっ素化合物製造設備のうち、反応工程及び精製工程
14	99	塩化りん製造設備	塩素	塩化りん製造設備のうち、三塩化反応がま及びその他の反応工程
15	100	りん酸又は硫化りん製造設備	りん酸	1. 湿式によるりん酸製造設備のうち、分解槽、水和槽及びろ過機の作業工程 2. 電気炉によるりん酸製造設備のうち、電気炉、燃焼炉、溶融槽、吸収塔、分解器及び送排風機の作業工程 3. 硫化りん製造設備のうち、反応がま、反応器、精製器、洗浄器、ろ過機及び遠心分離機の作業工程
16	101	りん又はりん化合物製造設備(他の号に掲げるものを除く。)	りん酸	密閉式電気炉によるりん又はその他のりん化合物製造設備のうち、密閉式電気炉、送風機、凝縮機、圧搾がま、反応機、精製器、洗浄器及びろ過器の作業工程
17	102	べんがら製造設備	硫酸	べんがら製造設備のうち、ばい焼工程及び仕上工程
18	104	酸化チタン、リトポン又はバリウム塩製造設備	硫酸	リトポン製造設備のうち、硫酸亜鉛の反応工程、酸化チタン製造設備のうち、反応工程及

	旧別表第二の「番号」	旧別表第二の「設備の種類」	薬品名	腐食の影響を受ける工程
				び仕上工程
			塩酸	塩化バリウム製造設備のうち、反応工程及び仕上工程
			硝酸	硝酸バリウム製造設備のうち、反応工程及び仕上工程
19	105	無水クロム酸製造設備	硫酸	無水クロム酸製造設備のうち、反応工程及び仕上工程
			無水クロム酸	無水クロム酸製造設備のうち、結晶かん、遠心分離機及び乾燥機の作業工程
20	106	その他のクロム化合物製造設備	硫酸	重クロム酸塩製造設備のうち、反応工程及び仕上工程
21	109	青酸製造設備	青酸	フォルムアミド法による青酸製造設備のうち、フォルムアミド合成工程、アンモニア冷凍工程及び合成工程
22	110	硝酸銀製造設備	硝酸	硝酸銀製造設備のうち、溶解工程及び結晶工程
23	111	二硫化炭素製造設備	亜硫酸ガス 硫化水素	二硫化炭素製造設備のうち、反応工程、蒸留工程及び精製工程
24	112	過酸化水素製造設備	硫酸	過酸化水素製造設備のうち、原料処理工程
			酸性硫酸アンモニウム 過硫酸アンモニウム	過酸化水素製造設備のうち、電解工程、蒸留工程及び過硫安回収工程
25	113	ヒドラジン製造設備	硫酸	ヒドラジン製造設備のうち、硫酸ヒドラジンの反応工程
			アンモニア か性ソーダ	ヒドラジン製造設備のうち、反応工程及び精製工程
26	117	活性炭製造設備	塩酸 硫酸	活性炭製造設備のうち、焼成賦活工程、ガス洗浄工程、酸洗浄工程、乾燥工程及び塩化亜鉛処理工程
27	118	その他の無機化学薬品製造設備	硫化水素	硫化水素製造設備のうち、回収製造工程及び充てん工程
			過酸化水素	過ほう酸ソーダ製造設備のうち、化合工程及び乾燥工程
28	119	石炭ガス、オイルガス又は石油を原料とする芳香族その他の化合物分離精製設備	硫酸	タール酸製造設備のうち、分解工程
29	120	染料中間体製造設備	硫酸、発煙硫	染料中間体製造設備のうち、硫酸化工程、塩

	旧別表第二の「番号」	旧別表第二の「設備の種類」	薬品名	腐食の影響を受ける工程
			酸、無水硫酸、硝酸、塩素、塩酸、クロールスルホン酸	素化工程、硝化工程その他の反応工程及び精製工程
			希硫酸、亜硫酸ガス、硫化ソーダ、りん酸、酢酸	染料中間体製造設備のうち、反応工程及び精製工程
30	122	カプロラクタム、シクロヘキサノン又はテレフタル酸（テレフタル酸ジメチルを含む。）製造設備	発煙硫酸 塩酸	カプロラクタム製造設備のうち、亜硫酸製造工程、ニトロ亜硫安製造工程、アミノ反応工程、シクロヘキサンオキシム製造工程、ラクタム転位工程及びラクタム中和工程
			酢酸	パラキシロールを原料とするテレフタル酸製造設備のうち、乾燥工程
31	123	イソシアネート類製造設備	塩素 塩酸 硝酸	トルイレンジイソシアネート製造設備のうち、ホスゲン製造工程、アミン製造工程及びニトロ化工程
32	124	炭化水素の塩化物、臭化物又はふっ化物製造設備	塩素 塩酸	1.　フロンガス製造設備のうち、反応工程、塩酸回収工程及び精製工程 2.　クロロメタン製造設備のうち、反応工程及び精製工程
33	127	アセトアルデヒド又は酢酸製造設備	塩酸 硝酸 硫酸	酢酸製造設備のうち、アセチレンガス清浄工程並びにアセトアルデヒド水加反応工程
			酢酸	酢酸製造設備のうち、酢酸反応工程及び蒸留工程
34	128	シクロヘキシルアミン製造設備	無水硫酸 塩酸	シクロヘキシルアミン製造設備のうち、反応工程及び精製工程
35	130	ぎ酸、しゅう酸、乳酸、酒石酸（酒石酸塩類を含む。）、こはく酸、くえん酸、タンニン酸又は没食子酸製造設備	硫酸	ぎ酸及びしゅう酸製造設備のうち、分解工程及び反応工程
			硫酸 塩酸	乳酸製造設備及びこはく酸製造設備のうち、酸化工程
36	133	アクリルニトリル又はアクリル酸エステル製造設備	シアン	アクリルニトリル製造設備のうち、合成工程、蒸留工程及び精製工程
37	136	その他のオレフィン系又はアセチレン系誘導体製造設備（他の号に掲げるものを除く。）	硝酸	グリキザール製造設備のうち、硝酸酸化工程
			硫酸	デヒドロ酢酸製造設備のうち、硫酸酸化工程
			塩素	モノクロール酢酸製造設備のうち、反応工程、蒸留工程及び塩酸回収工程

	旧別表第二の「番号」	旧別表第二の「設備の種類」	薬品名	腐食の影響を受ける工程
			酢酸 無水酢酸	酢酸エチル製造設備、アセト酢酸エステル製造設備、無水酢酸製造設備並びにジケテン製造設備のうち、反応工程及び酢酸回収工程
38	139	セルロイド又は硝化綿製造設備	硝酸 硫酸	硝化綿製造設備のうち、硝化用混酸調合工程、硝化工程及び洗浄工程
39	140	酢酸繊維素製造設備	酢酸 無水酢酸	酢酸綿製造設備のうち、酸化工程、熟成工程、ろ過工程、沈殿工程、洗浄工程、回収抽出工程、蒸留工程及び反応工程
40	143	塩化ビニリデン系樹脂、酢酸ビニール系樹脂、ナイロン樹脂、ポリエチレンテレフタレート系樹脂、ふっ素樹脂又はけい素樹脂製造設備	塩素	塩化ビニリデン系樹脂製造設備のうち、重合工程
			塩酸	酢酸ビニール系樹脂製造設備のうち、酢酸回収における塩酸賦活工程
			酢酸	酢酸ビニール樹脂製造設備のうち、アセチレン発生工程、モノマー反応工程及び精留工程並びに重合工程、けん化工程及び酢酸回収工程
41	145	尿素系、メラミン系又は石炭酸系合成樹脂製造設備	硫酸 塩酸 アンモニア ぎ酸	尿素系、メラミン系及び石炭酸系合成樹脂製造設備のうち、反応工程
42	146	その他の合成樹脂又は合成ゴム製造設備	塩素 塩酸	塩化ビニール系合成樹脂製造設備のうち、モノマー合成工程、重合工程及び乾燥工程
			硫酸	合成ゴム製造設備のうち、凝固工程
43	147	レーヨン糸又はレーヨンステープル製造設備	塩素 塩酸 希硫酸	レーヨン糸又はレーヨンステープル製造設備のうち、紡糸酸浴工程、回収工程及び精練工程
			か性ソーダ 硫化水素 二硫化炭素 硫化ソーダ 亜硫酸ガス 硫酸銅 アンモニア	レーヨン糸又はレーヨンステープル製造設備のうち、パルプ及びリンター処理工程、紡糸酸浴工程及び精練仕上工程
44	149	合成繊維製造設備	硝酸	アクリルニトリル系合成繊維製造設備のうち、原料処理工程、回収工程及び紡糸工程
			アセトン ベンゼン エチレングリコール	乾式紡糸法によるポリ塩化ビニール繊維製造設備のうち、原料処理工程及び紡糸工程
			ぼう硝	ビニロン製造設備のうち、原料処理工程及び

	旧別表第二の「番号」	旧別表第二の「設備の種類」	薬品名	腐食の影響を受ける工程
			希硫酸 ホルマリン	紡糸工程
			チオシアン酸ソーダ	アクリルニトリル系合成繊維製造設備のうち、原料処理工程
45	151	硬化油、脂肪酸又はグリセリン製造設備	硝酸 硫酸 塩酸	1. 硬化油製造設備のうち、触媒回収設備の分解工程 2. 脂肪酸製造設備のうち、硫酸処理工程 3. グリセリン製造設備のうち、塩酸処理工程
46	152	合成洗剤又は界面活性剤製造設備	発煙硫酸 無水硫酸 塩酸ガス	合成洗剤又は界面活性剤製造設備のうち、反応工程
			りん酸 亜硫酸ガス 硫化水素	潤滑油添加剤製造設備のうち、反応工程、蒸留工程、ろ過工程及び溶解工程
47	153	ビタミン剤製造設備	塩素 塩酸 硝酸 シアン 硫酸	ビタミンB_1、ビタミンB_6、ビタミンC、葉酸、ビタミンB_2、パントテン酸カルシウム製造設備（これらの誘導体製造設備を含む。）のうち、合成工程、抽出工程及び発酵工程
48	154	その他の医薬品製造設備（製剤又は小分包装設備を含む。）	塩酸ガス 塩酸 クロールスルホン酸 塩素 硫酸 硝酸	合成代謝性医薬品、結核治療剤、活性アスパラギン酸製剤、サルファ剤、解熱鎮痛剤の製造設備のうち、合成工程及び抽出工程
49	155	殺菌剤、殺虫剤、殺そ剤、除草剤その他の動植物用製剤製造設備	硫酸 塩酸	水銀系農薬製造設備（農薬原体の製造に係るものに限る。）のうち、反応工程及び乾燥工程
50	156	産業用火薬類（花火を含む。）製造設備	発煙硫酸 硫酸 硝酸	1. 産業用火薬類製造設備のうち、硫酸及び硝酸の濃縮工程、混酸製造工程、綿薬の硝化工程及び煮洗工程 2. 爆薬（起爆薬を含む。）の硝化工程及び精製工程並びに廃酸処理工程
51	157	その他の火薬類製造設備（弾薬装てん又は組立設備を含む。）	発煙硫酸 硝酸 硫酸	1. 産業用以外の火薬類製造設備のうち、硫酸及び硝酸の濃縮工程、混酸製造工程、綿薬の硝化工程及び煮洗工程 2. 爆薬（起爆薬を含む。）の硝化工程及び精製工程並びに廃酸処理工程
52	160	染料又は顔料製造設備	硫酸、発煙硫	染料及び顔料製造設備のうち、硫酸化工程、

	旧別表第二の「番号」	旧別表第二の「設備の種類」	薬品名	腐食の影響を受ける工程
		（他の号に掲げるものを除く。）	酸、無水硫酸、硝酸、塩素、塩酸、クロールスルホン酸	塩素化工程、硝化工程、その他の反応工程並びに精製工程及び仕上工程
			希硫酸、亜硫酸ガス、硫化ソーダ、りん酸、酢酸	染料及び顔料製造設備のうち、反応工程、精製工程及び仕上工程
53	161	抜染剤又は漂白剤製造設備（他の号に掲げるものを除く。）	塩酸 硫酸	抜染剤製造設備のうち、化成工程
			亜硫酸ガス か性ソーダ	抜染剤製造設備のうち、反応工程
54	162	試薬製造設備	塩酸 ふっ酸 硝酸 硫酸 発煙硫酸	試薬製造設備のうち、蒸留工程及び精製工程
55	163	合成樹脂用可塑剤製造設備	希硫酸、二酸化塩素ガス	可塑剤製造設備のうち、反応工程、蒸留工程、ろ過工程、溶解工程及び晶出工程
56	164	合成樹脂用安定剤製造設備	硫酸 塩酸 無水硫酸	合成樹脂用安定剤製造設備のうち、反応工程及び精製工程
57	165	有機ゴム薬品、写真薬品又は人造香料製造設備	硫酸 塩酸 塩素	有機ゴム薬品、写真薬品及び人造香料製造設備のうち、反応工程及び精製工程
			希硫酸 か性ソーダ 硫化水素 亜硫酸ガス アンモニア	有機ゴム薬品及び写真薬品製造設備のうち、反応工程
58	181	石油精製設備（廃油再生又はグリース類製造設備を含む。）	硫酸	潤滑油製造設備のうち、硫酸洗浄工程
59	189	糸ゴム製造設備	氷酢酸 酢酸	紡糸法による糸ゴム製造設備のうち、紡糸工程
60	198	人造研削材製造設備	塩酸 硫酸	人造研削材製造設備のうち、酸洗工程

付表２　　塩、チリ硝石…………の影響を直接全面的に受ける建物の例示

	旧別表第二の「番号」	旧別表第二の「設備の種類」	薬品名	腐食等の影響を受ける工程
1	46	染色整理又は仕上設備	蒸気	浸染工程
2	86	ソーダ灰、塩化アンモニウム、か性ソーダ又はか性カリ製造設備（塩素処理設備を含む。）	塩	塩水精製工程のうち、原塩倉庫
			塩化アンモニウム	塩安倉庫
3	87	硫化ソーダ、水硫化ソーダ、無水ぼう硝、青化ソーダ又は過酸化ソーダ製造設備	人絹結晶ぼう硝	原料倉庫
4	105	無水クロム酸製造設備	無水クロム酸	製品倉庫
5	106	その他のクロム化合物製造設備	重クロム酸塩類	重クロム酸ソーダ倉庫
			塩	副生食塩倉庫
			消石灰	消石灰倉庫
6	126	その他のアルコール又はケトン製造設備	蒸気	蒸留アルコール製造設備のうち、けん化蒸留工程
7	154	その他の医薬品製造設備（製剤又は小分包装設備を含む。）	蒸気	注射薬製造設備のうち、蒸留水製造工程及び滅菌工程
			食塩、硫化アンモニア、塩化アンモニア、か性ソーダ、ソーダ灰	原料倉庫
8	156	産業用火薬類（花火を含む。）製造設備	硝酸アンモニウム 過塩素酸アンモニウム 塩	原料倉庫並びに原料処理設備のうち、粉砕工程及び乾燥工程
9	157	その他の火薬類製造設備（弾薬装てん又は組立設備を含む。）	硝酸アンモニウム 過塩素酸アンモニウム	原料倉庫
10	160	染料又は顔料製造設備（他の号に掲げるものを除く。）	塩 塩化カルシウム	染料及び顔料製造設備のうち、乾燥工程、粉砕工程及び配合工程

付表３　　鉄道業及び軌道業の構築物（総合償却資産であるものに限る。）の細目と個別耐用年数

耐用年数省令別表第一				細目	算定基礎年数
種類	構造又は用途	細目	耐用年数		
構築物	鉄道業用又は軌道業用のもの	前掲以外のもの			
		線路設備			
		軌道設備			
		道床	60年	道床	60年
		その他のもの	16	舗装	15
				諸標車止め	20
		土工設備	57	線路切取り	70
				線路築堤	70
				川道付替え	70
				土留め	40
		その他のもの	21	排水設備	30
				線路諸設備	
				踏切道	15
				防護設備	15
				さく垣	15
				雑設備	15
		停車場設備	32	転車及び遷車台	25
				給水及び給炭設備	25
				給油設備	25
				検車洗浄設備	25
				乗降場及び積卸場	30
				地下道	55
				雑設備	30
		電路設備			
		その他のもの	19	通信設備	15
				電気保安設備	20
				電力線設備	25

付表4　電気業の構築物（総合償却資産であるものに限る。）の細目と個別耐用年数

耐用年数省令別表第一				細目	算定基礎年数
種類	構造又は用途	細目	耐用年数		
構築物	発電用又は送配電用のもの	その他の水力発電用のもの（貯水池、調整池及び水路に限る。）	57年	貯水池	80年
				調整池	80
				水路	
				えん堤	70
				洪水路	70
				取水路	70
				開渠	55
				がい渠	55
				ずい道	55
				水圧鉄管	40
				沈砂池	55
				水槽	55
				放水路	55
				その他	
		汽力発電用のもの（岸壁、桟橋、堤防、防波堤、煙突、その他汽力発電用のものをいう。）	41	岸壁	50
				貯水池	40
				桟橋	50
				深井戸	40
				防波堤及び堤防	50
				取水路	40
				煙突	35
				排水路	40
				その他	
		送電用のもの			
		地中電線路	25	管路	25
				ケーブル	25
				その他	
		塔、柱、がい子、送電線、地線及び添架電話線	36	鉄塔	50
				鉄柱	50
				コンクリート柱	50
				木柱	25
				がい子	25
				送電線	40
				地線	20
				電話線	30

付表５　通常の使用時間が８時間又は16時間の機械装置

旧別表第二の「番号」	旧別表第二の「設備の種類」	区分	通常の使用時間	備考
1	食肉又は食鳥処理加工設備		8	
2	鶏卵処理加工及びマヨネーズ製造設備		8	
3	市乳処理設備及び発酵乳、乳酸菌飲料その他の乳製品製造設備（集乳設備を含む。）	発酵乳及び乳酸菌飲料製造設備	24	
		その他	8	
4	水産練製品、つくだ煮、寒天その他の水産食料品製造設備		8	
5	漬物製造設備		8	
6	トマト加工品製造設備		8	
7	その他の果実又はそ菜処理加工設備		8	
8	缶詰又は瓶詰製造設備		8	
10	味そ又はしょうゆ（だしの素類を含む。）製造設備		8	
10の2	食酢又はソース製造設備	食酢製造設備	24	
		ソース製造設備	8	
11	その他の調味料製造設備		8	
12	精穀設備		16	
14	豆腐類、こんにゃく又は食ふ製造設備		8	
15	その他の豆類処理加工設備		8	
17	その他の農産物加工設備		8	
19	その他の乾めん、生めん又は強化米製造設備		16	
23	パン又は菓子類製造設備	生パン類製造設備	16	
		その他	8	
24	荒茶製造設備		8	
25	再製茶製造設備		8	
26	清涼飲料製造設備		8	
30	その他の飲料製造設備		8	
34	発酵飼料又は酵母飼料製造設備	酵母飼料製造設備	24	
		その他	8	
35	その他の飼料製造設備		8	
36	その他の食料品製造設備		8	
37	生糸製造設備	自動繰糸式生糸製造設備	16	
		その他	8	ただし、繭乾燥工程は、16時間
38	繭乾燥業用設備		16	
39	紡績設備	和紡績設備	8	
		その他	24	
43	ねん糸業用又は糸（前号に掲げるものを除く。）製造業用設備	ねん糸業用設備	8	
		その他	16	
45	メリヤス生地、編み手袋又は靴下製造設備	フルファッション式製編設備及び縦編メリヤス生地製造設備	24	
		その他	16	

旧別表第二の「番号」	旧別表第二の「設備の種類」	区　分	通常の使用時間	備　考
46	染色整理又は仕上設備		8	
48	洗毛、化炭、羊毛トップ、ラップペニー、反毛、製綿又は再生綿業用設備	洗毛、化炭、羊毛トップ及び反毛設備	16	
		その他	8	
50	不織布製造設備		16	
51	フェルト又はフェルト製品製造設備	羊毛フェルト及び極硬質フェルト製造設備	16	
		その他	8	
52	綱、網又はひも製造設備		8	
53	レース製造設備		16	
54	塗装布製造設備		8	
55	繊維製又は紙製衛生材料製造設備		8	
56	縫製品製造業用設備		8	
57	その他の繊維製品製造設備		8	
58	可搬式造林、伐木又は搬出設備		8	
59	製材業用設備		8	
60	チップ製造業用設備		8	
61	単板又は合板製造設備		8	ただし、乾燥工程は、16時間
62	その他の木製品製造設備		8	
63	木材防腐処理設備		8	
65	手すき和紙製造設備		8	
68	ヴァルカナイズドファイバー又は加工紙製造設備	ヴァルカナイズドファイバー製造設備	16	
		その他	8	
69	段ボール、段ボール箱又は板紙製容器製造設備		8	
70	その他の紙製品製造設備		8	
71	枚葉紙樹脂加工設備		8	
74	日刊新聞紙印刷設備		8	
75	印刷設備		8	
76	活字鋳造業用設備		8	
77	金属板その他の特殊物印刷設備		8	
78	製本設備		8	
79	写真製版業用設備		8	
80	複写業用設備		8	
85	配合肥料その他の肥料製造設備		8	
154	その他の医薬品製造設備（製剤又は小分包装設備を含む。）	錠剤、液剤及び注射薬製造設備並びに小分包装設備	8	
		その他	24	
156	産業用火薬類（花火を含む。）製造設備		8	
157	その他の火薬類製造設備（弾薬装てん又は組立設備を含む。）		8	
158	塗料又は印刷インキ製造設備		8	ただし、合成樹脂製造工程は、24時間
159	その他のインキ製造設備		8	

旧別表第二の「番号」	旧別表第二の「設備の種類」	区　分	通常の使用時間	備　考
166	つや出し剤、研磨油剤又は乳化油剤製造設備		8	
167	接着剤製造設備		8	
170	化粧品製造設備		8	
174	磁気テープ製造設備		16	
178	電気絶縁材料（マイカ系を含む。）製造設備		8	
182	アスファルト乳剤その他のアスファルト製品製造設備		8	
184	練炭、豆炭類、オガライト（オガタンを含む。）又は炭素粉末製造設備	炭素粉末製造設備	24	
		その他	8	
186	タイヤ又はチューブ製造設備		8	ただし、加硫工程は、24時間
187	再生ゴム製造設備		8	ただし、加硫工程は、24時間
190	その他のゴム製品製造設備		8	ただし、加硫工程は、24時間
191	製革設備		8	ただし、じゅう成工程は、24時間
192	機械靴製造設備		8	
193	その他の革製品製造設備		8	
195	その他のガラス製品製造設備（光学ガラス製造設備を含む。）		8	ただし、炉設備は、24時間
196	陶磁器、粘土製品、耐火物、けいそう土製品、はい土又はうわ薬製造設備		8	ただし、炉設備は、24時間
197	炭素繊維製造設備		8	ただし、炉設備は、24時間
197の2	その他の炭素製品製造設備		8	ただし、炉設備は、24時間
198	人造研削材製造設備		8	ただし、炉設備は、24時間
199	研削と石又は研磨布紙製造設備		8	ただし、炉設備は、24時間
201	生コンクリート製造設備		16	
202	セメント製品（気泡コンクリート製品を含む。）製造設備		8	ただし、養生及び乾燥工程は24時間
205	石こうボード製造設備		8	ただし、炉設備は、24時間
206	ほうろう鉄器製造設備		8	ただし、炉設備は、24時間
207	石綿又は石綿セメント製品製造設備		8	ただし、養生及び乾燥工程は、24時間
209	石工品又は擬石製造設備		8	
215	鉄鋼熱間圧延設備		16	
216	鉄鋼冷間圧延又は鉄鋼冷間成形設備	冷延鋼板圧延設備	16	
		その他	8	
217	鋼管製造設備	継目無鋼管及び鍛接鋼管製造設備	16	
		その他	8	
218	鉄鋼伸線（引抜きを含む。）設備及び鉄鋼卸売業用シャーリング設備並びに伸鉄又はシャーリング業用設備	伸鉄及びシャーリング業用設備	16	
		その他	8	
218の2	鉄くず処理業用設備		8	
219	鉄鋼鍛造業用設備		8	
220	鋼鋳物又は銑鉄鋳物製造業用設備		8	
221	金属熱処理業用設備		16	
229	非鉄金属圧延、押出し又は伸線設備		8	

旧別表第二の「番号」	旧別表第二の「設備の種類」	区　分	通常の使用時間	備　考
230	非鉄金属鋳物製造業用設備		8	
231	電線又はケーブル製造設備		8	ただし、銅線の荒引工程及び巻線の焼付工程は、16時間
231の2	光ファイバー製造設備		8	
232	金属粉末又ははく（圧延によるものを除く。）製造設備	打はく設備	8	
		その他	24	
233	粉末冶金製品製造設備		8	
234	鋼索製造設備		8	
235	鎖製造設備		8	
236	溶接棒製造設備		8	
237	くぎ、リベット又はスプリング製造業用設備		8	
237の2	ねじ製造業用設備		8	
238	溶接金網製造設備		8	
239	その他の金網又は針金製品製造設備		8	
240	縫針又はミシン針製造設備		8	
241	押出しチューブ又は自動組立方式による金属缶製造設備		8	
242	その他の金属製容器製造設備		8	
243	電気錫めっき鉄板製造設備		16	
244	その他のめっき又はアルマイト加工設備		8	
245	金属塗装設備		8	
245の2	合成樹脂被覆、彫刻又はアルミニウムはくの加工設備		8	
246	手工具又はのこぎり刃その他の刃物類（他の号に掲げるものを除く。）製造設備		8	
247	農業用機具製造設備		8	
248	金属製洋食器又はかみそり刃製造設備		8	
249	金属製家具若しくは建具又は建築金物製造設備		8	
250	鋼製構造物製造設備		8	
251	プレス、打抜き、搾出しその他の金属加工品製造業用設備		8	
251の2	核燃料物質加工設備		8	
252	その他の金属製品製造設備		8	
253	ボイラー製造設備		8	
254	エンジン、タービン又は水車製造設備		8	
255	農業用機械製造設備		8	
256	建設機械、鉱山機械又は原動機付車両（他の号に掲げるものを除く。）製造設備		8	
257	金属加工機械製造設備		8	
258	鋳造用機械、合成樹脂加工機械又は木材加工用機械製造設備		8	

旧別表第二の「番号」	旧別表第二の「設備の種類」	区　　分	通常の使用時間	備　　考
259	機械工具、金型又は治具製造業用設備		8	
260	繊維機械（ミシンを含む。）又は同部分品若しくは附属品製造設備		8	
261	風水力機器、金属製弁又は遠心分離機製造設備		8	
261の2	冷凍機製造設備		8	
262	玉又はコロ軸受け若しくは同部分品製造設備		8	
263	歯車、油圧機器その他の動力伝達装置製造業用設備		8	
263の2	産業用ロボット製造設備		8	
264	その他の産業用機器又は部分品若しくは附属品製造設備		8	
265	事務用機器製造設備		8	
266	食品用、暖ちゅう房用、家庭用又はサービス用機器（電気機器を除く。）製造設備		8	
267	産業用又は民生用電気機器製造設備		8	
268	電気計測器、電気通信用機器、電子応用機器又は同部分品（他の号に掲げるものを除く。）製造設備		8	
268の2	フラットパネルディスプレイ又はフラットパネル用フィルム材料製造設備		8	
269	交通信号保安機器製造設備		8	
270	電球、電子管又は放電灯製造設備		8	
271	半導体集積回路（素子数が500以上のものに限る。）製造設備		8	
271の2	その他の半導体素子製造設備		8	
272	抵抗器又は蓄電器製造設備		8	
272の2	プリント配線基板製造設備		8	
272の3	フェライト製品製造設備		8	
273	電気機器部分品製造設備		8	
274	乾電池製造設備		8	
274の2	その他の電池製造設備		8	
275	自動車製造設備		8	
276	自動車車体製造又は架装設備		8	
277	鉄道車両又は同部分品製造設備		8	
278	車両用エンジン、同部分品又は車両用電装品製造設備（ミッション又はクラッチ製造設備を含む。）		8	
279	車両用ブレーキ製造設備		8	
280	その他の車両部分品又は附属品製造設備		8	
281	自転車又は同部分品若しくは附属品製造設備		8	
282	鋼船製造又は修理設備		8	
283	木船製造又は修理設備		8	

旧別表第二の「番号」	旧別表第二の「設備の種類」	区　　分	通常の使用時間	備　　考
284	舶用推進器、甲板機械又はハッチカバー製造設備		8	
285	航空機若しくは同部分品(エンジン、機内空気加圧装置、回転機器、プロペラ、計器、降着装置又は油圧部品に限る。）製造又は修理設備		8	
286	その他の輸送用機器製造設備		8	
287	試験機、測定器又は計量機製造設備		8	
288	医療用機器製造設備		8	
288の2	理化学用機器製造設備		8	
289	レンズ又は光学機器若しくは同部分品製造設備		8	
290	ウォッチ若しくは同部分品又は写真機用シャッター製造設備		8	
291	クロック若しくは同部分品、オルゴールムーブメント又は写真フィルム用スプール製造設備		8	
292	銃弾製造設備		8	
293	銃砲、爆発物又は信管、薬きょうその他の銃砲用品製造設備		8	
294	自動車分解整備業用設備		8	
295	前掲以外の機械器具、部分品又は附属品製造設備		8	
297	楽器製造設備		8	
298	レコード製造設備		8	
299	がん具製造設備	合成樹脂成形設備	16	
		その他の設備	8	
300	万年筆、シャープペンシル又はペン先製造設備		8	
301	ボールペン製造設備		8	
302	鉛筆製造設備		8	
303	絵の具その他の絵画用具製造設備		8	
304	身辺用細貨類、ブラシ又はシガレットライター製造設備		8	
305	ボタン製造設備		8	
306	スライドファスナー製造設備		8	
307	合成樹脂成形加工又は合成樹脂製品加工業用設備		16	
309	繊維壁材製造設備		8	
310	歯科材料製造設備		8	
311	真空蒸着処理業用設備		16	
312	マッチ製造設備		8	
313	コルク又はコルク製品製造設備		8	
314	釣りざお又は附属品製造設備		8	
315	墨汁製造設備		8	
316	ろうそく製造設備		8	
317	リノリウム、リノタイル又はアスファルトタイル製造設備		8	
318	畳表製造設備		8	

旧別表第二の「番号」	旧別表第二の「設備の種類」	区　分	通常の使用時間	備　考
319	畳製造設備		8	
319の2	その他のわら工品製造設備		8	
323	真珠、貴石又は半貴石加工設備		8	
344	ラジオ又はテレビジョン放送設備		16	
359	クリーニング設備		8	
360の2	故紙梱包設備		8	
364	天然色写真現像焼付設備		16	
365	その他の写真現像焼付設備		16	
367	遊園地用遊戯設備（原動機付のものに限る。）		8	

付表６　漁網、活字地金及び専用金型等以外の資産の基準率、基準回数及び基準直径表

（１）　なつ染用銅ロールの特別な償却率の算定の基礎となる彫刻可能回数

ロールの種類／区分／彫刻模様	普通ロール						カンガー用ロール	
	長さ92センチ未満		長さ92センチ以上115センチ未満		長さ115センチ以上			
	彫刻可能回数	換算率	彫刻可能回数	換算率	彫刻可能回数	換算率	彫刻可能回数	換算率
抜染なつ染を除いた服地柄（基準模様）	22	—	20	—	18	—	—	—
抜染なつ染による服地柄	20	1.1	18	1.111	16	1.125	—	—
和装柄、夜具地柄、起毛織物、服地及び和装柄	18	1.222	16	1.25	14	1.286	—	—
ワックス、サロン及びサロン類似柄	—	—	14	1.429	12	1.5	—	—
カンガー	—	—	—	—	—	—	5	1

（注）（イ）　換算率とは、抜染なつ染を除いた服地柄（以下「基準模様」という。）を彫刻する場合における彫刻可能回数（以下「基礎回数」という。）の基準模様以外の模様を彫刻する場合における当該模様の彫刻可能回数に対する割合であって、基準模様以外の模様を彫刻した場合においても計算の便宜上、彫刻可能回数を基礎回数とし、実際彫刻回数を実際彫刻回数に当該模様の換算率を乗じたものとするためのものである。

（ロ）　普通ロールとは、カンガー用ロール以外のロールをいう。

（２）　映画用フィルムの特別な償却率

上映日からの経過月数	1	2	3	4	5	6	7	8	9	10
特別な償却率	% 60	80	87	91	94	96	97	98	99	100

ただし、上掲の表による認定を受けている法人が各事業年度（事業年度の期間が６か月の場合に限る。）ごとに封切上映したものの全部について一律に特別な償却率を適用しようとする場合には、各事業年度において封切上映したものについては、当該事業年度にあっては85％を、当該事業年度の翌事業年度にあっては15％を、それぞれ認定に係る償却率とすることができる。

（３）　非鉄金属圧延用ロールの特別な償却率の算定の基礎となる使用可能直径

<table>
<tr><th colspan="2">材質による区分／用途による区分</th><th>普通チルドロール</th><th>合金チルドロール</th><th>グレンロール</th><th>鋳鋼ロール</th><th>鍛鋼ロール</th></tr>
<tr><td colspan="2">熱間圧延ロール</td><td>25ミリメートル</td><td>—</td><td>ロールの製作時の直径から当該ロールのロールチョックの径を控除した値の７割</td><td>同左</td><td>20ミリメートル</td></tr>
<tr><td rowspan="2">冷間圧延ロール</td><td>中延べ（荒延べを含む。）ロール</td><td>30ミリメートル</td><td>30ミリメートル</td><td>—</td><td>—</td><td>15ミリメートル</td></tr>
<tr><td>仕上げロール</td><td>30ミリメートル</td><td>30ミリメートル</td><td>—</td><td>—</td><td>10ミリメートル（はく用ロールについては５ミリメートル）</td></tr>
</table>

付表７(1)　旧定率法未償却残額表（平成19年３月31日以前取得分）

耐用年数 / 償却率 / 経過年数	3	4	5	6	7	8	9	10	11	12	13	14	15	16	17	18	19	20	21	22	23	24	25
償却率	0.536	0.438	0.369	0.319	0.280	0.250	0.226	0.206	0.189	0.175	0.162	0.152	0.142	0.134	0.127	0.120	0.114	0.109	0.104	0.099	0.095	0.092	0.088
1年	0.464	0.562	0.631	0.681	0.720	0.750	0.774	0.794	0.811	0.825	0.838	0.848	0.858	0.866	0.873	0.880	0.886	0.891	0.896	0.901	0.905	0.909	0.912
2	0.215	0.316	0.398	0.464	0.518	0.562	0.599	0.631	0.658	0.681	0.702	0.720	0.736	0.750	0.763	0.774	0.785	0.794	0.803	0.811	0.819	0.825	0.832
3	0.100	0.178	0.251	0.316	0.373	0.422	0.464	0.501	0.534	0.562	0.588	0.611	0.631	0.649	0.666	0.681	0.695	0.708	0.720	0.731	0.741	0.750	0.759
4	0.050	0.100	0.158	0.215	0.268	0.316	0.359	0.398	0.433	0.464	0.492	0.518	0.541	0.562	0.582	0.599	0.616	0.631	0.645	0.658	0.670	0.681	0.692
5	0.040	0.056	0.100	0.147	0.193	0.237	0.278	0.316	0.351	0.383	0.412	0.439	0.464	0.487	0.508	0.527	0.546	0.562	0.578	0.593	0.606	0.619	0.631
6	0.030	0.050	0.063	0.100	0.139	0.178	0.215	0.251	0.285	0.316	0.346	0.373	0.398	0.422	0.444	0.464	0.483	0.501	0.518	0.534	0.548	0.562	0.575
7	0.020	0.040	0.050	0.068	0.100	0.133	0.167	0.200	0.231	0.261	0.289	0.316	0.341	0.365	0.387	0.408	0.428	0.447	0.464	0.481	0.496	0.511	0.525
8	0.010	0.030	0.040	0.050	0.072	0.100	0.129	0.158	0.187	0.215	0.242	0.268	0.293	0.316	0.338	0.359	0.379	0.398	0.416	0.433	0.449	0.464	0.479
9	0.000	0.020	0.030	0.040	0.052	0.075	0.100	0.126	0.152	0.178	0.203	0.228	0.251	0.274	0.296	0.316	0.336	0.355	0.373	0.390	0.406	0.422	0.437
10		0.010	0.020	0.030	0.050	0.056	0.077	0.100	0.123	0.147	0.170	0.193	0.215	0.237	0.258	0.278	0.298	0.316	0.334	0.351	0.367	0.383	0.398
11		0.000	0.010	0.020	0.040	0.050	0.060	0.079	0.100	0.121	0.143	0.164	0.185	0.205	0.225	0.245	0.264	0.282	0.299	0.316	0.332	0.348	0.363
12			0.000	0.010	0.030	0.040	0.050	0.063	0.081	0.100	0.119	0.139	0.158	0.178	0.197	0.215	0.234	0.251	0.268	0.285	0.301	0.316	0.331
13				0.000	0.020	0.030	0.040	0.0501	0.066	0.083	0.100	0.118	0.136	0.154	0.172	0.190	0.207	0.224	0.240	0.257	0.272	0.287	0.302
14					0.010	0.020	0.030	0.050	0.053	0.068	0.084	0.100	0.117	0.133	0.150	0.167	0.183	0.200	0.215	0.231	0.246	0.261	0.275
15					0.000	0.010	0.020	0.040	0.050	0.056	0.070	0.085	0.100	0.115	0.131	0.147	0.162	0.178	0.193	0.208	0.223	0.237	0.251
16						0.000	0.010	0.030	0.040	0.050	0.059	0.072	0.086	0.100	0.115	0.129	0.144	0.158	0.173	0.187	0.202	0.215	0.229
17							0.000	0.020	0.030	0.040	0.050	0.061	0.074	0.087	0.100	0.114	0.127	0.141	0.155	0.169	0.182	0.196	0.209
18								0.010	0.020	0.030	0.040	0.052	0.063	0.075	0.087	0.100	0.113	0.126	0.139	0.152	0.165	0.178	0.191
19								0.000	0.010	0.020	0.030	0.050	0.054	0.065	0.076	0.088	0.100	0.112	0.125	0.137	0.149	0.162	0.174
20									0.000	0.010	0.020	0.040	0.050	0.056	0.067	0.077	0.089	0.100	0.112	0.123	0.135	0.147	0.158
21									21年	0.000	0.010	0.030	0.040	0.050	0.058	0.068	0.078	0.089	0.100	0.111	0.122	0.133	0.145
22									22		0.000	0.020	0.030	0.040	0.051	0.060	0.070	0.079	0.090	0.100	0.111	0.121	0.132
23									23			0.010	0.020	0.030	0.050	0.053	0.062	0.071	0.080	0.090	0.100	0.110	0.120
24									24			0.000	0.010	0.020	0.040	0.050	0.055	0.063	0.072	0.081	0.090	0.100	0.110
25									25				0.000	0.010	0.030	0.040	0.050	0.056	0.064	0.073	0.082	0.091	0.100
26									26					0.000	0.020	0.030	0.040	0.0501	0.058	0.066	0.074	0.083	0.091
27									27						0.010	0.020	0.030	0.050	0.052	0.059	0.067	0.075	0.083
28									28						0.000	0.010	0.020	0.040	0.050	0.053	0.061	0.068	0.076
29									29							0.000	0.010	0.030	0.040	0.050	0.055	0.062	0.069
30									30								0.000	0.020	0.030	0.040	0.050	0.056	0.063
31									31									0.010	0.020	0.030	0.040	0.051	0.058
32									32									0.000	0.010	0.020	0.030	0.050	0.052
33									33										0.000	0.010	0.020	0.040	0.050
34									34											0.000	0.010	0.030	0.040
35									35												0.000	0.020	0.030
36																					36年	0.010	0.020
37																					37	0.000	0.010
38																					38		0.000
39																					39		
40																					40		
41																					41		
42																					42		
43																					43		
44																					44		
45																					45		
46																					46		
47																					47		
48																					48		
49																					49		
50																					50		
51																							
52																							
53																							
54																							
55																							
56																							
57																							
58																							
59																							
60																							
61																							
62																							
63																							
64																							
65																							
66																							
67																							
68																							
69																							
70																							
71																							

（備考）

1　この表は、旧定率法によって償却をする場合の各経過年末における未償却残額割合 $\left(\frac{\text{未償却残高}}{\text{取得価額}}\right)$ を示したものである。

2　この表は、次の算式によって求めたものであるが、(1)の計算の基礎となる償却率は、小数第６位を四捨五入したものにより、算出された未償却残額割合は、小数第４位を四捨五入したものによった。ただし、小数第４位を四捨五入した割合が0.050となる場合には、小数第５位を四捨五入したものによった。

(2)の算式の到達後経過年数は、未償却残額割合が5％に到達した翌事業年度以後の経過年数をいう。

(1)　未償却残額割合　＞　5％　の場合

未償却残額割合＝（１－旧定率法償却率）^{経過年数}

(2)　未償却残額割合　≦　5％　の場合

未償却残額割合＝0.050－（0.050×12÷60）×到達後経過年数

3　経過年数を求める方式は次の例による。

〔例示〕

法定耐用年数15年　取得価額100,000円　変更時の帳簿価額22,150円

(1)　変更時の帳簿価額22,150円÷取得価額100,000円＝0.222（小数第４位を四捨五入）

(2)　「0.222」は、「耐用年数15年」の欄の「0.251」と「0.215」の中間に位するから、下位の「0.215」に応ずる「経過年数10年」を経過年数とする。

26	27	28	29	30	31	32	33	34	35	36	37	38	39	40	41	42	43	44	45	46	47	48	49	50
0.085	0.082	0.079	0.076	0.074	0.072	0.069	0.067	0.066	0.064	0.062	0.060	0.059	0.057	0.056	0.055	0.053	0.052	0.051	0.050	0.049	0.048	0.047	0.046	0.045
0.915	0.918	0.921	0.924	0.926	0.928	0.931	0.933	0.935	0.936	0.938	0.940	0.941	0.943	0.944	0.945	0.947	0.948	0.949	0.950	0.951	0.952	0.953	0.954	0.955
0.838	0.843	0.848	0.853	0.858	0.862	0.866	0.870	0.873	0.877	0.880	0.883	0.886	0.889	0.891	0.894	0.896	0.898	0.901	0.903	0.905	0.907	0.909	0.910	0.912
0.767	0.774	0.781	0.788	0.794	0.800	0.806	0.811	0.816	0.821	0.825	0.830	0.834	0.838	0.841	0.845	0.848	0.852	0.855	0.858	0.861	0.863	0.866	0.869	0.871
0.702	0.711	0.720	0.728	0.736	0.743	0.750	0.756	0.763	0.769	0.774	0.780	0.785	0.790	0.794	0.799	0.803	0.807	0.811	0.815	0.819	0.822	0.825	0.829	0.832
0.642	0.653	0.663	0.672	0.681	0.690	0.698	0.705	0.713	0.720	0.726	0.733	0.739	0.744	0.750	0.755	0.760	0.765	0.770	0.774	0.779	0.783	0.787	0.791	0.794
0.588	0.599	0.611	0.621	0.631	0.640	0.649	0.658	0.666	0.674	0.681	0.688	0.695	0.702	0.708	0.714	0.720	0.725	0.731	0.736	0.741	0.745	0.750	0.754	0.759
0.538	0.550	0.562	0.574	0.584	0.595	0.604	0.614	0.622	0.631	0.639	0.647	0.654	0.661	0.668	0.675	0.681	0.687	0.693	0.699	0.704	0.710	0.715	0.720	0.724
0.492	0.505	0.518	0.530	0.541	0.552	0.562	0.572	0.582	0.591	0.599	0.608	0.616	0.624	0.631	0.638	0.645	0.652	0.658	0.664	0.670	0.676	0.681	0.687	0.692
0.451	0.464	0.477	0.489	0.501	0.512	0.523	0.534	0.544	0.553	0.562	0.571	0.580	0.588	0.596	0.603	0.611	0.618	0.624	0.631	0.637	0.643	0.649	0.655	0.661
0.412	0.426	0.439	0.452	0.464	0.476	0.487	0.498	0.508	0.518	0.527	0.537	0.546	0.554	0.562	0.570	0.578	0.585	0.593	0.599	0.606	0.613	0.619	0.625	0.631
0.378	0.391	0.405	0.418	0.430	0.442	0.453	0.464	0.475	0.485	0.495	0.504	0.513	0.522	0.531	0.539	0.547	0.555	0.562	0.570	0.577	0.583	0.590	0.596	0.603
0.346	0.359	0.373	0.386	0.398	0.410	0.422	0.433	0.444	0.454	0.464	0.474	0.483	0.492	0.501	0.510	0.518	0.526	0.534	0.541	0.548	0.555	0.562	0.569	0.575
0.316	0.330	0.343	0.356	0.369	0.381	0.392	0.404	0.415	0.425	0.435	0.445	0.455	0.464	0.473	0.482	0.490	0.499	0.506	0.514	0.522	0.529	0.536	0.543	0.550
0.289	0.303	0.316	0.329	0.341	0.353	0.365	0.376	0.387	0.398	0.408	0.418	0.428	0.438	0.447	0.456	0.464	0.473	0.481	0.489	0.496	0.504	0.511	0.518	0.525
0.265	0.278	0.291	0.304	0.316	0.328	0.340	0.351	0.362	0.373	0.383	0.393	0.403	0.412	0.422	0.431	0.439	0.448	0.456	0.464	0.472	0.480	0.487	0.494	0.501
0.242	0.255	0.268	0.281	0.293	0.305	0.316	0.327	0.338	0.349	0.359	0.369	0.379	0.389	0.398	0.407	0.416	0.425	0.433	0.441	0.449	0.457	0.464	0.472	0.479
0.222	0.235	0.247	0.259	0.271	0.283	0.294	0.305	0.316	0.327	0.337	0.347	0.357	0.367	0.376	0.385	0.394	0.402	0.411	0.419	0.427	0.435	0.442	0.450	0.457
0.203	0.215	0.228	0.239	0.251	0.263	0.274	0.285	0.296	0.306	0.316	0.326	0.336	0.346	0.355	0.364	0.373	0.381	0.390	0.398	0.406	0.414	0.422	0.429	0.436
0.186	0.198	0.210	0.221	0.233	0.244	0.255	0.266	0.276	0.287	0.297	0.307	0.316	0.326	0.335	0.344	0.353	0.362	0.370	0.378	0.386	0.394	0.402	0.410	0.417
0.170	0.182	0.193	0.204	0.215	0.226	0.237	0.248	0.258	0.268	0.278	0.288	0.298	0.307	0.316	0.325	0.334	0.343	0.351	0.359	0.367	0.375	0.383	0.391	0.398
0.156	0.167	0.178	0.189	0.200	0.210	0.221	0.231	0.241	0.251	0.261	0.271	0.280	0.289	0.299	0.307	0.316	0.325	0.333	0.341	0.350	0.357	0.365	0.373	0.380
0.143	0.153	0.164	0.174	0.185	0.195	0.205	0.215	0.225	0.235	0.245	0.254	0.264	0.273	0.282	0.291	0.299	0.308	0.316	0.324	0.332	0.340	0.348	0.356	0.363
0.130	0.141	0.151	0.161	0.171	0.181	0.191	0.201	0.211	0.220	0.230	0.239	0.248	0.257	0.266	0.275	0.283	0.292	0.300	0.308	0.316	0.324	0.332	0.339	0.347
0.119	0.129	0.139	0.149	0.158	0.168	0.178	0.187	0.197	0.206	0.215	0.225	0.234	0.242	0.251	0.260	0.268	0.277	0.285	0.293	0.301	0.309	0.316	0.324	0.331
0.109	0.119	0.128	0.137	0.147	0.156	0.165	0.175	0.184	0.193	0.202	0.211	0.220	0.229	0.237	0.246	0.254	0.262	0.270	0.278	0.286	0.294	0.301	0.309	0.316
0.100	0.109	0.118	0.127	0.136	0.145	0.154	0.163	0.172	0.181	0.190	0.198	0.207	0.215	0.224	0.232	0.240	0.249	0.256	0.264	0.272	0.280	0.287	0.295	0.302
0.092	0.100	0.109	0.117	0.126	0.135	0.143	0.152	0.161	0.169	0.178	0.186	0.195	0.203	0.211	0.220	0.228	0.236	0.243	0.251	0.259	0.266	0.274	0.281	0.288
0.084	0.092	0.100	0.108	0.117	0.125	0.133	0.142	0.150	0.158	0.167	0.175	0.183	0.191	0.200	0.208	0.215	0.223	0.231	0.239	0.246	0.254	0.261	0.268	0.275
0.077	0.084	0.092	0.100	0.108	0.116	0.124	0.132	0.140	0.148	0.156	0.164	0.172	0.180	0.188	0.196	0.204	0.212	0.219	0.227	0.234	0.242	0.249	0.256	0.263
0.070	0.077	0.085	0.092	0.100	0.108	0.115	0.123	0.131	0.139	0.147	0.155	0.162	0.170	0.178	0.185	0.193	0.201	0.208	0.215	0.223	0.230	0.237	0.244	0.251
0.064	0.071	0.078	0.085	0.093	0.100	0.107	0.115	0.123	0.130	0.138	0.145	0.153	0.160	0.168	0.175	0.183	0.190	0.197	0.205	0.212	0.219	0.226	0.233	0.240
0.059	0.065	0.072	0.079	0.086	0.093	0.100	0.107	0.115	0.122	0.129	0.136	0.144	0.151	0.158	0.166	0.173	0.180	0.187	0.194	0.202	0.209	0.215	0.222	0.229
0.054	0.060	0.066	0.073	0.079	0.086	0.093	0.100	0.107	0.114	0.121	0.128	0.135	0.143	0.150	0.157	0.164	0.171	0.178	0.185	0.192	0.199	0.205	0.212	0.219
0.050	0.055	0.061	0.067	0.074	0.080	0.087	0.093	0.100	0.107	0.114	0.121	0.127	0.134	0.141	0.148	0.155	0.162	0.169	0.176	0.182	0.189	0.196	0.202	0.209
0.040	0.051	0.056	0.062	0.068	0.074	0.081	0.087	0.093	0.100	0.107	0.113	0.120	0.127	0.133	0.140	0.147	0.153	0.160	0.167	0.173	0.180	0.187	0.193	0.200
0.030	0.050	0.052	0.057	0.063	0.069	0.075	0.081	0.087	0.094	0.100	0.106	0.113	0.119	0.126	0.132	0.139	0.145	0.152	0.158	0.165	0.171	0.178	0.184	0.191
0.020	0.040	0.050	0.053	0.058	0.064	0.070	0.076	0.082	0.088	0.094	0.100	0.106	0.113	0.119	0.125	0.132	0.138	0.144	0.151	0.157	0.163	0.169	0.176	0.182
0.010	0.030	0.040	0.050	0.054	0.059	0.065	0.071	0.076	0.082	0.088	0.094	0.100	0.106	0.112	0.118	0.125	0.131	0.137	0.143	0.149	0.155	0.162	0.168	0.174
0.000	0.020	0.030	0.040	0.0501	0.055	0.060	0.066	0.071	0.077	0.083	0.088	0.094	0.100	0.106	0.112	0.118	0.124	0.130	0.136	0.142	0.148	0.154	0.160	0.166
	0.010	0.020	0.030	0.050	0.051	0.056	0.061	0.067	0.072	0.077	0.083	0.089	0.094	0.100	0.106	0.112	0.117	0.123	0.129	0.135	0.141	0.147	0.153	0.158
	0.000	0.010	0.020	0.040	0.050	0.052	0.057	0.062	0.067	0.073	0.078	0.083	0.089	0.094	0.100	0.106	0.111	0.117	0.123	0.128	0.134	0.140	0.146	0.151
		0.000	0.010	0.030	0.040	0.050	0.053	0.058	0.063	0.068	0.073	0.078	0.084	0.089	0.095	0.100	0.106	0.111	0.117	0.122	0.128	0.133	0.139	0.145
			0.000	0.020	0.030	0.040	0.050	0.054	0.059	0.064	0.069	0.074	0.079	0.084	0.089	0.095	0.100	0.105	0.111	0.116	0.122	0.127	0.133	0.138
				0.010	0.020	0.030	0.040	0.051	0.055	0.060	0.065	0.070	0.074	0.079	0.085	0.090	0.095	0.100	0.105	0.111	0.116	0.121	0.127	0.132
				0.000	0.010	0.020	0.030	0.050	0.052	0.056	0.061	0.065	0.070	0.075	0.080	0.085	0.090	0.095	0.100	0.105	0.110	0.115	0.121	0.126
					0.000	0.010	0.020	0.040	0.050	0.053	0.057	0.062	0.066	0.071	0.076	0.080	0.085	0.090	0.095	0.100	0.105	0.110	0.115	0.120
						0.000	0.010	0.030	0.040	0.050	0.054	0.058	0.062	0.067	0.071	0.076	0.081	0.085	0.090	0.095	0.100	0.105	0.110	0.115
							0.000	0.020	0.030	0.040	0.0504	0.055	0.059	0.063	0.068	0.072	0.077	0.081	0.086	0.090	0.095	0.100	0.105	0.110
								0.010	0.020	0.030	0.050	0.051	0.055	0.060	0.064	0.068	0.073	0.077	0.081	0.086	0.091	0.095	0.100	0.105
								0.000	0.010	0.020	0.040	0.050	0.052	0.056	0.060	0.064	0.069	0.073	0.077	0.082	0.086	0.091	0.095	0.100
								51年	0.000	0.010	0.030	0.040	0.050	0.053	0.057	0.061	0.065	0.069	0.074	0.078	0.082	0.087	0.091	0.095
								52		0.000	0.020	0.030	0.040	0.0501	0.054	0.058	0.062	0.066	0.070	0.074	0.078	0.083	0.087	0.091
								53			0.010	0.020	0.030	0.050	0.051	0.055	0.059	0.062	0.066	0.070	0.075	0.079	0.083	0.087
								54			0.000	0.010	0.020	0.040	0.050	0.052	0.055	0.059	0.063	0.067	0.071	0.075	0.079	0.083
								55				0.000	0.010	0.030	0.040	0.050	0.053	0.056	0.060	0.064	0.068	0.071	0.075	0.079
								56					0.000	0.020	0.030	0.040	0.050	0.053	0.057	0.061	0.064	0.068	0.072	0.076
								57						0.010	0.020	0.030	0.040	0.051	0.054	0.058	0.061	0.065	0.069	0.072
								58						0.000	0.010	0.020	0.030	0.050	0.051	0.055	0.058	0.062	0.066	0.069
								59							0.000	0.010	0.020	0.040	0.050	0.052	0.056	0.059	0.063	0.066
								60								0.000	0.010	0.030	0.040	0.050	0.053	0.056	0.060	0.063
																61年	0.000	0.020	0.030	0.040	0.0504	0.054	0.057	0.060
																62		0.010	0.020	0.030	0.050	0.051	0.054	0.058
																63		0.000	0.010	0.020	0.040	0.050	0.052	0.055
																64			0.000	0.010	0.030	0.040	0.050	0.052
																65				0.000	0.020	0.030	0.040	0.0501
																66					0.010	0.020	0.030	0.050
																67					0.000	0.010	0.020	0.040
																68						0.000	0.010	0.030
																69							0.000	0.020
																70								0.010
																71								0.000

付表７(2)　　定率法未償却残額表（平成19年４月１日から平成24年３月31日まで取得分）

経過年数＼耐用年数	3	4	5	6	7	8	9	10	11	12	13	14	15	16	17	18	19	20	21	22	23	24	25
償却率	0.833	0.625	0.500	0.417	0.357	0.313	0.278	0.250	0.227	0.208	0.192	0.179	0.167	0.156	0.147	0.139	0.132	0.125	0.119	0.114	0.109	0.104	0.100
改定償却率	1.000	1.000	1.000	0.500	0.500	0.334	0.334	0.334	0.250	0.250	0.200	0.200	0.200	0.167	0.167	0.143	0.143	0.143	0.125	0.125	0.112	0.112	0.112
1年	0.167	0.375	0.500	0.583	0.643	0.687	0.722	0.750	0.773	0.792	0.808	0.821	0.833	0.844	0.853	0.861	0.868	0.875	0.881	0.886	0.891	0.896	0.900
2	0.028	0.141	0.250	0.340	0.413	0.472	0.521	0.563	0.598	0.627	0.653	0.674	0.694	0.712	0.728	0.741	0.753	0.766	0.776	0.785	0.794	0.803	0.810
3	0.000	0.053	0.125	0.198	0.266	0.324	0.376	0.422	0.462	0.497	0.528	0.553	0.578	0.601	0.621	0.638	0.654	0.670	0.684	0.696	0.707	0.719	0.729
4		0.000	0.063	0.116	0.171	0.223	0.272	0.316	0.357	0.393	0.426	0.454	0.481	0.507	0.529	0.550	0.568	0.586	0.602	0.616	0.630	0.645	0.656
5			0.000	0.058	0.110	0.153	0.196	0.237	0.276	0.312	0.344	0.373	0.401	0.428	0.452	0.473	0.493	0.513	0.531	0.546	0.562	0.577	0.590
6				0.000	0.055	0.102	0.142	0.178	0.213	0.247	0.278	0.306	0.334	0.361	0.385	0.407	0.428	0.449	0.468	0.484	0.500	0.517	0.531
7					0.000	0.051	0.094	0.133	0.165	0.195	0.225	0.251	0.278	0.305	0.329	0.351	0.371	0.393	0.412	0.429	0.446	0.464	0.478
8						0.000	0.047	0.089	0.124	0.155	0.182	0.206	0.232	0.257	0.280	0.302	0.322	0.344	0.363	0.380	0.397	0.415	0.430
9							0.000	0.044	0.082	0.116	0.145	0.169	0.193	0.217	0.239	0.260	0.280	0.301	0.320	0.336	0.354	0.372	0.387
10								0.000	0.041	0.077	0.109	0.136	0.161	0.183	0.204	0.224	0.243	0.263	0.282	0.298	0.315	0.333	0.349
11								11年	0.000	0.039	0.073	0.102	0.129	0.153	0.174	0.193	0.211	0.230	0.248	0.264	0.281	0.299	0.314
12								12		0.000	0.036	0.068	0.097	0.122	0.145	0.165	0.183	0.201	0.219	0.234	0.250	0.268	0.282
13								13			0.000	0.034	0.064	0.092	0.116	0.138	0.157	0.176	0.193	0.207	0.223	0.240	0.254
14								14				0.000	0.032	0.061	0.087	0.110	0.131	0.151	0.169	0.184	0.199	0.215	0.229
15								15					0.000	0.030	0.058	0.083	0.104	0.126	0.144	0.161	0.176	0.193	0.206
16								16						0.000	0.029	0.055	0.078	0.101	0.120	0.138	0.154	0.171	0.185
17								17							0.000	0.027	0.052	0.075	0.096	0.115	0.132	0.149	0.165
18								18								0.000	0.026	0.050	0.072	0.092	0.110	0.128	0.144
19								19									0.000	0.025	0.048	0.069	0.087	0.106	0.123
20								20										0.000	0.024	0.046	0.065	0.085	0.102
21																		21年	0.000	0.023	0.043	0.063	0.082
22																		22		0.000	0.021	0.042	0.061
23																		23			0.000	0.020	0.040
24																		24				0.000	0.019
25																		25					0.000
26																		26					
27																		27					
28																		28					
29																		29					
30																		30					
31																							
32																							
33																							
34																							
35																							
36																							
37																							
38																							
39																							
40																							
41																							
42																							
43																							
44																							
45																							
46																							
47																							
48																							
49																							
50																							

(備考)
1　この表は、定率法によって償却をする場合の各経過年数における未償却残額割合 $\left(\frac{\text{未償却残額}}{\text{取得価額}}\right)$ を示したものである。
2　この表は、耐用年数省令別表第九に掲げる定率法の償却率、改定償却率及び保証率に基づき計算したものである。なお、算出された未償却残額割合は小数第4位を四捨五入したものによった。
3　経過年数を求める方式は次の例による。
〔例示〕
　法定耐用年数15年　取得価額100,000円　変更時の帳簿価額22,150円
(1)　変更時の帳簿価額22,150円÷取得価額100,000円＝0.222（小数第4位を四捨五入）
(2)　「0.222」は、「耐用年数15年」の欄の「0.232」と「0.193」の中間に位するから、下位の「0.193」に応ずる「経過年数9年」を経過年数とする。

26	27	28	29	30	31	32	33	34	35	36	37	38	39	40	41	42	43	44	45	46	47	48	49	50
0.096	0.093	0.089	0.086	0.083	0.081	0.078	0.076	0.074	0.071	0.069	0.068	0.066	0.064	0.063	0.061	0.060	0.058	0.057	0.056	0.054	0.053	0.052	0.051	0.050
0.100	0.100	0.091	0.091	0.084	0.084	0.084	0.077	0.077	0.072	0.072	0.072	0.067	0.067	0.067	0.063	0.063	0.059	0.059	0.059	0.056	0.056	0.053	0.053	0.053
0.904	0.907	0.911	0.914	0.917	0.919	0.922	0.924	0.926	0.929	0.931	0.932	0.934	0.936	0.937	0.939	0.940	0.942	0.943	0.944	0.946	0.947	0.948	0.949	0.950
0.817	0.823	0.830	0.835	0.841	0.845	0.850	0.854	0.857	0.863	0.867	0.869	0.872	0.876	0.878	0.882	0.884	0.887	0.889	0.891	0.895	0.897	0.899	0.901	0.903
0.739	0.746	0.756	0.764	0.771	0.776	0.784	0.789	0.794	0.802	0.807	0.810	0.815	0.820	0.823	0.828	0.831	0.836	0.839	0.841	0.847	0.849	0.852	0.855	0.857
0.668	0.677	0.689	0.698	0.707	0.713	0.723	0.729	0.735	0.745	0.751	0.755	0.761	0.768	0.771	0.777	0.781	0.787	0.791	0.794	0.801	0.804	0.808	0.811	0.815
0.604	0.614	0.627	0.638	0.648	0.656	0.666	0.674	0.681	0.692	0.699	0.703	0.711	0.718	0.722	0.730	0.734	0.742	0.746	0.750	0.758	0.762	0.766	0.770	0.774
0.546	0.557	0.572	0.583	0.595	0.602	0.614	0.622	0.630	0.643	0.651	0.655	0.664	0.672	0.677	0.685	0.690	0.699	0.703	0.708	0.717	0.721	0.726	0.730	0.735
0.493	0.505	0.521	0.533	0.545	0.554	0.566	0.575	0.584	0.597	0.606	0.611	0.620	0.629	0.634	0.644	0.648	0.658	0.663	0.668	0.678	0.683	0.688	0.693	0.698
0.446	0.458	0.474	0.487	0.500	0.509	0.522	0.531	0.541	0.555	0.564	0.569	0.579	0.589	0.594	0.604	0.610	0.620	0.625	0.631	0.641	0.647	0.652	0.658	0.663
0.403	0.415	0.432	0.445	0.458	0.468	0.481	0.491	0.501	0.515	0.525	0.531	0.541	0.551	0.557	0.568	0.573	0.584	0.590	0.595	0.607	0.613	0.618	0.624	0.630
0.364	0.377	0.394	0.407	0.420	0.430	0.444	0.454	0.464	0.479	0.489	0.494	0.505	0.516	0.522	0.533	0.539	0.550	0.556	0.562	0.574	0.580	0.586	0.592	0.599
0.330	0.342	0.359	0.372	0.386	0.395	0.409	0.419	0.429	0.445	0.455	0.461	0.472	0.483	0.489	0.500	0.506	0.518	0.524	0.531	0.543	0.549	0.556	0.562	0.569
0.298	0.310	0.327	0.340	0.354	0.363	0.377	0.387	0.397	0.413	0.424	0.430	0.441	0.452	0.458	0.470	0.476	0.488	0.494	0.501	0.514	0.520	0.527	0.534	0.540
0.269	0.281	0.298	0.311	0.324	0.334	0.348	0.358	0.368	0.384	0.395	0.400	0.412	0.423	0.429	0.441	0.447	0.460	0.466	0.473	0.486	0.493	0.499	0.506	0.513
0.243	0.255	0.271	0.284	0.297	0.306	0.321	0.331	0.341	0.357	0.368	0.373	0.384	0.396	0.402	0.414	0.421	0.433	0.440	0.446	0.460	0.467	0.474	0.481	0.488
0.220	0.231	0.247	0.260	0.273	0.282	0.296	0.306	0.316	0.331	0.342	0.348	0.359	0.371	0.377	0.389	0.395	0.408	0.415	0.421	0.435	0.442	0.449	0.456	0.463
0.199	0.210	0.225	0.237	0.250	0.259	0.273	0.282	0.292	0.308	0.319	0.324	0.335	0.347	0.353	0.365	0.372	0.384	0.391	0.398	0.411	0.418	0.426	0.433	0.440
0.179	0.190	0.205	0.217	0.229	0.238	0.251	0.261	0.271	0.286	0.297	0.302	0.313	0.325	0.331	0.343	0.349	0.362	0.369	0.375	0.389	0.396	0.403	0.411	0.418
0.159	0.171	0.186	0.198	0.210	0.219	0.232	0.241	0.251	0.266	0.276	0.282	0.293	0.304	0.310	0.322	0.328	0.341	0.348	0.354	0.368	0.375	0.382	0.390	0.397
0.139	0.152	0.168	0.180	0.193	0.201	0.214	0.223	0.232	0.247	0.257	0.262	0.273	0.285	0.290	0.302	0.309	0.321	0.328	0.335	0.348	0.355	0.363	0.370	0.377
0.119	0.133	0.149	0.162	0.175	0.184	0.197	0.206	0.215	0.229	0.239	0.245	0.255	0.266	0.272	0.284	0.290	0.303	0.309	0.316	0.329	0.337	0.344	0.351	0.358
0.099	0.114	0.130	0.144	0.157	0.167	0.181	0.190	0.199	0.213	0.223	0.228	0.238	0.249	0.255	0.267	0.273	0.285	0.292	0.298	0.312	0.319	0.326	0.333	0.341
0.080	0.095	0.112	0.126	0.140	0.150	0.164	0.174	0.184	0.198	0.207	0.212	0.223	0.233	0.239	0.250	0.256	0.269	0.275	0.281	0.295	0.302	0.309	0.316	0.324
0.060	0.076	0.093	0.108	0.122	0.133	0.147	0.158	0.168	0.182	0.193	0.198	0.208	0.218	0.224	0.235	0.241	0.253	0.259	0.266	0.279	0.286	0.293	0.300	0.307
0.040	0.057	0.074	0.090	0.104	0.117	0.131	0.142	0.153	0.167	0.178	0.184	0.194	0.204	0.210	0.221	0.227	0.238	0.245	0.251	0.264	0.271	0.278	0.285	0.292
0.020	0.038	0.056	0.072	0.087	0.100	0.114	0.127	0.138	0.152	0.163	0.169	0.180	0.191	0.197	0.207	0.213	0.225	0.231	0.237	0.250	0.256	0.263	0.270	0.277
0.000	0.019	0.037	0.054	0.069	0.083	0.098	0.111	0.122	0.136	0.148	0.155	0.166	0.177	0.183	0.194	0.200	0.212	0.217	0.224	0.236	0.243	0.249	0.256	0.264
	0.000	0.018	0.036	0.051	0.066	0.081	0.095	0.107	0.121	0.133	0.141	0.152	0.163	0.170	0.181	0.188	0.199	0.205	0.211	0.223	0.230	0.237	0.243	0.250
		0.000	0.018	0.034	0.049	0.065	0.079	0.092	0.106	0.118	0.127	0.138	0.150	0.157	0.168	0.175	0.187	0.193	0.199	0.211	0.218	0.224	0.231	0.238
			0.000	0.016	0.032	0.048	0.063	0.076	0.090	0.103	0.112	0.124	0.136	0.144	0.155	0.162	0.174	0.181	0.187	0.199	0.206	0.213	0.219	0.226
				0.000	0.015	0.032	0.047	0.061	0.075	0.088	0.098	0.110	0.122	0.131	0.142	0.150	0.162	0.169	0.176	0.188	0.195	0.201	0.208	0.215
				31年	0.000	0.015	0.031	0.046	0.060	0.073	0.084	0.097	0.109	0.118	0.129	0.137	0.149	0.157	0.164	0.176	0.183	0.190	0.197	0.204
				32		0.000	0.016	0.030	0.044	0.058	0.070	0.083	0.095	0.104	0.116	0.124	0.137	0.145	0.152	0.164	0.172	0.179	0.186	0.193
				33			0.000	0.015	0.029	0.043	0.055	0.069	0.081	0.091	0.103	0.112	0.124	0.132	0.140	0.152	0.160	0.167	0.175	0.182
				34				0.000	0.014	0.028	0.041	0.055	0.067	0.078	0.090	0.099	0.112	0.120	0.129	0.140	0.148	0.156	0.164	0.171
				35					0.000	0.013	0.027	0.041	0.054	0.065	0.077	0.087	0.099	0.108	0.117	0.128	0.137	0.145	0.153	0.161
				36						0.000	0.013	0.027	0.040	0.052	0.064	0.074	0.087	0.096	0.105	0.117	0.125	0.134	0.142	0.150
				37							0.000	0.013	0.026	0.039	0.051	0.061	0.074	0.084	0.093	0.105	0.114	0.122	0.131	0.139
				38								0.000	0.013	0.025	0.038	0.049	0.062	0.072	0.082	0.093	0.102	0.111	0.120	0.128
				39									0.000	0.012	0.024	0.036	0.049	0.060	0.070	0.081	0.091	0.100	0.109	0.117
				40										0.000	0.011	0.024	0.037	0.048	0.058	0.069	0.079	0.089	0.098	0.107
														41年	0.000	0.011	0.024	0.036	0.046	0.057	0.068	0.077	0.087	0.096
														42		0.000	0.012	0.024	0.035	0.046	0.056	0.066	0.076	0.085
														43			0.000	0.011	0.023	0.034	0.045	0.055	0.065	0.074
														44				0.000	0.011	0.022	0.033	0.044	0.054	0.063
														45					0.000	0.010	0.021	0.032	0.043	0.053
														46						0.000	0.010	0.021	0.032	0.042
														47							0.000	0.010	0.021	0.031
														48								0.000	0.010	0.020
														49									0.000	0.009
														50										0.000

付表７(3)　定率法未償却残額表（平成24年４月１日以後取得分）

耐用年数 / 償却率 / 改定償却率 / 経過年数	3	4	5	6	7	8	9	10	11	12	13	14	15	16	17	18	19	20	21	22	23	24	25
償却率	0.667	0.500	0.400	0.333	0.286	0.250	0.222	0.200	0.182	0.167	0.154	0.143	0.133	0.125	0.118	0.111	0.105	0.100	0.095	0.091	0.087	0.083	0.080
改定償却率	1.000	1.000	0.500	0.334	0.334	0.334	0.250	0.250	0.200	0.200	0.167	0.167	0.143	0.143	0.125	0.112	0.112	0.112	0.100	0.100	0.091	0.084	0.084
1 年	0.333	0.500	0.600	0.667	0.714	0.750	0.778	0.800	0.818	0.833	0.846	0.857	0.867	0.875	0.882	0.889	0.895	0.900	0.905	0.909	0.913	0.917	0.920
2	0.111	0.250	0.360	0.445	0.510	0.563	0.605	0.640	0.669	0.694	0.716	0.734	0.752	0.766	0.778	0.790	0.801	0.810	0.819	0.826	0.834	0.841	0.846
3	0.000	0.125	0.216	0.297	0.364	0.422	0.471	0.512	0.547	0.578	0.605	0.629	0.652	0.670	0.686	0.703	0.717	0.729	0.741	0.751	0.761	0.771	0.779
4		0.000	0.108	0.198	0.260	0.316	0.366	0.410	0.448	0.481	0.512	0.539	0.565	0.586	0.605	0.625	0.642	0.656	0.671	0.683	0.695	0.707	0.716
5			0.000	0.099	0.173	0.237	0.285	0.328	0.366	0.401	0.433	0.462	0.490	0.513	0.534	0.555	0.574	0.590	0.607	0.621	0.634	0.648	0.659
6				0.000	0.086	0.158	0.214	0.262	0.300	0.334	0.367	0.396	0.425	0.449	0.471	0.494	0.514	0.531	0.549	0.564	0.579	0.595	0.606
7					0.000	0.079	0.143	0.197	0.240	0.278	0.310	0.340	0.368	0.393	0.415	0.439	0.460	0.478	0.497	0.513	0.529	0.545	0.558
8						0.000	0.071	0.131	0.180	0.223	0.258	0.291	0.319	0.344	0.366	0.390	0.412	0.430	0.450	0.466	0.483	0.500	0.513
9							0.000	0.066	0.120	0.167	0.207	0.242	0.274	0.301	0.323	0.347	0.368	0.387	0.407	0.424	0.441	0.458	0.472
10								0.000	0.060	0.111	0.155	0.194	0.228	0.258	0.283	0.308	0.330	0.349	0.369	0.385	0.402	0.420	0.434
11								11年	0.000	0.056	0.103	0.145	0.182	0.215	0.242	0.269	0.293	0.314	0.334	0.350	0.367	0.386	0.400
12								12年		0.000	0.051	0.097	0.137	0.172	0.202	0.230	0.256	0.279	0.300	0.318	0.335	0.354	0.368
13								13年			0.000	0.048	0.091	0.129	0.162	0.191	0.219	0.244	0.267	0.286	0.305	0.324	0.338
14								14年				0.000	0.045	0.086	0.121	0.153	0.182	0.208	0.233	0.255	0.274	0.294	0.310
15								15年					0.000	0.043	0.081	0.114	0.145	0.173	0.200	0.223	0.244	0.264	0.281
16								16年						0.000	0.040	0.075	0.108	0.138	0.167	0.191	0.213	0.235	0.253
17								17年							0.000	0.036	0.071	0.103	0.133	0.159	0.183	0.205	0.225
18								18年								0.000	0.034	0.068	0.100	0.127	0.152	0.175	0.196
19								19年									0.000	0.033	0.067	0.095	0.122	0.146	0.168
20								20年										0.000	0.033	0.064	0.091	0.116	0.139
21																		21年	0.000	0.032	0.061	0.086	0.111
22																		22年		0.000	0.030	0.057	0.083
23																		23年			0.000	0.027	0.054
24																		24年				0.000	0.026
25																		25年					0.000
26																		26年					
27																		27年					
28																		28年					
29																		29年					
30																		30年					
31																							
32																							
33																							
34																							
35																							
36																							
37																							
38																							
39																							
40																							
41																							
42																							
43																							
44																							
45																							
46																							
47																							
48																							
49																							
50																							

（備考）

1 この表は、定率法によって償却をする場合の各経過年数における未償却残額割合 $\left(\dfrac{\text{未償却残額}}{\text{取得価額}}\right)$ を示したものである。

2 この表は、耐用年数省令別表第十に掲げる定率法の償却率、改定償却率及び保証率に基づき計算したものである。なお、算出された未償却残額割合は小数第4位を四捨五入したものによった。

3 経過年数を求める方式は次の例による。

〔例示〕

法定耐用年数15年　取得価額　100,000円　変更時の帳簿価額　22,150円

(1) 変更時の帳簿価額　22,150円÷取得価額　100,000円＝0.222（小数第4位を四捨五入）

(2) 「0.222」は、「耐用年数15年」の欄の「0.228」と「0.182」の中間に位するから、下位の「0.182」に応ずる「経過年数11年」を経過年数とする。

26	27	28	29	30	31	32	33	34	35	36	37	38	39	40	41	42	43	44	45	46	47	48	49	50
0.077	0.074	0.071	0.069	0.067	0.065	0.063	0.061	0.059	0.057	0.056	0.054	0.053	0.051	0.050	0.049	0.048	0.047	0.045	0.044	0.043	0.043	0.042	0.041	0.040
0.084	0.077	0.072	0.072	0.072	0.067	0.067	0.063	0.063	0.059	0.059	0.056	0.056	0.053	0.053	0.050	0.050	0.048	0.046	0.046	0.044	0.044	0.044	0.042	0.042
0.923	0.926	0.929	0.931	0.933	0.935	0.937	0.939	0.941	0.943	0.944	0.946	0.947	0.949	0.950	0.951	0.952	0.953	0.955	0.956	0.957	0.957	0.958	0.959	0.960
0.852	0.857	0.863	0.867	0.870	0.874	0.878	0.882	0.885	0.889	0.891	0.895	0.897	0.901	0.903	0.904	0.906	0.908	0.912	0.914	0.916	0.916	0.918	0.920	0.922
0.786	0.794	0.802	0.807	0.812	0.817	0.823	0.828	0.833	0.839	0.841	0.847	0.849	0.855	0.857	0.860	0.863	0.866	0.871	0.874	0.876	0.876	0.879	0.882	0.885
0.726	0.735	0.745	0.751	0.758	0.764	0.771	0.777	0.784	0.791	0.794	0.801	0.804	0.811	0.815	0.818	0.821	0.825	0.832	0.835	0.839	0.839	0.842	0.846	0.849
0.670	0.681	0.692	0.699	0.707	0.715	0.722	0.730	0.738	0.746	0.750	0.758	0.762	0.770	0.774	0.778	0.782	0.786	0.794	0.799	0.803	0.803	0.807	0.811	0.815
0.618	0.630	0.643	0.651	0.660	0.668	0.677	0.685	0.694	0.703	0.708	0.717	0.721	0.730	0.735	0.740	0.744	0.749	0.759	0.763	0.768	0.768	0.773	0.778	0.783
0.571	0.584	0.597	0.606	0.615	0.625	0.634	0.644	0.653	0.663	0.668	0.678	0.683	0.693	0.698	0.704	0.709	0.714	0.724	0.730	0.735	0.735	0.741	0.746	0.751
0.527	0.541	0.555	0.564	0.574	0.584	0.594	0.604	0.615	0.625	0.631	0.641	0.647	0.658	0.663	0.669	0.675	0.680	0.692	0.698	0.704	0.704	0.709	0.715	0.721
0.486	0.501	0.515	0.525	0.536	0.546	0.557	0.568	0.579	0.590	0.595	0.607	0.613	0.624	0.630	0.636	0.642	0.648	0.661	0.667	0.673	0.673	0.680	0.686	0.693
0.449	0.464	0.479	0.489	0.500	0.511	0.522	0.533	0.544	0.556	0.562	0.574	0.580	0.592	0.599	0.605	0.611	0.618	0.631	0.638	0.644	0.644	0.651	0.658	0.665
0.414	0.429	0.445	0.455	0.466	0.477	0.489	0.500	0.512	0.524	0.531	0.543	0.549	0.562	0.569	0.575	0.582	0.589	0.603	0.610	0.617	0.617	0.624	0.631	0.638
0.382	0.397	0.413	0.424	0.435	0.446	0.458	0.470	0.482	0.494	0.501	0.514	0.520	0.534	0.540	0.547	0.554	0.561	0.575	0.583	0.590	0.590	0.598	0.605	0.613
0.353	0.368	0.384	0.395	0.406	0.417	0.429	0.441	0.454	0.466	0.473	0.486	0.493	0.506	0.513	0.520	0.528	0.535	0.550	0.557	0.565	0.565	0.572	0.580	0.588
0.326	0.341	0.357	0.368	0.379	0.390	0.402	0.414	0.427	0.440	0.446	0.460	0.467	0.481	0.488	0.495	0.502	0.510	0.525	0.533	0.540	0.540	0.548	0.557	0.565
0.298	0.315	0.331	0.342	0.353	0.365	0.377	0.389	0.402	0.415	0.421	0.435	0.442	0.456	0.463	0.471	0.478	0.486	0.501	0.509	0.517	0.517	0.525	0.534	0.542
0.271	0.288	0.305	0.318	0.330	0.341	0.353	0.365	0.378	0.391	0.398	0.411	0.418	0.433	0.440	0.448	0.455	0.463	0.479	0.487	0.495	0.495	0.503	0.512	0.520
0.244	0.262	0.280	0.293	0.306	0.318	0.331	0.343	0.356	0.369	0.375	0.389	0.396	0.411	0.418	0.426	0.433	0.441	0.457	0.465	0.474	0.474	0.482	0.491	0.500
0.216	0.236	0.254	0.268	0.282	0.295	0.309	0.321	0.335	0.348	0.354	0.368	0.375	0.390	0.397	0.405	0.413	0.420	0.437	0.445	0.453	0.453	0.462	0.471	0.480
0.189	0.210	0.228	0.244	0.258	0.273	0.286	0.300	0.314	0.327	0.335	0.348	0.355	0.370	0.377	0.385	0.393	0.401	0.417	0.425	0.434	0.434	0.443	0.451	0.460
0.162	0.183	0.203	0.219	0.235	0.250	0.264	0.278	0.293	0.307	0.315	0.329	0.337	0.351	0.358	0.366	0.374	0.382	0.398	0.407	0.415	0.415	0.424	0.433	0.442
0.134	0.157	0.177	0.194	0.211	0.227	0.242	0.257	0.271	0.286	0.295	0.309	0.318	0.332	0.341	0.348	0.356	0.364	0.380	0.389	0.397	0.397	0.406	0.415	0.424
0.107	0.131	0.151	0.170	0.187	0.204	0.220	0.235	0.250	0.266	0.275	0.290	0.299	0.314	0.323	0.331	0.339	0.347	0.363	0.372	0.380	0.380	0.389	0.398	0.407
0.079	0.105	0.126	0.145	0.164	0.181	0.198	0.213	0.229	0.245	0.256	0.270	0.280	0.295	0.304	0.313	0.322	0.330	0.346	0.355	0.364	0.364	0.373	0.382	0.391
0.052	0.078	0.100	0.120	0.140	0.158	0.176	0.192	0.208	0.225	0.236	0.251	0.261	0.277	0.286	0.296	0.305	0.313	0.330	0.339	0.348	0.348	0.357	0.366	0.375
0.025	0.052	0.074	0.096	0.116	0.135	0.153	0.170	0.187	0.204	0.216	0.231	0.242	0.258	0.268	0.279	0.288	0.297	0.313	0.323	0.332	0.333	0.342	0.351	0.360
0.000	0.026	0.049	0.071	0.092	0.113	0.131	0.149	0.166	0.184	0.196	0.212	0.223	0.239	0.250	0.261	0.271	0.280	0.296	0.306	0.316	0.318	0.327	0.336	0.346
	0.000	0.023	0.047	0.069	0.090	0.109	0.127	0.145	0.163	0.177	0.192	0.205	0.221	0.232	0.244	0.254	0.264	0.280	0.290	0.300	0.302	0.312	0.322	0.331
		0.000	0.022	0.045	0.067	0.087	0.105	0.124	0.143	0.157	0.173	0.186	0.202	0.214	0.226	0.237	0.247	0.263	0.274	0.284	0.287	0.297	0.307	0.317
			0.000	0.021	0.044	0.065	0.084	0.103	0.122	0.137	0.153	0.167	0.184	0.196	0.209	0.220	0.230	0.246	0.257	0.268	0.272	0.282	0.292	0.302
				0.000	0.021	0.043	0.062	0.082	0.102	0.117	0.134	0.148	0.165	0.178	0.192	0.203	0.214	0.230	0.241	0.252	0.256	0.267	0.277	0.288
				31年	0.000	0.021	0.040	0.061	0.081	0.098	0.114	0.129	0.146	0.160	0.174	0.186	0.197	0.213	0.225	0.236	0.241	0.252	0.263	0.273
				32年		0.000	0.019	0.039	0.061	0.078	0.095	0.110	0.128	0.142	0.157	0.169	0.180	0.196	0.208	0.220	0.226	0.237	0.248	0.259
				33年			0.000	0.018	0.040	0.058	0.075	0.092	0.109	0.124	0.139	0.152	0.164	0.179	0.192	0.204	0.210	0.222	0.233	0.244
				34年				0.000	0.019	0.038	0.056	0.073	0.091	0.106	0.122	0.136	0.147	0.163	0.176	0.188	0.195	0.207	0.218	0.230
				35年					0.000	0.019	0.036	0.054	0.072	0.088	0.104	0.119	0.130	0.146	0.159	0.172	0.180	0.192	0.204	0.215
				36年						0.000	0.017	0.035	0.053	0.070	0.087	0.102	0.114	0.129	0.143	0.156	0.164	0.177	0.189	0.201
				37年							0.000	0.016	0.035	0.052	0.070	0.085	0.097	0.113	0.126	0.140	0.149	0.161	0.174	0.186
				38年								0.000	0.016	0.034	0.052	0.068	0.080	0.096	0.110	0.124	0.134	0.146	0.159	0.172
				39年									0.000	0.016	0.035	0.051	0.064	0.079	0.094	0.108	0.118	0.131	0.145	0.157
				40年										0.000	0.017	0.034	0.047	0.062	0.077	0.092	0.103	0.116	0.130	0.143
														41年	0.000	0.017	0.031	0.046	0.061	0.076	0.088	0.101	0.115	0.128
														42年		0.000	0.014	0.029	0.045	0.060	0.072	0.086	0.100	0.113
														43年			0.000	0.012	0.028	0.044	0.057	0.071	0.086	0.099
														44年				0.000	0.012	0.028	0.042	0.056	0.071	0.084
														45年					0.000	0.012	0.026	0.041	0.056	0.070
														46年						0.000	0.011	0.026	0.041	0.055
														47年							0.000	0.011	0.027	0.041
														48年								0.000	0.012	0.026
														49年									0.000	0.012
														50年										0.000

付表８　「設備の種類」と日本標準産業分類の分類との対比表

別表第二の番号	設備の種類	小分類	左の具体例
1	食料品製造業用設備	「091」畜産食料品製造業	部分肉・冷凍肉製造業、ハム製造業、乳製品製造業、はちみつ処理加工業
		「092」水産食料品製造業	水産缶詰・瓶詰製造業、かまぼこ製造業
		「093」野菜缶詰・果実缶詰・農産保存食料品製造業	野菜缶詰・瓶詰製造業、乾燥野菜製造業、かんぴょう製造業、野菜漬物製造業
		「094」調味料製造業	味そ製造業、しょう油製造業、食酢製造業
		「095」糖類製造業	砂糖精製業、ぶどう糖製造業
		「096」精穀・製粉業	精米業、小麦粉製造業、米粉製造業
		「097」パン・菓子製造業	食パン製造業、氷菓製造業、チューインガム製造業
		「098」動植物油脂製造業	牛脂製造業、マーガリン製造業
		「099」その他の食料品製造業	レトルト食品製造業、粉末ジュース製造業、パン粉製造業
2	飲料、たばこ又は飼料製造業用設備	「101」清涼飲料製造業	清涼飲料製造業、シロップ製造業
		「102」酒類製造業	ビール製造業、清酒製造業
		「103」茶・コーヒー製造業（清涼飲料を除く。）	荒茶製造業、コーヒー豆ばい煎業
		「104」製氷業	氷製造業（天然氷を除く。）
		「105」たばこ製造業	たばこ製造業、葉たばこ処理業
		「106」飼料・有機質肥料製造業	配合飼料製造業、ドッグフード製造業、海産肥料製造業
3	繊維工業用設備		
	炭酸繊維製造設備 黒鉛化炉 その他の設備	「111」製糸業、紡績業、化学繊維・ねん糸等製造業の一部	炭素繊維製造業
	その他の設備	「111」製糸業、紡績業、化学繊維・ねん糸等製造業の一部	器械生糸製造業、綿紡績業、かさ高加工糸製造業
		「112」織物業	綿織物業、織フェルト製造業
		「113」ニット生地製造業	丸編ニット生地製造業
		「114」染色整理業	毛織物・毛風合成繊維織物機械無地染業、織物乾燥業

別表第二の番号	設備の種類	小分類	左の具体例
		「115」綱・網・レース・繊維粗製品製造業	ロープ製造業、漁網製造業、洗毛化炭業
		「116」外衣・シャツ製造業（和式を除く。）	織物製ワイシャツ製造業、織物製学校服製造業
		「117」下着類製造業	ニット製下着製造業、織物製パジャマ製造業
		「118」和装製品・その他の衣服・繊維製身の回り品製造業	帯製造業、ネクタイ製造業、マフラー製造業
		「119」その他の繊維製品製造業	毛布製造業、じゅうたん製造業、脱脂綿製造業
4	木材又は木製品（家具を除く。）製造業用設備	「121」製材業、木製品製造業	製材業、木材チップ製造業
		「122」造作材・合板・建築用組立材料製造業	合板製造業、集成材製造業、床板製造業
		「123」木製容器製造業（竹、とうを含む。）	かご製造業、木箱製造業、酒たる製造業
		「129」その他の木製品製造業（竹、とうを含む。）	木材防腐処理業、コルク栓製造業、木製サンダル製造業
5	家具又は装備品製造業用設備	「131」家具製造業	たんす製造業、金属製家具製造業
		「132」宗教用具製造業	神仏具製造業、みこし製造業、仏壇製造業
		「133」建具製造業	戸・障子製造業、ふすま製造業
		「139」その他の家具・装備品製造業	陳列ケース製造業、ブラインド製造業、石製家具製造業
6	パルプ、紙又は紙加工品製造業用設備	「141」パルプ製造業	溶解サルファイトパルプ製造業
		「142」紙製造業	新聞用紙製造業、段ボール原紙製造業
		「143」加工紙製造業	バルカナイズドファイバー製造業、段ボール製造業
		「144」紙製品製造業	帳簿類製造業、包装紙製造業
		「145」紙製容器製造業	セメント袋製造業、ショッピングバッグ製造業
		「149」その他のパルプ・紙・紙加工品製造業	紙ひも製造業、セロファン製造業、紙おむつ製造業
7	印刷業又は印刷関連業用設備		
	デジタル印刷システム設備	「151」印刷業の一部	印刷業

別表第二の番号	設備の種類	小分類	左の具体例
	製本業用設備	「153」製本業、印刷物加工業の一部	製本業
	新聞業用設備 モノタイプ、写真又は通信設備 その他の設備	「151」印刷業の一部	新聞印刷業、新聞印刷発行業
	その他の設備	「151」印刷業の一部	オフセット印刷業、金属印刷業
		「152」製版業	写真製版業、グラビア製版業、活字製造業
		「153」製本業、印刷物加工業の一部	印刷物光沢加工業
		「159」印刷関連サービス業	校正刷業、刷版研磨業
8	化学工業用設備		
	臭素、よう素又は塩素、臭素若しくはよう素化合物製造設備	「162」無機化学工業製品製造業の一部	臭素製造業、よう素製造業、液体塩素製造業
	塩化りん製造設備	「162」無機化学工業製品製造業の一部	塩化りん製造業
	活性炭製造設備	「162」無機化学工業製品製造業の一部	活性炭製造業
	ゼラチン又はにかわ製造設備	「169」その他の化学工業の一部	ゼラチン製造業、にかわ製造業
	半導体用フォトレジスト製造設備	「169」その他の化学工業の一部	半導体用フォトレジスト製造業
	フラットパネル用カラーフィルター、偏光板又は偏光板用フィルム製造設備	「169」その他の化学工業の一部	偏光板用フィルム製造業
	その他の設備	「161」化学肥料製造業	アンモニア製造業、複合肥料製造業
		「162」無機化学工業製品製造業の一部	ソーダ灰製造業、ネオンガス製造業、アルゴン製造業、塩製造業
		「163」有機化学工業製品製造業	エチルアルコール製造業、ポリエチレン製造業、合成ゴム製造業
		「164」油脂加工製品・石けん・合成洗剤・界面活性剤・塗料製造業	脂肪酸製造業、ペイント製造業、ろうそく製造業
		「165」医薬品製造業	内服薬製造業、殺虫剤製造業（農薬を除く。）、ワクチン製造業

別表第二の番号	設備の種類	小分類	左の具体例
		「166」化粧品・歯磨・その他の化粧用調整品製造業	香水製造業、頭髪料製造業
		「169」その他の化学工業の一部	殺虫剤製造業（農薬に限る。）、天然香料製造業、写真感光紙製造業
9	石油製品又は石炭製品製造業用設備	「171」石油精製業	石油精製業、ガソリン製造業
		「172」潤滑油・グリース製造業（石油精製業によらないもの）	潤滑油製造業、グリース製造業
		「173」コークス製造業	コークス製造業、半成コークス製造業
		「174」舗装材料製造業	舗装材料製造業、アスファルトブロック製造業
		「179」その他の石油製品・石炭製品製造業	石油コークス製造業、練炭製造業
10	プラスチック製品製造業用設備（他の号に掲げるものを除く。）	「181」プラスチック板・棒・管・継手・異形押出製品製造業	プラスチック平板製造業、プラスチック硬質管製造業、プラスチック管加工業
		「182」プラスチックフィルム・シート・床材・合成皮革製造業	プラスチックフィルム製造業、プラスチックタイル製造業、合成皮革加工業
		「183」工業用プラスチック製品製造業	プラスチック製冷蔵庫内装用品製造業、工業用プラスチック製品加工業
		「184」発泡・強化プラスチック製品製造業	軟質ポリウレタンフォーム製造業、強化プラスチック製容器製造業
		「185」プラスチック成形材料製造業（廃プラスチックを含む。）	再生プラスチック製造業、廃プラスチック製品製造業
		「189」その他のプラスチック製品製造業	プラスチック製容器製造業、プラスチック結束テープ製造業
11	ゴム製品製造業用設備	「191」タイヤ・チューブ製造業	自動車タイヤ製造業、自転車タイヤ・チューブ製造業
		「192」ゴム製・プラスチック製履物・同附属品製造業	地下足袋製造業、プラスチック製靴製造業、合成皮革製靴製造業
		「193」ゴムベルト・ゴムホース・工業用ゴム製品製造業	工業用エボナイト製品製造業、ゴムライニング加工業
		「199」その他のゴム製品製造業	ゴム引布製造業、ゴム製医療用品製造業、更生タイヤ製造業

別表第二の番号	設備の種類	小分類	左の具体例
12	なめし革、なめし革製品又は毛皮製造業用設備	「201」なめし革製造業	皮なめし業、水産革製造業、は虫類革製造業
		「202」工業用革製品製造業（手袋を除く。）	革ベルト製造業
		「203」革製履物用材料・同附属品製造業	革製製靴材料製造業、革製靴底製造業
		「204」革製履物製造業	革靴製造業、革製サンダル製造業
		「205」革製手袋製造業	革製手袋製造業、スポーツ用革手袋製造業
		「206」かばん製造業	革製かばん製造業、繊維製かばん製造業
		「207」袋物製造業	革製袋物製造業、革製ハンドバッグ製造業
		「208」毛皮製造業	毛皮製造業、毛皮染色・仕上業
		「209」その他のなめし革製品製造業	室内用革製品製造業、腕時計用革バンド製造業
13	窯業又は土石製品製造業用設備	「211」ガラス・同製品製造業	板ガラス製造業、ビール瓶製造業、ガラス繊維製造業、ガラス製絶縁材料製造業
		「212」セメント・同製品製造業	生コンクリート製造業、空洞コンクリートブロック製造業
		「213」建設用粘土製品製造業（陶磁器製を除く。）	粘土かわら製造業、普通れんが製造業
		「214」陶磁器・同関連製品製造業	陶磁器製食器製造業、陶磁器製絶縁材料製造業、陶磁器製タイル製造業、陶土精製業
		「215」耐火物製造業	耐火れんが製造業、耐火モルタル製造業
		「216」炭素・黒鉛製品製造業	炭素電極製造業、炭素棒製造業
		「217」研磨材・同製品製造業	研削用ガーネット製造業、研磨布製造業
		「218」骨材・石工品等製造業	玉石砕石製造業、人工骨材製造業、けいそう土精製業
		「219」その他の窯業・土石製品製造業	焼石こう製造業、ほうろう鉄器製造業、七宝製品製造業
14	鉄鋼業用設備		
	表面処理鋼材若しくは鉄粉製造業又は鉄スク	「224」表面処理鋼材製造業の一部	亜鉛鉄板製造業、亜鉛めっき鋼管製造業

別表第二の番号	設備の種類		小分類	左の具体例
		ラップ加工処理業用設備	「229」その他の鉄鋼業の一部	鉄粉製造業、鉄スクラップ加工処理業
		純鉄、原鉄、ベースメタル、フェロアロイ、鉄素形材又は鋳鉄管製造業用設備	「221」製鉄業の一部	純鉄製造業、原鉄製造業、ベースメタル製造業、合金鉄製造業
			「225」鉄素形材製造業	機械用銑鉄鋳物製造業、鋳鋼製造業、鍛鋼製造業
			「229」その他の鉄鋼業の一部	鋳鉄管製造業
		その他の設備	「221」製鉄業の一部	高炉銑製造業、電気炉銑製造業
			「222」製鋼・製鋼圧延業	製鋼業、圧延鋼材製造業
			「223」製鋼を行わない鋼材製造業（表面処理鋼材を除く。）	冷延鋼板製造業、伸鉄製造業、引抜鋼管製造業、鉄線製造業
			「224」表面処理鋼材製造業の一部	ブリキ製造業
			「229」その他の鉄鋼業の一部	鉄鋼シャーリング業
15	非鉄金属製造業用設備			
		核燃料物質加工設備	「239」その他の非鉄金属製造業の一部	核燃料成形加工業
		その他の設備	「231」非鉄金属第１次製錬・精製業	銅製錬・精製業、電気亜鉛精製業、貴金属製錬・精製業
			「232」非鉄金属第２次製錬・精製業（非鉄金属合金製造業を含む。）	鉛再生業、アルミニウム合金製造業
			「233」非鉄金属・同合金圧延業（抽伸、押出しを含む。）	銅圧延業、アルミニウム管製造業
			「234」電線・ケーブル製造業	裸電線製造業、光ファイバケーブル製造業
			「235」非鉄金属素形材製造業	銅・同合金鋳物製造業、アルミニウム・同合金ダイカスト製造業
			「239」その他の非鉄金属製造業の一部	非鉄金属シャーリング業
16	金属製品製造業用設備			
		金属被覆及び彫刻業又は打はく及び金属製ネームプレート製造業用設備	「246」金属被覆・彫刻業、熱処理業（ほうろう鉄器を除く。）の一部	金属製品塗装業、溶融めっき業、金属彫刻業
			「249」その他の金属製品製造業の一部	金属製ネームプレート製造業

別表第二の番号	設備の種類		小分類	左の具体例
		その他の設備	「241」ブリキ缶・その他のめっき板等製品製造業	缶詰用缶製造業、ブリキ缶製造業
			「242」洋食器・刃物・手道具・金物類製造業	養蚕用・養きん用機器製造業、農業用刃物製造業、建築用金物製造業
			「243」暖房・調理等装置、配管工事用附属品製造業	配管工事用附属品製造業、ガス機器製造業、温風暖房機製造業
			「244」建設用・建築用金属製品製造業（製缶板金業を含む。）	鉄骨製造業、鉄塔製造業、住宅用・ビル用アルミニウム製サッシ製造業、製缶業
			「245」金属素形材製品製造業	金属プレス製品製造業、粉末冶金製品製造業
			「246」金属被覆・彫刻業、熱処理業（ほうろう鉄器を除く。）の一部	金属熱処理業
			「247」金属線製品製造業（ねじ類を除く。）	鉄くぎ製造業、ワイヤチェーン製造業
			「248」ボルト・ナット・リベット・小ねじ・木ねじ等製造業	ボルト・ナット製造業、ビス製造業
			「249」その他の金属製品製造業の一部	金庫製造業、板ばね製造業
17	はん用機械器具（はん用性を有するもので、他の器具及び備品並びに機械及び装置に組み込み、又は取り付けることによりその用に供されるものをいう。）製造業用設備（第20号及び第22号に掲げるものを除く。）		「251」ボイラ・原動機製造業	工業用ボイラ製造業、蒸気タービン製造業、はん用ガソリン機関製造業
			「252」ポンプ・圧縮機器製造業	動力ポンプ製造業、圧縮機製造業、油圧ポンプ製造業
			「253」一般産業用機械・装置製造業	歯車製造業、エレベータ製造業、コンベヤ製造業、冷凍機製造業
			「259」その他のはん用機械・同部分品製造業	消化器製造業、一般バルブ・コック製造業、ピストンリング製造業
18	生産用機械器具（物の生産の用に供されるものをいう。）製造業用設備（次号及び第21号に掲げるものを除く。）			
		金属加工機械製造設備	「266」金属加工機械製造業	金属工作機械製造業、金属加工機械製造業
		その他の設備	「261」農業用機械製造業（農業用器具を除く。）	動力耕うん機製造業、脱穀機製造業、除草機製造業

別表第二の番号	設備の種類	小分類	左の具体例
		「262」建設機械・鉱山機械製造業	建設機械・同装置・部分品・附属品製造業、建設用クレーン製造業
		「263」繊維機械製造業	綿・スフ紡績機械製造業、絹・人絹織機製造業、工業用ミシン製造業
		「264」生活関連産業用機械製造業	精米機械・同装置製造業、製材機械製造業、パルプ製造機械・同装置製造業
		「265」基礎素材産業用機械製造業	鋳造装置製造業、化学機械・同装置製造業
		「267」半導体・フラットパネルディスプレイ製造装置製造業	ウェーハ加工装置製造業、液晶パネル熱処理装置製造業
		「269」その他の生産用機械・同部分品製造業	金属製品用金型製造業、ロボット製造業
19	業務用機械器具（業務用又はサービスの生産の用に供されるもの（これらのものであって物の生産の用に供されるものを含む。）をいう。）製造業用設備（第17号、第21号及び第23号に掲げるものを除く。）	「271」事務用機械器具製造業	複写機製造業、事務用機械器具製造業
		「272」サービス用・娯楽用機械器具製造業	営業用洗濯機製造業、アミューズメント機器製造業、自動販売機・同部分品製造業
		「273」計量器・測定器・分析機器・試験機・測量機械器具・理化学機械器具製造業	ガスメータ製造業、血圧計製造業、マイクロメータ製造業、金属材料試験機製造業
		「274」医療用機械器具・医療用品製造業	医科用鋼製器具製造業、人工血管製造業、歯科用合金製造業
		「275」光学機械器具・レンズ製造業	顕微鏡製造業、写真機製造業、光学レンズ製造業
		「276」武器製造業	けん銃製造業
20	電子部品、デバイス又は電子回路製造業用設備		
	光ディスク（追記型又は書換え型のものに限る。）製造設備	「283」記録メディア製造業の一部	光ディスク製造業
	プリント配線基板製造設備	「284」電子回路製造業の一部	片面・両面・多層リジッドプリント配線板製造業
	フラットパネルディスプレイ、半導体集積回路又は半導体素子製造設備	「281」電子デバイス製造業の一部	半導体集積回路製造業、トランジスタ製造業

別表第二の番号	設備の種類	小分類	左の具体例
	その他の設備	「281」電子デバイス製造業の一部	マイクロ波管製造業、発光ダイオード製造業
		「282」電子部品製造業	抵抗器製造業、スピーカ部品製造業、スイッチ製造業
		「283」記録メディア製造業の一部	ＳＤメモリカード製造業、メモリースティック製造業
		「284」電子回路製造業の一部	チップ部品実装基板製造業
		「285」ユニット部品製造業	スイッチング電源製造業、紙幣識別ユニット製造業
		「289」その他の電子部品・デバイス・電子回路製造業	整流器製造業、ダイヤル製造業
21	電気機械器具製造業用設備	「291」発電用・送電用・配電用電気機械器具製造業	発電機製造業、変圧器製造業、配電盤製造業
		「292」産業用電気機械器具製造業	電弧溶接機製造業、スターターモータ製造業
		「293」民生用電気機械器具製造業	家庭用電気洗濯機製造業、電気ストーブ製造業
		「294」電球・電気照明器具製造業	映写機用ランプ製造業、天井灯照明器具製造業
		「295」電池製造業	蓄電池製造業、乾電池製造業
		「296」電子応用装置製造業	医療用・歯科用Ｘ線装置製造業、磁気探知機製造業
		「297」電気計測器製造業	電流計製造業、温度自動調節装置製造業、心電計製造業
		「299」その他の電気機械器具製造業	電球口金製造業、太陽電池製造業
22	情報通信機械器具製造業用設備	「301」通信機械器具・同関連機械器具製造業	携帯電話機製造業、テレビジョン放送装置製造業、カーナビゲーション製造業、火災警報装置製造業
		「302」映像・音響機械器具製造業	ＤＶＤプレーヤ製造業、デジタルカメラ製造業、ステレオ製造業
		「303」電子計算機・同附属装置製造業	デジタル形電子計算機製造業、パーソナルコンピュータ製造業、外部記憶装置製造業、スキャナー製造業
23	輸送用機械器具製造業用設備	「311」自動車・同附属品製造業	自動車製造業、自動車エンジン・同部分品製造業
		「312」鉄道車両・同部分品製造業	電車製造業、戸閉装置製造業

別表第二の番号	設備の種類	小分類	左の具体例
		「313」船舶製造・修理業、舶用機関製造業	鋼船製造・修理業、船体ブロック製造業、舟艇製造業、舶用機関製造業
		「314」航空機・同附属品製造業	飛行機製造業、気球製造業
		「315」産業用運搬車両・同部分品・附属品製造業	フォークリフトトラック・同部分品・附属品製造業、動力付運搬車製造業
		「319」その他の輸送用機械器具製造業	自転車製造組立業、車いす製造組立業
24	その他の製造業用設備	「321」貴金属・宝石製品製造業	装身具製造業（貴金属・宝石製のもの）、宝石附属品加工業
		「322」装身具・装飾品・ボタン・同関連品製造業（貴金属・宝石製を除く。）	装身具製造業（貴金属・宝石製を除く。）、造花製造業、針製造業、かつら製造業
		「323」時計・同部分品製造業	時計製造業、電気時計製造業
		「324」楽器製造業	ピアノ製造業、ギター製造業、オルゴール製造業
		「325」がん具・運動用具製造業	家庭用テレビゲーム機製造業、人形製造業、スポーツ用具製造業
		「326」ペン・鉛筆・絵画用品・その他の事務用品製造業	シャープペンシル製造業、油絵具製造業、手押スタンプ製造業
		「327」漆器製造業	漆塗り家具製造業、漆器製造業
		「328」畳等生活雑貨製品製造業	麦わら帽子製造業、扇子・扇子骨製造業、ブラシ類製造業、喫煙用具製造業
		「329」他に分類されない製造業	花火製造業、ネオンサイン製造業、模型製造業、眼鏡製造業
25	農業用設備	「011」耕種農業	水稲作農業、野菜作農業、しいたけ栽培農業、たばこ作農業
		「012」畜産農業	酪農業、肉用牛肥育業、昆虫類飼育業、養蚕農業、養蜂業
		「013」農業サービス業（園芸サービス業を除く。）	共同選果場、花き共同選別場
		「014」園芸サービス業	造園業
26	林業用設備	「021」育林業	私有林経営業
		「022」素材生産業	一般材生産業、パルプ材生産業

別表第二の番号	設備の種類	小分類	左の具体例
		「023」特用林産物生産業（きのこ類の栽培を除く。）	薪製造業、木炭製造業、松やに採取業
		「024」林業サービス業	育林請負業、薪請負製造業
		「029」その他の林業	狩猟業、昆虫類採捕業、山林用種苗業
27	漁業用設備（次号に掲げるものを除く。）	「031」海面漁業	遠洋底びき網漁業、あさり採取業
		「032」内水面漁業	河川漁業、湖沼漁業
28	水産養殖業用設備	「041」海面養殖業	魚類養殖業、貝類養殖業、藻類養殖業、真珠養殖業
		「042」内水面養殖業	こい養殖業、すっぽん養殖業
29	鉱業、採石業又は砂利採取業用設備		
	石油又は天然ガス鉱業用設備 坑井設備 掘さく設備 その他の設備	「053」原油・天然ガス鉱業	原油鉱業、天然ガス鉱業
	その他の設備	「051」金属鉱業	金鉱業、鉄鉱業
		「052」石炭・亜炭鉱業	石炭鉱業、石炭回収業
		「054」採石業、砂・砂利・玉石採取業	花こう岩採石業、大理石採石業、砂採取業
		「055」窯業原料用鉱物鉱業（耐火物・陶磁器・ガラス・セメント原料用に限る。）	耐火粘土鉱業、ろう石鉱業、石灰石鉱業
		「059」その他の鉱業	酸性白土鉱業、けいそう土鉱業、天然氷採取業
30	総合工事業用設備	「061」一般土木建築工事業	一般土木建築工事業
		「062」土木工事業（舗装工事業を除く。）	土木工事業、造園工事業、しゅんせつ工事業
		「063」舗装工事業	道路舗装工事業
		「064」建築工事業（木造建築工事業を除く。）	建築工事請負業、組立鉄筋コンクリート造建築工事業
		「065」木造建築工事業	木造住宅建築工事業
		「066」建築リフォーム工事業	住宅リフォーム工事業
		「071」大工工事業	大工工事業、型枠大工工事業
		「072」とび・土工・コンクリート工事業	とび工事業、土工工事業、特殊コンクリート基礎工事業

別表第二の番号	設備の種類	小分類	左の具体例
		「073」鉄骨・鉄筋工事業	鉄骨工事業、鉄筋工事業
		「074」石工・れんが・タイル・ブロック工事業	石工工事業、れんが工事業、タイル工事業、コンクリートブロック工事業
		「075」左官工事業	左官業、漆くい工事業
		「076」板金・金物工事業	鉄板屋根ふき業、板金工事業、建築金物工事業
		「077」塗装工事業	塗装工事業、道路標示・区画線工事業
		「078」床・内装工事業	床張工事業、壁紙工事業
		「079」その他の職別工事業	ガラス工事業、金属製建具取付業、防水工事業
		「081」電気工事業	電気設備工事業、電気配線工事業
		「082」電気通信・信号装置工事業	電気通信工事業、有線テレビジョン放送設備設置工事業
		「083」管工事業（さく井工事業を除く。）	一般管工事業、給排水設備工事業
		「084」機械器具設置工事業	機械器具設置工事業、昇降設備工事業
		「089」その他の設備工事業	築炉工事業、さく井工事業
31	電気業用設備 電気業用水力発電設備 その他の水力発電設備 汽力発電設備 内燃力又はガスタービン発電設備 送電又は電気業用変電若しくは配電設備 需要者用計器 柱上変圧器 その他の設備 鉄道又は軌道業用変電設備 その他の設備 主として金属製のもの その他のもの	「331」電気業	水力発電所、火力発電所、変電所

別表第二の番号	設備の種類	小分類	左の具体例
32	ガス業用設備 製造用設備 供給用設備 鋳鉄製導管 鋳鉄製導管以外の導管 需要者用計量器 その他の設備 その他の設備 主として金属製のもの その他のもの	「341」ガス業	ガス製造工場、ガス供給所、ガス整圧所
33	熱供給業用設備	「351」熱供給業	地域暖冷房業、蒸気供給業
34	水道業用設備	「361」上水道業	上水道業、水道用水供給事業
		「362」工業用水道業	工業用水道業、工業用水浄水場
		「363」下水道業	下水道処理施設維持管理業、下水道管路施設維持管理業
35	通信業用設備	「371」固定電気通信業	インターネット・サービス・プロバイダ
		「372」移動電気通信業	携帯電話業、無線呼出し業
		「373」電気通信に附帯するサービス業	電気通信業務受託会社、移動無線センター
36	放送業用設備	「382」民間放送業（有線放送業を除く。）	テレビジョン放送事業者、ラジオ放送事業者
		「383」有線放送業	有線テレビジョン放送業、有線ラジオ放送業
37	映像、音声又は文字情報制作業用設備	「411」映像情報制作・配給業	映画撮影所、テレビジョン番組制作業、アニメーション制作業
		「412」音声情報制作業	レコード会社、ラジオ番組制作業
		「413」新聞業	新聞社、新聞発行業
		「414」出版業	書籍出版・印刷出版業、パンフレット出版・印刷出版業
		「415」広告制作業	広告制作業、広告制作プロダクション
		「416」映像・音声・文字情報制作に附帯するサービス業	ニュース供給業、映画フィルム現像業
38	鉄道業用設備 自動改札装置	「421」鉄道業	鉄道事業者、モノレール鉄道業、ケーブルカー業、リフト業

別表第二の番号	設備の種類	小分類	左の具体例
	その他の設備		
39	道路貨物運送業用設備	「441」一般貨物自動車運送業	一般貨物自動車運送業
		「442」特定貨物自動車運送業	特定貨物自動車運送業
		「443」貨物軽自動車運送業	貨物軽自動車運送業
		「444」集配利用運送業	集配利用運送業（第二種利用運送業）
		「449」その他の道路貨物運送業	自転車貨物運送業
40	倉庫業用設備	「471」倉庫業（冷蔵倉庫業を除く。）	普通倉庫業、水面木材倉庫業
		「472」冷蔵倉庫業	冷蔵倉庫業
41	運輸に附帯するサービス業用設備	「481」港湾運送業	一般港湾運送業、はしけ運送業
		「482」貨物運送取扱業（集配利用運送業を除く。）	利用運送業（第一種利用運送業）、運送取次業
		「483」運送代理店	海運代理店、航空運送代理店
		「484」こん包業	荷造業、貨物こん包業、組立こん包業
		「485」運輸施設提供業	鉄道施設提供業（第三種鉄道事業者）、自動車道業、バスターミナル業
		「489」その他の運輸に附帯するサービス業	海運仲立業、検数業、検量業、サルベージ業
42	飲食料品卸売業用設備	「521」農畜産物・水産物卸売業	米穀卸売業、青物卸売業、精肉卸売業、原毛皮卸売業
		「522」食料・飲料卸売業	砂糖卸売業、乾物問屋、清涼飲料卸売業
43	建築材料、鉱物又は金属材料等卸売業用設備		
	石油又は液化石油ガス卸売用設備（貯そうを除く。）	「533」石油・鉱物卸売業の一部	石油卸売業、液化石油ガス卸売業
	その他の設備	「531」建築材料卸売業	木材卸売業、セメント卸売業、板ガラス卸売業
		「532」化学製品卸売業	塗料卸売業、プラスチック卸売業、工業薬品卸売業
		「533」石油・鉱物卸売業の一部	石炭卸売業、鉄鉱卸売業
		「534」鉄鋼製品卸売業	銑鉄卸売業、鋼板卸売業

別表第二の番号	設備の種類		小分類	左の具体例
			「535」非鉄金属卸売業	銅地金卸売業、アルミニウム板卸売業
			「536」再生資源卸売業	空缶問屋、鉄スクラップ問屋、製紙原料古紙問屋
44	飲食料品小売業用設備		「581」各種食料品小売業	各種食料品店、食料雑貨店
			「582」野菜・果実小売業	八百屋、果物屋
			「583」食肉小売業	肉屋、肉製品小売業
			「584」鮮魚小売業	魚屋
			「585」酒小売業	酒屋
			「586」菓子・パン小売業	洋菓子小売業、パン小売業
			「589」その他の飲食料品小売業	コンビニエンスストア、コーヒー小売業、豆腐小売業
45	その他の小売業用設備			
		ガソリン又は液化石油ガススタンド設備	「605」燃料小売業の一部	ガソリンスタンド、液化石油ガススタンド
		その他の設備 主として金属製のもの その他もの	「601」家具・建具・畳小売業	家具小売業、建具小売業、畳小売業
			「602」じゅう器小売業	金物店、漆器小売業
			「603」医薬品・化粧品小売業	ドラッグストア、化粧品店
			「604」農耕用品小売業	農業用機械器具小売業、種苗小売業、飼料小売業
			「605」燃料小売業の一部	プロパンガス小売業
			「606」書籍・文房具小売業	書店、新聞販売店
			「607」スポーツ用品・がん具・娯楽用品・楽器小売業	運動具小売業、おもちゃ屋、洋楽器小売業
			「608」写真機・時計・眼鏡小売業	写真機小売業、時計屋、眼鏡小売業
			「609」他に分類されない小売業	ホームセンター、花屋、宝石小売業
46	技術サービス業用設備（他の号に掲げるものを除く。）			
		計量証明業用設備	「745」計量証明業	質量計量証明業
		その他の設備	「742」土木建築サービス業	設計監理業、測量業、地質調査業
			「743」機械設計業	機械設計業、機械設計製図業
			「744」商品・非破壊検査業	商品検査業、非破壊検査業
			「746」写真業	写真撮影業、商業写真業

別表第二の番号	設備の種類	小分類	左の具体例
		「749」その他の技術サービス業	プラントエンジニアリング業、プラントメンテナンス業
47	宿泊業用設備	「751」旅館、ホテル	シティホテル、民宿
		「752」簡易宿所	簡易宿泊所、カプセルホテル
		「759」その他の宿泊業	リゾートクラブ、キャンプ場
48	飲食店業用設備	「761」食堂、レストラン（専門料理店を除く。）	食堂、ファミリーレストラン
		「762」専門料理店	てんぷら料理店、中華料理店、焼肉店、西洋料理店
		「763」そば・うどん店	そば屋、うどん店
		「764」すし店	すし屋
		「765」酒場、ビヤホール	大衆酒場、焼鳥屋
		「766」バー、キャバレー、ナイトクラブ	バー、スナックバー
		「767」喫茶店	喫茶店
		「769」その他の飲食店	ハンバーガー店、お好み焼店、ドーナツ店
		「771」持ち帰り飲食サービス業	持ち帰りすし店、持ち帰り弁当屋
		「772」配達飲食サービス業	宅配ピザ屋、仕出し料理・弁当屋、給食センター
49	洗濯業、理容業、美容業又は浴場業用設備	「781」洗濯業	クリーニング業、リネンサプライ業
		「782」理容業	理容店
		「783」美容業	美容室、ビューティサロン
		「784」一般公衆浴場業	銭湯業
		「785」その他の公衆浴場業	温泉浴場業、スパ業、スーパー銭湯
		「789」その他の洗濯・理容・美容・浴場業	洗張業、エステティックサロン、コインランドリー業
50	その他の生活関連サービス業用設備	「791」旅行業	旅行業
		「793」衣服裁縫修理業	衣服修理業
		「794」物品預り業	自転車預り業
		「795」火葬・墓地管理業	火葬業
		「796」冠婚葬祭業	葬儀屋、結婚式場業
		「799」他に分類されない生活関連サービス業	写真現像・焼付業、ペット美容室

別表第二の番号	設備の種類	小分類	左の具体例
51	娯楽業用設備		
	映画館又は劇場用設備	「801」映画館	映画館
		「802」興行場、興行団の一部	劇場
	遊園地用設備	「805」公園、遊園地の一部	遊園地、テーマパーク
	ボウリング場用設備	「804」スポーツ施設提供業の一部	ボウリング場
	その他の設備 主として金属製のもの その他もの	「802」興行場、興行団の一部	寄席、曲芸・軽業興行場、ボクシングジム
		「804」スポーツ施設提供業の一部	スケートリンク、乗馬クラブ、ゴルフ練習場、バッティングセンター、フィットネスクラブ
		「805」公園、遊園地の一部	公園、庭園
		「806」遊戯場	ゲームセンター
		「809」その他の娯楽業	マリーナ業、カラオケボックス、釣堀業
52	教育業（学校教育業を除く。）又は学習支援業用設備		
	教習用運転シミュレータ設備	「829」他に分類されない教育、学習支援業の一部	自動車教習所
	その他の設備 主として金属製のもの その他もの	「821」社会教育	天文博物館、動物園、水族館
		「823」学習塾	学習塾
		「824」教養・技能教授業	スイミングスクール、ゴルフスクール
		「829」他に分類されない教育、学習支援業の一部	料理学校
53	自動車整備業用設備	「891」自動車整備業	自動車整備業、自動車修理業
54	その他のサービス業用設備	「952」と畜場	と畜請負業
55	前掲の機械及び装置以外のもの並びに前掲の区分によらないもの		
	機械式駐車設備		
	その他の設備 主として金属製のもの その他もの		

付表９　　　機械及び装置の耐用年数表（別表第二）における新旧資産区分の対照表

改正後の資産区分		改正前の資産区分	
番号	設備の種類及び細目	番号	設備の種類及び細目
1	食料品製造業用設備	1	食肉又は食鳥処理加工設備
		2	鶏卵処理加工又はマヨネーズ製造設備
		3	市乳処理設備及び発酵乳、乳酸菌飲料その他の乳製品製造設備（集乳設備を含む。）
		4	水産練製品、つくだ煮、寒天その他の水産食料品製造設備
		5	つけ物製造設備
		6	トマト加工品製造設備
		7	その他の果実又はそ菜処理加工設備 むろ内用バナナ熟成装置 その他の設備
		8	かん詰又はびん詰製造設備
		9	化学調味料製造設備
		10	味そ又はしよう油（だしの素類を含む。）製造設備 コンクリート製仕込そう その他の設備
		10の2	食酢又はソース製造設備
		11	その他の調味料製造設備
		12	精穀設備
		13	小麦粉製造設備
		14	豆腐類、こんにやく又は食ふ製造設備
		15	その他の豆類処理加工設備
		16	コーンスターチ製造設備
		17	その他の農産物加工設備 粗製でん粉貯そう その他の設備
		18	マカロニ類又は即席めん類製造設備
		19	その他の乾めん、生めん又は強化米製造設備
		20	砂糖製造設備
		21	砂糖精製設備
		22	水あめ、ぶどう糖又はカラメル製造設備
		23	パン又は菓子類製造設備
		30	その他の飲料製造設備
		31	酵母、酵素、種菌、麦芽又はこうじ製造設備（医薬用のものを除く。）
		32	動植物油脂製造又は精製設備（マーガリン又はリンター製造設備を含む。）
		36	その他の食料品製造設備
2	飲料、たばこ又は飼料製造業用設備	15	その他の豆類処理加工設備

改正後の資産区分		改正前の資産区分	
番号	設備の種類及び細目	番号	設備の種類及び細目
		24	荒茶製造設備
		25	再製茶製造設備
		26	清涼飲料製造設備
		27	ビール又は発酵法による発ぽう酒製造設備
		28	清酒、みりん又は果実酒製造設備
		29	その他の酒類製造設備
		30	その他の飲料製造設備
		33	冷凍、製氷又は冷蔵業用設備 結氷かん及び凍結さら その他の設備
		34	発酵飼料又は酵母飼料製造設備
		35	その他の飼料製造設備
		36の2	たばこ製造設備
		85	配合肥料その他の肥料製造設備
3	繊維工業用設備		
	炭素繊維製造設備 黒鉛化炉 その他の設備	197	炭素繊維製造設備 黒鉛化炉
		197	炭素繊維製造設備 その他の設備
	その他の設備	37	生糸製造設備 自動繰糸機 その他の設備
		38	繭乾燥業用設備
		39	紡績設備
		42	合成繊維かさ高加工糸製造設備
		43	ねん糸業用又は糸（前号に掲げるものを除く。）製造業用設備
		44	織物設備
		45	メリヤス生地、編み手袋又はくつ下製造設備
		46	染色整理又は仕上設備 圧縮用電極板 その他の設備
		48	洗毛、化炭、羊毛トップ、ラップペニー、反毛、製綿又は再生綿業用設備
		49	整経又はサイジング業用設備
		50	不織布製造設備
		51	フエルト又はフエルト製品製造設備
		52	綱、網又はひも製造設備
		53	レース製造設備 ラッセルレース機 その他の設備
		54	塗装布製造設備

改正後の資産区分		改正前の資産区分	
番号	設備の種類及び細目	番号	設備の種類及び細目
		55	繊維製又は紙製衛生材料製造設備
		56	縫製品製造業用設備
		57	その他の繊維製品製造設備
		147	レーヨン糸又はレーヨンステープル製造設備
		148	酢酸繊維製造設備
		149	合成繊維製造設備
4	木材又は木製品（家具を除く。）製造業用設備	59	製材業用設備 製材用自動送材装置 その他の設備
		60	チップ製造業用設備
		61	単板又は合板製造設備
		62	その他の木製品製造設備
		63	木材防腐処理設備
		313	コルク又はコルク製品製造設備
5	家具又は装備品製造業用設備	62	その他の木製品製造設備
		209	石工品又は擬石製造設備
		249	金属製家具若しくは建具又は建築金物製造設備 めつき又はアルマイト加工設備 溶接設備 その他の設備
6	パルプ、紙又は紙加工品製造業用設備	55	繊維製又は紙製衛生材料製造設備
		64	パルプ製造設備
		65	手すき和紙製造設備
		66	丸網式又は短網式製紙設備
		67	長網式製紙設備
		68	ヴァルカナイズドファイバー又は加工紙製造設備
		69	段ボール、段ボール箱又は板紙製容器製造設備
		70	その他の紙製品製造設備
		72	セロファン製造設備
		73	繊維板製造設備
7	印刷業又は印刷関連業用設備		
	デジタル印刷システム設備	75	印刷設備
		79	写真製版業用設備
	製本業用設備	78	製本設備
	新聞業用設備 モノタイプ、写真又は通信設備 その他の設備	74	日刊新聞紙印刷設備 モノタイプ、写真又は通信設備 その他の設備
	その他の設備	75	印刷設備
		76	活字鋳造業用設備

改正後の資産区分			改正前の資産区分	
番号	設備の種類及び細目		番号	設備の種類及び細目
			77	金属板その他の特殊物印刷設備
			71	枚葉紙樹脂加工設備
			80	複写業用設備
8	化学工業用設備			
		臭素、よう素又は塩素、臭素若しくはよう素化合物製造設備	97	臭素、よう素又は塩素、臭素若しくはよう素化合物製造設備 よう素用坑井設備 その他の設備
		塩化りん製造設備	99	塩化りん製造設備
		活性炭製造設備	117	活性炭製造設備
		ゼラチン又はにかわ製造設備	171	ゼラチン又はにかわ製造設備
		半導体用フォトレジスト製造設備	173	半導体用フォトレジスト製造設備
		フラットパネル用カラーフィルター、偏光板又は偏光板用フィルム製造設備	268の2	フラットパネルディスプレイ又はフラットパネル用フィルム材料製造設備
		その他の設備	81	アンモニア製造設備
			82	硫酸又は硝酸製造設備
			83	溶成りん肥製造設備
			84	その他の化学肥料製造設備
			86	ソーダ灰、塩化アンモニウム、か性ソーダ又はか性カリ製造設備（塩素処理設備を含む。）
			87	硫化ソーダ、水硫化ソーダ、無水ぼう硝、青化ソーダ又は過酸化ソーダ製造設備
			88	その他のソーダ塩又はカリ塩（第97号（塩素酸塩を除く。）、第98号及び第106号に掲げるものを除く。）製造設備
			89	金属ソーダ製造設備
			90	アンモニウム塩（硫酸アンモニウム及び塩化アンモニウムを除く。）製造設備
			91	炭酸マグネシウム製造設備
			92	苦汁製品又はその誘導体製造設備
			93	軽質炭酸カルシウム製造設備
			94	カーバイド製造設備（電極製造設備を除く。）
			95	硫酸鉄製造設備
			96	その他の硫酸塩又は亜硫酸塩製造設備（他の号に掲げるものを除く。）
			98	ふっ酸その他のふっ素化合物製造設備
			100	りん酸又は硫化りん製造設備
			101	りん又はりん化合物製造設備（他の号に掲げるものを除く。）
			102	べんがら製造設備
			103	鉛丹、リサージ又は亜鉛華製造設備

改正後の資産区分		改正前の資産区分	
番号	設備の種類及び細目	番号	設備の種類及び細目
		104	酸化チタン、リトポン又はバリウム塩製造設備
		105	無水クロム酸製造設備
		106	その他のクロム化合物製造設備
		107	二酸化マンガン製造設備
		108	ほう酸その他のほう素化合物製造設備（他の号に掲げるものを除く。）
		109	青酸製造設備
		110	硝酸銀製造設備
		111	二硫化炭素製造設備
		112	過酸化水素製造設備
		113	ヒドラジン製造設備
		114	酸素、水素、二酸化炭素又は溶解アセチレン製造設備
		115	加圧式又は真空式製塩設備
		116	その他のかん水若しくは塩製造又は食塩加工設備 合成樹脂製濃縮盤及びイオン交換膜 その他の設備
		118	その他の無機化学薬品製造設備
		119	石炭ガス、オイルガス又は石油を原料とする芳香族その他の化合物分離精製設備
		120	染料中間体製造設備
		121	アルキルベンゾール又はアルキルフェノール製造設備
		122	カプロラクタム、シクロヘキサノン又はテレフタル酸（テレフタル酸ジメチルを含む。）製造設備
		123	イソシアネート類製造設備
		124	炭化水素の塩化物、臭化物又はふつ化物製造設備
		125	メタノール、エタノール又はその誘導体製造設備（他の号に掲げるものを除く。）
		126	その他のアルコール又はケトン製造設備
		127	アセトアルデヒド又は酢酸製造設備
		128	シクロヘキシルアミン製造設備
		129	アミン又はメラミン製造設備
		130	ぎ酸、しゆう酸、乳酸、酒石酸（酒石酸塩類を含む。）、こはく酸、くえん酸、タンニン酸又は没食子酸製造設備
		131	石油又は天然ガスを原料とするエチレン、プロピレン、ブチレン、ブタジエン又はア

改正後の資産区分		改正前の資産区分	
番号	設備の種類及び細目	番号	設備の種類及び細目
			セチレン製造設備
		132	ビニールエーテル製造設備
		133	アクリルニトリル又はアクリル酸エステル製造設備
		134	エチレンオキサイド、エチレングリコール、プロピレンオキサイド、プロピレングリコール、ポリエチレングリコール又はポリプロピレングリコール製造設備
		135	スチレンモノマー製造設備
		136	その他オレフィン系又はアセチレン系誘導体製造設備（他の号に掲げるものを除く。）
		137	アルギン酸塩製造設備
		138	フルフラル製造設備
		139	セルロイド又は硝化綿製造設備
		140	酢酸繊維素製造設備
		141	繊維素グリコール酸ソーダ製造設備
		142	その他の有機薬品製造設備
		143	塩化ビニリデン系樹脂、酢酸ビニール系樹脂、ナイロン樹脂、ポリエチレンテレフタレート系樹脂、ふつ素樹脂又はけい素樹脂製造設備
		144	ポリエチレン、ポリプロピレン又はポリブテン製造設備
		145	尿素系、メラミン系又は石炭酸系合成樹脂製造設備
		146	その他の合成樹脂又は合成ゴム製造設備
		150	石けん製造設備
		151	硬化油、脂肪酸又はグリセリン製造設備
		152	合成洗剤又は界面活性剤製造設備
		153	ビタミン剤製造設備
		154	その他の医薬品製造設備（製剤又は小分包装設備を含む。）
		155	殺菌剤、殺虫剤、殺そ剤、除草剤その他の動植物用製剤製造設備
		156	産業用火薬類（花火を含む。）製造設備
		157	その他の火薬類製造設備（弾薬装てん又は組立設備を含む。）
		158	塗料又は印刷インキ製造設備
		159	その他のインキ製造設備
		160	染料又は顔料製造設備（他の号に掲げるものを除く。）
		161	抜染剤又は漂白剤製造設備（他の号に掲げるものを除く。）

改正後の資産区分		改正前の資産区分	
番号	設備の種類及び細目	番号	設備の種類及び細目
		162	試薬製造設備
		163	合成樹脂用可塑剤製造設備
		164	合成樹脂用安定剤製造設備
		165	有機ゴム薬品、写真薬品又は人造香料製造設備
		166	つや出し剤、研摩油剤又は乳化油剤製造設備
		167	接着剤製造設備
		168	トール油精製設備
		169	りゆう脳又はしよう脳製造設備
		170	化粧品製造設備
		172	写真フイルムその他の写真感光材料（銀塩を使用するものに限る。）製造設備（他の号に掲げるものを除く。）
		175	化工でん粉製造設備
		176	活性白土又はシリカゲル製造設備
		177	選鉱剤製造設備
		178	電気絶縁材料（マイカ系を含む。）製造設備
		179	カーボンブラック製造設備
		180	その他の化学工業製品製造設備
		197の2	その他の炭素製品製造設備 黒鉛化炉 その他の設備
		316	ろうそく製造設備
		320	木ろう製造又は精製設備
9	石油製品又は石炭製品製造業用設備	181	石油精製設備（廃油再生又はグリース類製造設備を含む。）
		182	アスファルト乳剤その他のアスファルト製品製造設備
		183	ピッチコークス製造設備
		184	練炭、豆炭類、オガライト（オガタンを含む。）又は炭素粉末製造設備
		185	その他の石油又は石炭製品製造設備
		354	石炭ガス、石油ガス又はコークス製造設備（ガス精製又はガス事業用特定ガス発生設備を含む。）
10	プラスチック製品製造業用設備（他の号に掲げるものを除く。）	307	合成樹脂成形加工又は合成樹脂製品加工業用設備
		308	発ぽうポリウレタン製造設備
11	ゴム製品製造業用設備	186	タイヤ又はチューブ製造設備
		187	再生ゴム製造設備
		188	フォームラバー製造設備
		189	糸ゴム製造設備

改正後の資産区分		改正前の資産区分	
番号	設備の種類及び細目	番号	設備の種類及び細目
		190	その他のゴム製品製造設備
		192	機械ぐつ製造設備
		307	合成樹脂成形加工又は合成樹脂製品加工業用設備
12	なめし革、なめし革製品又は毛皮製造業用設備	191	製革設備
		192	機械ぐつ製造設備
		193	その他の革製品製造設備
13	窯業又は土石製品製造業用設備	194	板ガラス製造設備（みがき設備を含む。） 　　溶解炉 　　その他の設備
		195	その他のガラス製品製造設備（光学ガラス製造設備を含む。） 　　るつぼ炉及びデータンク炉 　　溶解炉 　　その他の設備
		196	陶磁器、粘土製品、耐火物、けいそう土製品、はい土又はうわ薬製造設備 　　倒炎がま 　　　塩融式のもの 　　　その他のもの 　　トンネルがま 　　その他の炉 　　その他の設備
		197の2	その他の炭素製品製造設備 　　黒鉛化炉 　　その他の設備
		198	人造研削材製造設備 　　溶解炉 　　その他の設備
		199	研削と石又は研摩布紙製造設備 　　加硫炉 　　トンネルがま 　　その他の焼成炉 　　その他の設備
		200	セメント製造設備
		201	生コンクリート製造設備
		202	セメント製品（気ほうコンクリート製品を含む。）製造設備 　　移動式製造又は架設設備及び振動加圧式成形設備 　　その他の設備
		204	石灰又は苦石灰製造設備
		205	石こうボード製造設備

改正後の資産区分		改正前の資産区分	
番号	設備の種類及び細目	番号	設備の種類及び細目
			焼成炉 その他の設備
		206	ほうろう鉄器製造設備 るつぼ炉 その他の炉 その他の設備
		207	石綿又は石綿セメント製品製造設備
		208	岩綿（鉱さい繊維を含む。）又は岩綿製品製造設備
		209	石工品又は擬石製造設備
		210	その他の窯業製品又は土石製品製造設備 トンネルがま その他の炉 その他の設備
		326	砂利採取又は岩石の採取若しくは砕石設備
14	鉄鋼業用設備		
	表面処理鋼材若しくは鉄粉製造業又は鉄スクラップ加工処理業用設備	218の2	鉄くず処理業用設備
		232	金属粉末又ははく（圧延によるものを除く。）製造設備
		244	その他のめつき又はアルマイト加工設備
		245の2	合成樹脂被覆、彫刻又はアルミニウムはくの加工設備 脱脂又は洗浄設備及び水洗塗装装置 その他の設備
	純鉄、原鉄、ベースメタル、フェロアロイ、鉄素形材又は鋳鉄管製造業用設備	212	純鉄又は合金鉄製造設備
		219	鉄鋼鍛造業用設備
		220	鋼鋳物又は銑鉄鋳物製造業用設備
	その他の設備	211	製銑設備
		213	製鋼設備
		214	連続式鋳造鋼片製造設備
		215	鉄鋼熱間圧延設備
		216	鉄鋼冷間圧延又は鉄鋼冷間成形設備
		217	鋼管製造設備
		218	鉄鋼伸線（引き抜きを含む。）設備及び鉄鋼卸売業用シャーリング設備並びに伸鉄又はシャーリング業用設備
		222	その他の鉄鋼業用設備
		234	鋼索製造設備
		237	くぎ、リベット又はスプリング製造業用設備
		238	溶接金網製造設備
		243	電気錫めつき鉄板製造設備

改正後の資産区分		改正前の資産区分	
番号	設備の種類及び細目	番号	設備の種類及び細目
15	非鉄金属製造業用設備		
	核燃料物質加工設備	251の2	核燃料物質加工設備
	その他の設備	218	鉄鋼伸線（引き抜きを含む。）設備及び鉄鋼卸売業用シャーリング設備並びに伸鉄又はシャーリング業用設備
		223	銅、鉛又は亜鉛製錬設備
		224	アルミニウム製錬設備
		225	ベリリウム銅母合金、マグネシウム、チタニウム、ジルコニウム、タンタル、クロム、マンガン、シリコン、ゲルマニウム又は希土類金属製錬設備
		226	ニッケル、タングステン又はモリブデン製錬設備
		227	その他の非鉄金属製錬設備
		228	チタニウム造塊設備
		229	非鉄金属圧延、押出又は伸線設備
		230	非鉄金属鋳物製造業用設備 ダイカスト設備 その他の設備
		231	電線又はケーブル製造設備
		231の2	光ファイバー製造設備
		232	金属粉末又ははく（圧延によるものを除く。）製造設備
		252	その他の金属製品製造設備
16	金属製品製造業用設備		
	金属被覆及び彫刻業又は打はく及び金属製ネームプレート製造業用設備	232	金属粉末又ははく（圧延によるものを除く。）製造設備
		244	その他のめつき又はアルマイト加工設備
		245	金属塗装設備 脱脂又は洗浄設備及び水洗塗装装置 その他の設備
		245の2	合成樹脂被覆、彫刻又はアルミニウムはくの加工設備 脱脂又は洗浄設備及び水洗塗装装置 その他の設備
	その他の設備	221	金属熱処理業用設備
		233	粉末冶金製品製造設備
		234	鋼索製造設備
		235	鎖製造設備
		236	溶接棒製造設備

改正後の資産区分		改正前の資産区分	
番号	設備の種類及び細目	番号	設備の種類及び細目
		237	くぎ、リベット又はスプリング製造業用設備
		237の2	ねじ製造業用設備
		238	溶接金網製造設備
		239	その他の金網又は針金製品製造設備
		241	押出しチューブ又は自動組立方式による金属かん製造設備
		242	その他の金属製容器製造設備
		246	手工具又はのこぎり刃その他の刃物類（他の号に掲げるものを除く。）製造設備
		247	農業用機具製造設備
		248	金属製洋食器又はかみそり刃製造設備
		249	金属製家具若しくは建具又は建築金物製造設備 めつき又はアルマイト加工設備 溶接設備 その他の設備
		250	鋼製構造物製造設備
		251	プレス、打抜き、しぼり出しその他の金属加工品製造業用設備 めつき又はアルマイト加工設備 その他の設備
		252	その他の金属製品製造設備
		259	機械工具、金型又は治具製造業用設備
		266	食品用、暖ちゆう房用、家庭用又はサービス用機器（電気機器を除く。）製造設備
		280	その他の車両部分品又は附属品製造設備
17	はん用機械器具（はん用性を有するもので、他の器具及び備品並びに機械及び装置に組み込み、又は取り付けることによりその用に供されるものをいう。）製造業用設備（第20号及び第22号に掲げるものを除く。）	253	ボイラー製造設備
		254	エンジン、タービン又は水車製造設備
		259	機械工具、金型又は治具製造業用設備
		261	風水力機器、金属製弁又は遠心分離機製造設備
		261の2	冷凍機製造設備
		262	玉又はコロ軸受若しくは同部分品製造設備
		263	歯車、油圧機器その他の動力伝達装置製造業用設備
		264	その他の産業用機器又は部分品若しくは附属品製造設備
		278	車両用エンジン、同部分品又は車両用電装品製造設備（ミッション又はクラッチ製造設備を含む。）
		286	その他の輸送用機器製造設備

改正後の資産区分		改正前の資産区分	
番号	設備の種類及び細目	番号	設備の種類及び細目
		295	前掲以外の機械器具、部分品又は附属品製造設備
18	生産用機械器具（物の生産の用に供されるものをいう。）製造業用設備（次号及び第21号に掲げるものを除く。）		
	金属加工機械製造設備	257	金属加工機械製造設備
	その他の設備	255	農業用機械製造設備
		256	建設機械、鉱山機械又は原動機付車両（他の号に掲げるものを除く。）製造設備
		258	鋳造用機械、合成樹脂加工機械又は木材加工用機械製造設備
		259	機械工具、金型又は治具製造業用設備
		260	繊維機械（ミシンを含む。）又は同部分品若しくは附属品製造設備
		261	風水力機器、金属製弁又は遠心分離機製造設備
		263の2	産業用ロボット製造設備
		264	その他の産業用機器又は部分品若しくは附属品製造設備
		266	食品用、暖ちゆう房用、家庭用又はサービス用機器（電気機器を除く。）製造設備
19	業務用機械器具（業務用又はサービスの生産の用に供されるもの（これらのものであつて物の生産の用に供されるものを含む。）をいう。）製造業用設備（第17号、第21号及び第23号に掲げるものを除く。）	157	その他の火薬類製造設備（弾薬装てん又は組立設備を含む。）
		252	その他の金属製品製造設備
		256	建設機械、鉱山機械又は原動機付車両（他の号に掲げるものを除く。）製造設備
		265	事務用機器製造設備
		266	食品用、暖ちゆう房用、家庭用又はサービス用機器（電気機器を除く。）製造設備
		280	その他の車両部分品又は附属品製造設備
		285	航空機若しくは同部分品（エンジン、機内空気加圧装置、回転機器、プロペラ、計器、降着装置又は油圧部品に限る。）製造又は修理設備
		287	試験機、測定器又は計量機製造設備
		288	医療用機器製造設備
		288の2	理化学用機器製造設備
		289	レンズ又は光学機器若しくは同部分品製造設備
		290	ウオッチ若しくは同部分品又は写真機用シャッター製造設備
		292	銃弾製造設備

改正後の資産区分		改正前の資産区分	
番号	設備の種類及び細目	番号	設備の種類及び細目
		293	銃砲、爆発物又は信管、薬きようその他の銃砲用品製造設備
		295	前掲以外の機械器具、部分品又は附属品製造設備
		310	歯科材料製造設備
20	電子部品、デバイス又は電子回路製造業用設備		
	光ディスク（追記型又は書換え型のものに限る。）製造設備	268の3	光ディスク（追記型又は書換え型のものに限る。）製造設備
	プリント配線基板製造設備	272の2	プリント配線基板製造設備
	フラットパネルディスプレイ、半導体集積回路又は半導体素子製造設備	268の2	フラットパネルディスプレイ又はフラットパネル用フィルム材料製造設備
		271	半導体集積回路（素子数が五百以上のものに限る。）製造設備
		271の2	その他の半導体素子製造設備
	その他の設備	174	磁気テープ製造設備
		268	電気計測器、電気通信用機器、電子応用機器又は同部分品（他の号に掲げるものを除く。）製造設備
		270	電球、電子管又は放電燈製造設備
		272	抵抗器又は蓄電器製造設備
		272の3	フェライト製品製造設備
		273	電気機器部分品製造設備
21	電気機械器具製造業用設備	267	産業用又は民生用電気機器製造設備
		268	電気計測器、電気通信用機器、電子応用機器又は同部分品（他の号に掲げるものを除く。）製造設備
		270	電球、電子管又は放電燈製造設備
		272	抵抗器又は蓄電器製造設備
		273	電気機器部分品製造設備
		274	乾電池製造設備
		274の2	その他の電池製造設備
		278	車両用エンジン、同部分品又は車両用電装品製造設備（ミッション又はクラッチ製造設備を含む。）
22	情報通信機械器具製造業用設備	268	電気計測器、電気通信用機器、電子応用機器又は同部分品（他の号に掲げるものを除く。）製造設備
		269	交通信号保安機器製造設備
23	輸送用機械器具製造業用設備	56	縫製品製造業用設備
		254	エンジン、タービン又は水車製造設備
		256	建設機械、鉱山機械又は原動機付車両（他の号に掲げるものを除く。）製造設備

改正後の資産区分		改正前の資産区分	
番号	設備の種類及び細目	番号	設備の種類及び細目
		275	自動車製造設備
		276	自動車車体製造又は架装設備
		277	鉄道車両又は同部分品製造設備
		278	車両用エンジン、同部分品又は車両用電装品製造設備（ミッション又はクラッチ製造設備を含む。）
		279	車両用ブレーキ製造設備
		280	その他の車両部分品又は附属品製造設備
		281	自転車又は同部分品若しくは附属品製造設備 めつき設備 その他の設備
		282	鋼船製造又は修理設備
		283	木船製造又は修理設備
		284	舶用推進器、甲板機械又はハッチカバー製造設備 鋳造設備 その他の設備
		285	航空機若しくは同部分品（エンジン、機内空気加圧装置、回転機器、プロペラ、計器、降着装置又は油圧部品に限る。）製造又は修理設備
		286	その他の輸送用機器製造設備
24	その他の製造業用設備	62	その他の木製品製造設備
		156	産業用火薬類（花火を含む。）製造設備
		184	練炭、豆炭類、オガライト（オガタンを含む。）又は炭素粉末製造設備
		195	その他のガラス製品製造設備（光学ガラス製造設備を含む。） るつぼ炉及びデータンク炉 溶解炉 その他の設備
		239	その他の金網又は針金製品製造設備
		240	縫針又はミシン針製造設備
		252	その他の金属製品製造設備
		265	事務用機器製造設備
		270	電球、電子管又は放電燈製造設備
		281	自転車又は同部分品若しくは附属品製造設備 めつき設備 その他の設備
		289	レンズ又は光学機器若しくは同部分品製造設備

改正後の資産区分		改正前の資産区分	
番号	設備の種類及び細目	番号	設備の種類及び細目
		290	ウオッチ若しくは同部分品又は写真機用シャッター製造設備
		291	クロック若しくは同部分品、オルゴールムーブメント又は写真フイルム用スプール製造設備
		293	銃砲、爆発物又は信管、薬きようその他の銃砲用品製造設備
		296	機械産業以外の設備に属する修理工場用又は工作工場用機械設備
		297	楽器製造設備
		298	レコード製造設備 吹込設備 その他の設備
		299	がん具製造設備 合成樹脂成形設備 その他の設備
		300	万年筆、シャープペンシル又はペン先製造設備
		301	ボールペン製造設備
		302	鉛筆製造設備
		303	絵の具その他の絵画用具製造設備
		304	身辺用細貨類、ブラシ又はシガレットライター製造設備 製鎖加工設備 その他の設備 前掲の区分によらないもの
		305	ボタン製造設備
		306	スライドファスナー製造設備 自動務歯成形又はスライダー製造機 自動務歯植付機 その他の設備
		309	繊維壁材製造設備
		311	真空蒸着処理業用設備
		312	マッチ製造設備
		314	つりざお又は附属品製造設備
		315	墨汁製造設備
		317	リノリウム、リノタイル又はアスファルトタイル製造設備
		318	畳表製造設備 織機、い草選別機及びい割機 その他の設備
		319	畳製造設備

改正後の資産区分		改正前の資産区分	
番号	設備の種類及び細目	番号	設備の種類及び細目
		319の2	その他のわら工品製造設備
		323	真珠、貴石又は半貴石加工設備
		325	前掲以外の製造設備
25	農業用設備	322	蚕種製造設備 人工ふ化設備 その他の設備
		368	種苗花き園芸設備
		別表第七	電動機
		〃	内燃機関、ボイラー及びポンプ
		〃	トラクター 歩行型トラクター その他のもの
		〃	耕うん整地用機具
		〃	耕土造成改良用機具
		〃	栽培管理用機具
		〃	防除用機具
		〃	穀類収穫調製用機具 自脱型コンバイン、刈取機（ウインドロウアーを除くものとし、バインダーを含む。）、稲わら収集機（自走式のものを除く。）及びわら処理カッター その他のもの
		〃	飼料作物収穫調製用機具 モーア、ヘーコンディショナー(自走式のものを除く。)、ヘーレーキ、ヘーテッダー、ヘーテッダーレーキ、フォレージハーベスター（自走式のものを除く。）、ヘーベーラー（自走式のものを除く。）、ヘープレス、ヘーローダー、ヘードライヤー（連続式のものを除く。）、ヘーエレベーター、フォレージブロアー、サイレージディストリビューター、サイレージアンローダー及び飼料細断機 その他のもの
		〃	果樹、野菜又は花き収穫調製用機具 野菜洗浄機、清浄機及び掘取機 その他のもの
		〃	その他の農作物収穫調製用機具 い苗分割機、い草刈取機、い草選別機、い割機、粒選機、収穫機、

改正後の資産区分		改正前の資産区分	
番号	設備の種類及び細目	番号	設備の種類及び細目
			掘取機、つる切機及び茶摘機 その他のもの
		別表第七	農産物処理加工用機具（精米又は精麦機を除く。） 花莚織機及び畳表織機 その他のもの
		〃	家畜飼養管理用機具 自動給じ機、自動給水機、搾乳機、牛乳冷却機、ふ卵機、保温機、畜衡機、牛乳成分検定用機具、人工授精用機具、育成機、育すう機、ケージ、電牧器、カウトレーナー、マット、畜舎清掃機、ふん尿散布機、ふん尿乾燥機及びふん焼却機 その他のもの
		〃	養蚕用機具 条桑刈取機、簡易保温用暖房機、天幕及び回転まぶし その他のもの
		〃	運搬用機具
		〃	その他の機具 その他のもの 主として金属製のもの その他のもの
26	林業用設備	58	可搬式造林、伐木又は搬出設備 動力伐採機 その他の設備
		321	松脂その他樹脂の製造又は精製設備
		334	ブルドーザー、パワーショベルその他の自走式作業用機械設備
		別表第七	造林又は伐木用機具 自動穴掘機、自動伐木機及び動力刈払機 その他のもの
		〃	その他の機具 乾燥用バーナー その他のもの 主として金属製のもの その他のもの
27	漁業用設備（次号に掲げるものを除く。）	324の2	漁ろう用設備
28	水産養殖業用設備	324	水産物養殖設備 竹製のもの その他のもの

改正後の資産区分		改正前の資産区分	
番号	設備の種類及び細目	番号	設備の種類及び細目
29	鉱業、採石業又は砂利採取業用設備		
	石油又は天然ガス鉱業用設備 坑井設備 掘さく設備 その他の設備	330	石油又は天然ガス鉱業用設備 坑井設備 掘さく設備 統合→その他の設備
		331	天然ガス圧縮処理設備
	その他の設備	326	砂利採取又は岩石の採取若しくは砕石設備
		327	砂鉄鉱業設備
		328	金属鉱業設備（架空索道設備を含む。）
		329	石炭鉱業設備（架空索道設備を含む。） 採掘機械及びコンベヤ その他の設備 前掲の区分によらないもの
		332	硫黄鉱業設備（製錬又は架空索道設備を含む。）
		333	その他の非金属鉱業設備（架空索道設備を含む。）
30	総合工事業用設備	334	ブルドーザー、パワーショベルその他の自走式作業用機械設備
		335	その他の建設工業設備 排砂管及び可搬式コンベヤ ジーゼルパイルハンマー アスファルトプラント及びバッチャープラント その他の設備
31	電気業用設備		
	電気業用水力発電設備	346	電気事業用水力発電設備
	その他の水力発電設備	347	その他の水力発電設備
	汽力発電設備	348	汽力発電設備
	内燃力又はガスタービン発電設備	349	内燃力又はガスタービン発電設備
	送電又は電気業用変電若しくは配電設備 需要者用計器 柱上変圧器 その他の設備	350	送電又は電気事業用変電若しくは配電設備 需要者用計器 柱上変圧器 その他の設備
	鉄道又は軌道業用変電設備	351	鉄道又は軌道事業用変電設備
	その他の設備 主として金属製のもの その他のもの	369	前掲の機械及び装置以外のもの並びに前掲の区分によらないもの 主として金属製のもの その他のもの
32	ガス業用設備		
	製造用設備	354	石炭ガス、石油ガス又はコークス製造設備（ガス精製又はガス事業用特定ガス発生設備を含む。）

改正後の資産区分		改正前の資産区分	
番号	設備の種類及び細目	番号	設備の種類及び細目
	供給用設備 鋳鉄製導管 鋳鉄製導管以外の導管 需要者用計量器 その他の設備	356	ガス事業用供給設備 ガス導管 鋳鉄製のもの ガス導管 その他のもの 需要者用計量器 その他の設備
	その他の設備 主として金属製のもの その他のもの	369	前掲の機械及び装置以外のもの並びに前掲の区分によらないもの 主として金属製のもの その他のもの
33	熱供給業用設備	369	前掲の機械及び装置以外のもの並びに前掲の区分によらないもの 主として金属製のもの
34	水道業用設備	357	上水道又は下水道業用設備
35	通信業用設備	343	国内電気通信事業用設備 デジタル交換設備及び電気通信処理設備 アナログ交換設備 その他の設備
		343の2	国際電気通信事業用設備 デジタル交換設備及び電気通信処理設備 アナログ交換設備 その他の設備
		345	その他の通信設備（給電用指令設備を含む。）
36	放送業用設備	344	ラジオ又はテレビジョン放送設備
37	映像、音声又は文字情報制作業用設備	363	映画製作設備（現像設備を除く。） 照明設備 撮影又は録音設備 その他の設備
38	鉄道業用設備		
	自動改札装置	369	前掲の機械及び装置以外のもの並びに前掲の区分によらないもの 主として金属製のもの
	その他の設備	337	鋼索鉄道又は架空索道設備 鋼索 その他の設備
		351の2	列車遠隔又は列車集中制御設備
39	道路貨物運送業用設備	340	荷役又は倉庫業用設備及び卸売又は小売業の荷役又は倉庫用設備 移動式荷役設備

改正後の資産区分		改正前の資産区分	
番号	設備の種類及び細目	番号	設備の種類及び細目
			くん蒸設備 その他の設備
40	倉庫業用設備	33	冷凍、製氷又は冷蔵業用設備 結氷かん及び凍結さら その他の設備
		340	荷役又は倉庫業用設備及び卸売又は小売業の荷役又は倉庫用設備 移動式荷役設備 くん蒸設備 その他の設備
41	運輸に附帯するサービス業用設備	334	ブルドーザー、パワーショベルその他の自走式作業用機械設備
		340	荷役又は倉庫業用設備及び卸売又は小売業の荷役又は倉庫用設備 移動式荷役設備 くん蒸設備 その他の設備
		341	計量証明業用設備
		342	船舶救難又はサルベージ設備
42	飲食料品卸売業用設備	1	食肉又は食鳥処理加工設備
		7	その他の果実又はそ菜処理加工設備 むろ内用バナナ熟成装置 その他の設備
		12	精穀設備
		15	その他の豆類処理加工設備
43	建築材料、鉱物又は金属材料等卸売業用設備		
	石油又は液化石油ガス卸売用設備（貯そうを除く。）	338	石油又は液化石油ガス卸売用設備（貯そうを除く。）
	その他の設備	218	鉄鋼伸線（引き抜きを含む。）設備及び鉄鋼卸売業用シャーリング設備並びに伸鉄又はシャーリング業用設備
		218の2	鉄くず処理業用設備
		360の2	故紙梱包設備
44	飲食料品小売業用設備	1	食肉又は食鳥処理加工設備
45	その他の小売業用設備		
	ガソリン又は液化石油ガススタンド設備	339	ガソリンスタンド設備
		339の2	液化石油ガススタンド設備
	その他の設備 主として金属製のもの その他のもの	369	前掲の機械及び装置以外のもの並びに前掲の区分によらないもの 主として金属製のもの その他のもの

改正後の資産区分		改正前の資産区分	
番号	設備の種類及び細目	番号	設備の種類及び細目
46	技術サービス業用設備（他の号に掲げるものを除く。）		
	計量証明業用設備	341	計量証明業用設備
	その他の設備	336	測量業用設備 カメラ その他の設備
47	宿泊業用設備	358	ホテル、旅館又は料理店業用設備及び給食用設備 引湯管 その他の設備
48	飲食店業用設備	358	ホテル、旅館又は料理店業用設備及び給食用設備 引湯管 その他の設備
49	洗濯業、理容業、美容業又は浴場業用設備	359	クリーニング設備
		360	公衆浴場設備 かま、温水器及び温かん その他の設備
50	その他の生活関連サービス業用設備	48	洗毛、化炭、羊毛トップ、ラップペニー、反毛、製綿又は再生綿業用設備
		361	火葬設備
		364	天然色写真現像焼付設備
		365	その他の写真現像焼付設備
51	娯楽業用設備		
	映画館又は劇場用設備	366	映画又は演劇興行設備 照明設備 その他の設備
	遊園地用設備	367	遊園地用遊戯設備（原動機付のものに限る。）
	ボウリング場用設備	367の2	ボウリング場用設備 レーン その他の設備
	その他の設備 主として金属製のもの その他のもの	369	前掲の機械及び装置以外のもの並びに前掲の区分によらないもの 主として金属製のもの その他のもの
52	教育業（学校教育業を除く。）又は学習支援業用設備		
	教習用運転シミュレータ設備	369	前掲の機械及び装置以外のもの並びに前掲の区分によらないもの 主として金属製のもの
	その他の設備	369	前掲の機械及び装置以外のもの並びに前掲の区分によらないもの

改正後の資産区分		改正前の資産区分	
番号	設備の種類及び細目	番号	設備の種類及び細目
	主として金属製のもの その他のもの		主として金属製のもの その他のもの
53	自動車整備業用設備	294	自動車分解整備業用設備
		338の2	洗車業用設備
54	その他のサービス業用設備	1	食肉又は食鳥処理加工設備
55	前掲の機械及び装置以外のもの並びに前掲の区分によらないもの		
	機械式駐車設備	339の3	機械式駐車設備
	その他の設備	352	蓄電池電源設備
	主として金属製のもの	353	フライアッシュ採取設備
		362	電光文字設備
	その他のもの	369	前掲の機械及び装置以外のもの並びに前掲の区分によらないもの 主として金属製のもの その他のもの

付表10　　機械及び装置の耐用年数表（旧別表第二）

番号	設　備　の　種　類	細　　目	耐用年数
1	食肉又は食鳥処理加工設備		9年
2	鶏卵処理加工又はマヨネーズ製造設備		8
3	市乳処理設備及び発酵乳、乳酸菌飲料その他の乳製品製造設備（集乳設備を含む。）		9
4	水産練製品、つくだ煮、寒天その他の水産食料品製造設備		8
5	つけ物製造設備		7
6	トマト加工品製造設備		8
7	その他の果実又はそ菜処理加工設備	むろ内用バナナ熟成装置 その他の設備	6 9
8	かん詰又はびん詰製造設備		8
9	化学調味料製造設備		7
10	味そ又はしょう油（だしの素類を含む。）製造設備	コンクリート製仕込そう その他の設備	25 9
10の2	食酢又はソース製造設備		8
11	その他の調味料製造設備		9
12	精穀設備		10
13	小麦粉製造設備		13
14	豆腐類、こんにゃく又は食ふ製造設備		8
15	その他の豆類処理加工設備		9
16	コーンスターチ製造設備		10
17	その他の農産物加工設備	粗製でん粉貯そう その他の設備	25 12
18	マカロニ類又は即席めん類製造設備		9
19	その他の乾めん、生めん又は強化米製造設備		10
20	砂糖製造設備		10
21	砂糖精製設備		13
22	水あめ、ぶどう糖又はカラメル製造設備		10
23	パン又は菓子類製造設備		9
24	荒茶製造設備		8
25	再製茶製造設備		10
26	清涼飲料製造設備		10
27	ビール又は発酵法による発ぽう酒製造設備		14
28	清酒、みりん又は果実酒製造設備		12

番号	設備の種類	細目	耐用年数
29	その他の酒類製造設備		10年
30	その他の飲料製造設備		12
31	酵母、酵素、種菌、麦芽又はこうじ製造設備（医薬用のものを除く。）		9
32	動植物油脂製造又は精製設備（マーガリン又はリンター製造設備を含む。）		12
33	冷凍、製氷又は冷蔵業用設備	結氷かん及び凍結さら その他の設備	3 13
34	発酵飼料又は酵母飼料製造設備		9
35	その他の飼料製造設備		10
36	その他の食料品製造設備		16
36の2	たばこ製造設備		8
37	生糸製造設備	自動繰糸機 その他の設備	7 10
38	繭乾燥業用設備		13
39	紡績設備		10
40	削除		
41	削除		
42	合成繊維かさ高加工糸製造設備		8
43	ねん糸業用又は糸（前号に掲げるものを除く。）製造業用設備		11
44	織物設備		10
45	メリヤス生地、編み手袋又はくつ下製造設備		10
46	染色整理又は仕上設備	圧縮用電極板 その他の設備	3 7
47	削除		
48	洗毛、化炭、羊毛トップ、ラップペニー、反毛、製綿又は再生綿業用設備		10
49	整経又はサイジング業用設備		10
50	不織布製造設備		9
51	フェルト又はフェルト製品製造設備		10
52	綱、網又はひも製造設備		10
53	レース製造設備	ラッセルレース機 その他の設備	12 14
54	塗装布製造設備		14

番号	設備の種類	細目	耐用年数
55	繊維製又は紙製衛生材料製造設備		9年
56	縫製品製造業用設備		7
57	その他の繊維製品製造設備		15
58	可搬式造林、伐木又は搬出設備	動力伐採機 その他の設備	3 6
59	製材業用設備	製材用自動送材装置 その他の設備	8 12
60	チップ製造業用設備		8
61	単板又は合板製造設備		9
62	その他の木製品製造設備		10
63	木材防腐処理設備		13
64	パルプ製造設備		12
65	手すき和紙製造設備		7
66	丸網式又は短網式製紙設備		12
67	長網式製紙設備		14
68	ヴァルカナイズドファイバー又は加工紙製造設備		12
69	段ボール、段ボール箱又は板紙製容器製造設備		12
70	その他の紙製品製造設備		10
71	枚葉紙樹脂加工設備		9
72	セロファン製造設備		9
73	繊維板製造設備		13
74	日刊新聞紙印刷設備	モノタイプ、写真又は通信設備 その他の設備	5 11
75	印刷設備		10
76	活字鋳造業用設備		11
77	金属板その他の特殊物印刷設備		11
78	製本設備		10
79	写真製版業用設備		7
80	複写業用設備		6
81	アンモニア製造設備		9
82	硫酸又は硝酸製造設備		8
83	溶成りん肥製造設備		8
84	その他の化学肥料製造設備		10

番号	設　備　の　種　類	細　　目	耐用年数
85	配合肥料その他の肥料製造設備		13年
86	ソーダ灰、塩化アンモニウム、か性ソーダ又はか性カリ製造設備（塩素処理設備を含む。）		7
87	硫化ソーダ、水硫化ソーダ、無水ぼう硝、青化ソーダ又は過酸化ソーダ製造設備		7
88	その他のソーダ塩又はカリ塩（第97号（塩素酸塩を除く。）、第98号及び第106号に掲げるものを除く。）製造設備		9
89	金属ソーダ製造設備		10
90	アンモニウム塩（硫酸アンモニウム及び塩化アンモニウムを除く。）製造設備		9
91	炭酸マグネシウム製造設備		7
92	苦汁製品又はその誘導体製造設備		8
93	軽質炭酸カルシウム製造設備		8
94	カーバイド製造設備（電極製造設備を除く。）		9
95	硫酸鉄製造設備		7
96	その他の硫酸塩又は亜硫酸塩製造設備（他の号に掲げるものを除く。）		9
97	臭素、よう素又は塩素、臭素若しくはよう素化合物製造設備	よう素用坑井設備 その他の設備	3 7
98	ふっ酸その他のふっ素化合物製造設備		6
99	塩化りん製造設備		5
100	りん酸又は硫化りん製造設備		7
101	りん又はりん化合物製造設備（他の号に掲げるものを除く。）		10
102	べんがら製造設備		6
103	鉛丹、リサージ又は亜鉛華製造設備		11
104	酸化チタン、リトポン又はバリウム塩製造設備		9
105	無水クロム酸製造設備		7
106	その他のクロム化合物製造設備		9
107	二酸化マンガン製造設備		8
108	ほう酸その他のほう素化合物製造設備（他の号に掲げるものを除く。）		10
109	青酸製造設備		8
110	硝酸銀製造設備		7
111	二硫化炭素製造設備		8
112	過酸化水素製造設備		10

番号	設　備　の　種　類	細　　目	耐用年数
113	ヒドラジン製造設備		7年
114	酸素、水素、二酸化炭素又は溶解アセチレン製造設備		10
115	加圧式又は真空式製塩設備		10
116	その他のかん水若しくは塩製造又は食塩加工設備	合成樹脂製濃縮盤及びイオン交換膜 その他の設備	3 7
117	活性炭製造設備		6
118	その他の無機化学薬品製造設備		12
119	石炭ガス、オイルガス又は石油を原料とする芳香族その他の化合物分離精製設備		8
120	染料中間体製造設備		7
121	アルキルベンゾール又はアルキルフェノール製造設備		8
122	カプロラクタム、シクロヘキサノン又はテレフタル酸（テレフタル酸ジメチルを含む。）製造設備		7
123	イソシアネート類製造設備		7
124	炭化水素の塩化物、臭化物又はふっ化物製造設備		7
125	メタノール、エタノール又はその誘導体製造設備（他の号に掲げるものを除く。）		9
126	その他のアルコール又はケトン製造設備		8
127	アセトアルデヒド又は酢酸製造設備		7
128	シクロヘキシルアミン製造設備		7
129	アミン又はメラミン製造設備		8
130	ぎ酸、しゅう酸、乳酸、酒石酸（酒石酸塩類を含む。）、こはく酸、くえん酸、タンニン酸又は没食子酸製造設備		8
131	石油又は天然ガスを原料とするエチレン、プロピレン、ブチレン、ブタジエン又はアセチレン製造設備		9
132	ビニールエーテル製造設備		8
133	アクリルニトリル又はアクリル酸エステル製造設備		7
134	エチレンオキサイド、エチレングリコール、プロピレンオキサイド、プロピレングリコール、ポリエチレングリコール又はポリプロピレングリコール製造設備		8
135	スチレンモノマー製造設備		9
136	その他のオレフィン系又はアセチレン系誘導体製造設備（他の号に掲げるものを除く。）		8
137	アルギン酸塩製造設備		10
138	フルフラル製造設備		11

番号	設備の種類	細目	耐用年数
139	セルロイド又は硝化綿製造設備		10年
140	酢酸繊維素製造設備		8
141	繊維素グリコール酸ソーダ製造設備		10
142	その他の有機薬品製造設備		12
143	塩化ビニリデン系樹脂、酢酸ビニール系樹脂、ナイロン樹脂、ポリエチレンテレフタレート系樹脂、ふっ素樹脂又はけい素樹脂製造設備		7
144	ポリエチレン、ポリプロピレン又はポリブテン製造設備		8
145	尿素系、メラミン系又は石炭酸系合成樹脂製造設備		9
146	その他の合成樹脂又は合成ゴム製造設備		8
147	レーヨン糸又はレーヨンステープル製造設備		9
148	酢酸繊維製造設備		8
149	合成繊維製造設備		7
150	石けん製造設備		9
151	硬化油、脂肪酸又はグリセリン製造設備		9
152	合成洗剤又は界面活性剤製造設備		7
153	ビタミン剤製造設備		6
154	その他の医薬品製造設備（製剤又は小分包装設備を含む。）		7
155	殺菌剤、殺虫剤、殺そ剤、除草剤その他の動植物用製剤製造設備		8
156	産業用火薬類（花火を含む。）製造設備		7
157	その他の火薬類製造設備（弾薬装てん又は組立設備を含む。）		6
158	塗料又は印刷インキ製造設備		9
159	その他のインキ製造設備		13
160	染料又は顔料製造設備（他の号に掲げるものを除く。）		7
161	抜染剤又は漂白剤製造設備（他の号に掲げるものを除く。）		7
162	試薬製造設備		7
163	合成樹脂用可塑剤製造設備		8
164	合成樹脂用安定剤製造設備		7
165	有機ゴム薬品、写真薬品又は人造香料製造設備		8
166	つや出し剤、研摩油剤又は乳化油剤製造設備		11
167	接着剤製造設備		9
168	トール油精製設備		7
169	りゅう脳又はしょう脳製造設備		9

番号	設　備　の　種　類	細　　目	耐用年数
170	化粧品製造設備		9年
171	ゼラチン又はにかわ製造設備		6
172	写真フィルムその他の写真感光材料（銀塩を使用するものに限る。）製造設備（他の号に掲げるものを除く。）		8
173	半導体用フォトレジスト製造設備		5
174	磁気テープ製造設備		6
175	化工でん粉製造設備		10
176	活性白土又はシリカゲル製造設備		10
177	選鉱剤製造設備		9
178	電気絶縁材料(マイカ系を含む。）製造設備		12
179	カーボンブラック製造設備		8
180	その他の化学工業製品製造設備		13
181	石油精製設備（廃油再生又はグリース類製造設備を含む。）		8
182	アスファルト乳剤その他のアスファルト製品製造設備		14
183	ピッチコークス製造設備		7
184	練炭、豆炭類、オガライト（オガタンを含む。）又は炭素粉末製造設備		8
185	その他の石油又は石炭製品製造設備		14
186	タイヤ又はチューブ製造設備		10
187	再生ゴム製造設備		10
188	フォームラバー製造設備		10
189	糸ゴム製造設備		9
190	その他のゴム製品製造設備		10
191	製革設備		9
192	機械ぐつ製造設備		8
193	その他の革製品製造設備		11
194	板ガラス製造設備（みがき設備を含む。）	溶解炉 その他の設備	14 14
195	その他のガラス製品製造設備（光学ガラス製造設備を含む。）	るつぼ炉及びデータンク炉 溶解炉 その他の設備	3 13 9
196	陶磁器、粘土製品、耐火物、けいそう土製品、はい土又はうわ薬製造設備	倒炎がま 　塩融式のもの 　その他のもの トンネルがま	 3 5 7

番号	設　備　の　種　類	細　　目	耐用年数
		その他の炉 その他の設備	8年 12
197	炭素繊維製造設備	黒鉛化炉 その他の設備	4 10
197の2	その他の炭素製品製造設備	黒鉛化炉 その他の設備	4 12
198	人造研削材製造設備	溶融炉 その他の設備	5 9
199	研削と石又は研摩布紙製造設備	加硫炉 トンネルがま その他の焼成炉 その他の設備	8 7 5 10
200	セメント製造設備		13
201	生コンクリート製造設備		9
202	セメント製品（気ほうコンクリート製品を含む。）製造設備	移動式製造又は架設設備及び振動加圧式成形設備 その他の設備	7 12
203	削除		
204	石灰又は苦石灰製造設備		8
205	石こうボード製造設備	焼成炉 その他の設備	5 12
206	ほうろう鉄器製造設備	るつぼ炉 その他の炉 その他の設備	3 7 12
207	石綿又は石綿セメント製品製造設備		12
208	岩綿（鉱さい繊維を含む。）又は岩綿製品製造設備		12
209	石工品又は擬石製造設備		12
210	その他の窯業製品又は土石製品製造設備	トンネルがま その他の炉 その他の設備	12 10 15
211	製銑設備		14
212	純鉄又は合金鉄製造設備		10
213	製鋼設備		14
214	連続式鋳造鋼片製造設備		12
215	鉄鋼熱間圧延設備		14
216	鉄鋼冷間圧延又は鉄鋼冷間成形設備		14

番号	設備の種類	細目	耐用年数
217	鋼管製造設備		14年
218	鉄鋼伸線(引き抜きを含む。)設備及び鉄鋼卸売業用シャーリング設備並びに伸鉄又はシャーリング業用設備		11
218の2	鉄くず処理業用設備		7
219	鉄鋼鍛造業用設備		12
220	鋼鋳物又は銑鉄鋳物製造業用設備		10
221	金属熱処理業用設備		10
222	その他の鉄鋼業用設備		15
223	銅、鉛又は亜鉛製錬設備		9
224	アルミニウム製錬設備		12
225	ベリリウム銅母合金、マグネシウム、チタニウム、ジルコニウム、タンタル、クロム、マンガン、シリコン、ゲルマニウム又は希土類金属製錬設備		7
226	ニッケル、タングステン又はモリブデン製錬設備		10
227	その他の非鉄金属製錬設備		12
228	チタニウム造塊設備		10
229	非鉄金属圧延、押出又は伸線設備		12
230	非鉄金属鋳物製造業用設備	ダイカスト設備 その他の設備	8 10
231	電線又はケーブル製造設備		10
231の2	光ファイバー製造設備		8
232	金属粉末又ははく(圧延によるものを除く。)製造設備		8
233	粉末冶(や)金製品製造設備		10
234	鋼索製造設備		13
235	鎖製造設備		12
236	溶接棒製造設備		11
237	くぎ、リベット又はスプリング製造業用設備		12
237の2	ねじ製造業用設備		10
238	溶接金網製造設備		11
239	その他の金網又は針金製品製造設備		14
240	縫針又はミシン針製造設備		13
241	押出しチューブ又は自動組立方式による金属かん製造設備		11
242	その他の金属製容器製造設備		14
243	電気錫(すず)めっき鉄板製造設備		12

番号	設備の種類	細目	耐用年数
244	その他のめっき又はアルマイト加工設備		7年
245	金属塗装設備	脱脂又は洗浄設備及び水洗塗装装置 その他の設備	7 9
245の2	合成樹脂被覆、彫刻又はアルミニウムはくの加工設備	脱脂又は洗浄設備及び水洗塗装装置 その他の設備	7 11
246	手工具又はのこぎり刃その他の刃物類（他の号に掲げるものを除く。）製造設備		12
247	農業用機具製造設備		12
248	金属製洋食器又はかみそり刃製造設備		11
249	金属製家具若しくは建具又は建築金物製造設備	めっき又はアルマイト加工設備 溶接設備 その他の設備	7 10 13
250	鋼製構造物製造設備		13
251	プレス、打抜き、しぼり出しその他の金属加工品製造業用設備	めっき又はアルマイト加工設備 その他の設備	7 12
251の2	核燃料物質加工設備		11
252	その他の金属製品製造設備		15
253	ボイラー製造設備		12
254	エンジン、タービン又は水車製造設備		11
255	農業用機械製造設備		12
256	建設機械、鉱山機械又は原動機付車両（他の号に掲げるものを除く。）製造設備		11
257	金属加工機械製造設備		10
258	鋳造用機械、合成樹脂加工機械又は木材加工用機械製造設備		12
259	機械工具、金型又は治具製造業用設備		10
260	繊維機械（ミシンを含む。）又は同部分品若しくは附属品製造設備		12
261	風水力機器、金属製弁又は遠心分離機製造設備		12
261の2	冷凍機製造設備		11
262	玉又はコロ軸受若しくは同部分品製造設備		10
263	歯車、油圧機器その他の動力伝達装置製造業用設備		10

番号	設　備　の　種　類	細　目	耐用年数
263の2	産業用ロボット製造設備		11年
264	その他の産業用機器又は部分品若しくは附属品製造設備		13
265	事務用機器製造設備		11
266	食品用、暖ちゅう房用、家庭用又はサービス用機器（電気機器を除く。）製造設備		13
267	産業用又は民生用電気機器製造設備		11
268	電気計測器、電気通信用機器、電子応用機器又は同部分品（他の号に掲げるものを除く。）製造設備		10
268の2	フラットパネルディスプレイ又はフラットパネル用フィルム材料製造設備		5
268の3	光ディスク（追記型又は書換え型のものに限る。）製造設備		6
269	交通信号保安機器製造設備		12
270	電球、電子管又は放電灯製造設備		8
271	半導体集積回路（素子数が500以上のものに限る。）製造設備		5
271の2	その他の半導体素子製造設備		7
272	抵抗器又は蓄電器製造設備		9
272の2	プリント配線基板製造設備		6
272の3	フェライト製品製造設備		9
273	電気機器部分品製造設備		12
274	乾電池製造設備		9
274の2	その他の電池製造設備		12
275	自動車製造設備		10
276	自動車車体製造又は架装設備		11
277	鉄道車両又は同部分品製造設備		12
278	車両用エンジン、同部分品又は車両用電装品製造設備（ミッション又はクラッチ製造設備を含む。）		10
279	車両用ブレーキ製造設備		11
280	その他の車両部分品又は附属品製造設備		12
281	自転車又は同部分品若しくは附属品製造設備	めっき設備 その他の設備	7 12
282	鋼船製造又は修理設備		12
283	木船製造又は修理設備		13
284	舶用推進器、甲板機械又はハッチカバー製造設備	鋳造設備 その他の設備	10 12

番号	設　備　の　種　類	細　　目	耐用年数
285	航空機若しくは同部分品（エンジン、機内空気加圧装置、回転機器、プロペラ、計器、降着装置又は油圧部品に限る。）製造又は修理設備		10年
286	その他の輸送用機器製造設備		13
287	試験機、測定器又は計量機製造設備		11
288	医療用機器製造設備		12
288の2	理化学用機器製造設備		11
289	レンズ又は光学機器若しくは同部分品製造設備		10
290	ウォッチ若しくは同部分品又は写真機用シャッター製造設備		10
291	クロック若しくは同部分品、オルゴールムーブメント又は写真フィルム用スプール製造設備		12
292	銃弾製造設備		10
293	銃砲、爆発物又は信管、薬きょうその他の銃砲用品製造設備		12
294	自動車分解整備業用設備		13
295	前掲以外の機械器具、部分品又は附属品製造設備		14
296	機械産業以外の設備に属する修理工場用又は工作工場用機械設備		14
297	楽器製造設備		11
298	レコード製造設備	吹込設備 その他の設備	8 12
299	がん具製造設備	合成樹脂成形設備 その他の設備	9 11
300	万年筆、シャープペンシル又はペン先製造設備		11
301	ボールペン製造設備		10
302	鉛筆製造設備		13
303	絵の具その他の絵画用具製造設備		11
304	身辺用細貨類、ブラシ又はシガレットライター製造設備	製鎖加工設備 その他の設備	8 12
		前掲の区分によらないもの	11
305	ボタン製造設備		9
306	スライドファスナー製造設備	自動務歯成形又はスライダー製造機 自動務歯植付機 その他の設備	7 5 11

番号	設　備　の　種　類	細　　　目	耐用年数
307	合成樹脂成形加工又は合成樹脂製品加工業用設備		8年
308	発ぽうポリウレタン製造設備		8
309	繊維壁材製造設備		9
310	歯科材料製造設備		12
311	真空蒸着処理業用設備		8
312	マッチ製造設備		13
313	コルク又はコルク製品製造設備		14
314	つりざお又は附属品製造設備		13
315	墨汁製造設備		8
316	ろうそく製造設備		7
317	リノリウム、リノタイル又はアスファルトタイル製造設備		12
318	畳表製造設備	織機、い草選別機及びい割機 その他の設備	5 14
319	畳製造設備		5
319の2	その他のわら工品製造設備		8
320	木ろう製造又は精製設備		12
321	松脂その他樹脂の製造又は精製設備		11
322	蚕種製造設備	人工ふ化設備 その他の設備	8 10
323	真珠、貴石又は半貴石加工設備		7
324	水産物養殖設備	竹製のもの その他のもの	2 4
324の2	漁ろう用設備		7
325	前掲以外の製造設備		15
326	砂利採取又は岩石の採取若しくは砕石設備		8
327	砂鉄鉱業設備		8
328	金属鉱業設備（架空索道設備を含む。）		9
329	石炭鉱業設備（架空索道設備を含む。）	採掘機械及びコンベヤ その他の設備	5 9
		前掲の区分によらないもの	8
330	石油又は天然ガス鉱業設備	坑井設備 掘さく設備 その他の設備	3 5 12
331	天然ガス圧縮処理設備		10

番号	設備の種類	細目	耐用年数
332	硫黄鉱業設備（製錬又は架空索道設備を含む。）		6年
333	その他の非金属鉱業設備（架空索道設備を含む。）		9
334	ブルドーザー、パワーショベルその他の自走式作業用機械設備		5
335	その他の建設工業設備	排砂管及び可搬式コンベヤ ジーゼルパイルハンマー アスファルトプラント及びバッチャープラント その他の設備	3 4 6 7
336	測量業用設備	カメラ その他の設備	5 7
337	鋼索鉄道又は架空索道設備	鋼索 その他の設備	3 12
338	石油又は液化石油ガス卸売用設備（貯そうを除く。）		13
338の2	洗車業用設備		10
339	ガソリンスタンド設備		8
339の2	液化石油ガススタンド設備		8
339の3	機械式駐車設備		15
340	荷役又は倉庫業用設備及び卸売又は小売業の荷役又は倉庫用設備	移動式荷役設備 くん蒸設備 その他の設備	7 10 12
341	計量証明業用設備		9
342	船舶救難又はサルベージ設備		8
343	国内電気通信事業用設備	デジタル交換設備及び電気通信処理設備 アナログ交換設備 その他の設備	6 16 9
343の2	国際電気通信事業用設備	デジタル交換設備及び電気通信処理設備 アナログ交換設備 その他の設備	6 16 7
344	ラジオ又はテレビジョン放送設備		6
345	その他の通信設備（給電用指令設備を含む。）		9
346	電気事業用水力発電設備		22
347	その他の水力発電設備		20
348	汽力発電設備		15
349	内燃力又はガスタービン発電設備		15

番号	設　備　の　種　類	細　　目	耐用年数
350	送電又は電気事業用変電若しくは配電設備	需要者用計器 柱上変圧器 その他の設備	15年 18 22
351	鉄道又は軌道事業用変電設備		20
351の2	列車遠隔又は列車集中制御設備		12
352	蓄電池電源設備		6
353	フライアッシュ採取設備		13
354	石炭ガス、石油ガス又はコークス製造設備（ガス精製又はガス事業用特定ガス発生設備を含む。）		10
355	削除		
356	ガス事業用供給設備	ガス導管 　鋳鉄製のもの 　その他のもの 需要者用計量器 その他の設備	 22 13 13 15
357	上水道又は下水道業用設備		12
358	ホテル、旅館又は料理店業用設備及び給食用設備	引湯管 その他の設備	5 9
359	クリーニング設備		7
360	公衆浴場設備	かま、温水器及び温かん その他の設備	3 8
360の2	故紙梱（こん）包設備		7
361	火葬設備		16
362	電光文字設備		10
363	映画製作設備（現像設備を除く。）	照明設備 撮影又は録音設備 その他の設備	3 6 8
364	天然色写真現像焼付設備		6
365	その他の写真現像焼付設備		8
366	映画又は演劇興行設備	照明設備 その他の設備	5 7
367	遊園地用遊戯設備（原動機付のものに限る。）		9
367の2	ボーリング場用設備	レーン その他の設備	5 10
368	種苗花き園芸設備		10
369	前掲の機械及び装置以外のもの並びに前掲の区分によらないもの	主として金属製のもの その他のもの	17 8

別表第一を中心とした50音順耐用年数早見表

耐用年数省令別表第一には、機械及び装置以外の減価償却資産の耐用年数が①建物、②建物附属設備、③構築物、④船舶、⑤航空機、⑥車両及び運搬具、⑦工具、⑧器具及び備品の種類別に定められています。したがって、その耐用年数の適用に当たっては、耐用年数表の仕組みを理解した上、個々の減価償却資産が同別表第一に掲げるいずれの種類等(種類、構造、用途及び細目の区分のことです。)に該当するかの判定をする必要があります。

この場合の判定は、具体的には、減価償却資産の属性その他の技術的な事項に基づいて行うこととされています。

本表は、同別表第一の減価償却資産を中心として通称により50音順に配列し、それぞれの耐用年数を明らかにしました。(平成20年４月１日以後に開始される事業年度に適用される耐用年数を掲げています。)

なお、活用に当たっては、同一の品名の減価償却資産であっても次のとおり異なった耐用年数を適用することとされている場合や用途によっては機械装置に該当する場合がありますので「備考」欄等を参考にして十分検討してください。

〔例〕

資産の名称	種類	構造又は用途及び細目	耐用年数	備考
いす（事務用）	器具備品	「１」事務いす		
		主として金属製のもの	15	(耐通2-7-2参照)
		その他のもの	8	理髪いす、ドライヤーいすは「理容又は美容機器（５年）」に該当する。
（児童用）	〃	「１」児童用いす	5	
（歯科診療用）	〃	「８」歯科診療用ユニット	7	(耐通2-7-13参照)
（劇場用）	〃	「９」劇場用観客いす	3	

資産の名称	種類	構造又は用途及び細目	耐用年数	備考
アーケード	建物附属設備	アーケード 主として金属製のもの その他のもの	 15 8	
アース	構築物	放送用・無線通信用もの	10	
アイスクリームフリーザー	器具備品 機械装置	「1」電気冷蔵庫に類する電気機器 「48」飲食店業用設備 「47」宿泊業用設備 など	6 8 10	
あき缶処理プレス	器具備品	「11」その他のもの 主として金属製のもの	 10	
アクアラング	器具備品	「11」漁具 「9」スポーツ具 「11」その他のもの その他のもの	3 3 5	漁業用のものがこれに該当する。 スポーツ用のものがこれに該当する。 海底調査用のものがこれに該当する。
アコーデオンカーテン	器具備品 建物	「1」カーテン (構造、用途、細目別に)	3 50 〜 7	簡単な型式で、普通のカーテンとあまり変らないような上部がレールのみのようなものがこれに該当する。 上、下部を完全にとめて左右に自動的に動くようになったものは建物に含まれる(耐通2-2-6の2参照)。
アコーデオンハウス 支柱部分 天幕	 器具備品 〃	 「11」その他のもの 主として金属製のもの 「11」シート及びロープ	 10 2	支柱と本体とが材質的に異なるようなものがこれに該当する(耐通2-7-17参照)。 なお、基礎が土地に定着する等別個の構築物と認められる場合には、その基礎部分は構築物として取り扱う。
アスファルトコンクリート軌道路	構築物	舗装道路 アスファルト敷のもの	 10	
アスファルトコンクリート敷舗装路面	構築物	舗装路面 アスファルト敷のもの	 10	
アスファルト敷道路	構築物	舗装道路 アスファルト敷のもの	 10	
アドビジョン	器具備品	「5」その他のもの 主として金属製のもの	 10	
アルカリ類用貯槽(金属造)	構築物	金属造のもの 薬品貯槽 アルカリ類用のもの	 15	生産工程の一部としての機能を有するものは、機械装置に該当する(耐通1-3-2参照)。
アルコール用貯槽(金属造)	構築物	金属造のもの 薬品貯槽 アルコール用のもの	 15	生産工程の一部としての機能を有するものは、機械装置に該当する(耐通1-3-2参照)。
アングルブロックゲージ	工具	測定工具・検査工具	5	
アンツーカー(庭球場等)	構築物	競技場用……のもの 野球場……の土工施設	 30	(耐通2-3-6参照)
アンテナ	構築物	放送用・無線通信用のもの アンテナ	 10	
アンプル洗浄器	器具備品	「8」調剤機器	6	
足洗場(児童用)	構築物	運動場用 その他のもの 児童用のもの その他のもの	 15	(耐通2-3-8参照)
足場材料	工具	金属製柱・カッペ	3	建設業者等が使用する建設

資産の名称	種類	構造又は用途及び細目	耐用年数	備考
				用の金属製の足場材料がこれに該当する（耐通2-6-4参照）。
圧力計	工具	測定工具・検査工具	5	（耐通2-6-1参照）
宛名印刷装置	器具備品	「２」その他の事務機器	5	ダイレクトメール代行業者が使用するもので、高速自動宛名印刷装置がこれに該当する。
雨傘脱水機	器具備品	「11」その他のもの 主として金属製のもの その他のもの	 10 5	 （耐通2-7-2参照）
粗さ測定器	工具	測定工具・検査工具	5	（耐通2-6-1参照）
安全ネット	工具	前掲のもの以外のもの その他のもの	 3	建築現場で使用するものがこれに該当する。
イメージメモリーカード	器具備品	「11」その他のもの その他のもの	 5	デジタルカメラの項を参照。
インゴットケース	工具	型 鋳造用型	 2	
インターホーン	器具備品	「２」インターホーン	6	
インピーダンス測定器	工具	測定工具・検査工具	5	（耐通2-6-1参照）
いす（事務用）	器具備品	「１」事務いす 主として金属製のもの その他のもの	 15 8	 （耐通2-7-2参照） 理髪いす、ドライヤーいすは「理容又は美容機器（５年）」に該当する。
（児童用）	〃	「１」児童用いす	5	
（歯科診療用）	〃	「８」歯科診療用ユニット	7	（耐通2-7-13参照）
（劇場用）	〃	「９」劇場用観客いす	3	
井戸（打ち込み井戸を除く。）	建物附属設備 構築物	給排水設備 鉄骨鉄筋コンクリート造・鉄筋コンクリート造のもの コンクリート造・ブロック造・れんが造・土造のもの 石造のもの	15 60 40 50	建物に附属する給水設備に直結する井戸で、その取得価額からみて強いて構築物として区分する必要がないと認められるものは、「建物附属設備」に含めることができる（耐通2-2-3参照）。
石（旅館の玄関に置くもの等）	構築物	緑化施設及び庭園 その他の緑化施設及び庭園	20	
衣装	器具備品	「９」衣装	2	貸衣装もこの耐用年数を適用することができる（耐通2-7-15参照）。
医療機器	器具備品	「８」 消毒殺菌用機器 手術機器 血液透析又は血しょう交換用機器 ハバードタンクその他の作動部分を有する機能回復訓練機器 調剤機器 歯科診療用ユニット 光学検査機器 ファイバースコープ その他のもの その他のもの レントゲンその他の電子装置を使用する機器 移動式のもの、救急医療用のもの及び自動血液分析器 その他のもの	 4 5 7 6 6 7 6 8 4 6	（耐通2-7-13参照）

資産の名称	種類	構造又は用途及び細目	耐用年数	備考
		その他のもの 　陶磁器製又はガラス製のもの 　主として金属製のもの 　その他のもの	 3 10 5	
医療用蒸留水製造器	器具備品	「8」その他のもの その他のもの 　陶磁器製・ガラス製のもの 　主として金属製のもの 　その他のもの	 3 10 5	(耐通2-7-13参照)
医療用超音波洗浄装置	器具備品	「8」消毒殺菌用機器	4	
医療用の生物	器具備品	「10」生物 植物 　貸付業用のもの 　その他のもの 動物 　魚類 　鳥類 　その他のもの	 2 15 2 4 8	(耐通2-7-16参照)
移動橋	器具備品	「11」その他のもの 主として金属製のもの	 10	貨物積降用のものがこれに該当する。
移動式トイレ	器具備品	「11」その他のもの 主として金属製のもの	 10	建築現場等における金属製の移動式トイレがこれに該当する。
移動式バックネット	器具備品	「9」スポーツ具	3	
移動式観覧席 　いす 　駆動装置等いす以外の部分	 器具備品 機械装置	 「9」その他のもの 主として金属製のもの 「51」娯楽業用設備 映画館又は劇場用設備 主として金属製のもの 「55」前掲の機械装置以外のもの 主として金属製のもの など	 10 11 17 17	(耐通1-4-2参照)
移動無線車	車両運搬具	特殊自動車 移動無線車	 5	単に車両に無線機を搭載したに過ぎないものはこれに該当しない。
鋳型	工具	型 鋳造用型	 2	
一酸化炭素測定機器	工具 機械装置	測定工具・検査工具 「53」自動車整備業用設備	5 15	自動車整備工場で使用する可搬式のものがこれに該当する。 自動車整備工場に固定して据え付けられており、規模等より他の機械装置と一連をなすと認められるものがこれに該当する。
稲荷神社の建造物（会社構内等に設置したコンクリート製）	構築物	コンクリート造のもの その他のもの	 40	
犬	器具備品	「10」動物 その他のもの	 8	観賞用、興行用その他これらに準ずる用に供されるものがこれに該当する。 繁殖用の犬もこれに該当する。

資産の名称	種類	構造又は用途及び細目	耐用年数	備考
				（耐通2-7-16参照）
引湯管	構築物	コンクリート造・コンクリートブロック造・合成樹脂造・木造のもの	10	
印刷機	器具備品 機械装置	「2」その他の事務機器 「7」印刷業又は印刷関連業用設備 デジタル印刷システム設備 その他の設備	5 4 10	卓上型のものがこれに該当する。
飲食店用建物	建物	鉄骨鉄筋コンクリート造・鉄筋コンクリート造のもの 飲食店用又は貸席用のもの 延面積のうちに占める木造内装部分の面積が３割を超えるもの その他のもの れんが造・石造・ブロック造のもの 金属造のもの 骨格材の肉厚が次のもの ４㎜超 ３㎜超４㎜以下 ３㎜以下 木造・合成樹脂造のもの 木骨モルタル造のもの	 34 41 38 31 25 19 20 19	これは、耐用年数表の細目の「飲食店用、貸席用、劇場用、演奏場用、映画館用又は舞踏場用のもの」に該当する。 木造内装部分が３割を超えるかどうかの判定については耐通2-1-7を参照のこと。
飲料自動販売機	器具備品	「11」自動販売機	5	（耐通2-7-18参照）
ウォーターエース	船舶	その他のもの その他のもの その他のもの	5	水上遊歩用のフロート式のものがこれに該当する。
魚市場用建物	建物	鉄骨鉄筋コンクリート造・鉄筋コンクリート造のもの れんが造・石造・ブロック造のもの 金属造のもの 骨格材の肉厚が次のもの ４㎜超 ３㎜超４㎜以下 ３㎜以下 木造・合成樹脂造のもの 木骨モルタル造のもの	38 34 31 25 19 17 15	これは、耐用年数表の細目の「変電所用、発電所用、送受信所用、停車場用、車庫用、格納庫用、荷扱所用、映画製作ステージ用、屋内スケート場用、魚市場用又はと畜場用のもの」に該当する。
浮き桟橋	構築物	金属造のもの その他のもの	45	税務署長の確認手続により「浮きドック」又は「鋼矢板岸壁」に類似しているものとして20年又は25年の適用が認められる場合がある（耐通1-1-9参照）。
浮きドック	構築物	金属造のもの 浮きドック	20	
鰻養殖設備 鉄筋コンクリート槽 シラス槽（合成樹脂造のもの）	 構築物 〃	 鉄筋コンクリート造のもの 水槽 合成樹脂造のもの	 50 10	
動く歩道 建物内にある場合 屋外にある場合	 建物附属設備 構築物	 昇降機設備 エスカレーター コンクリート造のもの	 15	 構築物と機械装置部分とに

資産の名称	種類	構造又は用途及び細目	耐用年数	備考
（スキー場、ゴルフ場等）	機械装置	その他のもの 「51」娯楽業用設備 主として金属製のもの 「55」前掲の機械装置以外のもの 主として金属製のもの など	40 17 17	区分する。 （耐通1-4-2参照）
打ち込み井戸	構築物	金属造のもの 打ち込み井戸	 10	（耐通2-3-22参照）
打抜工具	工具	打抜工具 プレスその他の金属加工用金型 合成樹脂・ゴム・ガラス成型用金型 その他のもの	 2 2 3	
運送事業用自動車	車両運搬具	運送事業用車両運搬具 自動車（二輪又は三輪自動車を含む。） 小型車 その他のもの 大型乗用車 その他のもの 乗合自動車	 3 5 4 5	（耐通2-5-6参照） 小型車とは次のものをいう。 1　貨物自動車…積載量が２トン以下のもの 2　その他…総排気量が２リットル以下もの 大型乗用車とは、総排気量が３リットル以上のものをいう。 （耐通2-5-9参照）
運動場用構築物	構築物	スタンド 主として鉄骨鉄筋コンクリート造・鉄筋コンクリート造のもの 主として鉄骨造のもの 主として木造のもの 競輪場用競走路 コンクリート敷のもの その他のもの ネット設備 野球場・陸上競技場・ゴルフコースその他のスポーツ場の排水その他の土工施設 水泳プール その他のもの 児童用のもの すべり台・ぶらんこ・ジャングルジムその他の遊戯用のもの その他のもの その他のもの 主として木造のもの その他のもの	 45 30 10 15 10 15 30 30 10 15 15 30	これは、耐用年数表の用途の「競技場用、運動場用、遊園地用又は学校用のもの」に該当する。 左の「土工施設」とは、一定期間経過後に取替え等の大改造を必要とする暗きょ、排水溝等の排水施設、アンツーカー等をいう（耐通2-3-6参照）。 幼稚園等が屋外に設けた水飲場、足洗場及び砂場は、左の「児童用のもの」の「その他のもの」に該当する（耐通2-3-8参照）。
SL列車ホテル	建物	（ホテル用建物（金属造）参照）	29 〜 17	原則として、中古資産の耐用年数の適用がある。

資産の名称	種類	構造又は用途及び細目	耐用年数	備考
エスカレーター	建物附属設備	昇降機設備 エスカレーター	15	
エヤーカーテン	建物附属設備	エヤーカーテン	12	（耐通2-2-5参照）
エヤーコンディショナー	建物附属設備 器具備品	冷房設備 冷暖房設備（冷凍機の出力が22キロワット以下のもの） その他のもの 「1」冷房用又は暖房用機器	 13 15 6	冷却装置、冷風装置等が一つのキャビネットに組み合わされたパッケージドタイプのエアーコンディショナーで、通常単体として使用される小型のものは、「器具備品」に該当する（耐通2-2-4参照）。
エヤーシューター	建物附属設備 器具備品	前掲のもの以外のもの 主として金属製のもの その他のもの 「2」その他の事務機器	 18 10 5	簡易なものは器具及び備品に該当する（耐通2-7-8参照）。
エヤードーム	器具備品	「9」その他のもの その他のもの	 5	屋外プールをスケート場に使用するときに、プール上に設置する半球状のビニール製のものがこれに該当する。
エヤーホッケー	器具備品	「9」スポーツ具	3	（耐通2-7-14参照）
LPガスメーター	器具備品 〃	「3」試験又は測定機器 「6」ボンベ	5 10 〜 6	メーターとボンベが物理的に一体となっているものは、ボンベに該当する（ボンベ参照）。
L.P.Gタンカー	船舶	（油槽船参照）	13 〜 5	（耐通2-4-2参照）
エレベーター	建物附属設備	昇降機設備 エレベーター	 17	
映画フィルム	器具備品	「11」映画フィルム	2	スライドもこれに該当する。
映画館用建物	建物	（飲食店用建物参照）	41 〜 19	
映画撮影機	器具備品	「4」映画撮影機	5	
映画製作ステージ用建物	建物	（魚市場用建物参照）	38 〜 15	
映写機	器具備品	「4」映写機	5	
衛生設備（用水管、水槽、便器、配管、これらの附属品）	建物附属設備	衛生設備	15	浄化槽は「構築物」に該当するが、その取得価額からみて強いて構築物として区分する必要がないと認められるものは、「衛生設備」に含めることができる（耐通2-2-3参照）。
衛星放送受信用機器（パラボラ・アンテナ、チューナー）	器具備品	「1」電気機器 テレビジョン	 5	
塩水用貯槽（金属造）	構築物	金属造のもの 薬品貯槽 塩水用のもの	 15	生産工程の一部としての機能を有するものは、機械装置に該当する（耐通1-3-2参照）。
塩素用貯槽（金属造）	構築物	金属造のもの 薬品貯槽 無機酸用のもの	 8	生産工程の一部としての機能を有するものは、機械装置に該当する（耐通1-3-2参照）。
演奏場用建物	建物	（飲食店用建物参照）	41 〜 19	

資産の名称	種類	構造又は用途及び細目	耐用年数	備考
煙道	構築物	れんが造のもの 塩素、クロールスルホン酸その他の著しい腐食性を有する気体の影響を受けるもの その他のもの	 7 25	(耐通2-3-20参照)
煙突（汽力発電用のものを除く。）	構築物	鉄骨鉄筋コンクリート造・鉄筋コンクリート造のもの れんが造のもの 塩素、クロールスルホン酸その他の著しい腐食性を有する気体の影響を受けるもの その他のもの 金属造のもの	35 7 25 10	(耐通2-3-20参照)
オーディオ機器	器具備品	「1」音響機器	5	
オープンショーケース	器具備品	「1」陳列棚及び陳列ケース 冷凍機付又は冷蔵機付のもの	 6	
オートテラーシステム	器具備品	「2」その他の事務機器	5	
オートロック式パーキング装置	器具備品	「11」無人駐車管理装置	5	
オーロラビジョン **操作部** **表示部**	 機械装置 器具備品	 「55」前掲の機械装置以外のもの 主として金属製のもの 「5」看板及び広告器具 その他のもの 主として金属製のもの	 17 10	広告用としてビルの壁面に設備されたもの (電光文字設備：耐通2-8-9参照)
オイルフェンス **浮沈式のもの** **可変式のもの** **船舶常備用のもの** **発泡スチロールにロープを通したもの**	 機械装置 器具備品 船舶 器具備品	 「9」石油製品又は石炭製品製造業用設備 「55」前掲の機械装置以外のもの その他のもの 前掲以外のもの その他のもの その他のもの 船舶の耐用年数による 前掲以外のもの シート及びロープ	 7 8 5 15 ≀ 4 2	(耐通2-4-1参照) ※　税務署長の確認手続を要する。(耐通1-1-9)
オシロスコープ	工具	測定工具・検査工具	5	(耐通2-6-1参照)
オフセット印刷機	器具備品 機械装置	「2」その他の事務機器 「7」印刷業又は印刷関連業用設備 その他の設備	5 10	卓上型のものがこれに該当する。 (耐通2-7-5参照)
オペラグラス	器具備品	「4」オペラグラス	2	
オリジナルシールプリンター（いわゆるプリクラ）	器具備品	「11」自動販売機	5	
オンラインシステムの端末機器	器具備品	「2」その他の事務機器	5	(耐通2-7-7参照)
応接セット	器具備品	「1」応接セット 接客業用のもの その他のもの	 5 8	(耐通2-7-3参照)

オ

オ

資産の名称	種類	構造又は用途及び細目	耐用年数	備考
大型コンクリートプレハブ住宅	建物	鉄筋コンクリート造のもの ブロック造のもの 金属造（骨格材の肉厚４mm超）のもの	47 38 34	主要柱が鉄筋コンクリート造の場合 コンクリート板が耐力壁となっている場合 主要柱が鉄骨造の場合
大道具	器具備品	「９」大道具	2	
屋外運動場照明設備	構築物	競技場用、運動場用のもの その他のもの その他のもの その他のもの	30	
屋上の特殊施設				
危険防止のために設置された金網、さく	建物		50 〜 7	建物に含めて償却する（耐通2-1-22参照）。
ゴルフ練習場	構築物	競技場用のもの その他のもの その他のもの その他のもの	30	ゴルフ練習場用設備を参照。
花壇	〃	緑化施設及び庭園 その他の緑化施設及び庭園	20	
稲荷神社（コンクリート製）	〃	コンクリート造のもの その他のもの	40	
広告塔	〃	広告用のもの 金属造のもの その他のもの	20 10	（耐通2-3-5参照）
建物の外窓清掃のために設置された屋上のレール、ゴンドラ支持装置及びこれに係るゴンドラ	建物附属設備	前掲のもの以外のもの 主として金属製のもの その他のもの	18 10	（耐通2-2-7参照）
避雷針その他の避雷装置	〃	前掲のもの以外のもの 主として金属製のもの その他のもの	18 10	（耐通2-2-7参照）
屋内プール用建物	建物	（学校用建物参照）	47 〜 19	
屋内スケート場用建物	建物	（魚市場用建物参照）	38 〜 15	
親子時計	器具備品	「３」時計	10	親時計、子時計の間の配線設備を含む。 なお、ビルの壁面に時計を設置している場合も同様である。ただし、壁面（文字板部分）は建物に該当する。
折たたみ式縄ばしご	器具備品	「11」その他のもの 主として金属製のもの その他のもの	10 5	（耐通2-2-4の2参照）
音源テープ（レコードの録音原盤）	器具備品	「11」磁気テープ	2	
温室	機械装置 建物	「25」農業用設備 （構造、用途、細目別に）	7 38 〜 7	その構造・規模等からみて建物に該当する場合があることに留意する。
温度計	工具	測定工具・検査工具	5	（耐通2-6-1参照）

資産の名称	種類	構造又は用途及び細目	耐用年数	備考
カーテレビ	車両運搬具		20 〜 3	車両に常時搭載するものがこれに該当する（耐通2-5-1参照）。
カーテン	器具備品	「1」カーテン	3	
カーナビゲーション（カーナビ）	車両運搬具		20 〜 3	車両に常時搭載するものがこれに該当する（耐通2-5-1参照）。
カーフェリー	船舶	船舶法第４条から第19条までの適用を受ける船舶 鋼船 その他のもの 総トン数が2,000トン以上のもの 総トン数が2,000トン未満のもの カーフェリー 木船 その他のもの 軽合金船 強化プラスチック船	 15 11 10 9 7	船舶法第４条から第19条までの適用を受ける船舶とは、次に掲げる船舶以外の船舶をいう（船舶法第20条参照）。 １　総トン数20トン未満の船舶 ２　端舟その他の櫓櫂（ろかい）のみをもって運転し、又は主として櫓櫂をもって運転する舟
カーペット	器具備品	「1」じゅうたんその他の床用敷物 小売業用、接客業用、放送用、レコード吹込用又は劇場用のもの その他のもの	 3 6	 （耐通2-7-3参照）
カウンター	建物附属設備 器具備品	店用簡易装備 「1」その他の家具 接客業用のもの その他のもの 主として金属製のもの その他のもの	3 5 15 8	（耐通2-2-6参照） 特定の場合には、建物に含めて償却することに留意する。
カギ複製器	器具備品	「11」その他のもの 主として金属製のもの	 10	小売店の店頭で使用するものがこれに該当する。
カセットレコーダー	器具備品	「11」ラジオ、テレビジョン、テープレコーダー	5	
カッター	工具	切削工具	2	
カッペ	工具	カッペ	3	（耐通2-6-3参照）
カプセルベッド	器具備品	「1」ベッド	8	
カメラ	器具備品	「4」カメラ	5	
カラオケ	器具備品	「1」音響機器	5	
ガードレール（金属造）	構築物	金属造のもの ガードレール	 10	
ガス安全監視オートシステム	建物附属設備	災害報知設備	8	
ガス設備（ガス配管、その附属品）	建物附属設備	ガス設備	15	瞬間湯沸器、ガスレンジ等のガス機器は、「器具備品」に該当する。
ガス貯槽（金属造）	構築物	金属造のもの ガス貯槽 液化ガス用のもの その他のもの	 10 20	
ガス漏れ防止装置	建物附属設備	災害報知設備	8	
ガス湯沸器、ガス冷蔵庫、ガスレンジ	器具備品	「1」ガス機器	6	

資産の名称	種類	構造又は用途及び細目	耐用年数	備考
ガストロスコープ（医療用）	器具備品	「８」光学検査機器 その他のもの	 8	
ガソリンアナライザー	器具備品	「３」測定機器	5	ガソリンスタンドで使用するものがこれに該当する。
ガソリン給油設備（自家用のもの） 地下油槽（鋼鉄製）	構築物	金属造のもの 水槽及び油槽 鋼鉄製のもの	 15	
カラオケ用マザーテープ	器具備品	「11」磁気テープ	2	
ガラス飛散防止フィルム	建物	（構造、用途、細目別に）	50 ～ 7	建物の新築又は取得後に取り付けた場合の取付費用は、資本的支出と修繕費に区分する（基通7-8-4、7-8-5参照）。
ガレージ	建物	（魚市場用建物参照）	38 ～ 15	
かき船	建物	（構造、用途、細目別に）	31 ～ 22	（耐通2-4-4参照）
かつら	器具備品	「９」かつら	2	
かんな	工具	切削工具	2	
がい子	構築物	送電用のもの がい子	 36	
海底無人探査機	船舶	その他のもの その他のもの その他のもの	 5	
火災報知設備	建物附属設備	火災報知設備	8	
火力発電用構築物	構築物	発電用のもの 汽力発電用のもの（岸壁・桟橋・堤防・防波堤・煙突・その他）	 41	この区分に属する構築物の細目と個別耐用年数については、耐通付表４を参照のこと。
花器	器具備品	「１」室内装飾品 主として金属製のもの その他のもの	 15 8	骨とう的価値のあるものは非減価償却資産に該当する（基通7-1-1参照）。
花壇	構築物	緑化施設及び庭園 工場緑化施設 その他の緑化施設及び庭園	 7 20	（耐通2-3-8の2～2-3-9参照）
勝ち馬投票券自動券売機	器具備品	「11」自動販売機	5	
可動間仕切り	建物附属設備	可動間仕切り 簡易なもの その他のもの	 3 15	これは、一の事務室等を適宜仕切って使用するために間仕切りとして建物の内部空間に取り付ける資材のうち、取り外して他の場所で再使用することが可能なパネル式又はスタッド式（JIS規格Ａ6512参照）のもの等をいい、「簡易なもの」とは、このうちその材質及び構造が簡易で、容易に撤去することができるものをいう（耐通2-2-6の２参照）。
架空索道用搬器	車両運搬具	鉄道用・軌道用車両 架空索道用搬器 閉鎖式のもの その他のもの	 10 5	ロープウェイ、観光リフト、スキーリフト、貨物索道等の搬器がこれに該当する（耐通2-5-4参照）。

資産の名称	種類	構造又は用途及び細目	耐用年数	備考
家具				
事務机、事務いす	器具備品	「1」事務机、事務いす		
		主として金属製のもの	15	（耐通2-7-2参照）
		その他のもの	8	
キャビネット	器具備品	「1」キャビネット		
		主として金属製のもの	15	（耐通2-7-2参照）
		その他のもの	8	
応接セット	〃	「1」応接セット		
		接客業用のもの	5	（耐通2-7-3参照）
		その他のもの	8	
ベッド	〃	「1」ベッド	8	
児童用机及びいす	〃	「1」児童用机及びいす	5	
陳列棚・陳列ケース	〃	「1」陳列棚・陳列ケース		
		冷凍機付又は冷蔵機付のもの	6	
		その他のもの	8	
書棚	〃	「1」その他の家具		
		その他のもの		
		主として金属製のもの	15	
		その他のもの	8	
	機械装置	「55」前掲の機械装置以外のもの		電動移動式のもので機械装置と認められるものがこれに該当する。
		主として金属製のもの	17	
		など		（耐通1-4-2参照）
その他の家具	器具備品	「1」その他の家具		
		接客業用のもの	5	（耐通2-7-3参照）
		その他のもの		
		主として金属製のもの	15	
		その他のもの	8	
家畜育成用建物	建物	（魚市場用建物参照）	38 ～ 15	（耐通2-1-8参照）
仮設の建物	建物	簡易建物 仮設のもの	 7	これは、建設業における移動性仮設建物のように、解体、組立てを繰り返して使用することを常態としているものをいう（耐通2-1-23参照）。 なお、建設業者の有する工事現場の木造仮設建物については、経理処理の特例がある（基通2-2-7参照）。
貨車	車両運搬具	鉄道用・軌道用車両		
		貨車		
		高圧ボンベ車	10	（耐通2-5-2参照）
		高圧タンク車	10	（耐通2-5-2参照）
		薬品タンク車	12	（耐通2-5-3参照）
		冷凍車	12	
		その他のタンク車	15	
		特殊構造車	15	
		その他のもの	20	
貨幣計算器	器具備品	「2」計算機に類するもの	5	
貨物自動車	車両運搬具	運送事業用・貸自動車業用・自動車教習所用のもの		（耐通2-5-6、2-5-7、2-5-8参照）
		自動車		
		小型車（積載量2トン以下のものをいう。）	3	
		その他のもの		
		その他のもの	4	
		前掲のもの以外のもの		
		自動車		

資産の名称	種類	構造又は用途及び細目	耐用年数	備考
		小型車（総排気量が0.66リットル以下のものをいう。） その他のもの 貨物自動車 ダンプ式もの その他のもの	4 4 5	
貨物積降用移動橋	器具備品	「11」その他のもの 主として金属製のもの	10	
回転計	工具	測定工具・検査工具	5	（耐通2-6-1参照）
海上ホテル	建物	（ホテル用建物参照）	39 〳 15	（耐通2-4-4参照）
開発研究用建物・建物附属設備	建物 建物附属設備	「別表六」建物 「別表六」建物附属設備	5 5	開発研究の用に供するために建物の全部又は一部を低温室等の特殊室にするために特に施設した内部造作又は建物附属設備がこれに該当する。
街路灯	建築物	金属造のもの 街路灯	10	
角度ゲージ	工具	測定工具・検査工具	5	
拡大鏡	器具備品	「4」その他の機器	8	
格納庫用建物	建物	（魚市場用建物参照）	38 〳 15	
格納式避難設備	建物附属設備	格納式避難設備	8	これには、格納式避難階段、格納式避難通路がある。折り畳み式縄ばしご、救助袋等は、「器具備品」に該当する（耐通2-2-4の2参照）。
学校用構築物	構築物	（運動場用構築物参照）	45 〳 10	
学校用建物	建物	鉄骨鉄筋コンクリート造・鉄筋コンクリート造のもの れんが造・石造・ブロック造のもの 金属造のもの 骨格材の肉厚が次のもの 4㎜超 3㎜超4㎜以下 3㎜以下 木造・合成樹脂造のもの 木骨モルタル造のもの	47 38 34 27 19 22 20	これは、耐用年数表の細目の「住宅用、寄宿舎用、宿泊所用、学校用又は体育館用のもの」に該当する。
楽器	器具備品	「11」楽器	5	
掛軸	器具備品	「1」室内装飾品 その他のもの	8	骨とう的価値のあるものは非減価償却資産に該当する（基通7-1-1参照）。
貸衣装	器具備品	「9」衣装	2	（耐通2-7-15参照）
貸自動車業用自動車	車両運搬具	（運送事業用自動車参照）	5 〳 3	
貸席用建物	建物	（飲食店用建物参照）	41 〳 19	
貸ボート	船舶	その他のもの その他のもの その他のもの	5	
型枠	工具	型		

資産の名称	種類	構造又は用途及び細目	耐用年数	備考
		鋳造用型 その他のもの	2 3	
活字	工具	活字 購入活字（活字の形状のまま反復使用するものに限る。） 自製活字	 2 8	
活字に常用される金属	工具	活字に常用される金属 活字に常用される金属	 8	
活字母型	工具	型 鋳造用型	 2	
金型	工具	型 プレスその他の金属加工用金型 合成樹脂・ゴム・ガラス成型用金型 その他のもの	 2 2 3	
金床	工具	前掲のもの以外のもの その他のもの	 3	
株価表示装置	器具備品	「2」その他の事務機器	5	証券取引所と接続されている株価表示装置がこれに該当する。
岸壁	構築物	鉄骨鉄筋コンクリート造・鉄筋コンクリート造のもの コンクリート造・コンクリートブロック造のもの 石造のもの 木造のもの	50 30 50 10	汽力発電用岸壁は「火力発電用構築物」に該当する。
看板	構築物 建物附属設備 器具備品	広告用のもの 金属造のもの その他のもの 前掲のもの以外のもの 主として金属製のもの その他のもの 「5」看板	 20 10 18 10 3	（広告用構築物参照） 野立看板、ビルの屋上の広告塔は構築物に該当する。 そで看板は建物附属設備に該当する。 店頭にある立看板は器具備品に該当する。
乾燥機（写真製作用）	器具備品	「4」乾燥機	8	
乾燥室（衣服用）	器具備品	「11」その他のもの 主として金属製のもの その他のもの	 10 5	移動式のものがこれに該当する。
乾ドック	構築物	鉄骨鉄筋コンクリート造・鉄筋コンクリート造・石造のもの	45	
監視用テレビ、カメラの装置（スーパーマーケット等の店内用）	器具備品	「2」インターホーン及び放送用設備	6	
簡易建物（掘立造のもの及び仮設のものを除く。）	建物	簡易建物 木製主要柱が10cm角以下のもので、土居ぶき、杉皮ぶき、ルーフィングぶき又はトタンぶきのもの	 10	
観光用の鉄塔	構築物	金属造のもの その他のもの	 45	鉄塔に展望台等を施設しているものがこれに該当する。
観賞用魚等	器具備品	「10」動物 魚類	 2	
観賞用植物	器具備品	「10」植物 貸付業用のもの その他のもの	 2 15	（耐通2-7-16参照）

資産の名称	種類	構造又は用途及び細目	耐用年数	備考
キャッシュディスペンサー	器具備品	「２」その他の事務機器	5	
キャノピー（金属造） **キャノピーのみ独立しているもの** **建物に接続しているもの**	構築物 建物	金属造のもの その他のもの （構造、用途、細目別に）	 45 50 〜 14	キャノピーとは、ガソリンスタンドにおける給油設備の日よけ設備をいう。 建物本体の耐用年数を適用する。ただし、建物本体と構造材質が異なる場合には、金属造建物の耐用年数を適用できる。
キャノピーに設置した給油設備（ガソリン販売業用に使用）	機械装置	「45」その他の小売業用設備 ガソリン又は液化石油スタンド設備	 8	
キャビネット	器具備品	「１」キャビネット 主として金属製のもの その他のもの	 15 8	 （耐通2-7-2参照）
キャリパス	工具	測定工具・検査工具	5	（耐通2-6-1参照）
キュービクル	建物附属設備 機械装置	電気設備 その他のもの	 15	 別表第二の「設備の種類」に応じた耐用年数を適用する。
きゅう舎	建物	（魚市場用建物参照）	38 〜 15	
気球	器具備品	「５」気球	3	
気泡コンクリートプレハブ住宅	建物	（大型コンクリートプレハブ住宅参照）	47 〜 34	
汽力発電用構築物	構築物	（火力発電用構築物参照）	41	
軌道業用構築物	構築物	軌道業用のもの 軌条・その附属品 まくら木 木製 コンクリート製・金属製 分岐器 通信線・信号線・電燈電力線・信号機・電線支持物（電柱・腕木を除く。） 送配電線・き電線 電車線・第三軌条 帰線ボンド 木柱・木塔（腕木を含む。） 架空索道用のもの その他のもの 前掲以外のもの 線路設備 軌道設備 道床 その他のもの 土工設備 橋りょう 鉄筋コンクリート造 鉄骨造	 20 8 20 15 30 40 20 5 15 25 60 16 57 50 40	「前掲以外のもの」の構築物の細目と個別耐用年数については、耐通付表３を参照のこと。 「土工設備」とは、鉄道軌道施設のため構築した線路切取、線路築堤、川道付替え、土留め等の土工施設をいう（耐通2-3-1参照）。 高架鉄道の高架構造物のく体は「高架道路」に該当せず、「橋りょう」に含まれる（耐

資産の名称	種類	構造又は用途及び細目	耐用年数	備考
		その他のもの トンネル 鉄筋コンクリート造 れんが造 その他のもの その他のもの 停車場設備 電路設備 鉄柱・鉄塔・コンクリート柱・コンクリート塔 踏切保安設備 自動列車停止設備 その他のもの その他のもの	15 60 35 30 21 32 45 12 12 19 40	通2-3-2参照)。
軌道用構築物	構築物	軌道用のもの 軌条・その附属品・まくら木 道床 土工設備 橋りょう 鉄筋コンクリート造 鉄骨造 その他のもの トンネル 鉄筋コンクリート造 れんが造 その他のもの その他のもの	 15 60 50 50 40 15 60 35 30 30	「土工設備」とは、鉄道軌道施設のため構築した線路切取、線路築堤、川道付替え、土留め等の土工施設をいう(耐通2-3-1参照)。 高架鉄道の高架構造物のく体は「高架道路」に該当せず、「橋りょう」に含まれる(耐通2-3-2参照)。
軌道用車両	車両運搬具	(鉄道用・軌道用車両参照)	20 〜 5	
起重機船	構築物	(構造、用途、細目別に)		一定の場所に固着したものは、構築物に該当する(耐通2-4-4参照)。
	船舶	船舶法第4条から第19条までの適用を受ける船舶 鋼船 その他のもの 総トン数が2,000トン以上のもの 総トン数が2,000トン未満のもの その他のもの 木船 その他のもの 軽合金船 強化プラスチック船 その他のもの 鋼船 その他のもの 木船 その他のもの その他のもの その他のもの	 15 14 10 9 7 12 8 5	船舶法第4条から第19条までの適用を受ける船舶とは、次に掲げる船舶以外の船舶をいう(船舶法第20条参照)。 1　総トン数20トン未満の船舶 2　端舟その他櫓櫂(ろかい)のみをもって運転し、又は主として櫓櫂をもって運転する舟 自力で水上を航行しないものであっても、船舶に該当する(耐通2-4-4参照)。
	機械装置	(「設備の種類」別の耐用年数による。)		クレーン部分については、船舶本体と区分して耐用年数省令別表第二(機械装置)の耐用年数を適用することができる(耐通2-4-1、耐通1-4-2参照)。

資産の名称	種類	構造又は用途及び細目	耐用年数	備考
寄宿舎	建物	（学校用建物参照）	47 〜 20	
基準巻尺	工具	測定工具・検査工具	5	（耐通2-6-1参照）
機能回復訓練機器	器具備品	「8」その他のもの 主として金属製のもの ハバードタンクその他の作動部分を有するもの その他のもの その他のもの	 6 10 5	（耐通2-7-2参照）
喫茶店用簡易装備	建物附属設備	店用簡易装備	3	主として小売店舗等に取り付けられる装飾を兼ねた造作（ルーバー、壁板等）、陳列棚（器具備品に該当するものを除く。）、カウンター（比較的容易に取替えのできるものに限る。）等でおおむね3年以内に取替えが見込まれるものがこれに該当する（耐通2-2-6参照）。
客室冷蔵庫自動管理機器 客室の冷蔵庫 フロント等に設置する機器	 器具備品 〃	 「1」電気冷蔵庫 「2」電子計算機 その他のもの	 6 5	旅館又はホテルの客室の冷蔵庫内の物品出し入れを自動的に記録するためにフロント等に設置されるものがこれに該当する（耐通2-7-6の2参照）。
救急車	車両運搬具	特殊自動車 救急車	 5	
救命袋	器具備品	「11」その他のもの その他のもの	 5	（耐通2-2-4の2参照）
球戯用具	器具備品	「9」球戯用具	2	パチンコ器、ビンゴ器その他これらに類するものがこれに該当する。
給食加工場用建物	建物	（工場用建物参照）	38 〜 7	（耐通2-1-11参照）
給排水設備 （給水用ポンプ、排水用ポンプ、配管、建物に附属する給水用タンクその他の附属品等）	建物附属設備	給排水設備	15	多数の建物に給水するために設けられた井戸、浄水設備、給水塔、給水塔から各建物までの配管等の設備は、「建物附属設備」に該当せず、「構築物」又は「機械装置」に該当する。
共同アンテナ	器具備品 構築物 建物	（テレビジョン共同聴視用装置参照）	10 10 50 〜 7	ビルの建築に際してビル近辺の住民のために設定してビル近辺の住民に寄贈した場合がこれに該当する（耐通2-7-9参照）。
教会用建物	建物	（研究所用建物参照）	50 〜 22	（耐通2-1-1参照）
競技場用構築物	構築物	（運動場用構築物参照）	45 〜 10	

資産の名称	種類	構造又は用途及び細目	耐用年数	備　　考
強化プラスチック船	船舶	船舶法第４条から第19条までの適用を受ける強化プラスチック船 その他のもの 　その他のもの 　　モーターボート・搭載漁船 　　その他のもの	 7 4 5	
凶器発見器	器具備品	「３」試験・測定機器	5	
胸像（銅像） 　**屋外に設置したもの** 　**社屋内に簡単に設置したもの**	 構築物 器具備品	 コンクリート造のもの 　その他のもの 金属造のもの 　その他のもの 「11」その他のもの 　主として金属製のもの	 40 45 10	胸像本体と台座との材質が異なる場合には、主たる構造に応ずる耐用年数によることになるが、この場合は、取得価額ウエイトの大小により判定することが合理的である。 芸術的価値のあるものを除く（基通7-1-1参照）。
金庫	器具備品	「６」金庫 　手提げ金庫 　その他のもの	 5 20	金融機関等の建物内にある「金庫室」は、その全部が建物に含まれる（耐通2-7-12参照）。
金銭登録機	器具備品	「２」金銭登録機	5	
金属製柱	工具	金属製柱	3	鉱業の坑道において鉱物の採掘等の作業に使用される金属製の支柱及び横はり（梁）がこれに該当する（耐通2-6-3参照）。
金融機関用建物 　**営業所用の建物で、常時多数の顧客が出入りし、その顧客と取引を行うための建物** 　**その他のもので事務所用のもの**	 建物 建物	 （店舗用建物参照） （研究所用建物参照）	 39 ～ 20 50 ～ 22	 （耐通2-1-3参照）
漁具	器具備品	「11」漁具	3	
魚群探知器	工具	測定工具	5	可搬式の簡易なものがこれに該当する（耐通2-4-1参照）。
魚群探知器等	機械装置	「27」漁業用設備	5	（昭57.10.6付直法2-8参照）
きのこ栽培用ほだ木	器具備品	「11」きのこ栽培用ほだ木	3	
漁船	船舶	船舶法第４条から第19条までの適用を受ける船舶 　鋼船 　　漁船 　　　総トン数が500トン以上のもの 　　　総トン数が500トン未満のもの 　木船 　　漁船 　軽合金船 　強化プラスチック船 その他のもの 　鋼船 　　搭載漁船 　　その他のもの 　木船 　　搭載漁船	 12 9 6 9 7 8 12 4	船舶法第４条から第19条までの適用を受ける船舶とは、次に掲げる船舶以外の船舶をいう（船舶法第20条参照）。 １　総トン数20トン未満の船舶 ２　端舟その他櫓櫂（ろかい）のみをもって運転し、又は主として櫓櫂をもって運転する舟

資産の名称	種類	構造又は用途及び細目	耐用年数	備考
		動力漁船 その他のもの その他のもの 搭載漁船 その他のもの	6 8 4 5	
漁網	器具備品	「11」漁具	3	網地、浮子、沈子、綱及び延縄もこれに該当する。
クーラー	器具備品	「1」冷房用機器	6	
クリーンルーム 内部造作	建物附属設備 建物	可動間仕切り その他のもの （工場用建物参照）	 15 38～7	建物の内部造作を構成しないものがこれに該当する。 建物の内部造作を構成するものがこれに該当する（耐通1-2-3参照）。
照明設備	建物附属設備	電気設備 その他のもの	 15	
空調設備・温湿度監視装置	機械装置	（「設備の種類」別の耐用年数による）		（耐通2-2-4参照）
クルーザー	船舶	その他のもの その他のもの モーターボート・搭載漁船	 4	総トン数20トン未満のものがこれに該当する。
クレーン （工場内で使用のもの）	機械装置			（耐通1-4-7参照） クレーンが属する製造設備の耐用年数を適用。
クレーン船	船舶	（起重機船参照）	15～5	
クローラ型ダンプトレーラー	車両運搬具	前掲のもの以外のもの その他のもの 自走能力を有するもの	 7	
クロノメーター	器具備品	「3」時計	10	
クラブハウス（ゴルフ場）	建物	（研究所用建物参照）	50～22	（耐通2-1-1参照）
グライダー	航空機	その他のもの グライダー	 5	
供養塔（石造）	構築物	石造のもの その他のもの	 50	
空港ビル	建物	（魚市場用建物参照）	38～15	売店、食堂等を有する空港ビルは、２以上の用途に供されているものとする（耐通1-2-4参照）。
空気清浄機	器具備品	「1」電気冷蔵庫、電気洗濯機その他これらに類する電気又はガス機器	6	
組立式プール（ナイロングランドプール）	器具備品	「11」その他のもの 主として金属製のもの その他のもの	 10 5	内側ナイロン部分については支柱と区分して耐用年数を適用することができる（耐通2-7-17参照）。 なお、ナイロン部分については、税務署長の確認手続により「11」の「シート及びロープ」の２年が認められる場合がある（耐通1-1-9参照）。
組立式商品保管棚	器具備品	「11」その他のもの 主として金属製のもの その他のもの	 10 5	建物に固着し、建物と一体となっているようなものは「建物」の本体に含めて償却する。

資産の名称	種類	構造又は用途及び細目	耐用年数	備考
車いす（医療用）	器具備品	「8」その他のもの 主として金属製のもの その他のもの	 10 5	
ゲージ	工具	測定工具・検査工具	5	主なゲージは、ブロックゲージ、ダイヤルゲージ、限界ゲージ及びアングルブロックゲージである（耐通2-6-1参照）。
ゲームセンター用建物	建物	（店舗用建物参照）	39 〜 20	（耐通2-1-3参照）
ゲレンデの土工施設（スキー場）	構築物	競技場用・運動場用のもの スポーツ場の土工施設	 30	リフト事業者が他人所有地に行った左の工事費用は繰延資産となる（基通8-1-9参照）。
下水道	構築物	鉄骨鉄筋コンクリート造・鉄筋コンクリート造・石造のもの コンクリート造・コンクリートブロック造・土造のもの	35 15	土地の取得に伴って行った下水路の改修費用は、土地の取得価額に含めることもできる（基通7-3-4参照）。
計算機（電子計算機を除く。）	器具備品	「2」計算機	5	
鶏舎 隔壁により内部と外部が遮断されている構造のもの 上記以外のもの	 建物 構築物	 （養鶏用鶏舎参照） （飼育場参照）	 38 〜 15 30 〜 7	 これに附帯する養鶏用のゲージ等の一切の施設もこれに含めて償却することができる（耐通2-3-15参照）。
軽合金船	船舶	船舶法第4条から第19条までの適用を受ける軽合金船 水中翼船・ホバークラフト その他のもの その他のもの その他のもの モーターボート・搭載漁船 その他のもの	 8 9 4 5	船舶法第4条から第19条までの適用を受ける船舶とは、次に掲げる船舶以外の船舶をいう（船舶法第20条参照）。 1　総トン数20トン未満の船舶 2　端舟その他櫓櫂（ろかい）のみをもって運転し、又は主として櫓櫂をもって運転する舟
携帯用電気グラインダー	工具	前掲のもの以外もの その他のもの	 3	
警備情報自動探知処理装置（自動警報装置）	機械装置	「55」前掲の機械装置以外のもの 主として金属製のもの など	 17	ＮＴＴの電話回線を利用するものがこれに該当する（耐通1-4-2参照）。
掲揚塔	構築物	金属造のもの その他のもの	 45	税務署長の確認を受けて、街路灯の耐用年数10年の適用ができる場合がある（耐通1-1-9参照）。
競輪場用競走路	構築物	（運動場用構築物参照）	15 〜 10	
劇場用観客いす	器具備品	「9」劇場用観客いす	3	
劇場用建物	建物	（飲食店用建物参照）	41 〜 19	
下水清掃車	車両運搬具	特殊自動車 タンク車その他特殊車体を架装したもの 小型車	 3	真空ポンプとタンクを架装したものがこれに該当する。 小型車とは、総排気量が2リットル以下のものをいう。

資産の名称	種類	構造又は用途及び細目	耐用年数	備考
		その他のもの	4	
血液透析用機器	器具備品	「8」血液透析用機器	7	
血しょう交換用機器	器具備品	「8」血しょう交換用機器	7	
結婚式場用の各種資産 じゅうたん 応接セット等の家具 祭壇（木造） 照明用のシャンデリア 式場用の建物	 器具備品 〃 〃 建物附属設備 建物	 「1」じゅうたんその他の床用敷物 小売業用、接客業用 「1」応接セット 接客業用 「11」その他のもの その他のもの 電気設備 その他のもの （飲食店用建物参照）	 3 5 5 15 41 〜 19	建物に固着している祭壇は、「建物」に含まれる。
研究所用建物	建物	鉄骨鉄筋コンクリート造・鉄筋コンクリート造 れんが造・石造・ブロック造 金属造 骨格材の肉厚が次のもの 4㎜超 3㎜超4㎜以下 3㎜以下 木造・合成樹脂造 木骨モルタル造	50 41 38 30 22 24 22	これは、耐用年数表の細目の「事務所用又は美術館用のもの及び左記以外のもの」に該当する。 博物館用、社寺用、教会用及び設計所用の建物もこの細目に含まれる（耐通2-1-1参照）。
検眼器 眼鏡小売店用 眼科医用	 器具備品 〃	 「4」その他の機器 「8」光学検査機器 その他のもの	 8 8	
現金自動支払機	器具備品	「2」その他の事務機器	5	
検孔機	器具備品	「2」その他の事務機器	5	
健康運動機具	器具備品	「9」スポーツ具	3	
検査工具	工具	測定工具・検査工具	5	
顕微鏡	器具備品	「4」顕微鏡	8	
原子時計	器具備品	「3」時計	10	
限界ゲージ	工具	測定工具・検査工具	5	（耐通2-6-1参照）
コイン洗車機	器具備品	「11」その他のもの 主として金属製のもの	 10	
コインランドリー	器具備品 機械装置	「1」電気洗濯機に類する電気機器 「49」洗濯業、理容業、美容業又は浴場業用設備	 6 13	家庭用類似の洗濯機、乾燥機を設置した簡易な機器に限る。 一般的には、機械装置に該当する。
コインロッカー（金属製）	器具備品	「11」その他のもの 主として金属製のもの	 10	（耐通2-7-18参照）
コピー機	器具備品	「2」複写機	5	
コマーシャルフィルム	器具備品	「11」映画フィルム	2	その製作費もこれに含まれる。
コロ	器具備品	「11」その他のもの 主として金属製のもの その他のもの	 10 5	 （耐通2-7-2参照）
コンクリートプレハブ造建物	建物	ブロック造のもの	41 〜 20	これには、耐用年数表の細目に応じた耐用年数を適用する。

資産の名称	種類	構造又は用途及び細目	耐用年数	備考
コンクリート敷道路	構築物	舗装道路 コンクリート敷のもの	15	鉄筋コンクリート敷道路もこれに含まれる。
コンパス測定器	工具	測定工具・検査工具	5	主なコンパス測定器はポケットコンパス、プリズマティックコンパス、ハンギングコンパス及びプルントンコンパスである。
コンテナー	器具備品	「6」コンテナ 大型コンテナー その他のもの 金属造のもの その他のもの	 7 3 2	 長さが6メートル以上のものがこれに該当する。
ゴーカート	器具備品	「9」スポーツ具	3	遊園地内で走行するものがこれに該当する（耐通2-7-14参照）。
ゴルフシミュレーター	器具備品	「9」スポーツ具	3	
ゴルフセット	器具備品	「9」スポーツ具	3	社員の福利厚生用のものがこれに該当する。
ゴルフ場用設備 クラブハウス	 建物	 （研究所用建物参照）	 50 〜 22	 （耐通2-1-1参照）
コース内の売店	〃	（小売店舗用建物参照）	39 〜 19	
避雷小屋（掘立造）	〃	簡易建物 掘立造のもの	 7	
フェアウェイ・グリーン・築山、池その他これらに類するもので一体となってそのゴルフコースを構成するもの	（土地）	（非減価償却資産）		（耐通2-3-6参照）
暗きょ排水施設	構築物	競技場用のもの ゴルフコースの排水その他の土工施設	 30	
動く歩道	機械装置	「51」娯楽業用設備 主として金属製のもの	 17	（耐通1-4-2参照）
橋（金属造）	構築物	金属造のもの 橋	 45	
ラインカート レール	 〃	 その他の軌道用のもの 軌条	 15	
カート	車両運搬具	前掲のもの以外のもの その他のもの 自走能力を有するもの	 7	
ガソリンエンジン式ゴルフカート 乗用型（四輪・660cc以下）	〃	前掲のもの以外のもの 自動車 小型車	 4	
電動式ゴルフカート 乗用型（四輪） 歩行型（三輪）	〃	前掲のもの以外のもの 自動車 小型車 三輪自動車	 4 3	
芝刈機 乗用型自走式	 機械装置	 「51」娯楽業用設備		

コ

資産の名称	種類	構造又は用途及び細目	耐用年数	備考
		主として金属製のもの	17	
歩行型自走式、手押式	器具備品	「11」その他のもの 　主として金属製のもの	10	
花壇（クラブハウス周辺のもの）	構築物	緑化施設 　その他の緑化施設	20	
防球ネット	〃	競技場用のもの ネット設備	15	
ゴルフ練習場用設備				
打席用建造物（建物と認められないもの）	構築物	競技場用のもの 　その他のもの 　　その他のもの 　　　主として木造のもの	15	
		その他のもの	30	
ネット設備	構築物	運動場用のもの 　ネット設備	15	
芝生	〃	緑化施設 　その他の緑化施設	20	
人工芝	〃	合成樹脂造のもの	10	
ボール洗浄・乾燥・配球装置（この設備に係る電気設備を含む。）	機械装置	「51」娯楽業用設備 　主として金属製のもの	17	
オートティーアップシステム	〃	「51」娯楽業用設備 　主として金属製のもの	17	
自走式ボール回収機	〃	「51」娯楽業用設備 　主として金属製のもの	17	（耐通2-5-5参照）
芝刈機				
乗用型自走式	〃	「51」娯楽業用設備 　主として金属製のもの	17	
歩行型自走式、手押式	器具備品	「11」その他のもの 　主として金属製のもの	10	
ビデオ装置	〃	「1」テレビジョン・テープレコーダー	5	
貸クラブ・貸靴	〃	「9」スポーツ具	3	
ゴンドラ装置	建物附属設備	前掲のもの以外のもの 　主として金属製のもの	18	建物の外窓の清掃のために設備された屋上のレール、ゴンドラ支持物及びゴンドラがこれに該当する（耐通2-2-7参照）。
	器具備品	「11」その他のもの 　主として金属製のもの	10	ビル清掃会社が作業をするビルまで運搬して使用するものがこれに該当する。
小売店舗用建物	建物	鉄骨鉄筋コンクリート造・鉄筋コンクリート造のもの	39	
		れんが造・石造・ブロック造のもの	38	
		金属造（骨格材の肉厚４㎜超）のもの	34	
		金属造（骨格材の肉厚３㎜超４㎜以下）のもの	27	
		金属造（骨格材の肉厚３㎜以下）のもの	19	
		木造・合成樹脂造のもの	22	
		木骨モルタル造のもの	20	
小型トランシット	工具	測定工具・検査工具	5	（耐通2-6-1参照）
小道具	器具備品	「９」小道具	2	
碁石・碁盤	器具備品	「９」遊戯具	5	

資産の名称	種類	構造又は用途及び細目	耐用年数	備考
工業用レントゲン	機械装置 工具 器具備品	(「設備の種類」別の耐用年数による) 検査工具 「3」試験機器	 5 5	 製品の検査等に使用されているポータブル式のものがこれに該当する。 試験所等で専ら材料の研究等に使われているものがこれに該当する。
航空写真のフィルム	器具備品	「11」映画フィルム	2	
工作船	船舶	(起重機船参照)	15 〜 5	
工場構内の附属建物	建物	(工場用建物参照)	38 〜 7	(耐通2-1-10参照)
工場土間の舗装	建物	(工場用建物参照)	38 〜 7	工場用建物の造作として工場用建物に含まれる。
工場用建物	建物	鉄骨鉄筋コンクリート造・鉄筋コンクリート造のもの Ａ・Ｂのもの Ｃのもの その他のもの れんが造・石造・ブロック造のもの Ａのもの Ｃのもの その他のもの 金属造(骨格材の肉厚４㎜超)のもの Ａ・Ｂのもの Ｃのもの その他のもの 金属造(骨格材の肉厚３㎜超４㎜以下)のもの Ａのもの Ｃのもの その他のもの 金属造(骨格材の肉厚３㎜以下)のもの Ａのもの Ｃのもの その他のもの 木造・合成樹脂造のもの Ａのもの Ｃのもの その他のもの 木骨モルタル造のもの Ａのもの Ｃのもの その他のもの	 24 31 38 22 28 34 20 25 31 15 19 24 12 14 17 9 11 15 7 10 14	作業場用建物は、この細目に含まれる。 Ａは、塩素、塩酸、硫酸、硝酸等著しい腐食性を有する液体又は気体の影響を直接全面的に受けるものを指す。その範囲については、耐通2-1-13、2-1-14及び耐通付表１を参照のこと。 Ｂは、放射性同位元素の放射線を直接受けるものを指す。その範囲については、耐通2-1-16及び2-1-17を参照のこと。 Ｃは、塩、チリ硝石等著しい潮解性を有する固体を常置するためのもの及び著しい蒸気の影響を直接全面的に受けるものを指す。その範囲については、耐通2-1-18、2-1-19、2-1-20及び耐通付表２を参照のこと。
工場用建物内の電気設備 **電灯用配線施設・照明設備** **その他の電気設備**	 建物附属設備 機械装置	 電気設備 その他のもの (工場の機械装置の「設備の種類」別の耐用年数による。)	 15	その発電設備から生ずる電力を専ら用いて他の最終製品が生産等される場合のその発電設備は、その他の最終製品に係る設備として、いずれの設備の種類に該当するかを判定する(耐通1-4-5、2-2-2参

資産の名称	種類	構造又は用途及び細目	耐用年数	備考
				照)。
工場緑化施設	構築物	緑化施設 工場緑化施設	 7	工場の緑化を目的として施設された緑化施設がこれに該当する(耐通2-3-8の3、2-3-8の4、2-3-8の5参照)。
公衆浴場用建物	建物	鉄骨鉄筋コンクリート造・鉄筋コンクリート造のもの れんが造・石造・ブロック造のもの 金属造のもの 骨格材の肉厚が次のもの 4㎜超 3㎜超4㎜以下 3㎜以下 木造・合成樹脂造のもの 木骨モルタル造のもの	31 30 27 19 15 12 11	特殊浴場、旅館、ホテル、事務所等の浴場又は浴室については、この細目に該当しない(耐通2-1-9参照)。
広告用構築物等 広告塔 ネオンサイン	 構築物 器具備品	 広告用のもの 金属造のもの その他のもの 「5」ネオンサイン	 20 10 3	野立看板、ビルの屋上の広告塔もこれに該当する(耐通2-3-5参照)。 ネオン放電管・附属の変圧器、ネオンサインの反射板及びネオンサインを覆う合成樹脂等もこれに該当する(耐通2-3-5、2-7-10参照)。
交通標識(主として金属製)	構築物	金属造のもの その他のもの	 45	税務署長の確認を受けてガードレールの耐用年数を適用できる場合がある(耐通1-1-9参照)。
光学検査機器(医療用)	器具備品	「8」光学検査機器 ファイバースコープ その他のもの	 6 8	
光学読取装置	器具備品	「2」金銭登録機	3	販売時点情報管理装置(POSシステム)を構成するものがこれに該当する。
恒温室(開発研究用)	建物 建物附属設備	「別表第六」建物 「別表第六」建物附属設備	5 5	建物全部又は一部を開発研究用の恒温室にするために特に施設した内部造作部分又は建物附属設備部分がこれに該当する。
高架道路	構築物	鉄骨鉄筋コンクリート造・鉄筋コンクリート造のもの	30	高架道路の高架構築物のく体部分がこれに該当する(耐通2-3-14参照)。
高圧酸素治療タンク	器具備品	「8」その他のもの その他のもの 陶磁器製・ガラス製のもの 主として金属製のもの その他のもの	 3 10 5	
高圧タンク車	車両運搬具	鉄道用・軌道用車両 貨車 高圧タンク車	 10	(耐通2-5-2参照)
高圧ボンベ車	車両運搬具	鉄道用・軌道用車両 貨車 高圧ボンベ車	 10	(耐通2-5-2参照)
高所作業車	車両運搬具	特殊自動車 タンク車、レッカーその他特殊車体を架装したもの 小型車	 3	人又は物を乗せて運搬することを目的とした車両がこれに該当する。

資産の名称	種類	構造又は用途及び細目	耐用年数	備考
	機械装置	その他のもの 「30」総合工事業用設備　など	4	自走式であるが、人又は物の運搬を目的とせず、作業場において作業することを目的とするものがこれに該当する（耐通2-5-5参照）。
高速自動宛名印刷装置（ダイレクトメール代行業者が使用するもの）	器具備品	「2」その他の事務機器	5	
硬貨計算機	器具備品	「2」計算機に類するもの	5	
硬度計	工具	測定工具・検査工具	5	（耐通2-6-1参照）
鉱業用廃石捨場	構築物	コンクリート造・コンクリートブロック造のもの 鉱業用廃石捨場	5	
鉱車（鉱山用）	車両運搬具	前掲のもの以外のもの 鉱山用鉱車 金属製のもの その他のもの	 7 4	
鋼索鉄道用車両	車両運搬具	鉄道用・軌道用車両 鋼索鉄道用車両	15	
鋼矢板岸壁	構築物	金属造のもの 鋼矢板岸壁	25	
講堂（学校用以外のもの）	建物	（研究所用建物参照）	50 〜 22	
合成樹脂造構築物	構築物	合成樹脂造のもの	10	
氷自動販売機	器具備品	「11」自動販売機	5	
氷冷蔵庫	器具備品	「1」氷冷蔵庫	4	電気式のものは電気冷蔵庫に該当する。
氷貯蔵用建物 倉庫事業用のもの その他のもの	 建物 建物	 （倉庫事業の倉庫用建物のD参照） （冷蔵倉庫用建物参照）	 21 〜 7 24 〜 7	 （耐通2-1-15参照）

資産の名称	種類	構造又は用途及び細目	耐用年数	備考
サーバー	器具備品	「2」電子計算機 その他のもの	 5	
サービスセンター用建物	建物	（店舗用建物参照）	39 〜 20	（耐通2-1-3参照）
サイロ	構築物	鉄骨鉄筋コンクリート造・鉄筋コンクリート造のもの コンクリート造・コンクリートブロック造のもの 金属造のもの	35 34 22	
サウナ風呂用建物	建物	（店舗用建物参照）	39 〜 20	（耐通2-1-3、2-1-9参照）
サルベージ船	船舶	（起重機船参照）	15 〜 5	
さく井	構築物	金属造のもの 打ち込み井戸	 10	（耐通2-3-22参照）
座卓	器具備品	「1」その他の家具 接客業用のもの その他のもの 主として金属製のもの その他のもの	 5 15 8	 （耐通2-7-3参照） （耐通2-7-2参照）
座ぶとん	器具備品	「1」座ぶとん	3	
災害報知設備	建物附属設備	災害報知設備	8	盗難防止用設備もこれに含まれる。
祭壇（木造）	器具備品	「11」その他のもの その他のもの	 5	結婚式場にある祭壇もこれに含まれる（建物に固着しているものは建物に含まれる）。
在室標示板	器具備品	「2」その他の通信機器 その他のもの	 10	
作業場	建物	（工場用建物参照）	38 〜 7	
三輪自動車	車両運搬具	運送事業用・貸自動車業用・自動車教習所用 自動車 小型車 その他のもの その他のもの 前掲のもの以外のもの 三輪自動車	 3 4 3	小型車とは、次のものをいう。 1　貨物自動車…積載量が2トン以下のもの 2　その他…総排気量が2リットル以下のもの
散水車	車両運搬具	特殊自動車 散水車	 5	
散水装置	建物附属設備	前掲のもの以外のもの 主として金属製のもの その他のもの	 18 10	危険物倉庫等の屋根の過熱防止のために設置されたものがこれに該当する（耐通2-2-7参照）。
酸素テント	器具備品	「8」手術機器	5	
桟橋（汽力発電用のものを除く。）	構築物	（岸壁参照）	50 〜 10	
産婦人科用検診台	器具備品	「8」その他のもの 主として金属製のもの その他のもの	 10 5	
ＣＤ化された百科辞典	器具備品	「11」その他のもの その他のもの	 5	
シート	器具備品	「11」シート	2	

資産の名称	種類	構造又は用途及び細目	耐用年数	備考
シート門扉 シート部分 支柱部分	 器具備品 〃	 「11」シート 「11」その他のもの 主として金属製のもの その他のもの	 2 10 5	（耐通2-7-17参照）
シャッター	建物			その建物の構成部分として「建物」に含まれる。
ジャバラハウス 支柱部分 天幕	 器具備品 〃	 「11」その他のもの 主として金属製のもの 「11」シート	 10 2	基礎が土地に定着する等別個の構築物と認められる場合には、その基礎部分は構築物に該当する。
シャベル	工具	前掲のもの以外のもの その他のもの	 3	
シャンデリヤ	建物附属設備	電気設備（照明設備） その他のもの	 15	
シュレッダー	器具備品	「２」その他の事務機器	5	事務室等で使用されるものがこれに該当する。
ショーウィンド	建物			その建物の構成部分として「建物」に含まれる。
ショーケース	器具備品	（陳列棚・陳列ケース参照）	8 〜 6	オープンショーケースについては機械及び装置に該当するものもある。
ショールーム用建物	建物	（小売店舗用建物参照）	39 〜 19	（耐通2-1-3参照）
ジャッキー	工具	前掲のもの以外のもの その他のもの	 3	
ジャングルジム（児童用）	構築物	運動場用のもの その他のもの 児童用のもの ジャングルジム	 10	
ジュークボックス	器具備品	「１」音響機器	5	
シンクロスコープ	工具	測定工具・検査工具	5	（耐通2-6-1参照）
し尿車	車両運搬具	特殊自動車 し尿車 小型車 その他のもの	 3 4	小型車とは、積載量が２トン以下のものをいう。
しゅんせつ船	船舶	船舶法第４条から第19条までの適用を受ける船舶 鋼船 その他のもの 総トン数が2,000トン以上のもの 総トン数が2,000トン未満のもの しゅんせつ船 木船 その他のもの 軽合金船 強化プラスチック船 その他のもの 鋼船 しゅんせつ船 木船 しゅんせつ船 その他のもの その他のもの	 15 10 10 9 7 7 5 5	しゅんせつを行うとともに、その採取した砂、砂利、岩石等を運搬することができる構造となっているものもこれに含めることができる（耐通2-4-3参照）。 船舶法第４条から第19条までの適用を受ける船舶とは、次に掲げる船舶以外の船舶をいう（船舶法第20条参照）。 １　総トン数20トン未満の船舶 ２　端舟その他櫓櫂（ろかい）のみをもって運転し、又は主として櫓櫂をもって運転する舟

資産の名称	種類	構造又は用途及び細目	耐用年数	備考
しゅんせつ用カッター	工具	前掲のもの以外のもの その他のもの	 3	
じゅうたん	器具備品	「1」じゅうたん 小売業用、接客業用、放送用、レコード吹込用又は劇場用のもの その他のもの	 3 6	（耐通2-7-3参照）
じんかい車	車両運搬具	特殊自動車 じんかい車 小型車 その他のもの	 3 4	小型車とは、積載量が2トン以下のものをいう。
試験機器	器具備品	「3」試験・測定機器	5	
飼育場	構築物	鉄骨鉄筋コンクリート造・鉄筋コンクリート造のもの コンクリート造・コンクリートブロック造・金属造のもの 合成樹脂造のもの 木造のもの	30 15 10 7	これは、家きん、毛皮獣等の育成、肥育のための飼育小屋、さくその他の工作物をいい、これに附帯する養鶏用のゲージ等の一切の施設を含めることができる（耐通2-3-15参照）。
飼育用建物	建物	（魚市場用建物参照）	38 ≀ 15	これは、家畜、家きん、毛皮獣等の育成、肥育、採卵、採乳等の用に供する建物については、別表第一の「建物」に掲げる「と畜場用のもの」に含めることができる（耐通2-1-8参照）。
歯科診療用ユニット	器具備品	「8」歯科診療用ユニット	7	これには、診療用ユニットのほか、歯科エンジン、スプットン、無影燈及び歯科診療用いす等が含まれる（耐通2-7-13参照）。
治具	工具	治具	3	
事務所用建物	建物	（研究所用建物参照）	50 ≀ 22	
事務机、事務いす	器具備品	「1」事務机、事務いす 主として金属製のもの その他のもの	 15 8	（耐通2-7-2参照）
磁気カートリッジ・磁気カセット	器具備品	「11」その他のもの その他のもの	 5	
磁気テープ	器具備品	「11」磁気テープ	2	
磁気テープクリーナー	器具備品	「2」その他の事務機器	5	
自家発電設備 非常電源用 その他	 建物附属設備 機械装置	 電気設備（照明設備を含む。）	 15	建物の停電時の非常電源用のものがこれに該当する（耐通1-4-6及び耐通2-2-2参照）。 その発電設備から生ずる電力を専ら用いて他の最終製品が生産等される場合のその発電設備は、その他の最終製品に係る設備として、いずれの設備の種類に該当するかを判定する（耐通1-4-5参照）。
自転車	車両運搬具	運送事業用・貸自動車業用・自動車教習所用のもの 自転車 前掲のもの以外のもの 自転車	 2 2	

資産の名称	種類	構造又は用途及び細目	耐用年数	備考
自転車置場	建物	（魚市場用建物参照）	38 〜 15	
集配用建物	建物	（魚市場用建物参照）	38 〜 15	荷扱所がこれに該当する。
自動宛名印刷装置	器具備品	「２」その他の事務機器	5	ダイレクトメール代行業者が使用するもので、高速自動宛名印刷装置がこれに該当する。
自動開閉装置	建物附属設備	ドアー自動開閉設備	12	これには、電動機、圧縮機、駆動装置その他これらの附属機器が含まれる。自動開閉機に直結するドアーは、「建物」に含まれる（耐通2-2-5参照）。
自動株価表示装置	器具備品	「２」その他の事務機器	5	証券取引所と接続されている株価表示装置がこれに該当する。
自動計量機	器具備品	「３」度量衡器	5	小売・卸売店の店頭で使用するものがこれに該当する。
自動警報装置（警備情報自動探知処理装置）	機械装置	「55」前掲の機械装置以外のもの 主として金属製のもの など	 17	ＮＴＴの電話回線を利用するものがこれに該当する（耐通1-4-2参照）。
自動血液分析器	器具備品	「８」自動血液分析器	4	電子装置を使用する機器に限る。
自動氷販売機	器具備品	「11」自動販売機	5	手動のものを含む。
自動梱包機	機械装置 器具備品	「39」道路貨物運送業用設備 「40」倉庫業用設備 「41」運輸に附帯するサービス業用設備 など 「11」その他のもの 主として金属製のもの	12 12 10 10	（耐通1-4-2参照） 事務所で使用されるものがこれに該当する。
自動酸素販売機	器具備品	「11」自動販売機	5	手動のものを含む。
自動車	車両運搬具	前掲のもの以外のもの 自動車（二輪又は三輪自動車を除く。） 小型車 その他のもの 貨物自動車 ダンプ式のもの その他のもの 報道通信用のもの その他のもの 二輪・三輪自動車 フォークリフト	 4 4 5 5 6 3 4	運送事業用、貸自動車業用又は自動車教習所用のものは「運送事業用自動車」に、特殊自動車は「特殊自動車」にそれぞれ該当する。 小型車とは、総排気量が0.66リットル以下のものをいう。
自動車のエンジン等の自動診断装置	器具備品	「３」試験・測定機器	5	
自動車教習所の教室	建物	（学校用建物参照）	47 〜 20	
自動車教習所の模擬運転装置（ドライビングシミュレーター）	機械装置	「52」教育業（学校教育業を除く。）又は学習支援業用設備 教習用運転シミュレータ設備	 5	

資産の名称	種類	構造又は用途及び細目	耐用年数	備考
自動車教習所の信号機	器具備品	「11」その他のもの 主として金属製のもの	10	鉄柱部分と点滅装置が一体となっているものがこれに該当する。
自動車教習所用自動車	車両運搬具	（運送事業用自動車参照）	5 〜 3	
自動車電話加入料		（電気通信施設利用権）	20	
自動車道	構築物	土造のもの 自動車道	40	自動車道事業者の用に供する一般自動車道の土工施設がこれに該当する（耐通2-3-21参照）。
自動消火装置	器具備品	「11」その他のもの 主として金属製のもの	10	建物に固着していないものがこれに該当する。 なお、税務署長の確認手続により「1」冷房用機器に類似するものとして6年の適用が認められる場合がある（耐通1-1-9参照）。
自動錠剤包装機	器具備品	「8」その他のもの その他のもの 主として金属製のもの	10	
自動水栓	建物附属設備	給排水設備	15	
自動送出アダプター	器具備品	「2」電話設備その他の通信機器 デジタル構内交換設備・デジタルボタン電話設備 その他のもの	6 10	
自動掃除機 乗用型自走式 歩行型自走式、手押式	 機械装置 器具備品	 「30」総合工事業用設備など 「1」電気洗濯機に類する電気機器 「11」その他のもの 主として金属製のもの	 6 10	 （耐通2-5-5参照） バッテリー型（電気式のもの）がこれに該当する。 エンジン型のものがこれに該当する。
自動玉洗浄・配球装置	器具備品	「9」その他のもの 主として金属製のもの	10	パチンコ店で使用するものがこれに該当する。
自動販売機	器具備品	「11」自動販売機	5	（耐通2-7-18参照）
自動遊具	器具備品	「9」スポーツ具	3	遊園地、百貨店等に施設されているもので、硬貨・メダルを投入することにより自動的に一定時間遊具自体が駆動する機構のものをいう（耐通2-7-14参照）。
自動理容具	器具備品	「11」自動販売機	5	（耐通2-7-18参照）
自動両替機	器具備品	「11」自動販売機	5	（耐通2-7-18参照）
室内装飾品	器具備品	「1」室内装飾品 主として金属製のもの その他のもの	 15 8	骨とう的価値のあるものは、非減価償却資産に該当する（基通7-1-1参照）。 （耐通2-7-2参照）
芝刈機	器具備品 機械装置	「11」その他のもの 主として金属製のもの 「51」娯楽業用設備など	 10	手押式芝刈機及び歩行型の自走式芝刈機がこれに該当する。 人が搭乗する自走式芝刈機がこれに該当する（耐通2-5-5参照）。
芝生	構築物	緑化施設及び庭園 工業緑化施設 その他の緑化施設	 7 20	（耐通2-3-8の2及び2-3-6参照）

資産の名称	種類	構造又は用途及び細目	耐用年数	備考
地盤補強鋼板	工具	金属製柱及びカッペ	3	
指紋による個人識別装置（壁掛型）	器具備品	「11」その他のもの 主として金属製のもの	 10	簡易、かつ、小規模なもので、比較的簡単に取り付けられるものがこれに該当する。
写真シール印刷機	器具備品	「11」自動販売機	5	ゲームセンター等に設置されるものがこれに該当する。
写真製作機器	器具備品	「４」写真製作機器	8	主な機器は、引伸機、焼付機及び乾燥機である。
写真業用建物	建物	（店舗用建物参照）	39 〜 20	（耐通2-1-3参照）
車庫用建物	建物	（魚市場用建物参照）	38 〜 15	
車両搭載機器	車両運搬具	（搭載されている車両の構造、用途、細目別に）	20 〜 3	車両に常時搭載する機器で、ラジオ、メーター、無線通信機器、クーラー、工具、スペアータイヤ、料金箱、両替機、整理券機、テレビ受像機、カーナビ等については車両と一括して車両の耐用年数を適用する（耐通2-5-1参照）。
社旗	器具備品	「11」その他のもの その他のもの	 5	
社旗掲揚塔	構築物	金属造のもの その他のもの	 45	税務署長の確認を受けて、街路灯の耐用年数10年の適用ができる場合がある（耐通1-1-9参照）。
社寺用建物	建物	（研究所用建物参照）	50 〜 22	（耐通2-1-1参照）
射的用具	器具備品	「９」射的用具	2	
砂利採取船	船舶	船舶法第４条から第19条までの適用を受ける船舶 鋼船 その他のもの 総トン数が2,000トン以上のもの 総トン数が2,000トン未満のもの 砂利採取船 木船 その他のもの 軽合金船 強化プラスチック船 その他のもの 鋼船 砂利採取船 木船 砂利採取船 その他のもの その他のもの	 15 10 10 9 7 7 5 5	砂利採取を行うとともに、その採取した砂、砂利、岩石等を運搬することができる構造となっているものもこれに含めることができる（耐通2-4-3参照）。 船舶法第４条から第19条までの適用を受ける船舶とは、次に掲げる船舶以外の船舶をいう（船舶法第20条）。 1　総トン数20トン未満の船舶 2　端舟その他櫓櫂（ろかい）のみをもって運転し、又は櫓櫂をもって運転する舟
砂利道	構築物	舗装道路 石敷のもの	 15	（耐通2-3-13参照）
手術機器	器具備品	「８」手術機器	5	手術機器、手術台、器械台、吸引器、電気手術器、メス麻酔器、酸素テント等がこれに該当する（耐通2-7-13参照）。

資産の名称	種類	構造又は用途及び細目	耐用年数	備考
周波数測定器	工具	測定工具・検査工具	5	（耐通2-6-1参照）
住宅	建物	（学校用建物参照）	47 ～ 20	
宿泊所用建物	建物	（学校用建物参照）	47 ～ 20	
書画	器具備品	「1」室内装飾品 　その他のもの	 8	骨とう的価値のあるものは非減価償却資産に該当する（基通7-1-1参照）。
書籍（図書）	器具備品	「11」その他のもの 　その他のもの	 5	
書棚	器具備品 機械装置	「1」その他の家具 　その他のもの 　　主として金属製のもの 　　その他のもの 「55」前掲の機械装置以外のもの 　主として金属製のもの など	 15 8 17	 電動移動式のもので機械装置と認められるものがこれに該当する。 （耐通1-4-2参照）
書類搬送装置	建物附属設備 器具備品	前掲のもの以外のもの 　主として金属製のもの 　その他のもの 「2」その他の事務機器	 18 10 5	建物に組み込まれたエアーシューター等は「建物附属設備」に該当し、事務室内の机と机との間を結ぶ書類搬送用の簡易なコンベアー等は「器具備品」に該当する（耐通2-2-7、2-7-8参照）。
除雪機	器具備品	「11」その他のもの 　主として金属製のもの	 10	人が搭乗するものは「除雪車」に該当する。
除雪車	車両運搬具	特殊自動車 　除雪車	 4	
小水力発電用構築物	構築物	発電用のもの 　小水力発電用のもの	 30	農山漁村電気導入促進法に基づき建設したものに限る。
小便器自動洗浄器	建物附属設備	給排水・衛生設備	15	
将棋駒・将棋盤	器具備品	「9」遊戯具	5	
消火器	器具備品	「11」その他のもの 　主として金属製のもの	 10	可搬性の消火器がこれに該当する。
消火設備	建物附属設備	消火設備	8	
消毒殺菌用機器	器具備品	「8」消毒殺菌用機器	4	煮沸消毒器、殺菌水手洗装置等もこれに該当する。
消防車	車両運搬具	特殊自動車 　消防車	 5	
硝酸用貯槽（金属造）	構築物	金属造のもの 　薬品貯槽 　　硝酸用のもの	 10	生産工程の一部としての機能を有するものは、機械装置に該当する（耐通1-3-2参照）。
焼却炉	構築物 器具備品	（煙突参照） 「11」焼却炉	35 ～ 7 5	土地に固着しているものがこれに該当する。
照明設備	建物附属設備	電気設備 　その他のもの	 15	建物に固着していないものは、「器具備品」又は「機械装置」に該当する。
上水道	構築物	鉄骨鉄筋コンクリート造・鉄筋コンクリート造・石造のもの コンクリート造・コンクリートブロック造・土造のもの	50 30	

資産の名称	種類	構造又は用途及び細目	耐用年数	備考
蒸気機関車	車両運搬具	鉄道用・軌道用車両 蒸気機関車	18	
食事用品	器具備品	「1」食事用品 陶磁器製・ガラス製のもの その他のもの	2 5	
食品製造用型	工具	型 その他のもの	3	
植物	器具備品	「10」植物 貸付業用のもの その他のもの	2 15	果樹等（観賞用を除く。）は別表第四（生物の耐用年数表）の耐用年数を適用する。
信号発生器	工具	測定工具・検査工具	5	（耐通2-6-1参照）
寝具	器具備品	「1」寝具	3	
寝台車	車両運搬具	鉄道用・軌道用車両 その他のもの 特殊自動車 寝台車 小型車 その他のもの	20 3 4	小型車とは、総排気量が2リットル以下のものをいう。
心電計	器具備品	「8」その他のもの 電子装置を使用する機器 その他のもの	6	病院、診療所等における診療用又は治療用のものがこれに該当する（耐通2-7-13参照）。
人工芝（野球場・運動場用）	構築物 構築物	競技場用・運動場用のもの スポーツ場の土工施設 合成樹脂造のもの	30 10	細密アスファルトコンクリート部分及び砕石層部分（基礎部分）がこれに該当する。 ターフ（芝生状の起毛）部分及びアンダーパット部分がこれに該当する。
人工腎臓透析装置	器具備品	「8」血液透析又は血しょう交換用機器	7	これは、患者の身体に対する外科的処置を行うことを目的とするものでないので「手術機器」に該当しない。
人車（鉱山用）	車両運搬具	前掲のもの以外のもの 鉱山用人車 金属製のもの その他のもの	7 4	
スイッチロック	建物附属設備	災害報知設備	8	これは、金庫と守衛室間を連絡するもので、金庫に異常があると守衛室のベルが鳴って異常を知らせる装置である。
スコップ	工具	前掲のもの以外のもの その他のもの	3	
スコヤー	工具	測定工具・検査工具	5	（耐通2-6-1参照）
スタンド	構築物	（運動場用構築物参照）	45 〜 10	
ステレオ	器具備品	「1」音響機器	5	
ストーブ	器具備品	「1」暖房用機器	6	
スノータイヤ	車両運搬具			これは、当該車両運搬具の取得価額に含まれる。
スノーモービル	車両運搬具	前掲のもの以外のもの 自動車 小型車 その他のもの その他のもの	4 6	小型車とは総排気量が0.66リットル以下のものをいう。

資産の名称	種類	構造又は用途及び細目	耐用年数	備考
スパナ	工具	前掲のもの以外のもの その他のもの	 3	
スピーカー	器具備品	「1」音響機器	5	
スプリンクラー 建物の消火用 芝生等の散水設備 ○工場構内用 ○庭園・事務所構内用 ○ゴルフ場・運動競技場用	 建物附属設備 構築物	 消火設備 緑化施設 工場緑化施設 その他の緑化施設 金属造のもの 送配管 鋳鉄製のもの 鋼鉄製のもの 合成樹脂造のもの	 8 7 20 30 15 10	 （耐通2-3-8の２参照）
スペード	工具	前掲のもの以外のもの その他のもの	 3	
スペアタイヤ	車両運搬具			車両に常時搭載しているものがこれに該当し、これは当該車両運搬具の取得価額に含まれる（耐通2-5-1参照）。
スポーツ具	器具備品	「9」スポーツ具	3	
スライド	器具備品	「11」映画フィルム（スライドを含む。）	2	
スリーブ	工具	取付工具	3	
スロットマシン（自動遊具）	器具備品	「9」スポーツ具	3	（耐通2-7-14参照）
すべり台（児童用）	構築物 器具備品	運動場用のもの その他のもの 児童用のもの すべり台 「9」スポーツ具	 10 3	
寿司自動にぎり機（すしロボット）	器具備品 機械装置	「1」電気冷蔵庫、これらに類する電気機器 「48」飲食店業用設備 「47」宿泊業用設備 など	6 8 10	（耐通1-4-2参照）
水泳トレーニングマシン	構築物	合成樹脂造のもの	10	
水泳プール	構築物 器具備品	運動場用のもの 水泳プール （ナイロングランドプール参照）	 30 10 〜 5	
水銀灯	構築物	金属造のもの 街路灯	 10	
水準器	工具	測定工具・検査工具	5	（耐通2-6-1参照）
水晶時計	器具備品	「3」時計	10	
水槽	構築物	鉄骨鉄筋コンクリート造・鉄筋コンクリート造のもの コンクリート造・コンクリートブロック造のもの 金属造のもの 鋳鉄製 鋼鉄製 合成樹脂造のもの 木造のもの	50 30 25 15 10 10	製造工程中にある中間受槽又はこれに準ずる水槽は、「構築物」に該当せず、「機械装置」に該当する（耐通1-3-2参照）。

資産の名称	種類	構造又は用途及び細目	耐用年数	備考
水中翼船	船舶	船舶法第４条から第19条までの適用を受ける水中翼船	8	
水道用ダム	構築物	鉄骨鉄筋コンクリート造・鉄筋コンクリート造のもの 水道用ダム	80	
水力発電用構築物（小水力発電用構築物を除く。）	構築物	発電用のもの 貯水池・調整池・水路	57	この区分に属する構築物の細目と個別耐用年数については、耐通付表４を参照のこと。
砂場（児童用）	構築物	運動場用のもの その他のもの 児童用のもの その他のもの	15	
相撲桟敷	建物	簡易建物 仮設のもの	7	体育館内に仮設するものに限る。
セメント製品製造用型・型枠	工具	型 その他もの	3	これは、その材質のいかんを問わず、「型」に含まれる。
せん孔機	器具備品	「２」その他の事務機器	5	
製塩用沈澱池	構築物	鉄骨鉄筋コンクリート造・鉄筋コンクリート造のもの 製塩用沈澱池	30	
製靴用型	工具	型 その他のもの	3	
製図機	器具備品	「２」その他の事務機器	5	事務所等において使用される設計製図用のものがこれに該当する。
製表機	器具備品	「２」その他の事務機器	5	
製氷器	器具備品 機械装置	「１」電気冷蔵庫に類する電気機器 「48」飲食店業用設備 「47」宿泊業用設備 など	6 8 10	（耐通1-4-2参照）
石工道具	工具	前掲のもの以外のもの その他のもの	3	
切削工具	工具	切削工具	2	主な切削工具は、次のとおりである。 １　手動用のもの……かんな、のみ、手引のこ、やすり、ハンドタップ ２　機動用のもの……ダイス、ドリル、リーマ、カッター、メタルーソ、タップ、ダイヘッド、転造ローラー、ホブ、ブローチ、バイト、マシンソー
接地線	構築物	放送用、無線通信用のもの 接地線	10	
設計所用建物	建物	（研究所用建物参照）	50 ～ 22	（耐通2-1-1参照）
染色見本	器具備品	「５」模型	2	（耐通2-7-11参照）
船舶	船舶	船舶法第４条から第19条までの適用を受ける船舶 鋼船 漁船 総トン数が500トン以上のもの 総トン数が500トン未満のもの	 12 9	船舶法第４条から第19条までの適用を受ける船舶とは、次に掲げる船舶以外の船舶をいう（船舶法第20条参照）。 １　総トン数20トン未満の船舶 ２　端舟その他櫓櫂（ろかい）のみをも

資産の名称	種類	構造又は用途及び細目	耐用年数	備考
		油槽船		って運転し、又は櫓櫂をもって運転する舟
		総トン数が2,000トン以上のもの	13	
		総トン数が2,000トン未満のもの	11	
		薬品槽船	10	
		その他のもの		
		総トン数が2,000トン以上のもの	15	
		総トン数が2,000トン未満のもの		
		しゅんせつ船・砂利採取船	10	
		カーフェリー	11	
		その他のもの	14	
		木船		
		漁船	6	
		薬品槽船	8	
		その他のもの	10	
		軽合金船（他の項に掲げるものを除く。）	9	
		強化プラスチック船	7	
		水中翼船	8	
		ホバークラフト	8	
		その他のもの		
		鋼船		
		しゅんせつ船・砂利採取船	7	
		発電船・搭載漁船	8	
		ひき船	10	
		その他のもの	12	
		木船		
		搭載漁船	4	
		しゅんせつ船・砂利採取船	5	
		動力漁船・ひき船	6	
		薬品槽船	7	
		その他のもの	8	
		その他のもの		
		モーターボート・搭載漁船	4	
		その他のもの	5	
線路建設保守用工作車	車両運搬具	鉄道用・軌道用車両 線路建設保守用工作車	10	
繊維製品製造用型	工具	型 その他のもの	3	
ソーラーシステム（太陽熱温水器）	建物附属設備	給排水設備	15	
	器具備品	「1」その他のもの		
		主として金属製のもの	15	
		その他のもの	8	
	機械装置	（「設備の種類」別の耐用年数による。）		ソーラーシステムの温水を動力源として製造工程で使用するときは、その製造設備の耐用年数を適用する。
ソケット	工具	取付工具	3	
そで看板	建物附属設備	前掲のもの以外のもの		そで看板は建物附属設備に該当する。
		主として金属製のもの	18	
		その他のもの	10	
そり	車両運搬具	運送事業用のもの		
		その他のもの	4	
		前掲のもの以外のもの		

資産の名称	種類	構造又は用途及び細目	耐用年数	備考
		その他のもの その他のもの	 4	
送受信所用建物	建物	（魚市場用建物参照）	38 ≀ 15	
送電線	構築物	送配電用のもの 送電用のもの 送電線	 36	
送電用構築物	構築物	送配電用のもの 送電用のもの 地中電線路 塔・柱・がい子・送電線・地線・添架電話線	 25 36	この区分に属する構築物の細目と個別耐用年数については、耐通付表4を参照のこと。
送配管	構築物	金属造のもの 送配管 鋳鉄製のもの 鋼鉄製のもの 合成樹脂造のもの	 30 15 10	
倉庫事業の倉庫用建物	建物	鉄骨鉄筋コンクリート造・鉄筋コンクリート造のもの A・Bのもの Cのもの Dのもの その他のもの れんが造・石造・ブロック造のもの Aのもの Cのもの Dのもの その他のもの 金属造（骨格材の肉厚4㎜超）のもの A・Bのもの Cのもの Dのもの その他のもの 金属造（骨格材の肉厚3㎜超4㎜以下）のもの A・Dのもの Cのもの その他のもの 金属造（骨格材の肉厚3㎜以下）のもの A・Dのもの Cのもの その他のもの 木造・合成樹脂造のもの A・Dのもの Cのもの その他のもの 木骨モルタル造のもの A・Dのもの Cのもの その他のもの	 24 31 21 31 22 28 20 30 20 25 19 26 15 19 24 12 14 17 9 11 15 7 10 14	Aは、塩素、塩酸、硫酸、硝酸等著しい腐食性を有する液体又は気体の影響を直接全面的に受けるものを指す。 Bは、放射性同位元素の放射線を直接受けるものを指す。 Cは、塩、チリ硝石等著しい潮解性を有する固体を常置するためのもの及び著しい蒸気の影響を直接全面的に受けるものを指す。 A、B及びCの範囲については、工場用建物の項を参照のこと。 Dは、冷蔵倉庫用のものを指し、冷凍倉庫用、低温倉庫用及び氷の貯蔵庫用のものを含む（耐通2-1-15）。

ソ

資産の名称	種類	構造又は用途及び細目	耐用年数	備考
倉庫用建物 （冷蔵倉庫用建物及び倉庫事業用のものを除く。）	建物	（工場用建物参照）	38 ～ 7	
葬儀用具	器具備品	「11」葬儀用具	3	
造作（賃借建物内のもの）	建物 建物附属設備			建物についてされた造作には合理的に見積もった耐用年数を、建物附属設備についてされた造作には建物附属設備の耐用年数を適用する（耐通1-1-3参照）。
造作（自己所有建物内のもの）	建物 建物附属設備			造作をした建物又は建物附属設備に含まれる（耐通1-2-3参照）。
造船台	構築物	鉄骨鉄筋コンクリート造・鉄筋コンクリート造のもの 造船台	 24	
測定機器	器具備品	「3」試験・測定機器	5	
測定工具	工具	測定工具	5	

資産の名称	種類	構造又は用途及び細目	耐用年数	備考
ターニング治具	工具	治具	3	
タイプオフセット印刷機	機械装置	「7」印刷業又は印刷関連業用設備 その他の設備	 10	（耐通1-4-2、2-7-5参照）
タイプライター	器具備品	「2」タイプライター 孔版印刷・印書業用のもの その他のもの	 3 5	
タイムレコーダー	器具備品	「2」タイムレコーダー	5	
タイムロック	器具備品	「6」金庫 その他のもの	 20	これは、一定時間にならなければ金庫の開扉ができない仕組みの装置であり、金庫内に取り付けて使用する。
タクシー用自動車	車両運搬具	運送事業用のもの 自動車 小型車 その他のもの 大型乗用車 その他のもの	 3 5 4	ハイヤー用自動車もこれに該当する。 小型車とは、総排気量が2リットル以下のものをいう（耐通2-5-6参照）。
タップ	工具	切削工具	2	
タンク車	車両運搬具	鉄道用・軌道用車両 貨車 高圧タンク車 薬品タンク車 その他のタンク車 特殊自動車 タンク車 小型車 その他のもの	 10 12 15 3 4	（耐通2-5-2、2-5-3参照） 小型車とは、総排気量が2リットル以下のものをいう。
ダイス	工具	切削工具	2	
ダイヘッド	工具	切削工具	2	
ダイヤルゲージ	工具	測定工具・検査工具	5	（耐通2-6-1参照）
ダンプカー	車両運搬具	前掲のもの以外のもの 自動車 その他のもの 貨物自動車 ダンプ式のもの	 4	
たんす	器具備品	「1」その他の家具 接客業用のもの その他のもの 主として金属製のもの その他のもの	 5 15 8	 （耐通2-7-3参照） （耐通2-7-2参照）
多段式駐車場設備 駐車棚（建物に該当しないもの） カーリフト	 構築物 機械装置	 金属造のもの 露天式立体駐車設備 「55」機械式駐車設備	 15 10	
大気汚染同時通報装置	器具備品	「2」電話設備その他の通信機器 その他のもの	 10	
体育館	建物	（学校用建物参照）	47 ～ 20	
台車（鉱山用）	車両運搬具	前掲のもの以外のもの 鉱山用台車 金属製のもの その他のもの	 7 4	
台船	船舶	（船舶参照）		
太陽光発電システム	機械装置	「31」電気業用設備		

資産の名称	種類	構造又は用途及び細目	耐用年数	備考
		その他の設備 主として金属製のもの など	17	（耐通1-4-2、耐通1-4-5参照）
太陽灯（医療用）	器具備品	「８」その他のもの その他のもの 主として金属製のもの その他のもの	 10 5	（耐通2-7-13参照）
卓上オフセット印刷機・製版機	器具備品	「２」その他の事務機器	5	事務室等で使用するものがこれに該当する。
託児所用構築物	構築物	（運動場用構築物参照）	45 ～ 10	（耐通2-3-7参照）
託児所用建物	建物	（学校用建物参照）	47 ～ 20	（耐通2-1-4参照）
脱水機	器具備品	「１」電気洗濯機に類する電気機器	6	
建具（畳、戸障子、網戸、ふすま）	建物			その建物の構成部分として、「建物」に含まれる。
建物の内部造作 賃借建物内のもの	 建物 建物附属設備			建物についてされた造作には合理的に見積もった耐用年数を、建物附属設備についてされた造作には建物附属設備の耐用年数を適用する（耐通1-1-3参照）。
自己所有建物内のもの	建物 建物附属設備			造作をした建物又は建物附属設備に含まれる。
立看板	器具備品	「５」看板	3	店頭にある立看板は器具備品に該当する。
玉突き用具	器具備品	「９」玉突き用具	8	
玉磨き機（眼鏡用）	工具 器具備品 機械装置	前掲のもの以外のもの その他のもの 「11」その他のもの 主として金属製のもの 「19」業務用機械器具製造業用設備	 3 10 7	ポータブル式のものがこれに該当する。 ポータブル式でないものがこれに該当する。 乱視用レンズ研磨専業のものがこれに該当する。
鍛圧工具	工具	プレスその他の金属加工用金型、合成樹脂、ゴム又はガラス成型用金型及び鋳造用型 その他のもの	2 3	
丹前	器具備品	「１」丹前	3	
炭車（鉱山用）	車両運搬具	前掲のもの以外のもの 鉱山用炭車 金属製のもの その他のもの	 7 4	
暖房設備 （放熱器、パイプ、温風発生機器、加熱装置、送排風機、ダクト、これらの附属品）	建物附属設備	冷暖房設備（冷凍機の出力が22キロワット以下のもの） その他のもの	13 15	（耐通2-2-4参照） 暖房設備には、蒸気暖房設備、温水暖房設備及び熱風暖房設備がある。
暖房用機器	器具備品	「１」暖房用機器	6	（耐通2-2-4及び耐通2-7-4参照）
チェックライター	器具備品	「２」その他の事務機器	5	
チェンブロック	工具	前掲のもの以外のもの		

資産の名称	種類	構造又は用途及び細目	耐用年数	備考
		その他のもの	3	
チップ製造車	車両運搬具	特殊自動車 チップ製造車	5	
チャック	工具	取付工具	3	
チンパンジー	器具備品	「10」動物 その他のもの	8	動物園の観賞用及びヘルスセンター等の客寄せ用のものがこれに該当する。 器具備品に該当する「おり」についても、チンパンジーの耐用年数を適用することができる（耐通2-7-16参照）。
ちゅう房用品	器具備品	「1」ちゅう房用品 陶磁器製・ガラス製のもの その他のもの	 2 5	
中央監視装置	建物附属設備	前掲のもの以外のもの 主として金属製のもの	18	ビル全体の維持・管理を電子計算機によりコントロールする設備がこれに該当する。
地線	構築物	送配電用のもの 送電用のもの 地線	36	
地中電線路	構築物	送配電用のもの 送電用のもの・配電用のもの 地中電線路	25	配電用構築物の「備考」欄参照のこと。
畜舎	建物 構築物	（魚市場用建物参照） （飼育場参照）	38 〜 15 30 〜 7	（耐通2-1-8参照）
蓄電池電源設備	建物附属設備 機械装置	電気設備 蓄電池電源設備 「55」前掲の機械装置以外のもの 主として金属製のもの	 6 17	 （耐通2-2-2参照） （耐通2-8-9参照）
茶ダンス	器具備品	「1」その他の家具 接客業用のもの その他のもの 主として金属製のもの その他のもの	 5 15 8	 （耐通2-7-3参照） （耐通2-7-2参照）
駐車場 多段式駐車場設備 駐車棚（建物に該当しないもの）	 構築物	 金属造のもの 露天式立体駐車設備	15	カーリフトなどは機械装置に該当する。
立体駐車場	建物 機械装置	（魚市場用建物参照） 「55」機械式駐車設備	38 〜 15 10	構造体、外壁、屋根その他建物を構成している部分は建物に該当する（耐通2-1-12参照）。 機械装置部分がこれに該当する。
駐車場無人管理システム	器具備品	「11」無人駐車管理装置	5	
地下駐車場（鉄筋コンクリート造）	建物	鉄筋コンクリート造のもの 車庫用のもの	38	建物に附属しない地下駐車場がこれに該当する（耐通2-1-12参照）。
貯蔵タンク（金属造）	構築物	金属造のもの （「ガス貯槽」、「薬品貯槽」、「水槽」、「油槽」参照）	25 〜 8	生産工程の一部としての機能を有するものは、機械装置に該当する（耐通1-3-2参照）。

資産の名称	種類	構造又は用途及び細目	耐用年数	備考
	機械装置	(「設備の種類」別の耐用年数による。)		
丁合機(可搬式)	器具備品	「11」その他のもの 主として金属製のもの	 10	
調剤機器	器具備品	「8」調剤機器	6	主な調剤機器は、調剤台、水剤台、分包台、分包機、製剤機、動力用錠剤台、アンプル洗浄器、手回式製丸器、ぶどう糖ろ過器、浸煎剤器、糖衣器、つや出器、載剤器、単舎鍋及び乾燥器である(耐通2-7-13参照)。
陳列棚・陳列ケース	器具備品	「1」陳列棚・陳列ケース 冷凍機付又は冷蔵機付のもの その他のもの	 6 8	
ツルハシ	工具	前掲のもの以外のもの その他のもの	 3	
つり橋(金属造)	構築物	金属造のもの つり橋	 10	
通信衛星	機械装置	「35」通信業用設備	9	
通風設備 **(送排風機、ダクト、これらの附属品)**	建物附属設備	通風設備 冷暖房設備(冷凍機の出力が22キロワット以下のもの) その他のもの	 13 15	冷暖房設備と通風設備とが共用されているものについては、冷暖房設備として取り扱う。
机(事務用) **(児童用)** **(その他)**	器具備品 〃 〃	「1」事務机 主として金属製のもの その他のもの 「1」児童用机 「1」その他の家具 接客業用のもの その他のもの 主として金属製のもの その他のもの	 15 8 5 5 15 8	 (耐通2-7-2参照) (耐通2-7-3参照)
釣堀(コンクリート堀)	構築物	コンクリート造のもの その他のもの	 40	
釣堀の魚類	器具備品たな卸資産	「10」魚類 (非減価償却資産)	2	(耐通2-7-16参照) 客が釣り上げて持ち帰るものがこれに該当する。
テープレコーダー	器具備品	「1」テープレコーダー	5	
テトラポット	構築物	コンクリート造のもの その他のもの	 40	税務署長の確認手続により「防波堤」の30年の適用が認められる場合がある(耐通1-1-9参照)。
テニスコート	構築物	競技場用・運動場用・学校用のもの スポーツ場の土工施設 合成樹脂造のもの	 30 10	アンツーカーを敷きつめたものがこれに該当する(耐通2-3-6参照)。 合成樹脂でコートの表面処理を行ったもののうち合成樹脂部分がこれに該当する。
テニスコートの夜間照明設備	構築物	競技場用、運動場用のもの その他のもの その他のもの その他のもの	 30	屋外で金属製の柱に照明機器を付けたものがこれに該当する。
テレタイプライター	器具備品	「2」テレタイプライター	5	
テレビゲームマシン	器具備品	「9」スポーツ具	3	(耐通2-7-14参照)
テレビジョン	器具備品	「1」テレビジョン	5	
テレビジョン共同聴視用装置	器具備品	「2」その他の通信機器 その他のもの	 10	土地に定着していないものに限る(耐通2-7-9参照)。

資産の名称	種類	構造又は用途及び細目	耐用年数	備考
	構築物	放送用・無線通信用のもの 鉄塔・鉄柱 その他のもの 鉄筋コンクリート柱 木塔・木柱 アンテナ 接地線・放送用配線	 40 42 10 10 10	
	建物		50 ～ 7	ビルの建築に際してビル近辺の住民のために設定してビル近辺の住民に寄贈した場合がこれに該当する（耐通2-7-9参照）。
テレビ会議装置	器具備品	「２」その他の通信機器 その他のもの	 10	
データ通信システム設備 せん孔タイプライター データー電送装置 テレタイプ交換機	 器具備品 〃 〃	 「２」テレタイプライター 「２」テレタイプライター 「２」電話設備その他の通信機器 その他のもの	 5 5 10	電話局と法人間に施設された配線等について支出した負担金は「電気通信施設利用権」に該当する。
デジタルカメラ 本体 イメージメモリーカード	 器具備品 〃	 「４」カメラ 「11」その他のもの その他のもの	 5 5	
デジタル電話	器具備品	「２」電話設備その他の通信機器 デジタル構内交換設備及びデジタルボタン電話設備	 6	
低温室（開発研究用）	建物 建物附属設備	「別表第六」建物 「別表第六」建物附属設備	5 5	建物の全部又は一部を開発研究用の低温室にするために特に施設した内部造作部分又は建物附属設備部分がこれに該当する。
抵抗測定器	工具	測定工具・検査工具	5	（耐通2-6-1参照）
庭園	構築物	庭園	20	泉水、池、とうろう、築山、あずまや等生物以外のものにより構成されているものがこれに該当する（耐通2-3-9参照)。いわゆる庭園と称されるもののうち、花壇、植樹等植物を主体として構成されているものは緑化施設に該当する（耐通2-3-8の２参照)。
停車場用建物	建物	（魚市場用建物参照）	38 ～ 15	
堤防（汽力発電用のものを除く。）	構築物	鉄骨鉄筋コンクリート造・鉄筋コンクリート造・れんが造・石造のもの コンクリート造・コンクリートブロック造のもの 土造のもの 木造のもの	50 30 40 10	
手さげ金庫	器具備品	「６」金庫 手さげ金庫	 5	

資産の名称	種類	構造又は用途及び細目	耐用年数	備考
鉄塔・鉄柱				
鉄道・軌道用	構築物	鉄道業用・軌道業用のもの		
		前掲以外のもの		
		電路設備		
		鉄柱・鉄塔	45	
		その他のもの	40	
送配電用	構築物	送配電用のもの		
		送電用のもの		
		塔・柱	36	
		配電用のもの		
		鉄塔・鉄柱	50	
放送・無線通信用	〃	放送用・無線通信用のもの		
		鉄塔・鉄柱		
		円筒空中線式のもの	30	
		その他のもの	40	
広告用	〃	広告用のもの		
		金属造のもの	20	
その他	〃	金属造のもの		
		その他のもの	45	
鉄道業用構築物	構築物	（軌道業用構築物参照）	60 〜 5	
鉄道用・軌道用車両	車両運搬具	電気・蒸気機関車	18	
		電車	13	
		内燃動車（制御車・附随車を含む。）	11	
		貨車		
		高圧ボンベ車・高圧タンク車	10	
		薬品タンク車・冷凍車	12	
		その他のタンク車・特殊構造車	15	
		その他のもの	20	
		線路建設保守用工作車	10	
		鋼索鉄道用車両	15	
		架空索道用搬器		
		閉鎖式のもの	10	
		その他のもの	5	
		無軌条電車	8	
		その他のもの	20	
鉄道用構築物	構築物	（軌道用構築物参照）	60 〜 15	
天井走行クレーン	機械装置	（「設備の種類」の耐用年数による。）		（耐通1-4-7参照）
天幕				（耐通2-7-17参照）
シート部分	器具備品	「11」シート	2	
支柱部分	〃	「11」その他のもの		
		主として金属製のもの	10	
		その他のもの	5	
店用簡易装備	建物附属設備	店用簡易装備	3	主として小売店舗等に取り付けられる装飾を兼ねた造作（ルーバー、壁板等）、陳列棚（器具備品に該当するものを除く。）、カウンター（比較的容易に取替えのできるものに限る。）等でおおむね３年以内に取替えが見込まれるものがこれに該当する（耐通2-2-6参照）。

資産の名称	種類	構造又は用途及び細目	耐用年数	備考
店舗用建物	建物	鉄骨鉄筋コンクリート造・鉄筋コンクリート造のもの	39	
		れんが造・石造・ブロック造のもの	38	
		金属造のもの		
		骨格材の肉厚が次のもの		
		4㎜超	34	
		3㎜超4㎜以下	27	
		3㎜以下	19	
		木造・合成樹脂造のもの	22	
		木骨モルタル造のもの	20	
展示実演用機械（自己が製造する機械を展示実演に使用するもの）	機械装置	「18」生産用機械器具製造業用設備		（耐通1-4-2参照）
		金属加工機械製造設備	9	
		その他の設備	12	
		など		
展示用建物	建物	（モデルハウス参照）	7	
添架電話線	構築物	送配電用のもの		
		送電用のもの		
		添架電話線	36	
		配電用のもの		
		添架電話線	30	
伝票発行機（記憶装置を有しないもの）	器具備品	「2」計算機その他これらに類するもの	5	
電圧計	工具	測定工具・検査工具	5	（耐通2-6-1参照）
電気機関車	車両運搬具	鉄道用・軌道用車両		
		電気機関車	18	
電気自動車	車両運搬具	前掲のもの以外のもの		小型車とは、道路運送車両法第3条（自動車の種別）に規定する軽自動車に該当するものをいう（耐通2-5-11参照）。
		自動車（二輪・三輪自動車を除く。）		
		小型車	4	
		その他のもの		
		貨物自動車		
		ダンプ式のもの	4	
		その他のもの	5	
		報道通信用のもの	5	
		その他のもの	6	
電気ストーブ	器具備品	「1」暖房用機器	6	
電気設備（受配電盤、変圧器、蓄電器、配電施設、電灯用配線施設、照明設備、ホテル等の停電時用内燃力発電設備等）	建物附属設備	電気設備		停電時に照明用に使用するもので、蓄電池、充電器、整流器及び回転変流機並びにこれらに附属する配線、分電盤等がこれに該当する（耐通2-2-2参照）。
		蓄電池電源設備	6	
		その他のもの	15	工場用建物内の電気設備については「工場用建物内の電気設備」を参照のこと。
電気洗濯機	器具備品	「1」電気洗濯機	6	
電気ハンドドリル	工具	前掲のもの以外のもの		
		その他のもの	3	
電気バリカン	器具備品	「7」理容・美容機器	5	
電気冷蔵庫	器具備品	「1」電気冷蔵庫	6	
電源車				蓄電池式でないものでかつ、車両用エンジンで発電しないものがこれに該当する。
車体	車両運搬具	前掲のもの以外のもの		
		自動車		
		その他のもの		
		その他のもの	6	
発電機	機械装置	「31」電気業用設備		

資産の名称	種類	構造又は用途及び細目	耐用年数	備考
		内燃力又はガスタービン発電設備 など		
電光文字設備	機械装置	「55」前掲の機械装置以外のもの 主として金属製のもの	17	（耐通2-8-9参照）
電光式在室標示板	器具備品	「2」電話設備その他の通信機器 その他のもの	10	
電子計算機	器具備品 機械装置	「2」電子計算機 パーソナルコンピュータ（サーバー用のものを除く。） その他のもの （「設備の種類」別の耐用年数による。）	 4 5	生産ライン上にある電子計算機は機械装置に該当する。
電子計算機の附属機器・端末機器	器具備品	「2」その他の事務機器	5	せん孔機、検査機、カーボンセパレーター、カッター及びいわゆるオンラインシステムの端末機器等がこれに該当する（耐通2-7-7参照）。
電子装置を使用する医療機器	器具備品	「8」その他のもの 電子装置を使用する機器 移動式のもの 救急医療用のもの 自動血液分析器 その他のもの	 4 4 4 6	ポータブル式診断用レントゲン装置、電子顕微鏡、心電計、脳波計、オージオメーター、サーベーメーター、放射能測定器、光電比色計、分光度計、比濁計等がこれに該当する（耐通2-7-13参照）。
電子黒板	器具備品	「2」その他の事務機器	5	
電子冷蔵庫	器具備品	「1」電気冷蔵庫に類する電気機器	6	
電車	車両運搬具	鉄道用・軌道用車両 電車	13	無軌条電車は無軌条電車（8年）に該当する。
電磁遮へい室（開発研究用）	建物 建物附属設備	「別表第六」建物 「別表第六」建物附属設備	5 5	建物の全部又は一部を開発研究用の電磁遮へい室にするために特に施設した内部造作部分又は建物附属設備部分がこれに該当する。
電柱	構築物	送配電用のもの 送電用のもの 柱 配電用のもの 鉄柱 鉄筋コンクリート柱 木柱	 36 50 42 15	
電動ファイル	器具備品	「2」その他の事務機器	5	
電力計	工具	測定工具・検査工具	5	（耐通2-6-1参照）
電話設備	器具備品	「2」電話設備 デジタル構内交換設備及びデジタルボタン電話設備 その他のもの	 6 10	
電話転送機	器具備品	「2」電話設備その他の通信機器 その他のもの	10	
トイレ（移動式）	器具備品	「11」その他のもの 主として金属製のもの	10	建築現場等における金属製の移動式トイレがこれに該当する。
トラクターFP（セミ）のけん引車（エ	車両運搬具	運送事業用自動車 自動車		運送事業用のものがこれに該当する。

資産の名称	種類	構造又は用途及び細目	耐用年数	備考
場構内走行専用）		その他のもの その他のもの 前掲のもの以外のもの 自動車 その他のもの 貨物自動車 その他のもの	 4 5	運送事業用以外のものがこれに該当する。
トラックミキサー	車両運搬具	特殊自動車 トラックミキサー 小型車 その他のもの	 3 4	小型車とは、総排気量が２リットル以下のものをいう。 （耐通2-5-5参照）
トランシット（小型のもの）	工具	測定工具	5	（耐通2-6-1参照）
トロッコ	車両運搬具	前掲のもの以外のもの トロッコ 金属製のもの その他のもの	 5 3	
トンネル	構築物	鉄道業用・軌道業用・鉄道用・軌道用のもの トンネル 鉄筋コンクリート造のもの れんが造のもの その他のもの 鉄骨鉄筋コンクリート造・鉄筋コンクリート造のもの コンクリート造・コンクリートブロック造のもの れんが造のもの 木造のもの	 60 35 30 75 30 50 10	
ドアー自動開閉装置	建物附属設備	ドアー自動開閉設備	12	これには、電動機、圧縮機、駆動装置その他これらの附属機器が含まれる。自動開閉機に直結するドアーは、「建物」に含まれる（耐通2-2-5参照）。
ドアー自動管理装置	器具備品	「２」インターホーン・放送用設備	6	入室の遠隔監視・扉の施解錠等の装置がこれに該当する。
ドック（木造）	構築物	木造のもの ドック	 15	
ドライバー	工具	前掲のもの以外のもの その他のもの	 3	電気ドライバーもこれに該当する。
ドライビングシミュレーター（自動車教習所で使用）	機械装置	「52」教育業（学校教育業を除く。）又は学習支援業用設備 教習用運転シミュレータ設備	5	
ドラム缶	器具備品	「６」ドラム缶 その他のもの 金属製のもの その他のもの	 3 2	
ドリル	工具	切削工具	2	電気ハンドドリルは、「工具」の「前掲のもの以外のもの」の「その他のもの」に該当する。
ドリル治具	工具	治具	3	
と畜場用建物	建物	（魚市場用建物参照）	38 〜 15	
どん（緞）帳	器具備品	「９」どん帳	5	どん帳とは、厚地の模様入りの幕をいう。

資産の名称	種類	構造又は用途及び細目	耐用年数	備考
戸棚	器具備品	「1」その他の家具 接客業用のもの その他のもの 主として金属製のもの その他のもの	 5 15 8	 （耐通2-7-3参照） （耐通2-7-2参照）
図書館用建物	建物	（研究所用建物参照）	50 ～ 22	（耐通2-1-1参照）
時計	器具備品	「3」時計	10	親子時計については、「親子時計」を参照する。
土蔵造の建物	建物	木造のもの	24 ～ 9	その用途に応じた木造の建物の耐用年数を適用する。
土間	建物			その建物の構成部分として「建物」に含まれる。
度量衡器	器具備品	「3」度量衡器	5	
盗難防止用設備	建物附属設備	災害報知設備	8	
塔	構築物	鉄骨鉄筋コンクリート造・鉄筋コンクリート造のもの 木造のもの	50 15	
謄写機器	器具備品	「2」謄写機器 孔版印刷用・印書業用のもの その他のもの	 3 5	いわゆる謄写印刷又はタイプ印刷に用いる手刷機、輪転謄写機等がこれに該当し、フォトオフセット、タイプオフセット、フォトタイプオフセット等の印刷機器は、別表第二の「7印刷業又は印刷関連業用設備」に該当する（耐通2-7-5参照）。
動物	器具備品	「10」動物 魚類 鳥類 その他のもの	 2 4 8	牛馬、豚、綿羊及びやぎ（医療用・興行用を除く。）には、別表第四（生物の耐用年数表）の耐用年数を適用する。 医療用・興行用の動物はこれに該当する。 熱帯魚、カナリヤ、番犬その他の生物を入れる容器（器具備品に該当するものに限る。）についてもこの耐用年数を適用することができる（耐通2-7-16参照）。
特殊構造車	車両運搬具	鉄道用・軌道用車両 貨車 特殊構造車	 15	
特殊自動車	車両運搬具	特殊自動車 消防車・救急車・レントゲン車・散水車・放送宣伝車・移動無線車・チップ製造車 モータースィーパー・除雪車 タンク車・じんかい車・し尿車・寝台車・霊きゅう車・トラックミキサー・レッカーその他特殊車体を架装したもの 小型車 その他のもの	 5 4 3 4	小型車とは、次のものをいう。 1　じんかい車・し尿車…積載量が2トン以下のもの 2　その他のもの…総排気量が2リットル以下のもの
取付工具	工具	取付工具	3	

資産の名称	種類	構造又は用途及び細目	耐用年数	備考
ナイロングランドプール	器具備品	「9」その他のもの 主として金属製のもの その他のもの	 10 5	金属製柱・金属板については「主として金属製のもの」、ナイロン防水布については「その他のもの」の耐用年数を適用する（耐通2-7-17参照）。
内燃動車	車両運搬具	鉄道用・軌道用車両 内燃動車	 11	ディーゼル・カー等がこれに該当し、制御車及び附随車を含む。
内燃力発電設備	建物附属設備 機械装置	（工場用建物内の電気設備又は電気設備の項参照） 「31」電気業用設備 など	 15	
内部造作を行わずに賃貸する建物	建物	（研究所用建物参照）	50 ≀ 22	（耐通2-1-2参照）
流し台	器具備品 機械装置	「1」食事・ちゅう房用品 その他のもの 「48」飲食店業用設備 など	 5 8	 （耐通1-4-2参照）
生ゴミ処理装置	器具備品	「11」その他のもの 主として金属製のもの	 10	バイオシステムにより分解処理するものがこれに該当する。
生ビールディスペンサー	器具備品 機械装置	「1」電気冷蔵庫に類する電気機器 「48」飲食店業用設備 「47」宿泊業用設備 など	6 8 10	（耐通1-4-2参照）
縄ばしご（折たたみ式のもの）	器具備品	「11」その他のもの 主として金属製のもの その他のもの	 10 5	（耐通2-2-4の2参照）
二輪自動車	車両運搬具	前掲のもの以外のもの 二輪自動車	 3	運送事業用・貸自動車業用・自動車教習所用のものは「運送事業用自動車」に該当する。
荷扱所用建物	建物	（魚市場用建物参照）	38 ≀ 15	
錦鯉	器具備品	「10」動物 魚類	 2	観賞用、興行用その他これらに準ずる用に供されるもの（繁殖用の錦鯉を含む。）がこれに該当する（耐通2-7-16参照）。
ネオンサイン	器具備品	「5」ネオンサイン	3	ネオン放電管・附属の変圧器、ネオンサインの反射板及びネオンサインを覆う合成樹脂等もこれに該当する（耐通2-3-5、2-7-10参照）。
ネット設備	構築物 器具備品	運動場用のもの ネット設備 「9」スポーツ具	 15 3	ゴルフ練習場における鉄柱・ネットもこれに含まれる。 土地に定着していないものに限る。
ねじ切治具	工具	治具	3	
熱蔵庫	器具備品	「1」電気冷蔵庫に類する電気・ガス機器	6	
熱帯魚	器具備品	「10」動物 魚類	 2	観賞用、興行用その他これらに準ずる用に供されるものがこれに該当する。

資産の名称	種類	構造又は用途 及び細目	耐用年数	備考
				器具備品に該当する熱帯魚用容器についてもこの耐用年数を適用することができる（耐通2-7-16参照）。
ノギス	工具	測定工具・検査工具	5	（耐通2-6-1参照）
のみ	工具	切削工具	2	
濃硝酸用貯槽（金属造）	構築物	金属造のもの 薬品貯槽 濃硝酸用のもの	 8	
野立看板	構築物	広告用のもの 金属造のもの その他のもの	 20 10	（広告用構築物参照） 野立看板、ビルの屋上の広告塔は構築物に該当する。
乗合自動車	車両運搬具	運送事業用・貸自動車業用・自動車教習所用のもの 乗合自動車	 5	マイクロバスは、乗車定員よりみてこれに該当しない（耐通2-5-9参照）。

資産の名称	種類	構造又は用途及び細目	耐用年数	備考
ハイヤー用自動車	車両運搬具	(タクシー用自動車参照)	5 〜 3	
ハンドタップ	工具	切削工具	2	
ハンドドライヤー	器具備品	「7」理容・美容機器	5	
ハンマー	工具	前掲のもの以外のもの その他のもの	 3	
バイス	工具	前掲のもの以外のもの その他のもの	 3	
バイト	工具	切削工具	2	
バッティングセンター用設備 ピッチングマシン ネット設備 打球場の屋根 ボール・バット	 器具備品 構築物 〃 器具備品	 「9」スポーツ具 競技場用・運動場用のもの ネット設備 競技場用・運動場用のもの その他のもの その他のもの 主として木造のもの その他のもの 「9」スポーツ具	 3 15 15 30 3	 建物と認められる場合には、その構造に応じた「体育館用」の耐用年数を適用する。
バナナの熟成室(鉄筋コンクリート造室)	建物	鉄筋コンクリート造のもの 工場用又は倉庫用のもの 著しい蒸気の影響を直接全面的に受けるもの	 31	一棟の鉄筋コンクリート造建物の帳簿価額をバナナの熟成室とその他の室の部分とに区分経理した場合には、バナナの熟成室については、左の耐用年数により償却をすることができる(耐通2-1-21及び1-2-4参照)。
パイプラック	構築物 機械装置	金属造のもの 送配管 鋳鉄製のもの 鋼鉄製のもの (「設備の種類」別の耐用年数による。)	 30 15	支持している「送配管」の耐用年数を適用する(耐通1-3-2参照)。
パソコン	器具備品	「2」電子計算機 パーソナルコンピュータ(サーバー用のものを除く。) その他のもの	 4 5	
パチンコ店用建物	建物	(店舗用建物参照)	39 〜 20	(耐通2-1-3参照)
パチンコ店用設備 自動玉洗浄・配球装置 パチスロ器 パチンコ器 パチンコ取付台 自動玉貸機 自動電磁カウンター パチンコ玉 自動両替機	 器具備品 〃 〃 〃 〃 〃 — 器具備品	 「9」その他のもの 主として金属製のもの 「9」スポーツ具 「9」パチンコ器 「9」その他のもの その他のもの 「11」自動販売機 「11」その他のもの 主として金属製のもの 「2」計算機その他これらに類するもの — 「11」自動販売機	 10 3 2 5 5 10 5 5	 (耐通2-7-2参照) 木製の「島」がこれに該当する。 自動還元装置として同一のシステムに組み込んだものがこれに該当する。 単独のものがこれに該当する。 払出時の損金として差し支えない。 (耐通2-7-18参照)

資産の名称	種類	構造又は用途及び細目	耐用年数	備考
パンチ	工具	前掲のもの以外のもの 　その他のもの	 3	
歯切治具	工具	治具	3	
馬車	車両運搬具	運送事業用車両運搬具 　その他のもの 前掲のもの以外のもの 　その他のもの 　　その他のもの	 4 4	馬には、別表第四（生物の耐用年数表）の耐用年数を適用する。
排煙設備	建物附属設備	排煙設備	8	
配膳ワゴン	器具備品	「1」その他のもの 　主として金属製のもの 　その他のもの	 15 8	 （耐通2-7-2参照）
配電線	構築物	送配電用のもの 　配電用のもの 　　配電線	 30	配電用構築物の「備考」欄参照のこと。
配電用構築物	構築物	送配電用のもの 　配電用のもの 　　鉄塔・鉄柱 　　鉄筋コンクリート柱 　　木柱 　　配電線・添架電話線 　　引込線 　　地中電線路	 50 42 15 30 20 25	電気事業者以外の事業を営む者の有する「配電線」、「引込線」及び「地中電線路」は、「建物附属設備」の「電気設備」又は「機械装置」に該当する（耐通2-3-3参照）。
売店	建物	簡易建物 　仮設のもの	 7	駅などに仮設されているものがこれに該当する。
白金製るつぼ		（非減価償却資産）		（基通7-1-2参照）
白金ノズル	工具	前掲のもの以外のもの 　白金ノズル	 13	
博物館用建物	建物	（研究所用建物参照）	50 〜 22	（耐通2-1-1参照）
爆発物用防壁	構築物	鉄骨鉄筋コンクリート造・鉄筋コンクリート造のもの コンクリート造・コンクリートブロック造のもの れんが造のもの 　塩素、クロールスルホン酸その他の著しい腐食性を有する気体の影響を受けるもの 　その他のもの 石造のもの 土造のもの 木造のもの	25 13 7 25 35 17 10	火薬類取締法、高圧ガス取締法等の規定に基づき、火薬、ガス等の爆発による被害を防止するため構築したものがこれに該当する（耐通2-3-16参照）。 （耐通2-3-20参照）
橋	構築物	鉄骨鉄筋コンクリート造・鉄筋コンクリート造のもの 金属造のもの 　はね上げ橋 　その他のもの 木造のもの	60 25 45 15	
発煙硫酸用貯槽（金属造）	構築物	金属造のもの 　薬品貯槽 　　発煙硫酸用のもの	 8	
発電機（可搬式の小型のもの）	器具備品	「11」その他のもの 　主として金属製のもの	 10	
発電所用建物	建物	（魚市場用建物参照）	38 〜 15	

資産の名称	種類	構造又は用途及び細目	耐用年数	備考
発電船	船舶	船舶法第４条から第19条までの適用を受ける船舶 鋼船 その他のもの 総トン数が2,000トン以上のもの 総トン数が2,000トン未満のもの その他のもの 木船 その他のもの 軽合金船 強化プラスチック船 その他のもの 鋼船 発電船 木船 その他のもの その他のもの その他のもの	 15 14 10 9 7 8 8 5	船舶法第４条から第19条までの適用を受ける船舶とは、次に掲げる船舶以外の船舶をいう（船舶法第20条参照）。 1　総トン数20トン未満の船舶 2　端舟その他櫓櫂（ろかい）のみをもって運転し、又は櫓櫂をもって運転する舟
販売時点情報管理装置 ①光学読取装置 ②電子式金銭登録機	器具備品	 「２」金銭登録機 「２」金銭登録機	 5 5	①及び②は、光学読取装置付の金銭登録機又はこれに類するものと認められる。
繁殖用錦鯉	器具備品	「10」動物 魚類	 2	
番犬	器具備品	「10」動物 その他のもの	 8	
ビチューマルス敷道路	構築物	舗装道路 ビチューマルス敷のもの	 3	基礎工事を全く行わないで砕石とアルファルト乳剤類とで地面を直接舗装したものがこれに該当する（耐通2-3-12参照）。
ビデオレコーダー ホテル・旅館業用	 器具備品	 「２」放送用設備	 6	 各客室のＴ．Ｖ受像機を利用して映画フィルムの放映をするためのものがこれに該当する。
ゴルフ練習場用	器具備品	「１」テレビジョン・テープレコーダー	5	
ビリヤード用具	器具備品	「９」玉突き用具	8	
ビル中央監視装置	建物附属設備	前掲のもの以外のもの 主として金属製のもの	 18	ビル全体の維持・管理を電子計算機によりコントロールする設備がこれに該当する。
ビル（鉄筋コンクリート造のもの）の屋上の社旗掲揚台（主として金属製）	建物 構築物	鉄筋コンクリート造のもの 事務所用のもの 金属造のもの その他のもの	 50 45	建物の取得価額に含めるのであるが、これを建物から分離して構築物として償却することができる（耐通2-1-22参照）。
ビルの屋上の特殊施設 危険防止のために設置された金網、さく ゴルフ練習場 花壇 稲荷神社（コンク	 建物 構築物 〃 〃	 （ゴルフ練習場用設備参照） 緑化施設及び庭園 その他の緑化施設及び庭園 コンクリート造のもの	 20 	 建物に含めて償却する（耐通2-1-22参照）。

資産の名称	種類	構造又は用途及び細目	耐用年数	備考
リート製） 広告塔	 構築物	その他のもの 広告用のもの 　金属造のもの 　その他のもの	40 20 10	
建物の外窓清掃のために設置された屋上のレール、ゴンドラ支持装置及びこれに係るゴンドラ	建物附属設備	前掲のもの以外のもの 　主として金属製のもの 　その他のもの	 18 10	（耐通2-2-7参照）
避雷針その他の避雷装置	〃	前掲のもの以外のもの 　主として金属製のもの 　その他のもの	 18 10	（耐通2-2-7参照）
ビンゴ器	器具備品	「9」ビンゴ器	2	
PR用映画フィルム	器具備品	「11」映画フィルム	2	その製作費もこれに含まれる。
ピアノ	器具備品	「11」楽器	5	
ピッチングマシン	器具備品	「9」スポーツ具	3	
ひき船	船舶	船舶法第4条から第19条までの適用を受ける船舶 　鋼船 　　その他のもの 　　　総トン数が2,000トン以上のもの 　　　総トン数が2,000トン未満のもの 　　　　その他のもの 　木船 　　その他のもの 　軽合金船 　強化プラスチック船 その他のもの 　鋼船 　　ひき船 　木船 　　ひき船 　その他のもの 　　その他のもの	 15 14 10 9 7 10 6 5	船舶法第4条から第19条までの適用を受ける船舶とは、次に掲げる船舶以外の船舶をいう（船舶法第20条参照）。 1　総トン数20トン未満の船舶 2　端舟その他櫓櫂（ろかい）のみをもって運転し、又は櫓櫂をもって運転する舟
日よけ設備	建物附属設備	日よけ設備 　主として金属製のもの 　その他のもの	 15 8	
非常通報機	器具備品	「2」その他の通信機器 　その他のもの	 10	電話回線による消防・警察署呼出し装置がこれに該当する。
非破壊検査用X線装置	工具	検査工具	5	可搬式のものがこれに該当する。
被けん引車	車両運搬具	運送事業用・貸自動車業用・自動車教習所用のもの 　被けん引車 前掲のもの以外のもの 　その他のもの 　　その他のもの	 4 4	
飛行機	航空機	主として金属製のもの 　最大離陸重量が130トンを超えるもの 　最大離陸重量が130トン以下のもので、5.7トンを超えるもの	 10 8	

資産の名称	種類	構造又は用途及び細目	耐用年数	備考
		最大離陸重量が5.7トン以下のもの その他のもの	5 5	
飛行場の滑走路	構築物	（舗装路面参照）	15 ≀ 3	
飛行船	航空機	その他のもの その他のもの	 5	
避雷針その他の避雷装置	建物附属設備 構築物	前掲のもの以外のもの 主として金属製のもの 金属造のもの その他のもの	 18 45	これは建物に取り付けられたものをいう。建物から独立して設置された避雷針は構築物に該当する（耐通2-2-7参照）。
美術館用建物	建物	（研究所用建物参照）	50 ≀ 22	
美容業用建物	建物	（店舗用建物参照）	39 ≀ 20	（耐通2-1-3参照）
美容機器	器具備品	「7」美容機器	5	
光ファイバーケーブル（電気通信事業用のもの）	構築物	電気通信事業用のもの 通信ケーブル 光ファイバー製のもの	 10	
引込線	構築物	送配電用のもの 配電用のもの 引込線	 20	配電用構築物の「備考」欄参照のこと。
引伸機	器具備品	「4」引伸機	8	写真製作用のものがこれに該当する。
表示板（電光式）	器具備品	「2」電話設備その他の通信機器 その他のもの	 10	
表面粗さ測定器	工具	測定工具・検査工具	5	
病院用建物	建物	鉄骨鉄筋コンクリート造・鉄筋コンクリート造のもの れんが造・石造・ブロック造のもの 金属造のもの 骨格材の肉厚が次のもの 4㎜超 3㎜超4㎜以下 3㎜以下 木造・合成樹脂造のもの 木骨モルタル造のもの	39 36 29 24 17 17 15	診療所用及び助産所用の建物もこれに含まれる（耐通2-1-6参照）。
屏風	器具備品	「1」室内装飾品 主として金属製のもの その他のもの	 15 8	骨とう的価値のあるものは非減価償却資産に該当する（基通7-1-1参照）。
ファイアウォール装置	器具備品	「2」電子計算機 その他のもの	 5	
ファイバースコープ	器具備品	「8」光学検査機器 ファイバースコープ	 6	
ファイルサーバーシステム（文書資料自動出納設備）	機械装置	「40」倉庫業用設備 「55」前掲の機械装置以外のもの 主として金属製のもの など	12 17	（耐通1-4-2、1-4-3参照）
ファクシミリ	器具備品	「2」ファクシミリ	5	
フィールドアスレチック	構築物	競技場用のもの その他のもの		

資産の名称	種類	構造又は用途 及び細目	耐用年数	備　　考
		その他のもの 主として木造のもの	15	
フォークリフト	車両運搬具	前掲のもの以外のもの フォークリフト	4	
フォトオフセット印刷機	機械装置	「7」印刷業又は印刷関連業用設備 その他の設備	10	(耐通2-7-5参照)
フォトタイプオフセット印刷機	機械装置	「7」印刷業又は印刷関連業用設備 その他の設備	10	(耐通2-7-5参照)
フロハウス(屋外設置) 建物部分 浴槽	 建物 建物附属設備	 (構造、用途、細目別に) 衛生設備	 15	 バーナーを含む。
ブイ(航路標識用)	構築物	金属造のもの その他のもの	45	
V型ブロック	工具	測定工具・検査工具	5	(耐通2-6-1参照)
プリンター	器具備品	「2」その他の事務機器	5	
ブロックゲージ	工具	測定工具・検査工具	5	(耐通2-6-1参照)
プール	構築物	競技場用・運動場用のもの 水泳プール (ナイロングランドプール参照)	30	
プール清掃ロボット	器具備品	「1」電気冷蔵庫、電気洗濯機その他これらに類する電気又はガス機器	6	
プール用建物	建物	体育館用のもの (学校用建物参照)	47 ≀ 20	
(強化)プラスチック船	船舶	船舶法第4条から第19条までの適用を受ける強化プラスチック船 その他のもの その他のもの モーターボート・搭載漁船 その他のもの	7 4 5	船舶法第4条から第19条までの適用を受ける船舶とは、次に掲げる船舶以外の船舶をいう(船舶法第20条参照)。 1　総トン数20トン未満の船舶 2　端舟その他櫓櫂(ろかい)のみをもって運転し、又は櫓櫂をもって運転する舟
プリクラ(オリジナルシールプリンター)	器具備品	「11」自動販売機	5	
プレハブ建物	建物			一般の建物と同様、その構造に応じた耐用年数を適用する。
ふっ酸用貯槽(金属造)	構築物	金属造のもの 薬品貯槽 ふっ酸用のもの	8	生産工程の一部としての機能を有するものは、機械装置に該当する(耐通1-3-2参照)。
フライアッシュ採取設備	機械装置	「55」前掲の機械装置以外のもの その他の設備 主として金属製のもの	17	(耐通2-8-9参照)
ぶらんこ(児童用)	構築物 器具備品	(運動場用構築物参照) 「9」スポーツ具	10 3	土地に固着したものがこれに該当する。
風力発電システム	機械装置	「31」電気業用設備 その他の設備 主として金属製のもの など	17	(耐通1-4-2、耐通1-4-5参照)

資産の名称	種類	構造又は用途 及び細目	耐用 年数	備考
舞踏場用建物	建物	（飲食店用建物参照）	41 〜 19	
風呂 **室内設置の移動容易なもの**	器具備品	「11」その他のもの 主として金属製のもの その他のもの	 10 5	
社宅に設置の小型浴槽	建物附属設備	衛生設備	15	バーナーを含む。
旅館・ホテルの大浴場の浴槽	建物	（ホテル用建物参照）	39 〜 15	建物の構造に応じた耐用年数を適用する。
複写機	器具備品	「２」複写機	5	
覆工板	工具	金属製柱及びカッペ	3	道路工事用道路覆工板がこれに該当する（耐通2-6-4参照）。
噴水池（遊園地内） **庭園内のもの** **独立して構築されているもの**	 構築物 〃	 庭園 遊園地用 その他のもの その他のもの その他のもの	 20 30	噴水関係の機械装置は「構築物」から区分して「機械装置」の耐用年数を適用する。
分類機	器具備品	「２」その他の事務機器	5	
文書裁断機	器具備品	「２」その他の事務機器	5	事務室等で使用されるものがこれに該当する。
文書資料自動出納設備（ファイルサーバーシステム）	機械装置	「40」倉庫業用設備 「55」前掲の機械装置以外のもの 主として金属製のもの など	12 17	（耐通1-4-2、1-4-3参照）
ヘリコプター	航空機	その他のもの ヘリコプター	 5	
ベッド	器具備品	「１」ベッド （カプセルベッド参照）	8	
ベータートロン（Ｘ線探知機）	器具備品	「11」その他のもの 主として金属製のもの	 10	
ペンチ	工具	前掲のもの以外のもの その他のもの	 3	
塀	構築物	鉄骨鉄筋コンクリート造・鉄筋コンクリート造のもの れんが造のもの 塩素、クロールスルホン酸その他の著しい腐食性を有する気体の影響を受けるもの その他のもの 石造のもの コンクリート造・コンクリートブロック造のもの 土造のもの 金属造・木造のもの	30 7 25 35 15 20 10	（耐通2-3-20参照）
壁画	建物			その建物の構成部分として「建物」に含まれる。
変電所用建物	建物	（魚市場用建物参照）	38 〜 15	
ホテル用建物	建物	鉄骨鉄筋コンクリート造・鉄筋コンクリート造のもの 延面積のうちに占める木造内		木造内装部分が３割を超え

資産の名称	種類	構造又は用途 及び細目	耐用 年数	備考
		装部分の面積が３割を超えるもの その他のもの れんが造・石造・ブロック造のもの 金属造のもの 骨格材の肉厚が次のもの ４㎜超 ３㎜超４㎜以下 ３㎜以下 木造・合成樹脂造のもの 木骨モルタル造のもの	 31 39 36 29 24 17 17 15	るかどうかの判定については、耐通2-1-7を参照のこと。
ホバークラフト	船舶	船舶法第４条から第19条までの適用を受けるホバークラフト その他のもの 鋼船 その他のもの	 8 12	船舶法第４条から第19条までの適用を受けるホバークラフトとは、総トン数20トン以上のものをいう（船舶法第20条を参照）。
ボウリング場用設備 **温湿度調整設備**	建物附属設備	冷房・暖房・通風設備 冷暖房設備（冷凍機の出力が22キロワット以下のもの） その他のもの	 13 15	（耐通2-2-4参照）
ボールポリッシング機 **ボールクリーニング機** **フロアポリッシング機**	器具備品	「１」電気洗濯機に類する電気機器	6	
ボール計量器	〃	「３」度量衡器	5	
テレスコア（スコアプロジェクター）	〃	「４」その他の光学機器	8	
ボール・ピン・貸靴	〃	「９」スポーツ具	3	（基通7-1-11参照）
貸靴券自動販売機	〃	「11」自動販売機	5	
スコアラー用いす **ボウラー用連結いす** **観客用連結いす** **ボウリングボール整理棚**	〃	「11」その他のもの 主として金属製のもの その他のもの	 10 5	
ピンセッター工具	工具	前掲のもの以外のもの その他のもの	 3	
レーンその他	機械装置	「51」娯楽業用設備 ボウリング場用設備	 13	機械装置部分がこれに該当する。
ボウリング場用建物	建物	（学校用建物参照）	47 ～ 20	ボーリング場は、体育館に類するものとする（耐通2-1-5参照）。
ボイラー設備 **（ボイラー本体、給炭機、重油供給装置、給水機、これらの附属機器）**	建物附属設備 機械装置	ボイラー設備 （その設備の該当する業用設備の耐用年数による。）	15	主として事務所、寄宿舎、病院、劇場等の暖房用、ちゅう房用又は浴場用のボイラーがこれに該当し、浴場業用の浴場ボイラー、飲食店業用のちゅう房ボイラー並びにホテル又は旅館のちゅう房ボイラー及び浴場ボイラーは、「機械及び装置」に該当する（耐通2-2-4参照）。

資産の名称	種類	構造又は用途及び細目	耐用年数	備考
ボトル車	車両運搬具	前掲のもの以外のもの 自動車 小型車 その他のもの 貨物自動車 その他のもの	 4 5	小型車とは、総排気量が0.66リットル以下のものをいう。
ホブ	工具	切削工具	2	
ボンベ	器具備品	「6」ボンベ 溶接製のもの 鍛造製のもの 塩素用のもの その他のもの	 6 8 10	
ポケットベル	器具備品	「1」音響機器	5	
POSシステム **①光学読取装置** **②電子式金銭登録機**	器具備品	 「2」金銭登録機 「2」金銭登録機	 5 5	①及び②は、光学読取装置付の金銭登録機又はこれに類するものと認められる。
ポリシャー（床掃除機）	器具備品	「1」電気洗濯機に類する電気機器	6	電気式のものがこれに該当する。
保育所用構築物	構築物	（運動場用構築物参照）	45 〜 10	（耐通2-3-7参照）
保育所用建物	建物	（学校用建物参照）	47 〜 20	（耐通2-1-4参照）
保冷車	車両運搬具	特殊自動車 特殊車体を架装したもの 小型車 その他のもの	 3 4	小型車とは総排気量が2リットル以下のものをいう。
舗装道路	構築物	コンクリート敷・ブロック敷・れんが敷・石敷 アスファルト敷・木れんが敷 ビチューマルス敷	15 10 3	舗装道路の表面の舗装部分と路床との間にある舗装のための路盤部分をこれに含めることができる（耐通2-3-10参照）。
舗装路面	構築物	（舗装道路参照）	15 〜 3	工場の構内、作業広場、飛行場の滑走路、駐車場等道路以外の地面の舗装部分がこれに該当する（耐通2-3-11参照）。
放射性同位元素取扱室（開発研究用）	建物 建物附属設備	「別表第六」建物 「別表第六」建物附属設備	5 5	建物の全部又は一部を開発研究用の放射性同位元素取扱室にするために特に施設した内部造作部分又は建物附属設備部分がこれに該当する。
放射性同位元素の放射線を直接受ける構築物	構築物	鉄骨鉄筋コンクリート造・鉄筋コンクリート造のもの	15	（耐通2-3-18、2-3-19参照）
放射性同位元素の放射線を直接受ける建物	建物	工場用・倉庫用のもの 鉄骨鉄筋コンクリート造・鉄筋コンクリート造のもの 金属造（骨格材の肉厚4㎜超）のもの	 24 20	（耐通2-1-16、2-1-17参照）
放射線発生装置を使用する建物	建物	（放射性同位元素の放射線を直接受ける建物参照）	24 〜 20	（耐通2-1-17参照）
放射線発生装置の遮へい壁	構築物	鉄骨鉄筋コンクリート造・鉄筋コンクリート造のもの	15	（耐通2-3-18、2-3-19参照）
放送宣伝車	車両運搬具	特殊自動車 放送宣伝車	 5	車体に単にスピーカーを取り付けたにすぎないようなも

資産の名称	種類	構造又は用途及び細目	耐用年数	備考
				のは、これに該当しない。
放送用構築物	構築物	放送用のもの 鉄塔・鉄柱 円筒空中線式のもの その他のもの 鉄筋コンクリート柱 木塔・木柱・アンテナ・接地線・放送用配線	 30 40 42 10	放送業以外の事業を営む者の有する構築物についてもこの耐用年数を適用する。
放送用設備	器具備品 機械装置	「2」放送用設備 「36」放送業用設備	6 6	
放送用配線	構築物	放送用・無線通信用のもの 放送用配線	 10	
報道通信用自動車（二輪・三輪自動車を除く。）	車両運搬具	前掲のもの以外のもの 自動車 小型車 その他のもの 報道通信用のもの	 4 5	小型車とは、総排気量が0.66リットル以下のものをいう。 （耐通2-5-10参照）
防波堤（汽力発電用のものを除く。）	構築物	（堤防参照）	50 〜 10	（耐通2-3-23、基通7-8-8参照）
防犯監視用カメラ	器具備品	「4」カメラ	5	これは、自動フィルム送り装置付定点カメラと作動スウィッチから成るものである。 監視カメラ、テレビ、ビデオデッキ等が機能的に一体性があるものは、これに該当しない。
防犯用テレビ送受信装置	器具備品	「2」インターホーン及び放送用設備	6	金融機関等に設置されている監視用テレビ、カメラの装置がこれに該当する。
防壁（爆発物用防壁を除く。）	構築物	（堤防参照）	50 〜 10	延焼防止用の防火壁もこれに含まれる（耐通2-3-16参照）。
防油堤	構築物	鉄骨鉄筋コンクリート造・鉄筋コンクリート造のもの 土造のもの	25 17	危険物の規制に関する政令第11条第1項第15号に規定する「防油堤」がこれに該当する（耐通2-3-17参照）。 （危険物の規制に関する規則第22条第2項第9号では、防油堤は鉄筋コンクリート又は土造に限られている。）
望遠鏡	器具備品	「4」望遠鏡	5	
掘立造の建物	建物	簡易建物 掘立造のもの	 7	
本（書籍）	器具備品	「11」その他のもの その他のもの	 5	
盆栽	器具備品	「10」植物 貸付業用のもの その他のもの	 2 15	観賞用、興行用その他これらに準ずる用に供されるものがこれに該当する（耐通2-7-16参照）。

資産の名称	種類	構造又は用途及び細目	耐用年数	備考
マイクロバス	車両運搬具	運送事業用・貸自動車業用・自動車教習所用車両 自動車 その他のもの 大型乗用車 その他のもの 前掲のもの以外のもの 自動車 その他のもの 報道通信用のもの その他のもの	 5 4 5 6	大型乗用車とは、総排気量が３リットル以上のものをいう（耐通2-5-9参照）。
マイクロフィルム	器具備品	「11」その他のもの その他のもの	 5	
マイクロホン	器具備品	「１」音響機器	5	
マイクロメーター	工具	測定工具・検査工具	5	（耐通2-6-1参照）
マシンソー	工具	切削工具	2	手引のこも切削工具に該当する。
マスゲームマシン	器具備品	「９」スポーツ具	3	（耐通2-7-14参照）
マットレス	器具備品	「１」寝具	3	
マネキン人形	器具備品	「５」マネキン人形	2	
マルチビジョン装置	器具備品	「１」テレビジョン	5	
マンション	建物	（学校用建物参照）	47 ～ 20	
麻雀牌	器具備品	「９」遊戯具	5	
巻尺	工具	測定工具・検査工具	5	
幕	器具備品	「９」幕	5	
間仕切り（可動のもの）	建物附属設備	可動間仕切り 簡易なもの その他のもの	 3 15	これは、一の事務室等を適宜仕切って使用するために間仕切りとして建物の内部空間に取り付ける資材のうち、取り外して他の場所で再使用することが可能なパネル式又はスタッド式（JIS規格Ａ6512参照）のもの等をいい、「簡易なもの」とは、このうちその材質及び構造が簡易で、容易に撤去することができるものをいう（耐通2-2-6の２参照）。
万力	工具	前掲のもの以外のもの その他のもの	 3	
ミーリング治具	工具	治具	3	
ミシン 家庭用	 器具備品	 「１」その他のもの 主として金属製のもの	 15	 寮の厚生施設として使用しているもの。
洋服小売店用	〃	「11」その他のもの 主として金属製のもの	 10	洋服小売店等が１～２台程度使用しているもの。
縫製品製造業用	機械装置	「３」繊維工業用設備 その他の設備	 7	
ミニカー	器具備品	「９」スポーツ具	3	遊園地内で走行するものがこれに該当する（耐通2-7-14参照）。
未熟児保育器	器具備品	「８」その他のもの その他のもの 陶磁器製・ガラス製のもの 主として金属製のもの その他のもの	 3 10 5	
水飲場（児童用）	構築物	運動場用のもの		（耐通2-3-8参照）

資産の名称	種類	構造又は用途及び細目	耐用年数	備考
		その他のもの 　児童用のもの 　　その他のもの	 15	
無軌条電車	車両運搬具	鉄道用・軌道用車両 　無軌条電車	 8	
無響室（開発研究用）	建物 建物附属設備	「別表第六」建物 「別表第六」建物附属設備	5 5	建物の全部又は一部を開発研究用の無響室にするために特に施設した内部造作部分又は建物附属設備部分がこれに該当する。
無人ヘリコプター 　農林業用のもの 　測量用のもの	 機械装置 器具備品	 「25」農業用設備 「11」その他のもの 　主として金属製のもの	 7 10	
無人駐車料金徴収装置（オートロック式パーキング装置）	器具備品	「11」無人駐車管理装置	5	
無線タクシー位置、動態表示装置（AVMシステム） 　移動局信号発生器 　配車指令卓	 車両運搬具 器具備品	 運送事業用 　自動車 「2」その他の通信機器 　その他のもの	 5 〜 3 10	
無線通信用構築物	構築物	（放送用構築物参照）	42 〜 10	
メタルソー	工具	切削工具	2	
迷路	構築物	遊園地用のもの 　その他のもの 　　その他のもの 　　　主として木造のもの 　　　その他のもの	 15 30	
モータースィーパー	車両運搬具	特殊自動車 　モータースィーパー	 4	
モーターボート	船舶	その他のもの 　その他のもの 　　モーターボート	 4	
モデルカー・レーシング用具	器具備品	「9」スポーツ具	3	（耐通2-7-14参照）
モデルハウス	建物	簡易建物 　仮設のもの	 7	 （昭54．1．30付直法2-4参照）
モニターテレビ	器具備品	「1」音響機器	5	
模型	器具備品	「5」模型	2	
物置（スチール製）	建物 器具備品	簡易建物 　掘立造のもの・仮設のもの 「11」その他のもの 　主として金属製のもの	 7 10	 規模等からみて建物に該当しないものに限る。

資産の名称	種類	構造又は用途及び細目	耐用年数	備考
ヤットコ	工具	前掲のもの以外のもの 　その他のもの	 3	
やぐら	構築物	鉄骨鉄筋コンクリート造・鉄筋コンクリート造のもの コンクリート造・コンクリートブロック造のもの 木造のもの	50 40 15	
やすり	工具	切削工具	2	
屋根付カーポート	構築物	金属造のもの 　その他のもの	 45	
屋根の散水装置	建物附属設備	前掲のもの以外のもの 　主として金属製のもの 　その他のもの	 18 10	危険物倉庫等の屋根の過熱防止のために設置されたものがこれに該当する（耐通2-2-7参照）。
焼付機	器具備品	「４」焼付機	8	写真製作用のものがこれに該当する。
薬品槽船	船舶	船舶法第４条から第19条までの適用を受ける船舶 　鋼船 　　薬品槽船 　木船 　　薬品槽船 　軽合金船 　強化プラスチック船 その他のもの 　鋼船 　　その他のもの 　木船 　　薬品槽船 　その他のもの 　　その他のもの	 10 8 9 7 12 7 5	船舶法第４条から第19条までの適用を受ける船舶とは、次に掲げる船舶以外の船舶をいう（船舶法第20条参照）。 １　総トン数20トン未満の船舶 ２　端舟その他櫓櫂（ろかい）のみをもって運転し、又は櫓櫂をもって運転する舟
薬品タンク車	車両運搬具	鉄道用・軌道用車両 　貨車 　　薬品タンク車	 12	液体薬品を専ら輸送するタンク車がこれに該当する（耐通2-5-3参照）。
薬品貯槽	構築物	金属造のもの 　薬品貯槽 　　塩酸、ふっ酸、発煙硫酸、濃硝酸その他の発煙性を有する無機酸用のもの 　　有機酸用又は硫酸、硝酸その他前掲のもの以外の無機酸用のもの 　　アルカリ類用、塩水用、アルコール用その他のもの	 8 10 15	製造工程中にある中間受槽又はこれに準ずる貯槽は、「構築物」に該当せず、「機械装置」に該当する（耐通1-3-2参照）。
ユニットバス	建物附属設備 建物		15	バーナーを含む。 建物の構造に応じた耐用年数を適用する。
油槽（金属造）	構築物	金属造のもの 　油槽 　　鋳鉄製のもの 　　鋼鉄製のもの	 25 15	生産工程の一部としての機能を有するものは、機械装置に該当する（耐通1-3-2参照）。
油槽船	船舶	船舶法第４条から第19条までの適用を受ける船舶 　鋼船 　　総トン数が2,000トン以上のもの 　　総トン数が2,000トン未満	 13	L．P．G（液化石油ガス）タンカーもこれに該当する（耐通2-4-2参照）。 船舶法第４条から第19条までの適用を受ける船舶とは、次に掲げる船舶以外の船舶を

資産の名称	種類	構造又は用途及び細目	耐用年数	備考
		のもの 　木船 　　その他のもの 　軽合金船 　強化プラスチック船 その他のもの 　鋼船 　　その他のもの 　木船 　　その他のもの 　その他のもの 　　その他のもの	11 10 9 7 12 8 5	いう（船舶法第20条参照）。 1　総トン数20トン未満の船舶 2　端舟その他櫓櫂のみをもって運転し、又は櫓櫂をもって運転する舟
有機酸用貯槽（金属造）	構築物	金属造のもの 　薬品貯槽 　　有機酸用のもの	 10	
有刺鉄線	構築物	木造のもの 　塀	 10	柱が木製のものがこれに該当する。
有線放送電話線（架設電話線）（木塔・木柱）	構築物	放送用・無線通信用のもの 　放送用配線 　木塔・木柱	 10 10	（耐通2-3-4参照）
遊園地用構築物	構築物	（運動場用構築物参照）	45 〜 10	
遊戯場用建物	建物	（小売店舗用建物参照）	39 〜 19	パチンコ店、ゲームセンター等もこれに含まれる（耐通2-1-3参照）。
融雪装置（電気設備に該当するものを除く。）	建物附属設備 構築物	前掲のもの以外のもの 　主として金属製のもの 　その他のもの 舗装道路・舗装路面 　コンクリート敷・ブロック敷・れんが敷・石敷のもの 　アスファルト敷・木れんが敷のもの	 18 10 15 10	融雪装置のうち、建物又は建物への出入を容易にするための通路等に設置された噴水口、配管、ポンプ等は「建物附属設備」に該当し、舗装路面に敷設されたものは「構築物」に該当する（耐通2-2-7参照）。
床磨き機	器具備品	「1」電気洗濯機に類する電気機器	6	電気式のものがこれに該当する。
床用敷物	器具備品	「1」床用敷物 　小売業用、接客業用・放送用・レコード吹込用・劇場用のもの 　その他のもの	 3 6	（耐通2-7-3参照）
用水池	構築物	石造のもの コンクリート造・コンクリートブロック造のもの 土造のもの	50 40 30	
用水用ダム	構築物	鉄骨鉄筋コンクリート造・鉄筋コンクリート造のもの	50	
容器	器具備品	「6」ボンベ 　溶接製のもの 　鍛造製のもの 　　塩素用のもの 　　その他のもの 「6」ドラム缶、コンテナーその他の容器 　大型コンテナー（長さが6メートル以上のものに限る。） 　その他のもの 　　金属製のもの	 6 8 10 7 3	

資産の名称	種類	構造又は用途及び細目	耐用年数	備考
		その他のもの	2	
養鶏用鶏舎	建物 構築物	（魚市場用建物参照） （飼育場参照）	38 〜 15 30 〜 7	鶏舎の内部と外部が隔壁により遮断されている構造で社会通念上建物とみられるものは「建物」の耐用年数を適用し、これ以外のものは「構築物」の耐用年数を適用する。
浴場業用建物（公衆浴場用以外のもの）	建物	（小売店舗用建物参照）	39 〜 19	健康ランド、ヘルスセンター、サウナ風呂その他の特殊浴場業用建物もこれに含まれる（耐通2-1-3参照）。

資産の名称	種類	構造又は用途及び細目	耐用年数	備考
ライトバン（運送事業用等以外のもの） 自動車登録番号が貨物の運送用の番号であるもの	車両運搬具	前掲以外のもの 自動車 その他のもの 貨物自動車 その他のもの	5	小型車（総排気量が0.66リットル以下のもの）に該当する場合には小型車の耐用年数4年を適用する（耐通2-5-8参照)。
自動車登録番号が人の運送用の番号であるもの	車両運搬具	前掲以外のもの 自動車 その他のもの その他のもの	6	
ライディング・シミュレーター（自動車教習所で使用）	機械装置	「52」教育業（学校教育業を除く。）又は学習支援業用設備 教習用運転シミュレータ設備	5	
ラジオ	器具備品	「1」ラジオ	5	
ラジコンヘリコプター	器具備品	「11」その他のもの 主として金属製のもの	10	無人ヘリコプターを参照。
ラック倉庫（無人倉庫） 屋根と側壁を支える柱・棚・屋根・側壁	建物	（倉庫用建物参照)	38 〳 7	
搬出入装置・建物に固着していない棚・制御装置 （工場構内）	機械装置	(「設備の種類」別の耐用年数による。)		工場構内にあって、当該工場に係る原材料、製品等を保管する倉庫用のものがこれに該当する（耐通1-4-5参照)。
（工場構外）		「40」倉庫業用設備など	12	工場構外等にあって、各工場で生産された製品を集・出荷するための、例えば配送センターあるいは、物流センターと称されている事業所の倉庫用のものがこれに該当する（耐通1-4-2参照)。
（卸・小売業用）		「40」倉庫業用設備	12	卸、小売業者所有のもの
リーマ	工具	切削工具	2	
リノリュームの床張り	建物			建物の床の構成部分として「建物」に含まれる。
リピーター	器具備品	「2」電話設備その他の通信機器 その他のもの	10	
リヤカー	車両運搬具	運送業用のもの リヤカー	2	
		前掲のもの以外のもの その他のもの その他のもの	4	
理（美）容店用建物	建物	（小売店舗用建物参照)	39 〳 19	（耐通2-1-3参照)
理容機器	器具備品	「7」理容機器	5	
立体駐車場	建物	（魚市場用建物参照)	38 〳 15	構造体、外壁、屋根その他建物を構成している部分は建物に該当する（耐通2-1-12参照)。
	機械装置	「55」機械式駐車設備	10	機械装置部分がこれに該当

資産の名称	種類	構造又は用途及び細目	耐用年数	備考
				する。
硫酸用貯槽（金属造）	構築物	金属造のもの 薬品貯槽 硫酸用のもの	 10	
旅館用建物	建物	（ホテル用建物参照）	39 〜 15	
緑化施設	構築物	緑化施設 工場緑化施設 その他の緑化施設	 7 20	事務所の正面等に植栽された花壇、芝生、立木等がこれに該当する（耐通2-3-8の２、耐通2-3-8の３、耐通2-3-8の４参照）。
ルーター	器具備品	「２」電話設備その他の通信機器 その他のもの	 10	
ルームクーラー	建物附属設備 器具備品	冷房設備 冷暖房設備（冷凍機の出力が22キロワット以下のもの） その他のもの 「１」冷房用機器	 13 15 6	パッケージドタイプのルームクーラーであってもダクトを通じて相当広範囲にわたって冷房するものは「建物附属設備」の「冷房設備」に該当する（耐通2-2-4参照）。
留守番電話装置	器具備品	「１」テープレコーダーその他の音響機器	5	
レール	構築物	鉄道業用・軌道業用のもの 軌条 その他の鉄道用・軌道用のもの 軌条	 20 15	
レコード	器具備品	「11」レコード	2	
レコードプレーヤー	器具備品	「１」音響機器	5	
レッカー車	車両運搬具	特殊自動車 レッカー車 小型車 その他のもの	 3 4	小型車とは、総排気量が２リットル以下のものをいう。
レンズ磨き機		（玉磨き機参照）	10 〜 3	
レンタカー	車両運搬具	貸自動車業用の車両 自動車 小型車（総排気量が２リットル以下のものをいう。） その他のもの 大型乗用車（総排気量が３リットル以上のものをいう。） その他のもの	 3 5 4	（耐通2-5-7参照）
レンチ	工具	前掲のもの以外のもの その他のもの	 3	
レントゲン（医療用のもの）	器具備品	「８」その他のもの レントゲン 移動式のもの 救急医療用のもの その他のもの	 4 4 6	歯科用のものもこれに該当する（耐通2-7-13参照）。
レントゲン車	車両運搬具	特殊自動車 レントゲン車	 5	レントゲン車に積載しているレントゲンは、レントゲン車に含めて、その耐用年数を適用する（耐通2-7-13参照）。
レントゲンフィルムの現像装置（医療用）	器具備品	「８」その他のもの その他のもの		（耐通2-7-13参照）

資産の名称	種類	構造又は用途及び細目	耐用年数	備考
		主として金属製のもの その他のもの	10 5	
冷水器	器具備品	「1」電気冷蔵庫に類する電気機器	6	
冷蔵ストッカー	器具備品	「1」冷蔵ストッカー	4	電気式のものは電気冷蔵庫に該当する。
冷蔵庫	器具備品	「1」電気冷蔵庫	6	電気式のものに限る。
冷蔵倉庫用建物（倉庫事業用のものを除く。）	建物	鉄骨鉄筋コンクリート造・鉄筋コンクリート造のもの れんが造・石造・ブロック造のもの 金属造のもの 骨格材の肉厚が次のもの ４㎜超 ３㎜超４㎜以下 ３㎜以下 木造・合成樹脂造のもの 木骨モルタル造のもの	24 22 20 15 12 9 7	冷凍倉庫用、低温倉庫用及び氷の貯蔵庫用の建物もこれに含まれる（耐通2-1-15参照）。
冷暖房設備	建物附属設備	冷房・暖房設備 冷暖房設備（冷凍機の出力が22キロワット以下のもの） その他の設備	 13 15	冷暖房共用のものには冷凍機ボイラー及びこれに附属するすべての機器を含めることができる（耐通2-2-4参照）。
冷凍車	車両運搬具	鉄道用・軌道用車両 貨車 冷凍車	 12	鉄道用・軌道用のものがこれに該当する。
冷房設備（冷凍機、冷却機、送風装置、配管設備、ポンプ、ダクト、冷風発生機器等）	建物附属設備	冷房設備 冷暖房設備（冷凍機に直結する電動機の出力が22キロワット以下のもの） その他のもの	 13 15	パッケージドタイプのエアーコンディショナーであっても、ダクトを通じて相当広範囲にわたって冷房するものは「器具備品」に該当せず、「建物附属設備」に該当する（耐通2-2-4参照）。
冷房用機器	器具備品	「1」冷房用機器	6	
霊きゅう車	車両運搬具	特殊自動車 霊きゅう車 小型車 その他のもの	 3 4	小型車とは、総排気量が2リットル以下のものをいう。
ロータリーラック	機械装置	「40」倉庫業用設備など		（耐通1-4-2、耐通1-4-5参照）
ロープ	器具備品	「11」ロープ	2	
ロープウェイ（ゴンドラ部分）	車両運搬具	鉄道用・軌道用車両 架空索道用搬器 閉鎖式のもの その他のもの	 10 5	（耐通2-5-4参照）
ロール	工具	ロール 金属圧延用のもの なっ染ロール 粉砕ロール 混練ロール その他のロール	 4 3 3 3 3	移送用ロールは「機械装置」に該当する。 鉄鋼圧延ロール、非鉄金属圧延ロールがこれに該当する。 製粉ロール、製麦ロール、火薬製造ロール、塗料製造ロール、ゴム製品製造ロール、菓子製造ロール、製糸ロール等がこれに該当する（耐通2-6-2参照）。

資産の名称	種類	構造又は用途及び細目	耐用年数	備考
ロッカー	器具備品	「1」キャビネット 主として金属製のもの その他のもの	 15 8	コインロッカーは「11前掲のもの以外のもの」の「その他のもの」の「主として金属製のもの」(10年)に該当する(耐通2-7-18参照)。
ロックビット	工具	前掲のもの以外のもの その他のもの	 3	
ロボット	器具備品 〃 機械装置 〃	「5」その他のもの 主として金属製のもの 「11」その他のもの 主として金属製のもの (「設備の種類」別の耐用年数による。) 「18」生産用機械器具製造業用設備 その他の設備	 10 10 12	宣伝用として使用するもの 商品の運搬等に使用するもの (耐通1-4-2参照) ロボット製造業者が、性能等を宣伝するために使用するもの
ロボット掃除機	器具備品	「1」電気冷蔵庫、電気洗濯機その他これらに類する電気又はガス機器	6	
路面清掃車	車両運搬具	特殊自動車 モータースィーパー	 4	
録音テープ	器具備品	「11」磁気テープ	2	
録画テープ	器具備品	「11」磁気テープ	2	
ワードプロセッサー	器具備品	「2」その他の事務機器	5	

別表第二（機械及び装置）の50音順耐用年数早見表

機械及び装置の耐用年数の適用に当たっては、その機械及び装置が耐用年数省令別表第二の「用途」のいずれに該当するのかの判定をする必要があります。

この場合の判定は、具体的にはその機械及び装置によって生産される最終製品（製品のうち中間の工程において生ずる製品以外のものをいいます。）に基づき行うこととし、その最終製品がどのような業種の製品に属するかの判定については、原則として日本標準産業分類によることとされています。

平成20年度の税制改正前においては、旧別表第二の「設備の種類」と旧日本標準産業分類の細分類番号との対比表である「耐用年数の適用等に関する取扱通達」の旧付表８によっていましたが、新たな「設備の種類」は業種別になっているので139ページ以下の「別表第二の新旧資産区分の耐用年数対照表」にあるとおり、改正前の資産区分が改正後には複数になっているものもありますのでご注意ください。（「新耐用年数」欄の※印は、「別表第二の新旧資産区分の耐用年数対照表」をご覧ください。）

本表は、一の設備に該当する機械及び装置を通称により50音順に配列し、それぞれその設備が別表第二に掲げるいずれの番号の「用途」に該当するかを示し、平成20年４月１日以後に開始される事業年度に適用される耐用年数（既存の減価償却資産についても適用されます。）を「新耐用年数」とし、改正前の耐用年数を「旧耐用年数」として併記しています。（ただし、「用途」の細目ついては基本的には省略しています。）

設備の名称	別表第二の旧番号	別表第二の新番号	用途	旧耐用年数	新耐用年数
アースドリル	334	30	総合工事業用設備　など	5	※
アームバンド製造業用設備	56	3	繊維工業用設備	7	7
アイスキャンデー製造設備	23	1	食料品製造業用設備	9	10
アイスクリーム・アイスシャーベット製造設備	3 23	1 1	食料品製造業用設備	9 9	10 10
アイスクリームコーン製造設備	23	1	食料品製造業用設備	9	10
アイスクリーム製造機械装置製造設備	266	18	生産用機械器具製造業用設備	13	12
アイススケート場用設備 　冷凍機、冷凍管等主として金属製のもの 　その他のもの	 369 369	 51 51	娯楽業用設備 　その他の設備 　　主として金属製のもの 　　その他のもの	 17 8	 17 8
アイロン台製造設備	62	5	家具・装備品製造業用設備	10	11
アクリルニトリル・アクリル酸エステル製造設備	133	8	化学工業用設備 　その他の設備	7	8
アクリル繊維製造設備	149	3	繊維工業用設備	7	7
アスファルトスプレッダー	334	30	総合工事業用設備　など	5	※
アスファルトスプレヤー	334	30	総合工事業用設備　など	5	※
アスファルトタイル製造設備	317	24	その他の製造業用設備	12	9
アスファルトディストリビューター	334	30	総合工事業用設備　など	5	※
アスファルトフィニッシャー	334	30	総合工事業用設備　など	5	※
アスファルトプラント	335	30	総合工事業用設備	6	6
アスファルト乳剤・アスファルト製品製造設備	182	9	石油製品・石炭製品製造業用設備	14	7
アスファルトメルター	334	30	総合工事業用設備　など	5	※
アセチレン製造設備	131	8	化学工業用設備	9	8
アセテート製造設備	148	3	繊維工業用設備	8	7
アセトアルデヒド製造設備	127	8	化学工業用設備	7	8
アミン製造設備	129	8	化学工業用設備	8	8
アルカリ電池製造設備	274の2	21	電気機械器具製造業用設備	12	7
アルキルベンゾール・アルキルフェノール製造設備	121	8	化学工業用設備	8	8
アルギン酸塩製造設備	137	8	化学工業用設備	10	8
アルコール製造設備	126	8	化学工業用設備	8	8
アルゴン製造設備	114	8	化学工業用設備	10	8
アルバム製造設備	70	6	パルプ・紙・紙加工品製造業用設備	10	12
アルミニウム・アルミニウム合金圧延・押出・伸線設備	229	15	非鉄金属製造業用設備	12	7
アルミニウム鋳物・アルミニウム合金鋳物・アルミニウムダイカスト製造業用設備 　ダイカスト設備 　その他の設備	 230 230	 15 15	非鉄金属製造業用設備	 8 10	 7 7

ア

設備の名称	別表第二の旧番号	別表第二の新番号	用途	旧耐用年数	新耐用年数
アルミニウム線・アルミニウム管製造設備	229	15	非鉄金属製造業用設備	12	7
アルミニウム第１次製錬・精製設備	224	15	非鉄金属製造業用設備	12	7
アルミニウム第２次製錬・精製業用・アルミニウム合金製造業用設備			非鉄金属製造業用設備		
ダイカスト設備	230	15		8	7
その他の設備	230	15		10	7
アルミニウムはく加工設備			金属製品製造業用設備 　金属被覆及び彫刻業又は打はく及び金属製ネームプレート製造業用設備		
脱脂・洗浄設備	245の２	16		7	6
水洗塗装装置	245の２	16		7	6
その他の設備	245の２	16		11	6
アンチモン製錬設備	227	15	非鉄金属製造業用設備	12	7
アンプル用ガラス管・アンプル製造設備			窯業・土石製品製造業用設備		
るつぼ炉・データンク炉	195	13		3	9
溶解炉	195	13		13	9
その他の設備	195	13		9	9
アンモニア・アンモニア誘導品製造設備	81	8	化学工業用設備	9	8
アンモニウム塩製造設備	90	8	化学工業用設備	9	8
あて名印刷機製造設備	265	19	業務用機械器具製造業用設備	11	7
あゆ養殖設備			水産養殖業用設備		
竹製のもの	324	28		2	5
その他のもの	324	28		4	5
あられ製造設備	23	1	食料品製造業用設備	9	10
あん類製造設備	15	1	食料品製造業用設備	9	10
亜塩素酸ナトリウム製造設備	88	8	化学工業用設備	9	8
亜鉛めっき鋼管・亜鉛めっき硬鋼線製造設備	244	14	鉄鋼業用設備 　表面処理鋼材若しくは鉄粉製造業又は鉄スクラップ加工処理業用設備	7	5
亜鉛めっき設備	244	16	金属製品製造業用設備 　金属被覆及び彫刻業又は打はく及び金属製ネームプレート製造業用設備	7	6
亜鉛・亜鉛合金圧延・押出・伸線設備	229	15	非鉄金属製造業用設備	12	7
亜鉛・亜鉛合金第２次製錬・精製業用設備			非鉄金属製造業用設備		
ダイカスト設備	230	15		8	7
その他の設備	230	15		10	7
亜鉛華製造設備	103	8	化学工業用設備	11	8
亜鉛第１次製錬・精製設備	223	15	非鉄金属製造業用設備	9	7
亜鉛鉄板製造設備	244	14	鉄鋼業用設備 　表面処理鋼材若しくは鉄粉製造業又は鉄スクラップ加工処理業用設備	7	5
亜硝酸ナトリウム製造設備	88	8	化学工業用設備	9	8

設備の名称	別表第二の旧　番　号	別表第二の新　番　号	用　　途	旧耐用年　数	新耐用年　数
亜炭鉱業設備			鉱業、採石業、砂利採取業用設備		
採掘機械・コンベヤ	329	29		5	6
その他の設備	329	29		9	6
前掲の区分によらないもの	329	29		8	6
藍染料製造設備	160	8	化学工業用設備	7	8
青写真業用設備	80	7	印刷業又は印刷関連業用設備 その他の設備	6	10
麻織物設備	44	3	繊維工業用設備	10	7
足場丸太生産設備			林業用設備		
動力伐採機	58	26		3	5
その他の可搬式設備	58	26		6	5
味付けのり製造設備	4	1	食料品製造業用設備	8	10
圧延機械製造設備	257	18	生産用機械器具製造業用設備 金属加工機械製造設備	10	9
圧延鋼材製造設備（高炉が稼働しているもの）	211	14	鉄鋼業用設備	14	14
圧縮機製造設備	261	17	はん用機械器具製造業用設備	12	12
圧縮空気機関（車両用を除く。）製造設備	254	17	はん用機械器具製造業用設備	11	12
圧縮酸素製造設備	114	8	化学工業用設備	10	8
圧縮水素製造設備	114	8	化学工業用設備	10	8
圧縮成形機製造設備	258	18	生産用機械器具製造業用設備	12	12
圧力自動調整装置・部分品製造設備	268	21	電気機械器具製造業用設備	10	7
穴あけ器製造設備	265	24	その他の製造業用設備	11	9
油絵具製造設備	303	24	その他の製造業用設備	11	9
油布製造設備	54	3	繊維工業用設備	14	7
雨がさ製造設備	325	24	その他の製造業用設備	15	9
甘酒製造設備	30	1	食料品製造業用設備	12	10
網地製造設備（漁網を除く）	52	3	繊維工業用設備	10	7
編み手袋製造設備	45	3	繊維工業用設備	10	7
編み針（金属製）製造設備	240	24	その他の製造業用設備	13	9
荒茶製造設備	24	2	飲料・たばこ・飼料製造業用設備	8	10
荒びきコーヒー製造設備	15	2	飲料・たばこ・飼料製造業用設備	9	10
安全ピン製造設備	252	24	その他の製造業用設備	15	9
イースト製造設備	31	1	食料品製造業用設備	9	10
イオン交換樹脂製造設備	180	8	化学工業用設備	13	8
イソシアネート類製造設備	123	8	化学工業用設備	7	8
インスタントコーヒー製造設備	30	2	飲料・たばこ・飼料製造業用設備	12	10
いり豆製造設備	15	1	食料品製造業用設備	9	10
衣こう製造設備	62	5	家具・装備品製造業用設備	10	11
衣服用ベルト（繊維製）製造業用設備	56	3	繊維工業用設備	7	7
囲碁用品製造設備			その他の製造業用設備		
合成樹脂成形設備	299	24		9	9
その他の設備	299	24		11	9
医薬品（ビタミン剤を除く。）製造設備	154	8	化学工業用設備	7	8
医療器具（スタンプ・プレス製品）製造業用設備 めっき・アルマイト加			金属製品製造業用設備		

設備の名称	別表第二の旧番号	別表第二の新番号	用途	旧耐用年数	新耐用年数
工設備	251	16		7	10
その他の設備	251	16		12	10
医療用ガラス器具製造設備			窯業・土石製品製造業用設備		
るつぼ炉・データンク炉	195	13		3	9
溶解炉	195	13		13	9
その他の設備	195	13		9	9
医療用機器製造設備	288	19	業務用機械器具製造業用設備	12	7
医療用計測器製造設備	268	21	電気機械器具製造業用設備	10	7
医療用電子応用装置製造設備	268	21	電気機械器具製造業用設備	10	7
医療用針製造設備	288	19	業務用機械器具製造業用設備	12	7
硫黄鉱業・硫黄製錬設備	332	29	鉱業、採石業、砂利採取業用設備	6	6
育林設備			林業用設備		
動力伐採機	58	26		3	5
その他の可搬式設備	58	26		6	5
石うす・石灯ろう製造設備	209	13	窯業・土石製品製造業用設備	12	9
石粉製造設備			窯業・土石製品製造業用設備		
トンネルがま	210	13		12	9
その他の炉	210	13		10	9
その他の設備	210	13		15	9
石細工品・石タイル製造設備	209	13	窯業・土石製品製造業用設備	12	9
石製家具製造設備	209	5	家具・装備品製造業用設備	12	11
意匠より糸製造設備	43	3	繊維工業用設備	11	7
板ガラス加工設備			窯業・土石製品製造業用設備		
るつぼ炉・データンク炉	195	13		3	9
溶解炉	195	13		13	9
その他の設備	195	13		9	9
板ガラス製造設備			窯業・土石製品製造業用設備		
溶解炉	194	13		14	9
その他の設備	194	13		14	9
板紙製容器製造設備	69	6	パルプ・紙・紙加工品製造業用設備	12	12
一般土木建築工事設備			総合工事業用設備		
排砂管・可搬式コンベヤ	335	30		3	6
ジーゼルパイルハンマー	335	30		4	6
アスファルトプラント・バッチャープラント	335	30		6	6
その他の設備	335	30		7	6
糸ゴム製造設備	189	11	ゴム製品製造業用設備	9	9
糸製造業用設備	43	3	繊維工業用設備	11	7
犬くぎ製造業用設備	237	16	金属製品製造業用設備	12	10
印画紙製造設備	172	8	化学工業用設備	8	8
印刷インキ製造設備	158	8	化学工業用設備	9	8
印刷回路基板製造設備	272の2	20	電子部品・デバイス・電子回路製造業用設備 プリント配線基板製造設備	6	6
印刷機械装置製造設備	264	18	生産用機械器具製造業用設備	13	12
印刷設備	75	7	印刷・同関連業用設備 デジタル印刷システム設備	10	4

設備の名称	別表第二の旧 番 号	別表第二の新 番 号	用　　途	旧耐用年 数	新耐用年 数
			その他の設備	10	10
印刷物加工設備	78	7	印刷・同関連業用設備	10	10
飲料用アルコール製造設備	29	2	飲料・たばこ・飼料製造業用設備	10	10
ウィスキー製造設備	29	2	飲料・たばこ・飼料製造業用設備	10	10
ウインドタイプエアコン製造設備	267	21	電気機械器具製造業用設備	11	7
ウエハース製造設備	23	1	食料品製造業用設備	9	10
ウォッチ・部分品製造設備	290	24	その他の製造業用設備	10	9
ウラン第１次製錬・精製設備	227	15	非鉄金属製造業用設備	12	7
ヴァルカナイズドファイバー製造設備	68	6	パルプ・紙・紙加工品製造業用設備	12	12
うちわ・うちわ骨製造設備	325	24	その他の製造業用設備	15	9
うどん製造設備	19	1	食料品製造業用設備	10	10
うなぎ養殖設備			水産養殖業用設備		
竹製のもの	324	28		2	5
その他のもの	324	28		4	5
うわ（釉）薬製造設備			窯業・土石製品製造業用設備		
倒炎がま					
塩融式のもの	196	13		3	9
その他のもの	196	13		5	9
トンネルがま	196	13		7	9
その他の炉	196	13		8	9
その他の設備	196	13		12	9
打抜き金属加工品製造業用設備			金属製品製造業用設備		
めっき・アルマイト加工設備	251	16		7	10
その他の設備	251	16		12	10
腕時計用革バンド製造設備	193	12	なめし革・同製品・毛皮製造業用設備	11	9
乳母車製造設備			その他の製造業用設備		
合成樹脂成形設備	299	24		9	9
その他の設備	299	24		11	9
漆工芸品製造設備	62	24	その他の製造業用設備	10	9
漆製造設備	158	8	化学工業用設備	9	8
運動用具（木製）製造設備	62	24	その他の製造業用設備	10	9
雲母鉱業設備	333	29	鉱業、採石業、砂利採取業用設備	9	6
雲母精製・雲母板製造設備			窯業・土石製品製造業用設備		
トンネルがま	210	13		12	9
その他の炉	210	13		10	9
その他の設備	210	13		15	9
エアーシュータ装置製造設備	264	17	はん用機械器具製造業用設備	13	12
エタノール・エタノール誘導体製造設備	125	8	化学工業用設備	9	8
エチルアルコール製造設備	125	8	化学工業用設備	9	8
エチレンオキサイド・エチレングリコール製造設備	134	8	化学工業用設備	8	8
エチレン製造設備	131	8	化学工業用設備	9	8

エ

設備の名称	別表第二の旧番号	別表第二の新番号	用途	旧耐用年数	新耐用年数
X線管製造設備	270	20	電子部品・デバイス・電子回路製造業用設備	8	8
X線装置・部分品製造設備	268	21	電気機械器具製造業用設備	10	7
エナメル製造設備	158	8	化学工業用設備	9	8
エボナイト・エボナイト製品製造設備	190	11	ゴム製品製造業用設備	10	9
LPガスステーション設備	339の2	45	その他の小売業用設備 ガソリン又は液化石油ガススタンド設備	8	8
エレベータ・エスカレータ製造設備	286	17	はん用機械器具製造業用設備	13	12
エンジン（航空機用）製造・修理設備	285	23	輸送用機械器具製造業用設備	10	9
エンジン製造設備	254	17	はん用機械器具製造業用設備	11	12
エンジン・部分品（車両用）製造設備	278	23	輸送用機械器具製造業用設備	10	9
柄（とう製・竹製）製造設備	62	4	木材・木製品（家具を除く。）製造業用設備	10	8
絵の具製造設備	303	24	その他の製造業用設備	11	9
画筆製造設備	303	24	その他の製造業用設備	11	9
永久磁石製造設備	273	21	電気機械器具製造業用設備	12	7
映画興行設備			娯楽業用設備 映画館又は劇場用設備		
照明設備	366	51		5	11
その他の設備	366	51		7	11
映画撮影機・映画現像機械・部分品製造設備	289	19	業務用機械器具製造業用設備	10	7
映画製作設備			映像・音声・文字情報制作業用設備		
照明設備	363	37		3	8
撮影・録音設備	363	37		6	8
その他の設備	363	37		8	8
映写機・映写幕・部分品製造設備	289	19	業務用機械器具製造業用設備	10	7
映写機用ランプ製造設備	270	21	電気機械器具製造業用設備	8	7
衛生バンド製造業用設備	56	3	繊維工業用設備	7	7
衛生マスク製造設備	55	3	繊維工業用設備	9	7
衛生器具（金属製）製造設備	252	16	金属製品製造業用設備	15	10
衛生陶器製造設備			窯業・土石製品製造業用設備		
倒炎がま					
塩融式のもの	196	13		3	9
その他のもの	196	13		5	9
トンネルがま	196	13		7	9
その他の炉	196	13		8	9
その他の設備	196	13		12	9
衛生用紙綿製造設備	55	6	パルプ・紙・紙加工品製造業用設備	9	12
液化石油ガス（LPガス）卸売用設備（貯槽を除く。）	338	43	建築材料、鉱物・金属材料等卸売業用設備 石油又は液化石油ガス卸売用設備（貯そうを除く。）	13	13
液化石油ガス（LPガス）スタンド設備	339の2	45	その他の小売業用設備 ガソリン又は液化石油ガススタンド設備	8	8
液体ヘリウム製造設備	114	8	化学工業用設備	10	8

設備の名称	別表第二の旧番号	別表第二の新番号	用途	旧耐用年数	新耐用年数
液体酸素製造設備	114	8	化学工業用設備	10	8
液面調節装置・部分品製造設備	268	21	電気機械器具製造業用設備	10	7
鉛管・鉛板製造設備	229	15	非鉄金属製造業用設備	12	7
鉛丹製造設備	103	8	化学工業用設備	11	8
鉛筆削器（手動式）製造設備	265	24	その他の製造業用設備	11	9
鉛筆軸板製造設備	62	4	木材・木製品（家具を除く。）製造業用設備	10	8
鉛筆製造機械製造設備	264	18	生産用機械器具製造業用設備	13	12
鉛筆製造設備	302	24	その他の製造業用設備	13	9
遠隔制御装置・部分品製造設備	268	22	情報通信機械器具製造業用設備	10	8
遠心分離機製造設備	261	18	生産用機械器具製造業用設備	12	12
塩化アンモニウム製造設備	86	8	化学工業用設備	7	8
塩化ビニリデン系樹脂製造設備	143	8	化学工業用設備	7	8
塩化ビニルタイル製造業用設備	307	10	プラスチック製品製造業用設備（他の号に掲げるものを除く。）	8	8
塩化ビニルフォーム製造業用設備	307	10	プラスチック製品製造業用設備（他の号に掲げるものを除く。）	8	8
塩化メチル・塩化メチレン製造設備	124	8	化学工業用設備	7	8
塩化りん製造設備	99	8	化学工業用設備		
			塩化りん製造設備	5	4
塩酸・塩酸ガス製造設備	86	8	化学工業用設備	7	8
塩素酸ナトリウム製造設備	88	8	化学工業用設備	9	8
煙火製造設備	156	24	その他の製造業用設備	7	9
演劇興行設備			娯楽業用設備		
			映画館又は劇場用設備		
照明設備	366	51		5	11
その他の設備	366	51		7	11
オイルガス分離精製設備	119	8	化学工業用設備	8	8
オガライト・オガタン製造設備	184	24	その他の製造業用設備	8	9
オフセット印刷機	75	7	印刷・同関連業用設備	10	10
オペラグラス・部分品製造設備	289	19	業務用機械器具製造業用設備	10	7
オルガン製造設備	297	24	その他の製造業用設備	11	9
オルゴールムーブメント製造設備	291	24	その他の製造業用設備	12	9
おけ材・おけ（木製）製造設備	62	4	木材・木製品（家具を除く。）製造業用設備	10	8
おしめカバー製造業用設備	56	3	繊維工業用設備	7	7
おの製造設備	246	16	金属製品製造業用設備	12	10
黄銅棒製造設備	229	15	非鉄金属製造業用設備	12	7
王冠製造業用設備			金属製品製造業用設備		
めっき・アルマイト加工設備	251	16		7	10
その他の設備	251	16		12	10
押出しチューブ（金属製）製造設備	241	16	金属製品製造業用設備	11	10
押出成形機製造設備	258	18	生産用機械器具製造業用設備	12	12

オ

オ

設備の名称	別表第二の旧番号	別表第二の新番号	用途	旧耐用年数	新耐用年数
帯・帯あげ・帯どめ製造業用設備	56	3	繊維工業用設備	7	7
折箱製造設備	62	4	木材・木製品（家具を除く。）製造業用設備	10	8
織フェルト製造設備	44	3	繊維工業用設備	10	7
織敷物（機械織）製造設備	44	3	繊維工業用設備	10	7
織物仕上・織物乾燥機械・部分品・附属品製造設備	260	18	生産用機械器具製造業用設備	12	12
織物整理設備			繊維工業用設備		
圧縮用電極板	46	3		3	7
その他の設備	46	3		7	7
織物設備	44	3	繊維工業用設備	10	7
織物手加工染色整理設備			繊維工業用設備		
圧縮用電極板	46	3		3	7
その他の設備	46	3		7	7
卸売業又は小売業の荷役・倉庫用設備		40	倉庫業用設備　など		※
移動式荷役設備	340			7	
くん蒸設備	340			10	
その他の設備	340			12	
温水ボイラ（電気機器を除く。）製造設備	266	16	金属製品製造業用設備	13	10
温水缶製造設備	242	16	金属製品製造業用設備	14	10
温度計製造設備	287	19	業務用機械器具製造業用設備	11	7
温度自動調節装置・部分品製造設備	268	21	電気機械器具製造業用設備	10	7
温風暖房装置・温水暖房装置（電気機器を除く。）製造設備	266	16	金属製品製造業用設備	13	10

設備の名称	別表第二の旧番号	別表第二の新番号	用途	旧耐用年数	新耐用年数
カークーラー・カーヒーター製造設備	280	23	輸送用機械器具製造業用設備	12	9
カーテン製造業用設備	56	3	繊維工業用設備	7	7
カートレーナー設備	369	52	教育業（学校教育業を除く。）又は学習支援業用設備 教習用運転シミュレータ設備	17	5
カーバ	334	30	総合工事業用設備　など	5	※
カーバイド（カルシウムカーバイド）製造設備	94	8	化学工業用設備	9	8
カーボンブラック製造設備	179	8	化学工業用設備	8	8
カオリン鉱業設備	333	29	鉱業、採石業、砂利採取業用設備	9	6
カステラ製造設備	23	1	食料品製造業用設備	9	10
カラメル製造設備	22	1	食料品製造業用設備	10	10
カプセルライナー（採掘現場用）	333	29	鉱業、採石業又は砂利採取業用設備 その他の設備	9	6
カルサインコークス製造設備	185	9	石油製品・石炭製品製造業用設備	14	7
カレー粉製造設備	11	1	食料品製造業用設備	9	10
カントリーエレベーター	12	1	食料品製造業用設備	10	10
カンバス（画家用）製造設備	303	24	その他の製造業用設備	11	9
ガーゼ製造設備	55	3	繊維工業用設備	9	7
ガスタービン発電設備	349	31	電気業用設備 内燃力又はガスタービン発電設備	15	15
ガスメーター製造設備	287	19	業務用機械器具製造業用設備	11	7
ガス機関製造設備	254	17	はん用機械器具製造業用設備	11	12
ガス機器製造設備	266	16	金属製品製造業用設備	13	10
ガス事業用供給設備			ガス業用設備		
ガス導管			供給用設備		
鋳鉄製のもの	356	32		22	22
その他のもの	356	32		13	13
需要者用計量器	356	32		13	13
その他の設備	356	32		15	15
ガス事業用特定ガス発生設備	354	32	ガス業用設備 製造用設備	10	10
ガス容器（ボンベ）製造設備	242	16	金属製品製造業用設備	14	10
ガス溶接機製造設備	257	18	生産用機械器具製造業用設備 金属加工機械製造設備	10	9
ガソリンスタンド設備	339	45	その他の小売業用設備 ガソリン又は液化石油ガススタンド設備	8	8
ガソリンスタンド用計量ポンプ製造設備	287	19	業務用機械器具製造業用設備	11	7
ガソリン機関製造設備	254	17	はん用機械器具製造業用設備	11	12
ガソリン製造設備	181	9	石油製品・石炭製品製造業用設備	8	7
ガムテープ（ベースが布のもの）製造設備	54	3	繊維工業用設備	14	7
ガラス製品製造設備			窯業・土石製品製造業用設備		
るつぼ炉・データンク炉	195	13		3	9
溶解炉	195	13		13	9
その他の設備	195	13		9	9
かき類・かき類種苗養殖			水産養殖業用設備		

設備の名称	別表第二の旧番号	別表第二の新番号	用途	旧耐用年数	新耐用年数
設備					
竹製のもの	324	28		2	5
その他のもの	324	28		4	5
かぎ製造設備			金属製品製造業用設備		
めっき・アルマイト加工設備	249	16		7	10
溶接設備	249	16		10	10
その他の設備	249	16		13	10
かご製造設備	62	4	木材・木製品（家具を除く。）製造業用設備	10	8
かさ高加工糸製造設備	42	3	繊維工業用設備	8	7
かすがい製造業用設備	237	16	金属製品製造業用設備	12	10
かつおぶし製造設備	4	1	食料品製造業用設備	8	10
かつら製造設備	325	24	その他の製造業用設備	15	9
かばん（革製）製造設備	193	12	なめし革・同製品・毛皮製造業用設備	11	9
かまぼこ製造設備	4	1	食料品製造業用設備	8	10
かみそり刃製造設備	248	16	金属製品製造業用設備	11	10
かるた製造設備			その他の製造業用設備		
合成樹脂成形設備	299	24		9	9
その他の設備	299	24		11	9
かんな製造設備	246	16	金属製品製造業用設備	12	10
かんぴょう処理加工設備	7	1	食料品製造業用設備	9	10
かん水製造設備			化学工業用設備		
合成樹脂製濃縮盤	116	8		3	8
イオン交換膜	116	8		3	8
その他の設備	116	8		7	8
か性ソーダ・か性カリ製造設備	86	8	化学工業用設備	7	8
がいろ目粘土鉱業設備	333	29	鉱業、採石業、砂利採取業用設備	9	6
がい子・がい管製造設備			窯業・土石製品製造業用設備		
倒炎がま					
塩融式のもの	196	13		3	9
その他のもの	196	13		5	9
トンネルがま	196	13		7	9
その他の炉	196	13		8	9
その他の設備	196	13		12	9
がん具製造設備			その他の製造業用設備		
合成樹脂成形設備	299	24		9	9
その他の設備	299	24		11	9
火えん発射機製造設備	293	19	業務用機械器具製造業用設備	12	7
火災警報装置製造設備	268	22	情報通信機械器具製造業用設備	10	8
火葬設備	361	50	その他の生活関連サービス業用設備	16	6
化学機械装置製造設備	264	18	生産用機械器具製造業用設備	13	12
化学調味料製造設備	9	1	食料品製造業用設備	7	10
化学用粘土製造設備			窯業・土石製品製造業用設備		
トンネルがま	210	13		12	9
その他の炉	210	13		10	9
その他の設備	210	13		15	9
化工でん粉製造設備	175	8	化学工業用設備	10	8
可搬式造林・伐木・搬出設備			林業用設備		
動力伐採機	58	26		3	5
その他の設備	58	26		6	5
加工紙製造設備	68	6	パルプ・紙・紙加工品製造業用設備	12	12

設備の名称	別表第二の旧番号	別表第二の新番号	用途	旧耐用年数	新耐用年数
加工卵製造設備	2	1	食料品製造業用設備	8	10
加里鉱業設備	333	29	鉱業、採石業、砂利採取業用設備	9	6
架空索道設備			鉄道業用設備		
鋼索	337	38		3	12
その他の設備	337	38		12	12
架線金物製造設備			金属製品製造業用設備		
めっき・アルマイト加工設備	249	16		7	10
溶接設備	249	16		10	10
その他の設備	249	16		13	10
果実飲料製造設備	26	2	飲料・たばこ・飼料製造業用設備	10	10
果実缶詰・瓶詰製造設備	8	1	食料品製造業用設備	8	10
果実漬物製造設備	5	1	食料品製造業用設備	7	10
果実酒製造設備	28	2	飲料・たばこ・飼料製造業用設備	12	10
果糖製造設備	36	1	食料品製造業用設備	16	10
蚊取り線香製造設備	155	8	化学工業用設備	8	8
蚊帳製造業用設備	56	3	繊維工業用設備	7	7
過塩素酸ナトリウム製造設備	88	8	化学工業用設備	9	8
過酸化ソーダ（ナトリウム）製造設備	87	8	化学工業用設備	7	8
過酸化水素製造設備	112	8	化学工業用設備	10	8
家具製造・塗装設備（漆塗りを除く。）	62	5	家具・装備品製造業用設備	10	11
家具（漆塗り）製造・（漆）塗装設備	62	24	その他の製造業用設備	10	9
家具用金具製造設備			金属製品製造業用設備		
めっき・アルマイト加工設備	249	16		7	10
溶接設備	249	16		10	10
その他の設備	249	16		13	10
家畜人工受精器具製造設備	288	19	業務用機械器具製造業用設備	12	7
家庭用電気洗濯機製造設備	267	21	電気機械器具製造業用設備	11	7
菓子製造機械装置製造設備	266	18	生産用機械器具製造業用設備	13	12
画びょう製造設備	252	24	その他の製造業用設備	15	9
画布・画架・画板製造設備	303	24	その他の製造業用設備	11	9
貨幣処理機械製造設備	265	19	業務用機械器具製造業用設備	11	7
回転計製造設備	287	19	業務用機械器具製造業用設備	11	7
界面活性剤製造設備	152	8	化学工業用設備	7	8
海藻加工設備	4	1	食料品製造業用設備	8	10
海難救助設備	342	41	運輸に附帯するサービス業用設備	8	10
絵画用具製造設備	303	24	その他の製造業用設備	11	9
開閉器（電力用）製造設備	267	21	電気機械器具製造業用設備	11	7
懐炉・懐炉灰製造設備	325	24	その他の製造業用設備	15	9
外衣製造業用設備	56	3	繊維工業用設備	7	7
鏡縁製造設備	62	5	家具・装備品製造業用設備	10	11
拡声装置・部分品製造設備	268	22	情報通信機械器具製造業用設備	10	8
拡大鏡・部分品製造設備	289	19	業務用機械器具製造業用設備	10	7
核燃料物質加工設備	251の2	15	非鉄金属製造業用設備		
			核燃料物質加工設備	11	11

カ

設備の名称	別表第二の旧番号	別表第二の新番号	用途	旧耐用年数	新耐用年数
学用紙製品製造設備	70	6	パルプ・紙・紙加工品製造業用設備	10	12
楽器（楽器部品・同材料を除く。）製造設備	297	24	その他の製造業用設備	11	9
額縁製造設備	62	5	家具・装備品製造業用設備	10	11
形板製造設備	325	24	その他の製造業用設備	15	9
活字合金製造業用設備			非鉄金属製造業用設備		
ダイカスト設備	230	15		8	7
その他の設備	230	15		10	7
活字鋳造業用設備	76	7	印刷・同関連業用設備	11	10
活性炭製造設備	117	8	化学工業用設備 活性炭製造設備	6	5
活性白土製造設備	176	8	化学工業用設備	10	8
割ぽう店業用設備			飲食店業用設備		
引湯管	358	48		5	8
その他の設備	358	48		9	8
滑車製造業用設備	263	17	はん用機械器具製造業用設備	10	12
金づち製造設備	246	16	金属製品製造業用設備	12	10
金網製造機械製造設備	264	18	生産用機械器具製造業用設備	13	12
金網製品製造設備	239	16	金属製品製造業用設備	14	10
金型製造業用設備	259	18	生産用機械器具製造業用設備	10	12
金物・金具（車両用）製造設備	280	16	金属製品製造業用設備	12	10
壁紙・ふすま紙製造設備	68	6	パルプ・紙・紙加工品製造業用設備	12	12
紙タオル類製造設備	70	6	パルプ・紙・紙加工品製造業用設備	10	12
紙製コップ・皿製造設備	69	6	パルプ・紙・紙加工品製造業用設備	12	12
紙製衛生材料製造設備	55	6	パルプ・紙・紙加工品製造業用設備	9	12
神棚・同附属品（木製）製造設備	62	5	家具・装備品製造業用設備	10	11
刈取機械製造設備	255	18	生産用機械器具製造業用設備	12	12
皮なめし・皮さらし設備	191	12	なめし革・同製品・毛皮製造業用設備	9	9
革靴製造設備			なめし革・同製品・毛皮製造業用設備		
機械靴製造設備	192	12		8	9
その他の設備	193	12		11	9
革製品（革製履物材料・革製袋物・革製肩帯）製造設備	193	12	なめし革・同製品・毛皮製造業用設備	11	9
缶切製造設備	246	16	金属製品製造業用設備	12	10
缶詰機械製造設備	264	18	生産用機械器具製造業用設備	13	12
看板製造設備	325	24	その他の製造業用設備	15	9
乾燥卵製造設備	2	1	食料品製造業用設備	8	10
乾電池製造設備	274	21	電気機械器具製造業用設備	9	7
乾板製造設備	172	8	化学工業用設備	8	8
寒暖計製造設備	287	19	業務用機械器具製造業用設備	11	7
寒天製造設備	4	1	食料品製造業用設備	8	10
岩塩鉱業設備	333	29	鉱業、採石業、砂利採取業用設備	9	6
岩石採取設備	326	29	鉱業、採石業、砂利採取業用設備	8	6
岩綿・岩綿製品製造設備	208	13	窯業・土石製品製造業用設備	12	9
眼帯製造設備	55	3	繊維工業用設備	9	7

設備の名称	別表第二の旧番号	別表第二の新番号	用途	旧耐用年数	新耐用年数
キャビネット製造設備			家具・装備品製造業用設備		
めっき・アルマイト加工設備	249	5		7	11
溶接設備	249	5		10	11
その他の設備	249	5		13	11
キャンデー製造設備	23	1	食料品製造業用設備	9	10
ギター製造設備	297	24	その他の製造業用設備	11	9
きのこ種菌製造設備	31	1	食料品製造業用設備	9	10
きり製造設備	246	16	金属製品製造業用設備	12	10
きりゅう製家具製造設備	62	5	家具・装備品製造業用設備	10	11
きりゅう製品製造設備（家具を除く）	62	4	木材・木製品（家具を除く。）製造業用設備	10	8
ぎょうざ製造設備	1	1	食料品製造業用設備	9	10
ぎ酸製造設備	130	8	化学工業用設備	8	8
木箱製造設備	62	4	木材・木製品（家具を除く。）製造業用設備	10	8
生糸製造設備			繊維工業用設備		
自動繰糸機	37	3		7	7
その他の設備	37	3		10	7
気泡コンクリート製品製造設備			窯業・土石製品製造業用設備		
移動式製造・架設設備・振動加圧式成形設備	202	13		7	9
その他の設備	202	13		12	9
気球製造設備	285	23	輸送用機械器具製造業用設備	10	9
気硬性セメント製造設備			窯業・土石製品製造業用設備		
トンネルがま	210	13		12	9
その他の炉	210	13		10	9
その他の設備	210	13		15	9
希土類金属製錬設備	225	15	非鉄金属製造業用設備	7	7
汽力発電設備	348	31	電気業用設備 汽力発電設備	15	15
既製洋服製造業用設備	56	3	繊維工業用設備	7	7
軌道事業用変電設備	351	31	電気業用設備 鉄道又は軌道業用変電設備	20	15
貴金属・貴金属合金圧延・押出・伸線設備	229	15	非鉄金属製造業用設備	12	7
貴金属・貴金属合金第２次製錬・精製業用設備			非鉄金属製造業用設備		
ダイカスト設備	230	15		8	7
その他の設備	230	15		10	7
貴金属製品製造設備			その他の製造業用設備		
製鎖加工設備	304	24		8	9
その他の設備	304	24		12	9
前掲の区分によらないもの	304	24		11	9
貴金属第１次製錬・精製設備	227	15	非鉄金属製造業用設備	12	7
貴石・半貴石加工設備	323	24	その他の製造業用設備	7	9
機械油製造設備	181	9	石油製品・石炭製品製造業用設備	8	7
機械工具製造業用設備	259	18	生産用機械器具製造業用設備 金属加工機械製造設備	10	9
機械染色整理設備			繊維工業用設備		
圧縮用電極板	46	3		3	7
その他の設備	46	3		7	7
機械刃物製造業用設備	259	16	金属製品製造業用設備	10	10

設備の名称	別表第二の旧番号	別表第二の新番号	用途	旧耐用年数	新耐用年数
機械部品（スタンプ・プレス製品）製造業用設備			金属製品製造業用設備		
めっき・アルマイト加工設備	251	16		7	10
その他の設備	251	16		12	10
機雷けい器製造設備	293	19	業務用機械器具製造業用設備	12	7
擬石製造設備	209	13	窯業・土石製品製造業用設備	12	9
絹ラップ製造業用設備	48	3	繊維工業用設備	10	7
絹・人絹織物設備	44	3	繊維工業用設備	10	7
救命具製造設備	325	24	その他の製造業用設備	15	9
給排水栓製造設備	261	17	はん用機械器具製造業用設備	12	12
給油所設備	339	45	その他の小売業用設備 　ガソリン又は液化石油ガススタンド設備	8	8
牛乳・乳製品加工機械製造設備	266	18	生産用機械器具製造業用設備	13	12
共同貯木場用設備			林業用設備		
動力伐採機	58	26		3	5
その他の可搬式設備	58	26		6	5
教材がん具製造設備			その他の製造業用設備		
合成樹脂成形設備	299	24		9	9
その他の設備	299	24		11	9
強化プラスチック製品製造業用設備	307	10	プラスチック製品製造業用設備（他の号に掲げるものを除く。）	8	8
強化米製造設備	19	1	食料品製造業用設備	10	10
経木製造設備	62	4	木材・木製品（家具を除く。）製造業用設備	10	8
距離方位測定装置製造設備	268	22	情報通信機械器具製造業用設備	10	8
魚群探知機製造設備	268	21	電気機械器具製造業用設備	10	7
魚肉ハム・ソーセージ製造設備	4	1	食料品製造業用設備	8	10
魚粉飼料製造設備	35	2	飲料・たばこ・飼料製造業用設備	10	10
魚雷機関部・操だ装置製造設備	293	19	業務用機械器具製造業用設備	12	7
漁業用浮玉製造設備			窯業・土石製品製造業用設備		
るつぼ炉・データンク炉	195	13		3	9
溶解炉	195	13		13	9
その他の設備	195	13		9	9
漁船（木造）製造・修理設備	283	23	輸送用機械器具製造業用設備	13	9
漁網製造設備	52	3	繊維工業用設備	10	7
金魚養殖設備			水産養殖業用設備		
竹製のもの	324	28		2	5
その他のもの	324	28		4	5
金銀糸製造設備	57	3	繊維工業用設備	15	7
金・銀製錬・精製設備	227	15	非鉄金属製造業用設備	12	7
金庫・金庫室・金庫錠製造設備			金属製品製造業用設備		
めっき・アルマイト加工設備	249	16		7	10
溶接設備	249	16		10	10
その他の設備	249	16		13	10
金銭登録機械製造設備	265	19	業務用機械器具製造業用設備	11	7
金属ソーダ（ナトリウム）製造設備	89	8	化学工業用設備	10	8

設備の名称	別表第二の旧番号	別表第二の新番号	用途	旧耐用年数	新耐用年数
金属プレス業用設備			金属製品製造業用設備		
めっき・アルマイト加工設備	251	16		7	10
その他の設備	251	16		12	10
金属缶（自動組立方式によるもの）製造設備	241	16	金属製品製造業用設備	11	10
金属さく製造設備	250	16	金属製品製造業用設備	13	10
金属圧延用ロール製造業用設備	259	18	生産用機械器具製造業用設備 金属加工機械製造設備	10	9
金属工作機械・金属加工機械製造設備	257	18	生産用機械器具製造業用設備 金属加工機械製造設備	10	9
金属工作機械部分品・金属加工機械部分品製造設備	264	18	生産用機械器具製造業用設備 金属加工機械製造設備	13	9
金属鉱業設備	328	29	鉱業、採石業、砂利採取業用設備	9	6
金属製ネームプレート製造設備			金属製品製造業用設備 金属被覆及び彫刻業又は打はく及び金属製ネームプレート製造業用設備		
脱脂・洗浄設備	245の2	16		7	6
水洗塗装装置	245の2	16		7	6
その他の設備	245の2	16		11	6
金属製家具製造設備			家具・装備品製造業用設備		
めっき・アルマイト加工設備	249	5		7	11
溶接設備	249	5		10	11
その他の設備	249	5		13	11
金属製容器製造設備	242	16	金属製品製造業用設備	14	10
金属製洋食器（貴金属製を除く。）製造設備	248	16	金属製品製造業用設備	11	10
金属彫刻品製造設備			金属製品製造業用設備 金属被覆及び彫刻業又は打はく及び金属製ネームプレート製造業用設備		
脱脂・洗浄設備	245の2	16		7	6
水洗塗装装置	245の2	16		7	6
その他の設備	245の2	16		11	6
金属塗装設備			金属製品製造業用設備 金属被覆及び彫刻業又は打はく及び金属製ネームプレート製造業用設備		
脱脂・洗浄設備	245	16		7	6
水洗塗装装置	245	16		7	6
その他の設備	245	16		9	6
金属熱処理業用設備	221	16	金属製品製造業用設備	10	10
金属粉末（鉄粉）製造設備	232	14	鉄鋼業用設備 表面処理鋼材若しくは鉄粉製造業又は鉄スクラップ加工処理業用設備	8	5
金属粉末（非鉄金属粉末で粉末や金を除く）製造設備	232	15	非鉄金属製造業用設備	8	7
クラクション製造設備	280	23	輸送用機械器具製造業用設備	12	9
クラッカー製造設備	23	1	食料品製造業用設備	9	10
クラッチ（車両用）製造設備	278	23	輸送用機械器具製造業用設備	10	9
クリーニング設備	359	49	洗濯・理容・美容・浴場業用設備	7	13

設備の名称	別表第二の旧番号	別表第二の新番号	用途	旧耐用年数	新耐用年数
クリップ製造設備	239	24	その他の製造業用設備	14	9
クレーン製造設備（建設用を除く。）	286	17	はん用機械器具製造業用設備	13	12
クレー（陶石クレー、ろう石クレーを除く。）製造設備			窯業・土石製品製造業用設備		
トンネルがま	210	13		12	9
その他の炉	210	13		10	9
その他の設備	210	13		15	9
クレー放出機、得点掲示板	369	51	娯楽業用設備 　その他の設備 　　主として金属製のもの 　　その他のもの	 17 8	 17 8
クレヨン製造設備	303	24	その他の製造業用設備	11	9
クレンザー製造設備	166	8	化学工業用設備	11	8
クロック・部分品製造設備	291	24	その他の製造業用設備	12	9
クロムめっき鋼板製造設備	244	14	鉄鋼業用設備 　表面処理鋼材若しくは鉄粉製造業又は鉄スクラップ加工処理業用設備	7	5
クロム化合物製造設備	106	8	化学工業用設備	9	8
クロム製錬設備	225	15	非鉄金属製造業用設備	7	7
グラインダ製造業用設備	259	18	生産用機械器具製造業用設備 　金属加工機械製造設備	10	9
グリース製造設備	181	9	石油製品・石炭製品製造業用設備	8	7
グリセリン製造設備	151	8	化学工業用設備	9	8
グルコース製造設備	22	1	食料品製造業用設備	10	10
くえん酸製造設備	130	8	化学工業用設備	8	8
くぎ製造業用設備（線材から一貫作業によるもの）	237	14	鉄鋼業用設備	12	14
くぎ製造業用設備（上記のものを除く。）	237	16	金属製品製造業用設備	12	10
くまで製造設備	325	24	その他の製造業用設備	15	9
くるまえび・くるまえび種苗養殖設備			水産養殖業用設備		
竹製のもの	324	28		2	5
その他のもの	324	28		4	5
苦土質肥料製造設備	84	8	化学工業用設備	10	8
苦土石灰製造設備	204	13	窯業・土石製品製造業用設備	8	9
杭打機	334	30	総合工事業用設備　など	5	※
空圧機器製造業用設備	263	17	はん用機械器具製造業用設備	10	12
空気動工具製造業用設備	259	18	生産用機械器具製造業用設備 　金属加工機械製造設備	10	9
鎖製造設備（受け入れた線によるもの）	235	16	金属製品製造業用設備	12	10
鯨ベーコン製造設備	4	1	食料品製造業用設備	8	10
靴クリーム製造設備	166	8	化学工業用設備	11	8
靴ふきマット製造設備	325	24	その他の製造業用設備	15	9
靴型製造設備	62	4	木材・木製品（家具を除く。）製造業用設備	10	8
靴下製造設備	45	3	繊維工業用設備	10	7
靴（繊維製）製造業用設備	56	3	繊維工業用設備	7	7
靴底金製造業用設備	220	14	鉄鋼業用設備 　純鉄、原鉄、ベースメタル、フェ		

設備の名称	別表第二の旧番号	別表第二の新番号	用途	旧耐用年数	新耐用年数
			ロアロイ、鉄素形材又は鋳鉄管製造業用設備	10	9
靴底（革製）・靴革ひも・靴中敷物（革製）・首輪（革製）製造設備	193	12	なめし革・同製品・毛皮製造業用設備	11	9
靴中敷物（革製を除く。）製造設備	325	24	その他の製造業用設備	15	9
繰綿機械製造設備	264	18	生産用機械器具製造業用設備	13	12
ケース組立機製造設備	264	18	生産用機械器具製造業用設備	13	12
ケーブルカー設備			鉄道業用設備		
鋼索	337	38		3	12
その他の設備	337	38		12	12
ケーブル製造設備（光ファイバー製造設備を除く。）	231	15	非鉄金属製造業用設備	10	7
ケトン製造設備	126	8	化学工業用設備	8	8
ゲーム盤製造設備			その他の製造業用設備		
合成樹脂成形設備	299	24		9	9
その他の設備	299	24		11	9
ゲルマニウム製錬設備	225	15	非鉄金属製造業用設備	7	7
けいそう土・けいそう土製品製造設備			窯業・土石製品製造業用設備		
倒炎がま					
塩融式のもの	196	13		3	9
その他のもの	196	13		5	9
トンネルがま	196	13		7	9
その他の炉	196	13		8	9
その他の設備	196	13		12	9
けい酸ナトリウム製造設備	88	8	化学工業用設備	9	8
けい酸質肥料製造設備	84	8	化学工業用設備	10	8
けい石鉱業設備	333	29	鉱業、採石業、砂利採取業用設備	9	6
けい素樹脂製造設備	143	8	化学工業用設備	7	8
げた材・げた台製造設備	62	4	木材・木製品（家具を除く。）製造業用設備	10	8
化粧箱製造設備			その他の製造業用設備		
製鎖加工設備	304	24		8	9
その他の設備	304	24		12	9
前掲の区分によらないもの	304	24		11	9
化粧品製造設備	170	8	化学工業用設備	9	8
毛糸手編機械・部分品・附属品製造設備	260	18	生産用機械器具製造業用設備	12	12
毛織物設備	44	3	繊維工業用設備	10	7
毛皮製衣服・身のまわり品製造業用設備	56	3	繊維工業用設備	7	7
毛皮製造・染色・仕上・縫製設備	193	12	なめし革・同製品・毛皮製造業用設備	11	9
下水道業用設備	357	34	水道業用設備	12	18
計算尺製造設備	62	24	その他の製造業用設備	10	9
計量機製造設備	287	19	業務用機械器具製造業用設備	11	7
軽質炭酸カルシウム製造設備	93	8	化学工業用設備	8	8
蛍光灯製造設備	270	21	電気機械器具製造業用設備	8	7
鶏卵処理加工設備	2	1	食料品製造業用設備	8	10
血清製造設備	154	8	化学工業用設備	7	8
血沈計・血圧計製造設備	287	19	業務用機械器具製造業用設備	11	7

設備の名称	別表第二の旧番号	別表第二の新番号	用途	旧耐用年数	新耐用年数
結束機製造設備	264	18	生産用機械器具製造業用設備	13	12
研削と石加工設備			窯業・土石製品製造業用設備		
トンネルがま	210	13		12	9
その他の炉	210	13		10	9
その他の設備	210	13		15	9
研削と石製造設備			窯業・土石製品製造業用設備		
加硫炉	199	13		8	9
トンネルがま	199	13		7	9
その他の焼成炉	199	13		5	9
その他の設備	199	13		10	9
研削盤製造設備	257	18	生産用機械器具製造業用設備 金属加工機械製造設備	10	9
研摩布紙製造設備			窯業・土石製品製造業用設備		
加硫炉	199	13		8	9
トンネルがま	199	13		7	9
その他の焼成炉	199	13		5	9
その他の設備	199	13		10	9
研摩油剤製造設備	166	8	化学工業用設備	11	8
剣道衣製造業用設備	56	3	繊維工業用設備	7	7
検眼用機械器具製造設備	288	19	業務用機械器具製造業用設備	12	7
検電計・部分品製造設備	268	21	電気機械器具製造業用設備	10	7
顕微鏡・部分品製造設備	289	19	業務用機械器具製造業用設備	10	7
建設機械装置製造設備	256	18	生産用機械器具製造業用設備	11	12
建設工業・建築工事設備			総合工事業用設備		
排砂管・可搬式コンベア	335	30		3	6
ジーゼルパイルハンマー	335	30		4	6
アスファルトプラント・バッチャープラント	335	30		6	6
その他の設備	335	30		7	6
建築用金物・金属製品・板金製品製造設備			金属製品製造業用設備		
めっき・アルマイト加工設備	249	16		7	10
溶接設備	249	16		10	10
その他の設備	249	16		13	10
建築用石材製造設備	209	13	窯業・土石製品製造業用設備	12	9
建築用木製組立材料製造設備	62	4	木材・木製品（家具を除く。）製造業用設備	10	8
幻燈スライド製造設備	325	24	その他の製造業用設備	15	9
玄米乳製造設備	30	1	食料品製造業用設備	12	10
原鉄製造設備	212	14	鉄鋼業用設備 純鉄、原鉄、ベースメタル、フェロアロイ、鉄素形材又は鋳鉄管製造業用設備	10	9
原動機用ボイラ製造設備	253	17	はん用機械器具製造業用設備	12	12
原油鉱業設備			鉱業、採石業、砂利採取業用設備		
坑井設備	330	29		3	3
掘削設備	330	29		5	6
その他の設備	330	29		12	12
コークス製造設備	354	9	石油製品・石炭製品製造業用設備	10	7
コート製造業用設備	56	3	繊維工業用設備	7	7
コーヒー飲料製造設備	26	2	飲料・たばこ・飼料製造業用設備	10	10
コーヒー生豆ばい煎粉砕設備	15	2	飲料・たばこ・飼料製造業用設備	9	10

設備の名称	別表第二の旧番号	別表第二の新番号	用途	旧耐用年数	新耐用年数
コーンスターチ製造設備	16	1	食料品製造業用設備	10	10
コルク・コルク製品製造設備	313	4	木材・木製品（家具を除く。）製造業用設備	14	8
コンクリートスプレッダー	334	30	総合工事業用設備　など	5	※
コンクリートフィニッシャー	334	30	総合工事業用設備　など	5	※
コンクリートペーパー	334	30	総合工事業用設備　など	5	※
コンクリートポンプ車	334	30	総合工事業用設備　など	5	※
コンクリートミキサー製造設備	256	18	生産用機械器具製造業用設備	11	12
コンクリート製品製造設備			窯業・土石製品製造業用設備		
移動式製造又は架設設備・振動加圧式成形設備	202	13		7	9
その他の設備	202	13		12	9
コンテナ（金属製）製造設備	242	16	金属製品製造業用設備	14	10
コンドーム製造設備	190	11	ゴム製品製造業用設備	10	9
コンパクト製造設備			その他の製造設備		
製鎖加工設備	304	24		8	9
その他の設備	304	24		12	9
前掲の区分によらないもの	304	24		11	9
コンベヤ製造設備	286	17	はん用機械器具製造業用設備	13	12
ゴムライニング加工設備	190	11	ゴム製品製造業用設備	10	9
ゴム糸入織物製造設備	44	3	繊維工業用設備	10	7
ゴム加硫促進剤・ゴム老化防止剤製造設備	165	8	化学工業用設備	8	8
ゴム製品（糸ゴムを除く。）製造設備	190	11	ゴム製品製造業用設備	10	9
ゴム製品製造機械製造設備	264	18	生産用機械器具製造業用設備	13	12
こい養殖設備			水産養殖業用設備		
竹製のもの	324	28		2	5
その他のもの	324	28		4	5
こうじ・種こうじ製造設備	31	1	食料品製造業用設備	9	10
こうぞ紙製造設備	65	6	パルプ・紙・紙加工品製造業用設備	7	12
こはく鉱業設備	333	29	鉱業、採石業、砂利採取業用設備	9	6
こはく酸製造設備	130	8	化学工業用設備	8	8
こはぜ製造設備	252	24	その他の製造業用設備	15	9
こぶ茶製造設備	4	1	食料品製造業用設備	8	10
ころ軸受・部分品製造設備	262	17	はん用機械器具製造業用設備	10	12
こんにゃく製造設備	14	1	食料品製造業用設備	8	10
小形高炉銑製造設備	211	14	鉄鋼業用設備	14	14
小麦粉製造設備	13	1	食料品製造業用設備	13	10
故紙梱包設備	360の２	43	建築材料、鉱物・金属材料等卸売業用設備	7	8
娯楽機械製造設備	266	19	業務用機械器具製造業用設備	13	7
娯楽用具製造設備			その他の製造業用設備		
合成樹脂成形設備	299	24		9	9
その他の設備	299	24		11	9
工業用ゴム製品製造設備	190	11	ゴム製品製造業用設備	10	9

設備の名称	別表第二の旧番号	別表第二の新番号	用途	旧耐用年数	新耐用年数
工業用ボイラー製造設備	253	17	はん用機械器具製造業用設備	12	12
工業用温湿調整装置製造設備	261の２	17	はん用機械器具製造業用設備	11	12
工業用革手袋・革製品製造設備	193	12	なめし革・同製品・毛皮製造業用設備	11	9
工業用水道業用設備	357	34	水道業用設備	12	18
工具木箱製造設備	62	4	木材・木製品（家具を除く。）製造業用設備	10	8
工具保持器製造業用設備	259	18	生産用機械器具製造業用設備 金属加工機械製造設備	10	9
工芸紙製造設備	65	6	パルプ・紙・紙加工品製造業用設備	7	12
工作機械再生設備	257	18	生産用機械器具製造業用設備 金属加工機械製造設備	10	9
公衆浴場設備			洗濯・理容・美容・浴場業用設備		
かま・温水器・温かん	360	49		3	13
その他の設備	360	49		8	13
広告装置製造設備	325	24	その他の製造業用設備	15	9
光学ガラス素地製造設備			窯業・土石製品製造業用設備		
るつぼ炉・データンク炉	195	13		3	9
溶解炉	195	13		13	9
その他の設備	195	13		9	9
光学レンズ製造設備	289	19	業務用機械器具製造業用設備	10	7
光電管製造設備	270	20	電子部品・デバイス・電子回路製造業用設備	8	8
光度計製造設備	287	19	業務用機械器具製造業用設備	11	7
交通信号保安機器製造設備	269	22	情報通信機械器具製造業用設備	12	8
航空機・部分品製造修理設備	285	23	輸送用機械器具製造業用設備	10	9
航空計器製造設備	285	19	業務用機械器具製造業用設備	10	7
更生タイヤ練生地・更生タイヤ製造設備	190	11	ゴム製品製造業用設備	10	9
香辛料製造設備	11	1	食料品製造業用設備	9	10
香水製造設備	170	8	化学工業用設備	9	8
構内トレーラ・構内運搬車製造設備	286	23	輸送用機械器具製造業用設備	13	9
高温高圧バルブ製造設備	261	17	はん用機械器具製造業用設備	12	12
高級アルコール製造設備	126	8	化学工業用設備	8	8
高周波加熱装置製造設備	268	21	電気機械器具製造業用設備	10	7
高周波ミシン製造設備	268	21	電気機械器具製造業用設備	10	7
高炉銑製造設備	211	14	鉄鋼業用設備	14	14
高炉用ブロック製造設備			窯業・土石製品製造業用設備		
倒炎がま					
塩融式のもの	196	13		3	9
その他のもの	196	13		5	9
トンネルがま	196	13		7	9
その他の炉	196	13		8	9
その他の設備	196	13		12	9
硬化油製造設備	151	8	化学工業用設備	9	8
鉱さい綿・鉱さい綿製品製造設備	208	13	窯業・土石製品製造業用設備	12	9
鉱山機械装置製造設備	256	18	生産用機械器具製造業用設備	11	12
酵母・酵素・酵母剤（薬用を除く。）製造設備	31	1	食料品製造業用設備	9	10
酵母飼料製造設備	34	2	飲料・たばこ・飼料製造業用設備	9	10

設備の名称	別表第二の旧番号	別表第二の新番号	用途	旧耐用年数	新耐用年数
鋼管製造設備（高炉が稼働しているものに限る。）	211	14	鉄鋼業用設備	14	14
鋼管製造設備（高炉が稼働していないものに限る。）	217	14	鉄鋼業用設備	14	14
鋼索鉄道設備			鉄道業用設備		
鋼索	337	38		3	12
その他の設備	337	38		12	12
鋼製小物（医科用）製造設備	288	19	業務用機械器具製造業用設備	12	7
鋼製構造物製造設備	250	16	金属製品製造業用設備	13	10
鋼船製造・修理設備	282	23	輸送用機械器具製造業用設備	12	9
合金鉄製造設備	212	14	鉄鋼業用設備 純鉄、原鉄、ベースメタル、フェロアロイ、鉄素形材又は鋳鉄管製造業用設備	10	9
合成ゴム・合成ラテックス製造設備	146	8	化学工業用設備	8	8
合成香料製造設備	165	8	化学工業用設備	8	8
合成樹脂加工機械製造設備	258	18	生産用機械器具製造業用設備	12	12
合成樹脂成形加工・合成樹脂製品加工業用設備	307	10	プラスチック製品製造業用設備（他の号に掲げるものを除く。）	8	8
合成樹脂塗料製造設備	158	8	化学工業用設備	9	8
合成樹脂用安定剤製造設備	164	8	化学工業用設備	7	8
合成樹脂用可塑剤製造設備	163	8	化学工業用設備	8	8
合成清酒製造設備	29	2	飲料・たばこ・飼料製造業用設備	10	10
合成繊維かさ高加工糸製造設備	42	3	繊維工業用設備	8	7
合成繊維製造設備	149	3	繊維工業用設備	7	7
合成洗剤製造設備	152	8	化学工業用設備	7	8
合成染料製造設備	160	8	化学工業用設備	7	8
合成皮革靴製造設備			ゴム製品製造業用設備		
機械靴製造設備	192	11		8	9
その他の設備	190	11		10	9
合成皮革製造業用設備	307	10	プラスチック製品製造業用設備（他の号に掲げるものを除く。）	8	8
合板製造設備	61	4	木材・木製品（家具を除く。）製造業用設備	9	8
黒色火薬製造設備	156	8	化学工業用設備	7	8
黒板（木製）製造設備	62	5	家具・装備品製造業用設備	10	11
穀粉（小麦粉を除く。）製造設備			食料品製造業用設備		
粗製でん粉貯槽	17	1		25	10
その他の設備	17	1		12	10
米麦用紙袋製造設備	70	6	パルプ・紙・紙加工品製造業用設備	10	12
昆布製造設備	4	1	食料品製造業用設備	8	10
昆布養殖設備			水産養殖業用設備		
竹製のもの	324	28		2	5
その他のもの	324	28		4	5
梱包業用設備	369	41	運輸に附帯するサービス業用設備	17	10
混合機製造設備	264	18	生産用機械器具製造業用設備	13	12

サ

設備の名称	別表第二の旧番号	別表第二の新番号	用　途	旧耐用年数	新耐用年数
サービス用機器（電気機器を除く。）製造設備	266	19	業務用機械器具製造業用設備	13	7
サイクロトロン製造設備	268	21	電気機械器具製造業用設備	10	7
サイジング業用設備	49	3	繊維工業用設備	10	7
サイダー製造設備	26	2	飲料・たばこ・飼料製造業用設備	10	10
サスペンダー製造業用設備	56	3	繊維工業用設備	7	7
サッシ（金属製）製造設備			金属製品製造業用設備		
めっき・アルマイト加工設備	249	16		7	10
溶接設備	249	16		10	10
その他の設備	249	16		13	10
サッシ（木製）製造設備	62	4	木材・木製品（家具を除く。）製造業用設備	10	8
サブグレーダー	334	30	総合工事業用設備　など	5	※
サラダオイル製造設備	32	1	食料品製造業用設備	12	10
サルベージ設備	342	41	運輸に附帯するサービス業用設備	8	10
サンダル・スリッパ・草履（革製）製造設備	193	12	なめし革・同製品・毛皮製造業用設備	11	9
さく井機械製造設備	256	18	生産用機械器具製造業用設備	11	12
さし物製造設備	62	5	家具・装備品製造業用設備	10	11
さらし粉製造設備	86	8	化学工業用設備	7	8
ざる（金網製）製造設備	239	16	金属製品製造業用設備	14	10
ざる（竹製）製造設備	62	4	木材・木製品（家具を除く。）製造業用設備	10	8
作業工具製造設備	246	16	金属製品製造業用設備	12	10
砂鉄鉱業設備	327	29	鉱業、採石業、砂利採取業用設備	8	6
砂糖菓子製造設備	23	1	食料品製造業用設備	9	10
砂糖精製設備	21	1	食料品製造業用設備	13	10
砂糖製造設備	20	1	食料品製造業用設備	10	10
再生ゴム製造設備	187	11	ゴム製品製造業用設備	10	9
再生レジン製造業用設備	307	10	プラスチック製品製造業用設備（他の号に掲げるものを除く。）	8	8
再生研摩材製造設備			窯業・土石製品製造業用設備		
トンネルがま	210	13		12	9
その他の炉	210	13		10	9
その他の設備	210	13		15	9
再生茶製造設備	25	2	飲料・たばこ・飼料製造業用設備	10	10
再生綿業用設備	48	50	その他の生活関連サービス業用設備	10	6
再生炉銑製造設備	211	14	鉄鋼業用設備	14	14
砕石設備	326	13	窯業・土石製品製造業用設備	8	9
索道製造設備	286	17	はん用機械器具製造業用設備	13	12
搾油機械製造設備	266	18	生産用機械器具製造業用設備	13	12
酢酸ビニール系樹脂製造設備	143	8	化学工業用設備	7	8
酢酸製造設備	127	8	化学工業用設備	7	8
酢酸繊維製造設備	148	3	繊維工業用設備	8	7
酢酸繊維素製造設備	140	8	化学工業用設備	8	8
殺菌剤・殺虫剤・殺そ剤製造設備	155	8	化学工業用設備	8	8
殺菌燈製造設備	270	21	電気機械器具製造業用設備	8	7
三角定規製造設備	325	24	その他の製造業用設備	15	9
三脚（写真機用）・部分品製造設備	289	19	業務用機械器具製造業用設備	10	7

設備の名称	別表第二の旧番号	別表第二の新番号	用途	旧耐用年数	新耐用年数
三・四輪車（児童用）製造設備			その他の製造業用設備		
合成樹脂成形設備	299	24		9	9
その他の設備	299	24		11	9
蚕種製造設備			農業用設備		
人工ふ化設備	322	25		8	7
その他の設備	322	25		10	7
産業用火薬類製造設備	156	8	化学工業用設備	7	8
産業用電気機器製造設備	267	21	電気機械器具製造業用設備	11	7
産業用保安装置製造設備	325	24	その他の製造業用設備	15	9
産業用ロボット製造設備	263の2	18	生産用機械器具製造業用設備	11	12
酸化チタン製造設備	104	8	化学工業用設備	9	8
酸素製造設備	114	8	化学工業用設備	10	8
シート・シーツ製造業用設備	56	3	繊維工業用設備	7	7
シール機械製造設備	264	18	生産用機械器具製造業用設備	13	12
シアン化ナトリウム製造設備	87	8	化学工業用設備	7	8
シガレットライター製造設備			その他の製造業用設備		
製鎖加工設備	304	24		8	9
その他の設備	304	24		12	9
前掲の区分によらないもの	304	24		11	9
シクロヘキサノン製造設備	122	8	化学工業用設備	7	8
シクロヘキシルアミン製造設備	128	8	化学工業用設備	7	8
シャープペンシル製造設備	300	24	その他の製造業用設備	11	9
シャーリング業用設備（鉄鋼に限る）	218	14	鉄鋼業用設備	11	14
シャーリング業用設備（非鉄金属に限る）	218	15	非鉄金属製造業用設備	11	7
シャッタ製造設備			金属製品製造業用設備		
めっき・アルマイト加工設備	249	16		7	10
溶接設備	249	16		10	10
その他の設備	249	16		13	10
シャットル製造設備	260	18	生産用機械器具製造業用設備	12	12
シャンプー製造設備	170	8	化学工業用設備	9	8
ショール製造業用設備	56	3	繊維工業用設備	7	7
ショッピングバッグ（紙製）製造設備	70	6	パルプ・紙・紙加工品製造業用設備	10	12
ショベル製造設備	246	16	金属製品製造業用設備	12	10
ショベルトラック製造設備	256	23	輸送用機械器具製造業用設備	11	9
ショベルローダー	334	30	総合工事業用設備　など	5	※
シリカゲル製造設備	176	8	化学工業用設備	10	8
シリコン製錬設備	225	15	非鉄金属製造業用設備	7	7
シロップ製造設備	26	2	飲料・たばこ・飼料製造業用設備	10	10
ジャム製造設備	7	1	食料品製造業用設備	9	10
ジャンパ連結器製造設備	277	23	輸送用機械器具製造業用設備	12	9
ジュース原液製造設備	7	1	食料品製造業用設備	9	10
ジュース製造設備	26	2	飲料・たばこ・飼料製造業用設備	10	10
18リットル缶更生設備	242	16	金属製品製造業用設備	14	10

シ

設備の名称	別表第二の旧番号	別表第二の新番号	用途	旧耐用年数	新耐用年数
ジルコニウム製錬設備	225	15	非鉄金属製造業用設備	7	7
しいたけ処理加工設備	7	1	食料品製造業用設備	9	10
しぼり出し金属加工品製造業用設備			金属製品製造業用設備		
めっき・アルマイト加工設備	251	16		7	10
その他の設備	251	16		12	10
しゅうまい製造設備	1	1	食料品製造業用設備	9	10
しゅう酸製造設備	130	8	化学工業用設備	8	8
しゅんせつ工事設備			総合工事業用設備		
排砂管・可搬式コンベヤ	335	30		3	6
ジーゼルパイルハンマー	335	30		4	6
アスファルトプラント・バッチャープラント	335	30		6	6
その他の設備	335	30		7	6
しょう脳製造設備	169	8	化学工業用設備	9	8
しょう油製造設備			食料品製造業用設備		
コンクリート製仕込槽	10	1		25	10
その他の設備	10	1		9	10
じゅうたん製造設備			繊維工業用設備		
機械織のもの	44	3		10	7
その他のもの	57	3		15	7
市乳処理設備	3	1	食料品製造業用設備	9	10
私製はがき製造設備	70	6	パルプ・紙・紙加工品製造業用設備	10	12
私有林経営設備			林業用設備		
動力伐採機	58	26		3	5
その他の可搬式設備	58	26		6	5
刺しゅう機械・部分品・附属品製造設備	260	18	生産用機械器具製造業用設備	12	12
刺しゅう・刺しゅう製品製造業用設備	56	3	繊維工業用設備	7	7
刺しゅう針製造設備	240	24	その他の製造業用設備	13	9
脂肪酸製造設備	151	8	化学工業用設備	9	8
紙器製造設備	69	6	パルプ・紙・紙加工品製造業用設備	12	12
歯科技工所用器具製造設備	288	19	業務用機械器具製造業用設備	12	7
歯科材料製造設備	310	19	業務用機械器具製造業用設備	12	7
歯科用機械器具製造設備	288	19	業務用機械器具製造業用設備	12	7
試験機製造設備	287	19	業務用機械器具製造業用設備	11	7
試薬製造設備	162	8	化学工業用設備	7	8
飼料・穀物乾燥機製造設備	255	18	生産用機械器具製造業用設備	12	12
飼料添加剤製造設備	155	8	化学工業用設備	8	8
次亜塩素酸ナトリウム製造設備	88	8	化学工業用設備	9	8
地下足袋製造設備	190	11	ゴム製品製造業用設備	10	9
自走式作業用機械設備	334	30	総合工事業用設備　など	5	※
自走砲製造設備	256	19	業務用機械器具製造業用設備	11	7
自転車・部分品・附属品製造設備（子供用を除く）			輸送用機械器具製造業用設備		
めっき設備	281	23		7	9
その他の設備	281	23		12	9

設備の名称	別表第二の旧番号	別表第二の新番号	用途	旧耐用年数	新耐用年数
自転車用サドル革製造設備	193	12	なめし革・同製品・毛皮製造業用設備	11	9
自動かんな製造設備	258	18	生産用機械器具製造業用設備	12	12
自動改札装置	369	38	鉄道業用設備 自動改札装置	17	5
自動車バルブ製造設備	280	23	輸送用機械器具製造業用設備	12	9
自動車車体製造・架装設備	276	23	輸送用機械器具製造業用設備	11	9
自動車車体部品（スタンプ・プレス製品）製造業用設備			金属製品製造業用設備		
めっき・アルマイト加工設備	251	16		7	10
その他の設備	251	16		12	10
自動車製造設備	275	23	輸送用機械器具製造業用設備	10	9
自動車整備サービス機器（電気機器を除く。）製造設備	266	19	業務用機械器具製造業用設備	13	7
自動車洗車機械					
洗車業用	338の２	53	自動車整備業用設備	10	15
自動車修理業用	294	53		13	15
ガソリンスタンド	339	45	その他の小売業用設備 ガソリン又は液化石油ガススタンド設備	8	8
自動車分解整備業用設備	294	53	自動車整備業用設備	13	15
自動車模擬運転装置	369	52	教育業（学校教育業を除く。）又は学習支援業用設備 教習用運転シミュレータ設備	17	5
自動車用車軸・車輪製造設備	280	23	輸送用機械器具製造業用設備	12	9
自動調整バルブ製造設備	261	17	はん用機械器具製造業用設備	12	12
自動燃焼調節装置・部分品製造設備	268	21	電気機械器具製造業用設備	10	7
自動販売機製造設備	266	19	業務用機械器具製造業用設備	13	7
自動立体倉庫装置製造設備	286	17	はん用機械器具製造業用設備	13	12
事務所・店舗用装備品（金属製）製造設備			家具・装備品製造業用設備		
めっき・アルマイト加工設備	249	5		7	11
溶接設備	249	5		10	11
その他の設備	249	5		13	11
事務用のり製造設備	325	24	その他の製造業用設備	15	9
事務用紙製品製造設備	70	6	パルプ・紙・紙加工品製造業用設備	10	12
事務用機械器具製造設備	265	19	業務用機械器具製造業用設備	11	7
磁気コンパス製造設備	287	19	業務用機械器具製造業用設備	11	7
磁気テープ製造設備	174	20	電子部品・デバイス・電子回路製造業用設備	6	8
磁気探知機製造設備	268	21	電気機械器具製造業用設備	10	7
磁性材部品製造設備	272の３	20	電子部品・デバイス・電子回路製造業用設備	9	8
敷石製造設備	209	13	窯業・土石製品製造業用設備	12	9
軸・軸受製造業用設備	263	17	はん用機械器具製造業用設備	10	12
下着製造業用設備	56	3	繊維工業用設備	7	7
七宝製品製造設備			窯業・土石製品製造業用設備		
トンネルがま	210	13		12	9

シ

設備の名称	別表第二の旧番号	別表第二の新番号	用途	旧耐用年数	新耐用年数
その他の炉 その他の設備	210 210	13 13		10 15	9 9
室内用革製品製造設備	193	12	なめし革・同製品・毛皮製造業用設備	11	9
湿電池製造設備	274の2	21	電気機械器具製造業用設備	12	7
漆器製造設備	62	24	その他の製造業用設備	10	9
写真フィルム用アセチルセルロースフィルム製造設備	172	8	化学工業用設備	8	8
写真感光材料・写真フィルム製造設備	172	8	化学工業用設備	8	8
写真機・写真複写機・部分品製造設備	289	19	業務用機械器具製造業用設備	10	7
写真機用シャッター製造設備	290	19	業務用機械器具製造業用設備	10	7
写真機用レンズ製造設備	289	19	業務用機械器具製造業用設備	10	7
写真測量機製造設備	287	19	業務用機械器具製造業用設備	11	7
写真用化学薬品製造設備	165	8	化学工業用設備	8	8
射出成形機製造設備	258	18	生産用機械器具製造業用設備	12	12
砂利採取自動車	334	30	総合工事業用設備　など	5	※
砂利採取設備	326	29	鉱業、採石業、砂利採取業用設備	8	6
蛇かご製造設備	239	16	金属製品製造業用設備	14	10
蛇の目傘製造設備	325	24	その他の製造業用設備	15	9
手術台製造設備	288	19	業務用機械器具製造業用設備	12	7
朱肉製造設備	325	24	その他の製造業用設備	15	9
酒石酸製造設備	130	8	化学工業用設備	8	8
臭化メチル製造設備	124	8	化学工業用設備	7	8
臭素・臭素化合物製造設備 よう素用坑井設備 その他の設備	 97 97	 8 8	化学工業用設備 臭素、よう素又は塩素、臭素若しくはよう素化合物製造設備	 3 7	 5 5
祝儀用紙製品製造設備	70	6	パルプ・紙・紙加工品製造業用設備	10	12
集じん機製造設備	264	18	生産用機械器具製造業用設備	13	12
集材機械製造設備	264	18	生産用機械器具製造業用設備	13	12
集成材製造設備	61	4	木材・木製品（家具を除く。）製造業用設備	9	8
充てん機製造設備	264	18	生産用機械器具製造業用設備	13	12
柔道着製造業用設備	56	3	繊維工業用設備	7	7
重晶石鉱業設備	333	29	鉱業、採石業、砂利採取業用設備	9	6
重炭酸ナトリウム製造設備	86	8	化学工業用設備	7	8
重箱製造設備（漆器製を除く）	62	4	木材・木製品（家具を除く。）製造業用設備	10	8
重箱（漆塗り）製造設備	62	24	その他の製造業用設備	10	9
重包装紙袋製造設備	70	6	パルプ・紙・紙加工品製造業用設備	10	12
重油脱硫装置製造設備	264	18	生産用機械器具製造業用設備	13	12
銃剣製造設備	252	19	業務用機械器具製造業用設備	15	7
銃弾製造設備	292	19	業務用機械器具製造業用設備	10	7
純鉄圧延業用設備	222	14	鉄鋼業用設備	15	14
純鉄製造設備	212	14	鉄鋼業用設備 純鉄、原鉄、ベースメタル、フェロアロイ、鉄素形材又は鋳鉄管製造業用設備	10	9

設備の名称	別表第二の旧番号	別表第二の新番号	用途	旧耐用年数	新耐用年数
潤滑装置製造設備	264	17	はん用機械器具製造業用設備	13	12
潤滑油製造設備	181	9	石油製品・石炭製品製造業用設備	8	7
潤滑油添加剤製造設備	152	8	化学工業用設備	7	8
正札製造設備	70	6	パルプ・紙・紙加工品製造業用設備	10	12
生薬製造・生薬小分け設備	154	8	化学工業用設備	7	8
消火器・消火装置製造設備	295	17	はん用機械器具製造業用設備	14	12
将棋用品製造設備			その他の製造業用設備		
合成樹脂成形設備	299	24		9	9
その他の設備	299	24		11	9
焼ちゅう製造設備	29	2	飲料・たばこ・飼料製造業用設備	10	10
焼却炉製造設備	266	16	金属製品製造業用設備	13	10
焼石こう製造設備			窯業・土石製品製造業用設備		
焼成炉	205	13		5	9
その他の設備	205	13		12	9
硝化綿製造設備	139	8	化学工業用設備	10	8
硝酸アンモニウム製造設備	90	8	化学工業用設備	9	8
硝酸ナトリウム製造設備	88	8	化学工業用設備	9	8
硝酸銀製造設備	110	8	化学工業用設備	7	8
硝酸製造設備	82	8	化学工業用設備	8	8
照度計製造設備	287	19	業務用機械器具製造業用設備	11	7
照明器具（金属製）製造設備（電気照明を除く。）	252	16	金属製品製造業用設備	15	10
照明器具用ガラス製造設備			窯業・土石製品製造業用設備		
るつぼ炉・データンク炉	195	13		3	9
溶解炉	195	13		13	9
その他の設備	195	13		9	9
賞杯（貴金属製）製造設備			その他の製造業用設備		
｛製鎖加工設備	304	24		8	9
｛その他の設備	304	24		12	9
前掲の区分によらないもの	304	24		11	9
除草機製造設備	255	18	生産用機械器具製造業用設備	12	12
除草剤製造設備	155	8	化学工業用設備	8	8
除虫菊乳剤製造設備	155	8	化学工業用設備	8	8
上水道業用設備	357	34	水道業用設備	12	18
蒸気缶製造設備	242	16	金属製品製造業用設備	14	10
蒸気機関・蒸気タービン製造設備	254	17	はん用機械器具製造業用設備	11	12
錠前製造設備			金属製品製造業用設備		
めっき・アルマイト加工設備	249	16		7	10
溶接設備	249	16		10	10
その他の設備	249	16		13	10
醸造機械製造設備	266	18	生産用機械器具製造業用設備	13	12
食パン製造設備	23	1	食料品製造業用設備	9	10
食ふ製造設備	14	1	食料品製造業用設備	8	10
食塩加工設備			化学工業用設備		
合成樹脂製濃縮盤	116	8		3	8
イオン交換膜	116	8		3	8
その他の設備	116	8		7	8

シ

設備の名称	別表第二の旧番号	別表第二の新番号	用途	旧耐用年数	新耐用年数
食酢製造設備	10の2	1	食料品製造業用設備	8	10
食堂業用設備			飲食店業用設備		
引湯管	358	48		5	8
その他の設備	358	48		9	8
食品添加物製造設備	36	1	食料品製造業用設備	16	10
食品模型製造設備	325	24	その他の製造業用設備	15	9
食品機械製造設備	266	18	生産用機械器具製造業用設備	13	12
食用アミノ酸製造設備			食料品製造業用設備		
コンクリート製仕込槽	10	1		25	10
その他の設備	10	1		9	10
食用油脂製造加工設備	32	1	食料品製造業用設備	12	10
植字機・植字装置製造設備	264	18	生産用機械器具製造業用設備	13	12
植物油脂製造・精製設備	32	1	食料品製造業用設備	12	10
植林請負設備			林業用設備		
動力伐採機	58	26		3	5
その他の可搬式設備	58	26		6	5
織機・部分品・附属品製造設備	260	18	生産用機械器具製造業用設備	12	12
織機用ピッカー製造設備	193	12	なめし革・同製品・毛皮製造業用設備	11	9
白髪染製造設備	170	8	化学工業用設備	9	8
伸鉄製造業用設備	218	14	鉄鋼業用設備	11	14
伸銅品製造設備	229	15	非鉄金属製造業用設備	12	7
身辺用細貨類製造設備			その他の製造業用設備		
製鎖加工設備	304	24		8	9
その他の設備	304	24		12	9
前掲の区分によらないもの	304	24		11	9
信管製造設備	293	19	業務用機械器具製造業用設備	12	7
信号雷管製造設備	156	8	化学工業用設備	7	8
真空ポンプ製造設備	261	18	生産用機械器具製造業用設備	12	12
真空管製造設備	270	20	電子部品・デバイス・電子回路製造業用設備	8	8
真珠加工設備	323	24	その他の製造業用設備	7	9
真珠・真珠母貝養殖設備			水産養殖業用設備		
竹製のもの	324	28		2	5
その他のもの	324	28		4	5
針布製造設備	260	18	生産用機械器具製造業用設備	12	12
診断用機械器具製造設備	288	19	業務用機械器具製造業用設備	12	7
診断用試薬製造設備	162	8	化学工業用設備	7	8
新聞インキ製造設備	158	8	化学工業用設備	9	8
寝具製造業用設備	56	3	繊維工業用設備	7	7
人絹織物設備	44	3	繊維工業用設備	10	7
人工衛星製造設備	286	23	輸送用機械器具製造業用設備	13	9
人工骨材製造設備			窯業・土石製品製造業用設備		
トンネルがま	210	13		12	9
その他の炉	210	13		10	9
その他の設備	210	13		15	9
人工芝（合成樹脂製）製造業用設備	307	10	プラスチック製品製造業用設備（他の号に掲げるものを除く。）	8	8
人工心肺装置製造設備	288	19	業務用機械器具製造業用設備	12	7
人造研削材製造設備			窯業・土石製品製造業用設備		
溶解炉	198	13		5	9
その他の設備	198	13		9	9
人造香料製造設備	165	8	化学工業用設備	8	8

設備の名称	別表第二の旧番号	別表第二の新番号	用途	旧耐用年数	新耐用年数
人造宝石製造設備			窯業・土石製品製造業用設備		
トンネルがま	210	13		12	9
その他の炉	210	13		10	9
その他の設備	210	13		15	9
人体模型製造設備	325	24	その他の製造業用設備	15	9
スイッチ製造設備	267	21	電気機械器具製造業用設備	11	7
スカーフ製造業用設備	56	3	繊維工業用設備	7	7
スキーリフト製造設備	286	17	はん用機械器具製造業用設備	13	12
スターターモータ（車両用）製造設備	278	21	電気機械器具製造業用設備	10	7
スタンプ用インキ製造設備	159	8	化学工業用設備	13	8
スチレンモノマー製造設備	135	8	化学工業用設備	9	8
ステアリング（自動車用）製造設備	280	23	輸送用機械器具製造業用設備	12	9
ステレオ・部分品製造設備	268	22	情報通信機械器具製造業用設備	10	8
スナップ製造設備	252	24	その他の製造業用設備	15	9
スパナ製造設備	246	16	金属製品製造業用設備	12	10
スピーカ製造設備	268	22	情報通信機械器具製造業用設備	10	8
スピンドル製造設備	260	18	生産用機械器具製造業用設備	12	12
スフ織物設備	44	3	繊維工業用設備	10	7
スプーン（食卓用）製造設備	248	16	金属製品製造業用設備	11	10
スプリング（金属製）製造業用設備	237	16	金属製品製造業用設備	12	10
スポーツ用品（木製）製造設備	62	24	その他の製造業用設備	10	9
スライドファスナー製造設備			その他の製造業用設備		
自動務歯成形機・スライダー製造機	306	24		7	9
自動務歯植付機	306	24		5	9
その他の設備	306	24		11	9
すず・すず合金圧延・押出・伸線設備	229	15	非鉄金属製造業用設備	12	7
すず・すず合金第２次製錬・精製業用設備			非鉄金属製造業用設備		
ダイカスト設備	230	15		8	7
その他の設備	230	15		10	7
すず第１次製錬精製設備	227	15	非鉄金属製造業用設備	12	7
すずり製造設備	209	13	窯業・土石製品製造業用設備	12	9
すだれ製造設備	62	5	家具・装備品製造業用設備	10	11
水銀再生業用設備			非鉄金属製造業用設備		
ダイカスト設備	230	15		8	7
その他の設備	230	15		10	7
水銀整流管製造設備	270	20	電子部品・デバイス・電子回路製造業用設備	8	8
水銀放電燈製造設備	270	21	電気機械器具製造業用設備	8	7
水銀製錬設備	227	15	非鉄金属製造業用設備	12	7
水銀電池製造設備	274の２	21	電気機械器具製造業用設備	12	7
水産缶詰・瓶詰製造設備	8	1	食料品製造業用設備	8	10
水産つくだ煮製造設備	4	1	食料品製造業用設備	8	10
水産漬物・水産薫製品製造設備	4	1	食料品製造業用設備	8	10

設備の名称	別表第二の旧番号	別表第二の新番号	用途	旧耐用年数	新耐用年数
水産加工機械製造設備	266	18	生産用機械器具製造業用設備	13	12
水産練製品製造設備	4	1	食料品製造業用設備	8	10
水産物養殖設備			水産養殖業用設備		
竹製のもの	324	28		2	5
その他のもの	324	28		4	5
水質汚染防止機器製造設備	264	18	生産用機械器具製造業用設備	13	12
水車製造設備	254	17	はん用機械器具製造業用設備	11	12
水準測量機製造設備	287	19	業務用機械器具製造業用設備	11	7
水晶鉱業設備	333	29	鉱業、採石業、砂利採取業用設備	9	6
水素製造設備	114	8	化学工業用設備	10	8
水田養魚設備			水産養殖業用設備		
竹製のもの	324	28		2	5
その他のもの	324	28		4	5
水中聴音装置・部分品製造設備	268	21	電気機械器具製造業用設備	10	7
水硫化ソーダ製造設備	87	8	化学工業用設備	7	8
水力タービン製造設備	254	17	はん用機械器具製造業用設備	11	12
水力発電設備			電気業用設備		
電気事業用	346	31		22	22
その他	347	31		20	20
砂採取設備	326	29	鉱業、採石業、砂利採取業用設備	8	6
墨製造設備	325	24	その他の製造業用設備	15	9
セメント製造設備	200	13	窯業・土石製品製造業用設備	13	9
セメント製品製造設備			窯業・土石製品製造業用設備		
移動式製造・架設設備・振動加圧式成形設備	202	13		7	9
その他の設備	202	13		12	9
セラミックブロック製造設備			窯業・土石製品製造業用設備		
倒炎がま					
塩融式のもの	196	13		3	9
その他のもの	196	13		5	9
トンネルがま	196	13		7	9
その他の炉	196	13		8	9
その他の設備	196	13		12	9
セルモータ製造設備	278	21	電気機械器具製造業用設備	10	7
セルロイド生地製造設備	139	8	化学工業用設備	10	8
セロファン製造設備	72	6	パルプ・紙・紙加工品製造業用設備	9	12
セロファン製品製造設備	70	6	パルプ・紙・紙加工品製造業用設備	10	12
ゼラチン製造設備	171	8	化学工業用設備		
			ゼラチン又はにかわ製造設備	6	5
せいろ製造設備	62	4	木材・木製品（家具を除く。）製造業用設備	10	8
せんべい・せんべい生地製造設備	23	1	食料品製造業用設備	9	10
西洋料理店業用設備			飲食店業用設備		
引湯管	358	48		5	8
その他の設備	358	48		9	8
青化ソーダ製造設備	87	8	化学工業用設備	7	8
青酸製造設備	109	8	化学工業用設備	8	8
清酒製造設備	28	2	飲料・たばこ・飼料製造業用設備	12	10
清涼飲料製造設備	26	2	飲料・たばこ・飼料製造業用設備	10	10
製瓶機械製造設備	264	18	生産用機械器具製造業用設備	13	12

設備の名称	別表第二の旧番号	別表第二の新番号	用途	旧耐用年数	新耐用年数
製めん設備	19	1	食料品製造業用設備	10	10
製塩設備			化学工業用設備		
加圧式・真空式のもの	115	8		10	8
その他のもの					
合成樹脂製濃縮盤	116	8		3	8
イオン交換膜	116	8		3	8
その他の設備	116	8		7	8
製靴機械製造設備	264	18	生産用機械器具製造業用設備	13	12
製靴材料（革製）製造設備	193	12	なめし革・同製品・毛皮製造業用設備	11	9
製革設備	191	12	なめし革・同製品・毛皮製造業用設備	9	9
製缶設備	242	16	金属製品製造業用設備	14	10
製管機製造設備	257	18	生産用機械器具製造業用設備 金属加工機械製造設備	10	9
製鋼原料用鉄スクラップ処理業用設備	218の2	14	鉄鋼業用設備 表面処理鋼材若しくは鉄粉製造業又は鉄スクラップ加工処理業用設備	7	5
製鋼設備	213	14	鉄鋼業用設備	14	14
製材機械製造設備	258	18	生産用機械器具製造業用設備	12	12
製材・製板業用設備			木材・木製品（家具を除く。）製造業用設備		
製材用自動送材装置	59	4		8	8
その他の設備	59	4		12	8
製紙機械装置製造設備	264	18	生産用機械器具製造業用設備	13	12
製紙設備			パルプ･紙･紙加工品製造業用設備		
丸網式・短網式	66	6		12	12
長網式	67	6		14	12
製図用機械器具製造設備	265	24	その他の製造業用設備	11	9
製銑設備	211	14	鉄鋼業用設備	14	14
製氷業用設備			飲料・たばこ・飼料製造業用設備		
結氷缶・凍結皿	33	2		3	10
その他の設備	33	2		13	10
製氷装置製造設備	261の2	17	はん用機械器具製造業用設備	11	12
製紐機・製網機械・製綱機械・部分品・附属品製造設備	260	18	生産用機械器具製造業用設備	12	12
製粉製めん機械製造設備	266	18	生産用機械器具製造業用設備	13	12
製本機械装置製造設備	264	18	生産用機械器具製造業用設備	13	12
製本設備	78	7	印刷・同関連業用設備 製本業用設備	10	7
製綿業用設備	48	3	繊維工業用設備	10	7
精穀機械装置製造設備	266	18	生産用機械器具製造業用設備	13	12
精米・精麦設備	12	1	食料品製造業用設備	10	10
精密測定器製造設備	287	19	業務用機械器具製造業用設備	11	7
整経業用設備	49	3	繊維工業用設備	10	7
整毛業用設備	48	3	繊維工業用設備	10	7
整流器製造設備	267	21	電気機械器具製造業用設備	11	7
赤外線ランプ製造設備	270	21	電気機械器具製造業用設備	8	7
積算電力計・部分品製造設備	268	21	電気機械器具製造業用設備	10	7
石けん製造設備	150	8	化学工業用設備	9	8
石こうプラスタ・石こうボード製造設備			窯業・土石製品製造業用設備		
焼成炉	205	13		5	9
その他の設備	205	13		12	9

設備の名称	別表第二の旧番号	別表第二の新番号	用途	旧耐用年数	新耐用年数
石こう鉱業設備	333	29	鉱業、採石業、砂利採取業用設備	9	6
石英ガラス製品製造設備			窯業・土石製品製造業用設備		
るつぼ炉・データンク炉	195	13		3	9
溶解炉	195	13		13	9
その他の設備	195	13		9	9
石灰製造設備	204	13	窯業・土石製品製造業用設備	8	9
石灰石鉱業設備	333	29	鉱業、採石業、砂利採取業用設備	9	6
石工品製造設備	209	13	窯業・土石製品製造業用設備	12	9
石工用手道具・石工機械製造設備	246	16	金属製品製造業用設備	12	10
石材・石材彫刻品・石盤・石碑製造設備	209	13	窯業・土石製品製造業用設備	12	9
石炭ガス製造設備	354	32	ガス業用設備 製造用設備	10	10
石炭ガス分離精製設備	119	8	化学工業用設備	8	8
石炭鉱業設備			鉱業、採石業、砂利採取業用設備		
採掘機械・コンベヤ	329	29		5	6
その他の設備	329	29		9	6
前掲の区分によらないもの	329	29		8	6
石炭酸系合成樹脂製造設備	145	8	化学工業用設備	9	8
石筆製造設備			窯業・土石製品製造業用設備		
トンネルがま	210	13		12	9
その他の炉	210	13		10	9
その他の設備	210	13		15	9
石油ガス製造設備	354	32	ガス業用設備 製造用設備	10	10
石油缶製造設備	242	16	金属製品製造業用設備	14	10
石油コークス製造設備	183	9	石油製品・石炭製品製造業用設備	7	7
石油卸売用設備（貯槽を除く。）	338	43	建築材料、鉱物・金属材料等卸売業用設備 石油又は液化石油ガス卸売用設備（貯そうを除く。）	13	13
石油機関製造設備	254	17	はん用機械器具製造業用設備	11	12
石油機器製造設備	266	16	金属製品製造業用設備	13	10
石油鉱業設備			鉱業、採石業、砂利採取業用設備 石油又は天然ガス鉱業設備		
坑井設備	330	29		3	3
掘削設備	330	29		5	6
その他の設備	330	29		12	12
石油精製設備	181	9	石油製品・石炭製品製造業用設備	8	7
石油芳香族等の化合物分離精製設備	119	8	化学工業用設備	8	8
接続器製造設備	267	21	電気機械器具製造業用設備	11	7
接着剤製造設備	167	8	化学工業用設備	9	8
絶縁布製造設備	54	3	繊維工業用設備	14	7
切削工具製造業用設備	259	18	生産用機械器具製造業用設備 金属加工機械製造設備	10	9
洗濯設備	359	49	洗濯・理容・美容・浴場業用設備	7	13
洗車業用設備	338の2	53	自動車整備業用設備	10	15
洗浄剤製造設備	166	8	化学工業用設備	11	8
洗毛化炭業用設備	48	3	繊維工業用設備	10	7
染革設備	191	12	なめし革・同製品・毛皮製造業用設備	9	9
染色整理機械・部分品・	260	18	生産用機械器具製造業用設備	12	12

設備の名称	別表第二の旧番号	別表第二の新番号	用途	旧耐用年数	新耐用年数
附属品製造設備					
染色整理・染色仕上設備 圧縮用電極板 その他の設備	 46 46	 3 3	繊維工業用設備	 3 7	 7 7
染毛料製造設備	170	8	化学工業用設備	9	8
染料中間体製造設備	120	8	化学工業用設備	7	8
宣伝用気球（アドバルン）製造設備	325	24	その他の製造業用設備	15	9
扇子・扇子骨製造設備	325	24	その他の製造業用設備	15	9
扇風機製造設備	267	21	電気機械器具製造業用設備	11	7
施盤製造設備	257	18	生産用機械器具製造業用設備 金属加工機械製造設備	 10	 9
船体ブロック製造設備	282	23	輸送用機械器具製造業用設備	12	9
船底塗料製造設備	158	8	化学工業用設備	9	8
船舶救難設備	342	41	運輸に附帯するサービス業用設備	8	10
船舶用金具製造設備 めっき・アルマイト加工設備 溶接設備 その他の設備	 249 249 249	 16 16 16	金属製品製造業用設備	 7 10 13	 10 10 10
銑鉄鋳物製造業用設備	220	14	鉄鋼業用設備 純鉄、原鉄、ベースメタル、フェロアロイ、鉄素形材又は鋳鉄管製造業用設備	10	9
潜水装置製造設備	264	17	はん用機械器具製造業用設備	13	12
選鉱剤製造設備	177	8	化学工業用設備	9	8
選別機・選鉱装置製造設備	256	18	生産用機械器具製造業用設備	11	12
線香製造設備	325	24	その他の製造業用設備	15	9
線引機製造設備	257	18	生産用機械器具製造業用設備 金属加工機械製造設備	 10	 9
繊維壁材製造設備	309	24	その他の製造業用設備	9	9
繊維機械・部分品・附属品製造設備	260	18	生産用機械器具製造業用設備	12	12
繊維製衛生材料製造設備	55	3	繊維工業用設備	9	7
繊維素グリコール酸ソーダ製造設備	141	8	化学工業用設備	10	8
繊維板製造設備	73	6	パルプ、紙又は紙加工品製造業用設備	13	12
ソース製造設備	10の2	1	食料品製造業用設備	8	10
ソーセージ製造設備	1	1	食料品製造業用設備	9	10
ソーダ灰製造設備	86	8	化学工業用設備	7	8
ソイルコンパクター	334	30	総合工事業用設備　など	5	※
そうめん製造設備	19	1	食料品製造業用設備	10	10
そば粉製造設備 粗製でん粉貯槽 その他の設備	 17 17	 1 1	食料品製造業用設備	 25 12	 10 10
そば製造設備	19	1	食料品製造業用設備	10	10
そり製造設備	286	23	輸送用機械器具製造業用設備	13	9
そろばん製造設備	62	24	その他の製造業用設備	10	9
素材生産請負設備 動力伐採機 その他の可搬式設備	 58 58	 26 26	林業用設備	 3 6	 5 5
双眼鏡・部分品製造設備	289	19	業務用機械器具製造業用設備	10	7
送電事業用変電・配電設備			電気業用設備 送電又は電気事業用変電若しく		

設備の名称	別表第二の旧番号	別表第二の新番号	用途	旧耐用年数	新耐用年数
			は配電設備		
需要者用計器	350	31		15	15
柱上変圧器	350	31		18	18
その他の設備	350	31		22	22
送風機製造設備	261	17	はん用機械器具製造業用設備	12	12
倉庫業用設備			倉庫業用設備		
移動式荷役設備	340	40		7	12
くん蒸設備	340	40		10	12
その他の設備	340	40		12	12
装飾用羽毛製造設備	325	24	その他の製造業用設備	15	9
装身具・装飾品製造設備			その他の製造業用設備		
{製鎖加工設備	304	24		8	9
{その他の設備	304	24		12	9
前掲の区分によらないもの	304	24		11	9
葬具製造設備	325	24	その他の製造業用設備	15	9
造花製造設備	325	24	その他の製造業用設備	15	9
造船設備			輸送用機械器具製造業用設備		
鋼船製造・修理用	282	23		12	9
木造船製造・修理用	283	23		13	9
騒音計製造設備	287	19	業務用機械器具製造業用設備	11	7
即席ココア製造設備	30	1	食料品製造業用設備	12	10
即席めん類製造設備	18	1	食料品製造業用設備	9	10
測定器製造設備	287	19	業務用機械器具製造業用設備	11	7
測量機械器具製造設備	287	19	業務用機械器具製造業用設備	11	7
測量業用設備			技術サービス業（他に分類されないもの）用設備		
カメラ	336	46		5	14
その他の設備	336	46		7	14

設備の名称	別表第二の旧番号	別表第二の新番号	用途	旧耐用年数	新耐用年数
タービン製造設備	254	17	はん用機械器具製造業用設備	11	12
ターボゼネレータ製造設備	267	21	電気機械器具製造業用設備	11	7
タールブロック製造設備	182	9	石油製品・石炭製品製造業用設備	14	7
タイプライタリボン製造設備	54	3	繊維工業用設備	14	7
タイプライタ製造設備	265	19	業務用機械器具製造業用設備	11	7
タイヤ・チューブ製造設備	186	11	ゴム製品製造業用設備	10	9
タイル（陶磁器製）製造設備			窯業・土石製品製造業用設備		
倒炎がま					
塩融式のもの	196	13		3	9
その他のもの	196	13		5	9
トンネルがま	196	13		7	9
その他の炉	196	13		8	9
その他の設備	196	13		12	9
タオル織物設備	44	3	繊維工業用設備	10	7
タオル製造業用設備	56	3	繊維工業用設備	7	7
タフテットカーペット製造設備	44	3	繊維工業用設備	10	7
タンク（板金製）製造設備	242	16	金属製品製造業用設備	14	10
タングステン製錬設備	226	15	非鉄金属製造業用設備	10	7
タンタル製錬設備	225	15	非鉄金属製造業用設備	7	7
タンニン酸製造設備	130	8	化学工業用設備	8	8
ダイオード製造設備	271の2	20	電子部品・デバイス・電子回路製造業用設備 フラットパネルディスプレイ、半導体集積回路又は半導体素子製造設備	7	5
ダイカスト機械製造設備	257	18	生産用機械器具製造業用設備	10	12
ダイナマイト製造設備	156	8	化学工業用設備	7	8
ダイヤモンド鉱業設備	333	29	鉱業、採石業、砂利採取業用設備	9	6
ダイヤルゲージ製造設備	287	19	業務用機械器具製造業用設備	11	7
たい類・たい類種苗養殖設備			水産養殖業用設備		
竹製のもの	324	28		2	5
その他のもの	324	28		4	5
たどん製造設備	325	24	その他の製造業用設備	15	9
たばこ製造設備	36の2	2	飲料・たばこ・飼料製造業用設備	8	10
たる材・たる（木製）製造設備	62	4	木材・木製品（家具を除く。）製造業用設備	10	8
たわし製造設備	325	24	その他の製造業用設備	15	9
だん通製造設備	57	3	繊維工業用設備	15	7
大理石製造設備・大理石みがき設備	209	13	窯業・土石製品製造業用設備	12	9
太陽電池製造設備	273	21	電気機械器具製造業用設備	12	7
太陽熱利用温水装置（電気機器を除く。）製造設備	266	16	金属製品製造業用設備	13	10
台所用品（スタンプ・プレス製品）製造業用設備			金属製品製造業用設備		
めっき・アルマイト加工設備	251	16		7	10
その他の設備	251	16		12	10
体育設備（木製）製造設備	62	24	その他の製造業用設備	10	9

タ

設備の名称	別表第二の旧番号	別表第二の新番号	用途	旧耐用年数	新耐用年数
体積計・体温計製造設備	287	19	業務用機械器具製造業用設備	11	7
耐火粘土鉱業設備	333	29	鉱業、採石業、砂利採取業用設備	9	6
耐火物製造設備			窯業・土石製品製造業用設備		
倒炎がま					
塩融式のもの	196	13		3	9
その他のもの	196	13		5	9
トンネルがま	196	13		7	9
その他の炉	196	13		8	9
その他の設備	196	13		12	9
卓上用ガラス器具製造設備			窯業・土石製品製造業用設備		
るつぼ炉・データンク炉	195	13		3	9
溶解炉	195	13		13	9
その他の設備	195	13		9	9
竹ひご・竹製品・竹製容器製造設備	62	4	木材・木製品（家具を除く。）製造業用設備	10	8
畳表製造設備			その他の製造業用設備		
織機・い草選別機・い割機	318	24		5	9
その他の設備	318	24		14	9
畳製造設備	319	24	その他の製造業用設備	5	9
脱穀機製造設備	255	18	生産用機械器具製造業用設備	12	12
脱脂綿製造設備	55	3	繊維工業用設備	9	7
建具（木製）製造設備	62	5	家具・装備品製造業用設備	10	11
建具用金具製造設備			金属製品製造業用設備		
めっき・アルマイト加工設備	249	16		7	10
溶接設備	249	16		10	10
その他の設備	249	16		13	10
種菌製造設備	31	1	食料品製造業用設備	9	10
足袋・足袋カバー製造業用設備	56	3	繊維工業用設備	7	7
玉石採取設備	326	29	鉱業、採石業、砂利採取業用設備	8	6
玉糸製造設備			繊維工業用設備		
自動繰糸機	37	3		7	7
その他の設備	37	3		10	7
玉軸受・部分品製造設備	262	17	はん用機械器具製造業用設備	10	12
玉突台・玉突用品製造設備	62	24	その他の製造業用設備	10	9
俵（わら製）製造設備	319の２	24	その他の製造業用設備	8	9
炭酸マグネシウム製造設備	91	8	化学工業用設備	7	8
炭素繊維製造設備			繊維工業用設備		
黒鉛化炉	197	3		4	3
その他の設備	197	3		10	7
炭素粉末製造設備	184	9	石油製品・石炭製品製造業用設備	8	7
鍛鋼・鍛工品製造業用設備	219	14	鉄鋼業用設備 純鉄、原鉄、ベースメタル、フェロアロイ、鉄素形材又は鋳鉄管製造業用設備	12	9
鍛造機製造設備	257	18	生産用機械器具製造業用設備 金属加工機械製造設備	10	9
単板（ベニヤ板）製造設備	61	4	木材・木製品（家具を除く。）製造業用設備	9	8
短網式製紙設備	66	6	パルプ・紙・紙加工品製造業用設備	12	12

設備の名称	別表第二の旧番号	別表第二の新番号	用途	旧耐用年数	新耐用年数
薪製造設備 動力伐採機 その他の可搬式設備	 58 58	 26 26	林業用設備	 3 6	 5 5
段ボール・段ボール箱製造設備	69	6	パルプ・紙・紙加工品製造業用設備	12	12
弾薬外かく製造設備	293	19	業務用機械器具製造業用設備	12	7
弾薬装てん・組立設備	157	19	業務用機械器具製造業用設備	6	7
暖房用機器（電気機器を除く。）製造設備	266	16	金属製品製造業用設備	13	10
チーズ製造設備	3	1	食料品製造業用設備	9	10
チタン・チタン合金圧延・押出・伸線設備	229	15	非鉄金属製造業用設備	12	7
チタン合金製造業用設備 ダイカスト設備 その他の設備	 230 230	 15 15	非鉄金属製造業用設備	 8 10	 7 7
チップ製造業用設備	60	4	木材・木製品（家具を除く。）製造業用設備	8	8
チューインガム製造設備	23	1	食料品製造業用設備	9	10
チューブホース（なめし革製）製造設備	193	12	なめし革・同製品・毛皮製造業用設備	11	9
チョコレート・既席チョコレート製造設備	23	1	食料品製造業用設備	9	10
ちゅう房用ガラス器具製造設備 るつぼ炉・データンク炉 溶解炉 その他の設備	 195 195 195	 13 13 13	窯業・土石製品製造業用設備	 3 13 9	 9 9 9
ちゅう房用機器（電気機器を除く。）製造設備	266	16	金属製品製造業用設備	13	10
ちょうちん製造設備	325	24	その他の製造業用設備	15	9
治具製造業用設備	259	18	生産用機械器具製造業用設備 金属加工機械製造設備	 10	 9
竹林（たけのこ栽培を除く。）経営設備 動力伐採機 その他の可搬式設備	 58 58	 26 26	林業用設備	 3 6	 5 5
畜産加工機械製造設備	266	18	生産用機械器具製造業用設備	13	12
蓄電器製造設備	272	21	電気機械器具製造業用設備	9	7
蓄電池製造設備	274の2	21	電気機械器具製造業用設備	12	7
茶せん製造設備	62	4	木材・木製品（家具を除く。）製造業用設備	10	8
茶製造設備 こぶ茶用 はま茶用 荒茶用 再製茶用	 4 36 24 25	 1 1 2 2	食料品製造業用設備 飲料・たばこ・飼料製造業用設備	 8 16 8 10	 10 10 10 10
中衣製造業用設備	56	3	繊維工業用設備	7	7
中華めん製造設備	19	1	食料品製造業用設備	10	10
中華料理店業用設備 引湯管 その他の設備	 358 358	 48 48	飲食店業用設備	 5 9	 8 8
注射器具製造設備	288	19	業務用機械器具製造業用設備	12	7
駐車装置製造設備	264	17	はん用機械器具製造業用設備	13	12
鋳鋼製造業用設備	220	14	鉄鋼業用設備 純鉄、原鉄、ベースメタル、フェ		

設備の名称	別表第二の旧　番　号	別表第二の新　番　号	用　　途	旧耐用年　数	新耐用年　数
			ロアロイ、鉄素形材又は鋳鉄管製造業用設備	10	9
鋳造用機械製造設備	258	18	生産用機械器具製造業用設備	12	12
貯蔵槽（金属製）製造設備	250	16	金属製品製造業用設備	13	10
長石鉱業設備	333	29	鉱業、採石業、砂利採取業用設備	9	6
彫刻設備			金属製品製造業用設備 金属被覆及び彫刻業又は打はく及び金属製ネームプレート製造業用設備		
脱脂・洗浄設備	245の２	16		7	6
水洗塗装装置	245の２	16		7	6
その他の設備	245の２	16		11	6
彫刻物（木製）製造設備	62	4	木材・木製品（家具を除く。）製造業用設備	10	8
調味料製造設備	9	1	食料品製造業用設備	7	10
調理用器具（電気機器を除く。）製造設備	266	16	金属製品製造業用設備	13	10
沈降性硫酸バリウム製造設備	104	8	化学工業用設備	9	8
陳列棚・陳列ケース（木製）製造設備	62	5	家具・装備品製造業用設備	10	11
つまようじ製造設備	62	4	木材・木製品（家具を除く。）製造業用設備	10	8
つや出し剤製造設備	166	8	化学工業用設備	11	8
つり（吊）革製造設備	193	12	なめし革・同製品・毛皮製造業用設備	11	9
つるはし製造設備	246	16	金属製品製造業用設備	12	10
綱製造設備	52	3	繊維工業用設備	10	7
積木製造設備			その他の製造業用設備		
合成樹脂成形設備	299	24		9	9
その他の設備	299	24		11	9
釣りざお・附属品製造設備	314	24	その他の製造業用設備	13	9
Ｔ定規製造設備	62	24	その他の製造業用設備	10	9
テープはり機製造設備	264	18	生産用機械器具製造業用設備	13	12
テーブル（金属製）製造設備			家具・装備品製造業用設備		
めっき・アルマイト加工設備	249	5		7	11
溶接設備	249	5		10	11
その他の設備	249	5		13	11
テーブル掛・テーブルセンター製造業用設備	56	3	繊維工業用設備	7	7
テレビジョン受信機製造設備	268	22	情報通信機械器具製造業用設備	10	8
テレビジョン放送設備	344	36	放送業用設備	6	6
テレフタル酸製造設備	122	8	化学工業用設備	7	8
テント製造業用設備	56	3	繊維工業用設備	7	7
ディーゼル機関製造設備	254	17	はん用機械器具製造業用設備	11	12
デキストリン製造設備	175	8	化学工業用設備	10	8
でんぷん（コーンスターチを除く。）製造設備			食料品製造業用設備		
粗製でん粉貯槽	17	1		25	10
その他の設備	17	1		12	10
手すき和紙製造設備	65	6	パルプ・紙・紙加工品製造業用設備	7	12

設備の名称	別表第二の旧番号	別表第二の新番号	用途	旧耐用年数	新耐用年数
手ぬぐい製造業用設備	56	3	繊維工業用設備	7	7
手押しスタンプ製造設備	325	24	その他の製造業用設備	15	9
手提紙袋製造設備	70	6	パルプ・紙・紙加工品製造業用設備	10	12
手袋（ゴム製）製造設備	190	11	ゴム製品製造業用設備	10	9
手袋（ニット製）製造設備	45	3	繊維工業用設備	10	7
手袋（革製）製造設備	193	12	なめし革・同製品・毛皮製造業用設備	11	9
手袋（布製）製造業用設備	56	3	繊維工業用設備	7	7
泥炭採掘設備			鉱業、採石業、砂利採取業用設備		
採掘機械及びコンベヤ	329	29		5	6
その他の設備	329	29		9	6
前掲の区分によらないもの	329	29		8	6
抵抗器（通信機用）製造設備	272	20	電子部品・デバイス・電子回路製造業用設備	9	8
鉄くず（スクラップ）加工処理業用設備	218の2	14	鉄鋼業用設備 表面処理鋼材若しくは鉄粉製造業又は鉄スクラップ加工処理業用設備	7	5
鉄鋼板加工設備	252	16	金属製品製造業用設備	15	10
鉄鋼卸売業用シャーリング設備	218	43	建築材料、鉱物・金属材料等卸売業用設備	11	8
鉄鋼伸線設備	218	14	鉄鋼業用設備	11	14
鉄鋼鍛造業用設備	219	14	鉄鋼業用設備 純鉄、原鉄、ベースメタル、フェロアロイ、鉄素形材又は鋳鉄管製造業用設備	12	9
鉄鋼熱間圧延設備	215	14	鉄鋼業用設備	14	14
鉄鋼冷間圧延・鉄鋼冷間成形設備	216	14	鉄鋼業用設備	14	14
鉄骨・鉄塔製造設備	250	16	金属製品製造業用設備	13	10
鉄線製造設備	218	14	鉄鋼業用設備	11	14
鉄道事業用変電設備	351	31	電気業用設備 鉄道又は軌道業用変電設備	20	15
鉄道車両・部分品製造設備	277	23	輸送用機械器具製造業用設備	12	9
鉄道信号機製造設備	269	22	情報通信機械器具製造業用設備	12	8
鉄粉製造設備	232	14	鉄鋼業用設備 表面処理鋼材若しくは鉄粉製造業又は鉄スクラップ加工処理業用設備	8	5
天びん製造設備	287	19	業務用機械器具製造業用設備	11	7
天然ガス鉱業設備			鉱業、採石業、砂利採取業用設備		
坑井設備	330	29		3	3
掘削設備	330	29		5	6
その他の設備	330	29		12	12
天然けい砂鉱業設備	333	29	鉱業、採石業、砂利採取業用設備	9	6
天然研摩材・天然と石製造設備			窯業・土石製品製造業用設備		
トンネルがま	210	13		12	9
その他の炉	210	13		10	9
その他の設備	210	13		15	9
天然染料製造設備	160	8	化学工業用設備	7	8

テ

設備の名称	別表第二の旧番号	別表第二の新番号	用途	旧耐用年数	新耐用年数
点火せん・点火装置（内燃機関用）製造設備	278	21	電気機械器具製造業用設備	10	7
展示装置製造設備	325	24	その他の製造業用設備	15	9
電圧調整器製造設備	267	21	電気機械器具製造業用設備	11	7
電気アイロン・電気かみそり製造設備	267	21	電気機械器具製造業用設備	11	7
電気亜鉛精製設備	223	15	非鉄金属製造業用設備	9	7
電気音響機器製造設備	268	22	情報通信機械器具製造業用設備	10	8
電気計測器・測定器・部分品製造設備	268	21	電気機械器具製造業用設備	10	7
電気事業用設備			電気業用設備		
水力発電設備	346	31		22	22
汽力発電設備	348	31		15	15
内燃力・ガスタービン発電設備	349	31		15	15
変電・配電設備					
需要者用計器	350	31		15	15
柱上変圧器	350	31		18	18
その他の設備	350	31		22	22
電気自動車製造設備	275	23	輸送用機械器具製造業用設備	10	9
電気照明器具製造設備	267	21	電気機械器具製造業用設備	11	7
電気信号装置製造設備	269	22	情報通信機械器具製造業用設備	12	8
電気絶縁材料（マイカ系を含む。）製造設備	178	8	化学工業用設備	12	8
電気銅精製設備	223	15	非鉄金属製造業用設備	9	7
電気溶接機製造設備	267	21	電気機械器具製造業用設備	11	7
電気洗濯機（家庭用）・電気炊飯器製造設備	267	21	電気機械器具製造業用設備	11	7
電気冷蔵庫・電子レンジ製造設備	267	21	電気機械器具製造業用設備	11	7
電気炉製造設備	267	21	電気機械器具製造業用設備	11	7
電気炉銑製造設備	211	14	鉄鋼業用設備	14	14
電球製造設備	270	21	電気機械器具製造業用設備	8	7
電球類用ガラス・バルブ製造設備			窯業・土石製品製造業用設備		
るつぼ炉・データンク炉	195	13		3	9
溶解炉	195	13		13	9
その他の設備	195	13		9	9
電刷子製造設備			窯業・土石製品製造業用設備		
黒鉛化炉	197の2	13		4	9
その他の設備	197の2	13		12	9
電子応用機器・部分品製造設備	268	21	電気機械器具製造業用設備	10	7
電子管製造設備	270	20	電子部品・デバイス・電子回路製造業用設備	8	8
電子管用ガラス・バルブ製造設備			窯業・土石製品製造業用設備		
るつぼ炉・データンク炉	195	13		3	9
溶解炉	195	13		13	9
その他の設備	195	13		9	9
電子計算機・同附属装置製造設備	268	22	情報通信機械器具製造業用設備	10	8
電子式卓上計算機製造設備	265	19	業務用機械器具製造業用設備	11	7

設備の名称	別表第二の旧番号	別表第二の新番号	用途	旧耐用年数	新耐用年数
電磁石製造設備	267	21	電気機械器具製造業用設備	11	7
電車製造設備	277	23	輸送用機械器具製造業用設備	12	9
電線製造設備（光ファイバー製造設備を除く。）	231	15	非鉄金属製造業用設備	10	7
電装品（車両用）製造設備	278	21	電気機械器具製造業用設備	10	7
電柱用材生産設備			林業用設備		
動力伐採機	58	26		3	5
その他の可搬式設備	58	26		6	5
電動機・電動発電機製造設備	267	21	電気機械器具製造業用設備	11	7
電動工具・電気ドリル製造業用設備	259	18	生産用機械器具製造業用設備 　金属加工機械製造設備	10	9
電熱装置（窯炉用）製造設備	267	21	電気機械器具製造業用設備	11	7
電流計・電圧計・部分品製造設備	268	21	電気機械器具製造業用設備	10	7
電力制御装置製造設備	267	21	電気機械器具製造業用設備	11	7
電話機・部分品製造設備	268	22	情報通信機械器具製造業用設備	10	8
トール油精製設備	168	8	化学工業用設備	7	8
トップ製造業用設備	48	3	繊維工業用設備	10	7
トマトケチャップ・トマトピューレ製造設備	6	1	食料品製造業用設備	8	10
トラクター製造設備	256	18	生産用機械器具製造業用設備　など	11	※
トラッククレーン	334	30	総合工事業用設備　など	5	※
トランジスタ製造設備	271の2	20	電子部品・デバイス・電子回路製造業用設備 　フラットパネルディスプレイ、半導体集積回路又は半導体素子製造設備	7	5
トランプ製造設備			その他の製造業用設備		
合成樹脂成形設備	299	24		9	9
その他の設備	299	24		11	9
トリウム第1次製錬・精製設備	227	15	非鉄金属製造業用設備	12	7
トリニトロ化合物製造設備	156	8	化学工業用設備	7	8
トリポリりん酸ナトリウム製造設備	88	8	化学工業用設備	9	8
トレーシングクロス製造設備	54	3	繊維工業用設備	14	7
トレーラ製造設備	276	23	輸送用機械器具製造業用設備	11	9
ドーナッツ製造設備	23	1	食料品製造業用設備	9	10
ドアフレーム（木製）製造設備	62	4	木材・木製品（家具を除く。）製造業用設備	10	8
ドッグフード製造設備	35	2	飲料・たばこ・飼料製造業用設備	10	10
ドビー製造設備	260	18	生産用機械器具製造業用設備	12	12
ドライアイス製造設備	114	8	化学工業用設備	10	8
ドライバー製造設備	246	16	金属製品製造業用設備	12	10
ドラム缶製造・更生設備	242	16	金属製品製造業用設備	14	10
ドリル製造業用設備	259	18	生産用機械器具製造業用設備 　金属加工機械製造設備	10	9
ドロマイト鉱業設備	333	29	鉱業、採石業、砂利採取業用設備	9	6
とう（籐）製品製造設備	62	4	木材・木製品（家具を除く。）製造業用設備	10	8

設備の名称	別表第二の旧番号	別表第二の新番号	用途	旧耐用年数	新耐用年数
とう（籐）製家具製造設備	62	5	家具・装備品製造業用設備	10	11
とうもろこし粉製造設備			食料品製造業用設備		
粗製でんぷん貯槽	17	1		25	10
その他の設備	17	1		12	10
と畜場設備	1	54	その他のサービス業用設備	9	12
どん帳製造業用設備	56	3	繊維工業用設備	7	7
土工用具製造設備	246	16	金属製品製造業用設備	12	10
土木工事設備			総合工事業用設備		
排砂管・可搬式コンベヤ	335	30		3	6
ジーゼルパイルハンマー	335	30		4	6
アスファルトプラント・バッチャープラント	335	30		6	6
その他の設備	335	30		7	6
戸棚（木製）製造設備	62	5	家具・装備品製造業用設備	10	11
戸車（金属製）製造設備			金属製品製造業用設備		
めっき・アルマイト加工設備	249	16		7	10
溶接設備	249	16		10	10
その他の設備	249	16		13	10
時計側製造設備	290	24	その他の製造業用設備	10	9
時計用ガラス製造設備			窯業・土石製品製造業用設備		
るつぼ炉・データンク炉	195	13		3	9
溶解炉	195	13		13	9
その他の設備	195	13		9	9
塗装ワックス製造設備	166	8	化学工業用設備	11	8
塗装布製造設備	54	3	繊維工業用設備	14	7
塗料製造設備	158	8	化学工業用設備	9	8
豆腐製造設備	14	1	食料品製造業用設備	8	10
投光器製造設備	267	21	電気機械器具製造業用設備	11	7
盗難警報装置製造設備	268	22	情報通信機械器具製造業用設備	10	8
陶磁器製造設備			窯業・土石製品製造業用設備		
倒炎がま					
塩融式のもの	196	13		3	9
その他のもの	196	13		5	9
トンネルがま	196	13		7	9
その他の炉	196	13		8	9
その他の設備	196	13		12	9
陶石鉱業・陶土鉱業・陶石クレー製造設備	333	29	鉱業、採石業、砂利採取業用設備	9	6
謄写版製造設備	62	24	その他の製造業用設備	10	9
道路舗装工事設備			総合工事業用設備		
排砂管・可搬式コンベヤ	335	30		3	6
ジーゼルパイルハンマー	335	30		4	6
アスファルトプラント・バッチャープラント	335	30		6	6
その他の設備	335	30		7	6
動植物用製剤製造設備	155	8	化学工業用設備	8	8
動物油脂製造・精製設備	32	1	食料品製造業用設備	12	10
動物用医療機械器具製造	288	19	業務用機械器具製造業用設備	12	7

設備の名称	別表第二の旧番号	別表第二の新番号	用途	旧耐用年数	新耐用年数
設備					
動力耕うん機製造設備	255	18	生産用機械器具製造業用設備	12	12
動力付運搬車製造設備	256	23	輸送用機械器具製造業用設備	11	9
動力伝達装置・動力伝導用鎖製造業用設備	263	17	はん用機械器具製造業用設備	10	12
動力ポンプ製造設備	261	17	はん用機械器具製造業用設備	12	12
銅合金・銅鋳物・銅合金鋳物・銅ダイカスト製造業用設備			非鉄金属製造業用設備		
ダイカスト設備	230	15		8	7
その他の設備	230	15		10	7
銅第１次製錬・精製設備	223	15	非鉄金属製造業用設備	9	7
銅・銅合金圧延・押出・伸線設備	229	15	非鉄金属製造業用設備	12	7
導火線製造設備	156	8	化学工業用設備	7	8
特殊鋼製造設備	211	14	鉄鋼業用設備	14	14
特殊装甲車両製造設備	256	19	業務用機械器具製造業用設備	11	7
特殊装甲車両部分品製造設備	280	19	業務用機械器具製造業用設備	12	7
扉（金属製）製造設備			金属製品製造業用設備		
めっき・アルマイト加工設備	249	16		7	10
溶接設備	249	16		10	10
その他の設備	249	16		13	10
取付具製造請負業用設備	259	17	はん用機械器具製造業用設備	10	12

ト

設備の名称	別表第二の旧番号	別表第二の新番号	用途	旧耐用年数	新耐用年数
ナイフ（食卓用）製造設備	248	16	金属製品製造業用設備	11	10
ナイロン樹脂製造設備	143	8	化学工業用設備	7	8
ナイロン繊維製造設備	149	3	繊維工業用設備	7	7
なっ染ロール彫刻設備			金属製品製造業用設備 金属被覆及び彫刻業又は打はく及び金属製ネームプレート製造業用設備		
脱脂・洗浄設備	245の２	16		7	6
水洗塗装装置	245の２	16		7	6
その他の設備	245の２	16		11	6
なっ染機械・部分品・附属品製造設備	260	18	生産用機械器具製造業用設備	12	12
なめし革製衣服製造業用設備	56	3	繊維工業用設備	7	7
なめし革製造設備	191	12	なめし革・同製品・毛皮製造業用設備	9	9
内燃力発電設備	349	31	電気業用設備 内燃力又はガスタービン発電設備	15	15
長さ計製造設備	287	19	業務用機械器具製造業用設備	11	7
長網式製紙設備	67	6	パルプ・紙・紙加工品製造業用設備	14	12
納豆製造設備	15	1	食料品製造業用設備	9	10
生コンクリート製造設備	201	13	窯業・土石製品製造業用設備	9	9
生菓子製造設備	23	1	食料品製造業用設備	9	10
鉛第１次製錬・精製設備	223	15	非鉄金属製造業用設備	9	7
鉛・鉛合金圧延・押出・伸線設備	229	15	非鉄金属製造業用設備	12	7
鉛・鉛合金第２次製錬・精製業用設備			非鉄金属製造業用設備		
ダイカスト設備	230	15		8	7
その他の設備	230	15		10	7
ニッケル・ニッケル合金圧延・押出・伸線設備	229	15	非鉄金属製造業用設備	12	7
ニッケル合金製造業用設備			非鉄金属製造業用設備		
ダイカスト設備	230	15		8	7
その他の設備	230	15		10	7
ニッケル第１次精錬・精製設備	226	15	非鉄金属製造業用設備	10	7
におい袋製造設備	325	24	その他の製造業用設備	15	9
にかわ製造設備	171	8	化学工業用設備 ゼラチン又はにかわ製造設備	6	5
二酸化マンガン製造設備	107	8	化学工業用設備	8	8
二酸化炭素製造設備	114	8	化学工業用設備	10	8
二硫化炭素製造設備	111	8	化学工業用設備	8	8
日記帳・卓上日記製造設備	70	6	パルプ・紙・紙加工品製造業用設備	10	12
日本薬局方生薬製造設備	154	8	化学工業用設備	7	8
日本料理店業用設備			飲食店業用設備		
引湯管	358	48		5	8
その他の設備	358	48		9	8
荷役運搬設備製造設備	286	17	はん用機械器具製造業用設備	13	12
荷車製造設備	286	23	輸送用機械器具製造業用設備	13	9
煮豆製造設備	15	1	食料品製造業用設備	9	10

設備の名称	別表第二の旧番号	別表第二の新番号	用途	旧耐用年数	新耐用年数
苦汁製品・苦汁誘導体製造設備	92	8	化学工業用設備	8	8
肉缶詰製造設備	8	1	食料品製造業用設備	8	10
乳化油剤製造設備	166	8	化学工業用設備	11	8
乳酸菌飲料製造設備	3	1	食料品製造業用設備	9	10
乳酸製造設備	130	8	化学工業用設備	8	8
乳製品製造設備	3	1	食料品製造業用設備	9	10
乳幼児服製造業用設備	56	3	繊維工業用設備	7	7
尿素系合成樹脂製造設備	145	8	化学工業用設備	9	8
尿素製造設備	84	8	化学工業用設備	10	8
庭石採取設備	326	29	鉱業、採石業、砂利採取業用設備	8	6
人形髪製造設備	325	24	その他の製造業用設備	15	9
人形・人形マスク製造設備			その他の製造業用設備		
合成樹脂成形設備	299	24		9	9
その他の設備	299	24		11	9
抜染剤製造設備	161	8	化学工業用設備	7	8
塗りげた製造設備	62	4	木材・木製品（家具を除く。）製造業用設備	10	8
縫針製造設備	240	24	その他の製造業用設備	13	9
ネオンガス製造設備	114	8	化学工業用設備	10	8
ネオンサイン製造設備	270	24	その他の製造業用設備	8	9
ネオンランプ製造設備	270	21	電気機械器具製造業用設備	8	7
ネクタイ製造業用設備	56	3	繊維工業用設備	7	7
ネッカチーフ製造業用設備	56	3	繊維工業用設備	7	7
ねじ製造業用設備	237の2	16	金属製品製造業用設備	10	10
ねん糸機械・部分品・附属品製造設備	260	18	生産用機械器具製造業用設備	12	12
ねん糸製造業用設備	43	3	繊維工業用設備	11	7
熱交換器製造設備	264	18	生産用機械器具製造業用設備	13	12
粘土鉱業設備	333	29	鉱業、採石業、砂利採取業用設備	9	6
粘土製品製造設備			窯業・土石製品製造業用設備		
倒炎がま					
塩融式のもの	196	13		3	9
その他のもの	196	13		5	9
トンネルがま	196	13		7	9
その他の炉	196	13		8	9
その他の設備	196	13		12	9
ノート・学習帳製造設備	70	6	パルプ・紙・紙加工品製造業用設備	10	12
ノズル製造設備	252	16	金属製品製造業用設備	15	10
ノズル（紡績用）製造設備	260	18	生産用機械器具製造業用設備	12	12
のぎす製造設備	287	19	業務用機械器具製造業用設備	11	7
のこぎり（手引）・のこぎり刃製造設備	246	16	金属製品製造業用設備	12	10
のぼり製造業用設備	56	3	繊維工業用設備	7	7
のみ製造設備	246	16	金属製品製造業用設備	12	10
のり養殖加工設備			水産養殖業用設備		
竹製のもの	324	28		2	5
その他のもの	324	28		4	5
農業用機械製造設備	255	18	生産用機械器具製造業用設備	12	12
農業用機具製造設備	247	16	金属製品製造業用設備	12	10
農薬製造設備	155	8	化学工業用設備	8	8

設備の名称	別表第二の旧番号	別表第二の新番号	用途	旧耐用年数	新耐用年数
濃縮そば汁製造設備			食料品製造業用設備		
コンクリート製仕込槽	10	1		25	10
その他の設備	10	1		9	10

設備の名称	別表第二の旧番号	別表第二の新番号	用途	旧耐用年数	新耐用年数
ハーモニカ製造設備	297	24	その他の製造業用設備	11	9
ハム製造設備	1	1	食料品製造業用設備	9	10
ハンカチーフ製造業用設備	56	3	繊維工業用設備	7	7
ハンマー製造設備	246	16	金属製品製造業用設備	12	10
バケツ（金属製）製造設備	242	16	金属製品製造業用設備	14	10
バズーカ製造設備	293	19	業務用機械器具製造業用設備	12	7
バター製造設備	3	1	食料品製造業用設備	9	10
バナナ熟成加工設備			食料品製造業用設備		
むろ内用バナナ熟成装置	7	1		6	10
その他の設備	7	1		9	10
バラスト採取設備	326	29	鉱業、採石業、砂利採取業用設備	8	6
バリウム塩製造設備	104	8	化学工業用設備	9	8
バリカン製造設備	246	16	金属製品製造業用設備	12	10
バルブ・コック製造設備	261	17	はん用機械器具製造業用設備	12	12
バンド掛機製造設備	264	18	生産用機械器具製造業用設備	13	12
パーティクルボード製造設備	61	4	木材・木製品（家具を除く。）製造業用設備	9	8
パイプ加工・パイプ附属品加工設備	295	17	はん用機械器具製造業用設備	14	12
パイプ継ぎ手（鉄製）製造業用設備	220	14	鉄鋼業用設備 純鉄、原鉄、ベースメタル、フェロアロイ、鉄素形材又は鋳鉄管製造業用設備	10	9
パジャマ製造業用設備	56	3	繊維工業用設備	7	7
パッキン（なめし革製）製造設備	193	12	なめし革・同製品・毛皮製造業用設備	11	9
パッケージタイプエアコン製造設備（業務用）	261の２	17	はん用機械器具製造業用設備	11	12
パナマ帽子製造設備	325	24	その他の製造業用設備	15	9
パラシュート製造業用設備	56	23	輸送用機械器具製造業用設備	7	9
パルプ材育林・生産設備			林業用設備		
動力伐採機	58	26		3	5
その他の可搬式設備	58	26		6	5
パルプ製造機械装置製造設備	264	18	生産用機械器具製造業用設備	13	12
パルプ製造設備	64	6	パルプ・紙・紙加工品製造業用設備	12	12
パワーショベル	334	30	総合工事業用設備　など	5	※
パン・パン粉製造設備	23	1	食料品製造業用設備	9	10
はい土製造設備			窯業・土石製品製造業用設備		
倒炎がま					
塩融式のもの	196	13		3	9
その他のもの	196	13		5	9
トンネルがま	196	13		7	9
その他の炉	196	13		8	9
その他の設備	196	13		12	9
はかり製造設備	287	19	業務用機械器具製造業用設備	11	7
はく（圧延によるものを除く。）製造設備	232	16	金属製品製造業用設備 金属被覆及び彫刻業又は打はく及び金属製ネームプレート製造業用設備	8	6
はけ製造設備	325	24	その他の製造業用設備	15	9
はさみ製造設備	246	16	金属製品製造業用設備	12	10

ハ

設備の名称	別表第二の旧番号	別表第二の新番号	用途	旧耐用年数	新耐用年数
はし（木製・竹製）製造設備	62	4	木材・木製品（家具を除く。）製造業用設備	10	8
はし（漆器製）製造設備	62	24	その他の製造業用設備	10	9
はたき製造設備	325	24	その他の製造業用設備	15	9
はちみつ精製・処理加工設備	30	1	食料品製造業用設備	12	10
はまち養殖設備			水産養殖業用設備		
竹製のもの	324	28		2	5
その他のもの	324	28		4	5
はま茶製造設備	36	1	食料品製造業用設備	16	10
はんだごて（電気式）製造設備	267	21	電気機械器具製造業用設備	11	7
はんだ・減摩合金製造業用設備			非鉄金属製造業用設備		
ダイカスト設備	230	15		8	7
その他の設備	230	15		10	7
ばねはかり製造設備	287	19	業務用機械器具製造業用設備	11	7
羽織ひも製造業用設備	56	3	繊維工業用設備	7	7
羽根扇子製造設備	325	24	その他の製造業用設備	15	9
破砕機製造設備	256	18	生産用機械器具製造業用設備	11	12
歯みがき製造設備	170	8	化学工業用設備	9	8
歯車仕上機械製造設備	257	18	生産用機械器具製造業用設備 金属加工機械製造設備	10	9
歯車製造業用設備	263	17	はん用機械器具製造業用設備	10	12
馬具・ばん具製造設備	193	12	なめし革・同製品・毛皮製造業用設備	11	9
排風機製造設備	261	17	はん用機械器具製造業用設備	12	12
配管工事用附属品製造設備	252	16	金属製品製造業用設備	15	10
配合飼料製造設備	35	2	飲料・たばこ・飼料製造業用設備	10	10
配合肥料製造設備	85	2	飲料・たばこ・飼料製造業用設備	13	10
配線器具・配電盤製造設備	267	21	電気機械器具製造業用設備	11	7
廃プラスチック製品製造業用設備	307	10	プラスチック製品製造業用設備（他の号に掲げるものを除く。）	8	8
廃棄物・廃ガス処理装置製造設備	264	18	生産用機械器具製造業用設備	13	12
廃油再生設備	181	9	石油製品・石炭製品製造業用設備	8	7
鋼鋳物製造業用設備	220	14	鉄鋼業用設備 純鉄、原鉄、ベースメタル、フェロアロイ、鉄素形材又は鋳鉄管製造業用設備	10	9
鋼橋製造設備	250	16	金属製品製造業用設備	13	10
白金製錬・精製設備	227	15	非鉄金属製造業用設備	12	7
白熱電球製造設備	270	21	電気機械器具製造業用設備	8	7
白墨製造設備			窯業・土石製品製造業用設備		
トンネルがま	210	13		12	9
その他の炉	210	13		10	9
その他の設備	210	13		15	9
薄膜集積回路製造設備	271の2	20	電子部品・デバイス・電子回路製造業用設備	7	8
舶用機関製造設備	254	23	輸送用機械器具製造業用設備	11	9
麦芽製造設備	31	1	食料品製造業用設備	9	10
麦芽糖製造設備	22	1	食料品製造業用設備	10	10
爆発物製造設備	293	19	業務用機械器具製造業用設備	12	7
旗ざお（木製・竹製）製	62	4	木材・木製品（家具を除く。）製造	10	8

設備の名称	別表第二の旧番号	別表第二の新番号	用途	旧耐用年数	新耐用年数
造設備			業用設備		
旗製造業用設備	56	3	繊維工業用設備	7	7
発泡ポリウレタン製造設備	308	10	プラスチック製品製造業用設備（他の号に掲げるものを除く。）	8	8
発泡酒製造設備	27	2	飲料・たばこ・飼料製造業用設備	14	10
発光信号装置製造設備	268	22	情報通信機械器具製造業用設備	10	8
発酵飼料製造設備	34	2	飲料・たばこ・飼料製造業用設備	9	10
発酵乳製造設備	3	1	食料品製造業用設備	9	10
発電機製造設備	267	21	電気機械器具製造業用設備	11	7
発電用ボイラ製造設備	253	17	はん用機械器具製造業用設備	12	12
花火製造設備	156	24	その他の製造業用設備	7	9
針金製造設備（線材からの一貫作業により製造する設備に限る。）	218	14	鉄鋼業用設備	11	14
針金製造設備（線材からの一貫作業によらずに製造する設備に限る。）	244	14	鉄鋼業用設備 表面処理鋼材若しくは鉄粉製造業又は鉄スクラップ加工処理業用設備	7	5
針金製品製造設備	239	16	金属製品製造業用設備	14	10
反毛業用設備	48	3	繊維工業用設備	10	7
半てん・半えり製造業用設備	56	3	繊維工業用設備	7	7
半導体集積回路製造設備	271	20	電子部品・デバイス・電子回路製造業用設備 フラットパネルディスプレイ、半導体集積回路又は半導体素子製造設備	5	5
帆布製品製造業用設備	56	3	繊維工業用設備	7	7
繁殖用薬製造設備	155	8	化学工業用設備	8	8
ヒドラジン製造設備	113	8	化学工業用設備	7	8
ヒューズ製造設備	267	21	電気機械器具製造業用設備	11	7
ビール瓶製造設備			窯業・土石製品製造業用設備		
るつぼ炉・データンク炉	195	13		3	9
溶解炉	195	13		13	9
その他の設備	195	13		9	9
ビール製造設備	27	2	飲料・たばこ・飼料製造業用設備	14	10
ビスケット類製造設備	23	1	食料品製造業用設備	9	10
ビス製造業用設備	237の2	16	金属製品製造業用設備	10	10
ビタミン剤製造設備	153	8	化学工業用設備	6	8
ビデオテープレコーダ（V.T.R）製造設備	268	22	情報通信機械器具製造業用設備	10	8
ビデオ制作設備			映像・音声・文字情報制作業用設備		
照明設備	363	37		3	8
撮影・録音設備	363	37		6	8
その他の設備	363	37		8	8
ビニロン繊維製造設備	149	3	繊維工業用設備	7	7
ピアノ製造設備	297	24	その他の製造業用設備	11	9
ピアノ線製造設備	218	14	鉄鋼業用設備	11	14
ピストンリング製造設備	278	17	はん用機械器具製造業用設備	10	12
ピッチコークス製造設備	183	9	石油製品・石炭製品製造業用設備	7	7
ピン製造設備	239	24	その他の製造業用設備	14	9
ひも製造設備	52	3	繊維工業用設備	10	7
びょうぶ製造設備	62	5	家具・装備品製造業用設備	10	11
干菓子製造設備	23	1	食料品製造業用設備	9	10

設備の名称	別表第二の旧番号	別表第二の新番号	用途	旧耐用年数	新耐用年数
日よけ（金属製）製造設備			家具・装備品製造業用設備		
めっき・アルマイト加工設備	249	5		7	11
溶接設備	249	5		10	11
その他の設備	249	5		13	11
非鉄金属圧延・押出・伸線設備	229	15	非鉄金属製造業用設備	12	7
非鉄金属鋳物・非鉄金属ダイカスト製造業用設備			非鉄金属製造業用設備		
ダイカスト設備	230	15		8	7
その他の設備	230	15		10	7
非鉄金属鉱業設備	328	29	鉱業、採石業、砂利採取業用設備	9	6
非鉄金属鍛造品製造設備	252	15	非鉄金属製造業用設備	15	7
非鉄金属粉末製造設備	232	15	非鉄金属製造業用設備	8	7
皮革処理機械製造設備	264	18	生産用機械器具製造業用設備	13	12
微粉炭製造設備	185	9	石油製品・石炭製品製造業用設備	14	7
光ディスク（追記型又は書換え型のものに限る。）製造設備	268の2	20	電子部品・デバイス・電子回路製造業用設備 　光ディスク（追記型又は書換え型のものに限る。）製造設備	6	6
光ファイバー製造設備	231の2	15	非鉄金属製造業用設備	8	7
引抜鋼管製造設備	218	14	鉄鋼業用設備	11	14
筆記用インキ製造設備	159	8	化学工業用設備	13	8
漂白剤製造設備	161	8	化学工業用設備	7	8
標識機製造設備	325	24	その他の製造業用設備	15	9
便せん製造設備	70	6	パルプ・紙・紙加工品製造業用設備	10	12
瓶詰機械製造設備	264	18	生産用機械器具製造業用設備	13	12
ファイリングシステム用器具製造設備	265	19	業務用機械器具製造業用設備	11	7
ファクシミリ製造設備	268	22	情報通信機械器具製造業用設備	10	8
ファスナー製造設備			その他の製造業用設備		
自動務歯成形機・スライダー製造機	306	24		7	9
自動務歯植付機	306	24		5	9
その他の設備	306	24		11	9
フェライト製品製造設備	272の3	20	電子部品・デバイス・電子回路製造業用設備	9	8
フェルト・フェルト製品製造設備	51	3	繊維工業用設備	10	7
フェルト帽子・帽体製造設備	51	3	繊維工業用設備	10	7
フェロアロイ製造設備	212	14	鉄鋼業用設備 　純鉄、原鉄、ベースメタル、フェロアロイ、鉄素形材又は鋳鉄管製造業用設備	10	9
フォークリフトトラック製造設備	256	23	輸送用機械器具製造業用設備	11	9
フォーク（食卓用）製造設備	248	16	金属製品製造業用設備	11	10
フォームラバー製造設備	188	11	ゴム製品製造業用設備	10	9
フライス盤製造設備	257	18	生産用機械器具製造業用設備 　金属加工機械製造設備	10	9
フラッシュランプ製造設備	270	21	電気機械器具製造業用設備	8	7
フルフラル製造設備	138	8	化学工業用設備	11	8

設備の名称	別表第二の旧番号	別表第二の新番号	用途	旧耐用年数	新耐用年数
フレキシブルチューブ製造設備	241	16	金属製品製造業用設備	11	10
ブースター製造設備	286	23	輸送用機械器具製造業用設備	13	9
ブタジエン・ブチレン製造設備	131	8	化学工業用設備	9	8
ブラインド（金属製）製造設備			家具・装備品製造業用設備		
めっき・アルマイト加工設備	249	5		7	11
溶接設備	249	5		10	11
その他の設備	249	5		13	11
ブラインド（木製）製造設備	62	5	家具・装備品製造業用設備	10	11
ブラシ類製造設備			その他の製造業用設備		
製鎖加工設備	304	24		8	9
その他の設備	304	24		12	9
前掲の区分によらないもの	304	24		11	9
ブラジャー製造業用設備	56	3	繊維工業用設備	7	7
ブランデー製造設備	29	2	飲料・たばこ・飼料製造業用設備	10	10
ブリキ缶（自動組立方式によらないもの）製造設備	242	16	金属製品製造業用設備	14	10
ブリキ製造設備	243	14	鉄鋼業用設備 　その他の設備	12	14
ブリキ製容器製造設備	242	16	金属製品製造業用設備	14	10
ブルドーザー	334	30	総合工事業用設備　など	5	※
ブレーキ（車両用）製造設備	279	23	輸送用機械器具製造業用設備	11	9
プラスチック加工機械・附属装置製造設備	258	18	生産用機械器具製造業用設備	12	12
プラスチック加工紙製造設備	71	6	パルプ・紙・紙加工品製造業用設備	9	12
プラスチック成形靴製造業用設備	307	11	ゴム製品製造業用設備	8	9
プラスチック製靴（底ゴムを使用したもの）製造設備	190	11	ゴム製品製造業用設備	10	9
プラスチック製品製造業用設備	307	10	プラスチック製品製造業用設備（他の号に掲げるものを除く。）	8	8
プリズム製造設備	289	19	業務用機械器具製造業用設備	10	7
プリント配線基板製造設備	272の2	20	電子部品・デバイス・電子回路製造業用設備 プリント配線基板製造設備	6	6
プレストレストコンクリート製品製造設備			窯業・土石製品製造業用設備		
移動式製造・架設設備・振動加圧式成形設備	202	13		7	9
その他の設備	202	13		12	9
プレス機械製造設備	257	18	生産用機械器具製造業用設備 　金属加工機械製造設備	10	9
プレス金属加工品製造業用設備			金属製品製造業用設備		
めっき・アルマイト加工設備	251	16		7	10
その他の設備	251	16		12	10

設備の名称	別表第二の旧番号	別表第二の新番号	用途	旧耐用年数	新耐用年数
プロピレンオキサイド・プロピレングリコール製造設備	134	8	化学工業用設備	8	8
プロピレン製造設備	131	8	化学工業用設備	9	8
プロペラ（航空機用）製造・修理設備	285	23	輸送用機械器具製造業用設備	10	9
ふいご製造設備	261	17	はん用機械器具製造業用設備	12	12
ふっ化メチル製造設備	124	8	化学工業用設備	7	8
ふっ酸・ふっ素化合物製造設備	98	8	化学工業用設備	6	8
ふっ素樹脂製造設備	143	8	化学工業用設備	7	8
ふるい（木製）製造設備	62	4	木材・木製品（家具を除く。）製造業用設備	10	8
ふろしき・ふくさ製造業用設備	56	3	繊維工業用設備	7	7
ふ・焼ふ製造設備	14	1	食料品製造業用設備	8	10
ふ卵装置・電気ふ卵装置製造設備	255	18	生産用機械器具製造業用設備	12	12
ぶどう酒製造設備	28	2	飲料・たばこ・飼料製造業用設備	12	10
ぶどう糖製造設備	22	1	食料品製造業用設備	10	10
不織布製造設備	50	3	繊維工業用設備	9	7
布きん製造業用設備	56	3	繊維工業用設備	7	7
布団製造業用設備	56	3	繊維工業用設備	7	7
布団綿製造業用設備	48	3	繊維工業用設備	10	7
普通鋼製造設備	211	14	鉄鋼業用設備	14	14
武器用火薬類製造設備	157	8	化学工業用設備	6	8
武器用信管製造設備	293	19	業務用機械器具製造業用設備	12	7
風水力機器製造設備	261	17	はん用機械器具製造業用設備	12	12
風力機関製造設備	254	17	はん用機械器具製造業用設備	11	12
封筒・事務用紙袋製造設備	70	6	パルプ・紙・紙加工品製造業用設備	10	12
吹付機械製造設備	261	17	はん用機械器具製造業用設備	12	12
服装用革ベルト製造設備	193	12	なめし革・同製品・毛皮製造業用設備	11	9
複合肥料製造設備	84	8	化学工業用設備	10	8
複写機製造設備	265	19	業務用機械器具製造業用設備	11	7
袋（繊維製）製造業用設備	56	3	繊維工業用設備	7	7
袋詰調理済カレー・シチュー類製造設備	8	1	食料品製造業用設備	8	10
袋物（革製）製造設備	193	12	なめし革・同製品・毛皮製造業用設備	11	9
古綿打直し業用設備	48	50	その他の生活関連サービス業用設備	10	6
粉乳製造設備	3	1	食料品製造業用設備	9	10
粉末冶金製品製造設備	233	16	金属製品製造業用設備	10	10
噴霧機・散粉機製造設備	255	18	生産用機械器具製造業用設備	12	12
分岐器製造設備	269	22	情報通信機械器具製造業用設備	12	8
分析機器製造設備	287	19	業務用機械器具製造業用設備	11	7
分銅製造設備	287	19	業務用機械器具製造業用設備	11	7
ヘヤーピン製造設備	252	24	その他の製造業用設備	15	9
ヘルメット（金属製）製造設備	252	16	金属製品製造業用設備	15	10
ベーコン製造設備	1	1	食料品製造業用設備	9	10
ベースメタル製造設備	212	14	鉄鋼業用設備 純鉄、原鉄、ベースメタル、フェ		

設備の名称	別表第二の旧　番　号	別表第二の新　番　号	用　　途	旧耐用年　数	新耐用年　数
			ロアロイ、鉄素形材又は鋳鉄管製造業用設備	10	9
ベッド（木製）製造設備	62	5	家具・装備品製造業用設備	10	11
ベニヤ板・ベニヤパネル製造設備	61	4	木材・木製品（家具を除く。）製造業用設備	9	8
ベニヤ機械製造設備	258	18	生産用機械器具製造業用設備	12	12
ベリリウム銅母合金製錬設備	225	15	非鉄金属製造業用設備	7	7
ベルト調車製造業用設備	263	17	はん用機械器具製造業用設備	10	12
ペイント製造設備	158	8	化学工業用設備	9	8
ペニー製造業用設備	48	3	繊維工業用設備	10	7
ペレット製造業用設備	222	14	鉄鋼業用設備	15	14
ペンチ製造設備	246	16	金属製品製造業用設備	12	10
ペン先製造設備	300	24	その他の製造業用設備	11	9
べんがら製造設備	102	8	化学工業用設備	6	8
米菓製造設備	23	1	食料品製造業用設備	9	10
変圧器製造設備	267	21	電気機械器具製造業用設備	11	7
弁（金属製）製造設備	261	17	はん用機械器具製造業用設備	12	12
ホック製造設備	252	24	その他の製造業用設備	15	9
ホッチキス（事務用）製造設備	265	24	その他の製造業用設備	11	9
ホテル業用設備			宿泊業用設備		
引湯管	358	47		5	10
その他の設備	358	47		9	10
ホモジナイザー	334	30	総合工事業用設備　など	5	※
ボート（木造）製造・修理設備	283	23	輸送用機械器具製造業用設備	13	9
ボーリング場用設備			娯楽業用設備 ボーリング場用設備		
レーン	367の２	51		5	13
その他の設備	367の２	51		10	13
ボールベアリング・部分品製造設備	262	17	はん用機械器具製造業用設備	10	12
ボールペン製造設備	301	24	その他の製造業用設備	10	9
ボール盤製造設備	257	18	生産用機械器具製造業用設備 金属加工機械製造設備	10	9
ボイラー製造設備	253	17	はん用機械器具製造業用設備	12	12
ボタン製造設備	305	24	その他の製造業用設備	9	9
ボルト・ナット製造業用設備	237の２	16	金属製品製造業用設備	10	10
ポマード製造設備	170	8	化学工業用設備	9	8
ポリアセタール樹脂製造設備	146	8	化学工業用設備	8	8
ポリエステル繊維・ポリエチレン繊維製造設備	149	3	繊維工業用設備	7	7
ポリエチレングリコール製造設備	134	8	化学工業用設備	8	8
ポリエチレンテレフタレート系樹脂製造設備	143	8	化学工業用設備	7	8
ポリエチレン・ポリブテン・ポリプロピレン製造設備	144	8	化学工業用設備	8	8
ポリプロピレングリコール製造設備	134	8	化学工業用設備	8	8
ポンプ製造設備	261	17	はん用機械器具製造業用設備	12	12
ほうき製造設備	325	24	その他の製造業用設備	15	9

ホ

設備の名称	別表第二の旧番号	別表第二の新番号	用途	旧耐用年数	新耐用年数
ほうろう鉄器製造設備			窯業・土石製品製造業用設備		
るつぼ炉	206	13		3	9
その他の炉	206	13		7	9
その他の設備	206	13		12	9
ほう酸・ほう素化合物製造設備	108	8	化学工業用設備	10	8
ほう素質肥料製造設備	84	8	化学工業用設備	10	8
ほう帯製造設備	55	3	繊維工業用設備	9	7
ほたて貝・ほたて貝種苗養殖設備			水産養殖業用設備		
竹製のもの	324	28		2	5
その他のもの	324	28		4	5
保存血液製造設備	154	8	化学工業用設備	7	8
補整着製造業用設備	56	3	繊維工業用設備	7	7
補聴器製造設備	268	22	情報通信機械器具製造業用設備	10	8
舗装用アスファルト・舗装用ブロック製造設備	182	9	石油製品・石炭製品製造業用設備	14	7
方向指示器（自動車用）製造設備	280	23	輸送用機械器具製造業用設備	12	9
包装木箱製造設備	62	4	木材・木製品（家具を除く。）製造業用設備	10	8
包装機械製造設備	264	18	生産用機械器具製造業用設備	13	12
包丁製造設備	246	16	金属製品製造業用設備	12	10
放射線応用計測器製造設備	268	21	電気機械器具製造業用設備	10	7
放熱器（電気機器を除く。）製造設備	266	16	金属製品製造業用設備	13	10
宝石加工手道具製造設備	246	16	金属製品製造業用設備	12	10
宝石細工設備	323	24	その他の製造業用設備	7	9
宝石箱・宝石附属品製造設備			その他の製造業用設備		
｛製鎖加工設備	304	24		8	9
｛その他の設備	304	24		12	9
前掲の区分によらないもの	304	24		11	9
砲製造設備	293	19	業務用機械器具製造業用設備	12	7
砲弾弾体製造設備	293	19	業務用機械器具製造業用設備	12	7
縫製品製造業用設備	56	3	繊維工業用設備	7	7
帽子・帽体製造業用設備	56	3	繊維工業用設備	7	7
帽子製造機械製造設備	264	18	生産用機械器具製造業用設備	13	12
防振ゴム製造設備	190	11	ゴム製品製造業用設備	10	9
紡績機械・部分品・附属品製造設備	260	18	生産用機械器具製造業用設備	12	12
紡績設備	39	3	繊維工業用設備	10	7
紡績用エプロンバンド製造設備	193	12	なめし革・同製品・毛皮製造業用設備	11	9
望遠鏡・部分品製造設備	289	19	業務用機械器具製造業用設備	10	7
膨潤炭製造設備	185	9	石油製品・石炭製品製造業用設備	14	7
墨汁製造設備	315	24	その他の製造業用設備	8	9
細幅織物設備	44	3	繊維工業用設備	10	7
蛍石鉱業設備	333	29	鉱業、採石業、砂利採取業用設備	9	6
盆（金属製）製造設備	248	16	金属製品製造業用設備	11	10

設備の名称	別表第二の旧番号	別表第二の新番号	用途	旧耐用年数	新耐用年数
マーガリン製造設備	32	1	食料品製造業用設備	12	10
マーキングペン製造設備	301	24	その他の製造業用設備	10	9
マージャンぱい製造設備			その他の製造業用設備		
合成樹脂成形設備	299	24		9	9
その他の設備	299	24		11	9
マーマレード製造設備	7	1	食料品製造業用設備	9	10
マイクロホン製造設備	268	22	情報通信機械器具製造業用設備	10	8
マイクロメータ製造設備	287	19	業務用機械器具製造業用設備	11	7
マカロニ製造設備	18	1	食料品製造業用設備	9	10
マグネシウム・マグネシウム合金圧延・押出・伸線設備	229	15	非鉄金属製造業用設備	12	7
マグネシウム製錬設備	225	15	非鉄金属製造業用設備	7	7
マッチ・マッチ箱・マッチ軸製造設備	312	24	その他の製造業用設備	13	9
マネキン人形製造設備	325	24	その他の製造業用設備	15	9
マフラー製造業用設備	56	3	繊維工業用設備	7	7
マヨネーズ製造設備	2	1	食料品製造業用設備	8	10
マンガン質肥料製造設備	84	8	化学工業用設備	10	8
マンガン製錬設備	225	15	非鉄金属製造業用設備	7	7
まくら製造業用設備	56	3	繊維工業用設備	7	7
ます養殖設備			水産養殖業用設備		
竹製のもの	324	28		2	5
その他のもの	324	28		4	5
真綿製造設備	57	3	繊維工業用設備	15	7
麻酔器具製造設備	288	19	業務用機械器具製造業用設備	12	7
魔法瓶用ガラス製中瓶製造設備			窯業・土石製品製造業用設備		
るつぼ炉・データンク炉	195	13		3	9
溶解炉	195	13		13	9
その他の設備	195	13		9	9
曲輪・曲物製造設備	62	4	木材・木製品（家具を除く。）製造業用設備	10	8
巻上機製造設備	286	17	はん用機械器具製造業用設備	13	12
巻尺製造設備	287	19	業務用機械器具製造業用設備	11	7
巻線機（コイルワインディングマシン）製造設備	257	18	生産用機械器具製造業用設備 金属加工機械製造設備	10	9
升製造設備	287	19	業務用機械器具製造業用設備	11	7
豆粉製造設備			食料品製造業用設備		
粗製でんぷん貯槽	17	1		25	10
その他の設備	17	1		12	10
豆炭類製造設備	184	9	石油製品・石炭製品製造業用設備	8	7
丸網式製紙設備	66	6	パルプ・紙・紙加工品製造業用設備	12	12
万年筆製造設備	300	24	その他の製造業用設備	11	9
ミシンテーブル（木製）製造設備	62	5	家具・装備品製造業用設備	10	11
ミシン・ミシン部分品・附属品製造設備	260	18	生産用機械器具製造業用設備	12	12
ミシン針製造設備	240	24	その他の製造業用設備	13	9
ミッション（車両用）製造設備	278	23	輸送用機械器具製造業用設備	10	9
ミネラルウォーター製造設備	26	2	飲料・たばこ・飼料製造業用設備	10	10
みがき粉製造設備	166	8	化学工業用設備	11	8

設備の名称	別表第二の旧番号	別表第二の新番号	用途	旧耐用年数	新耐用年数
みがき棒鋼製造業用設備	218	14	鉄鋼業用設備	11	14
みがき丸太製造設備	62	4	木材・木製品（家具を除く。）製造業用設備	10	8
味そ製造設備			食料品製造業用設備		
コンクリート製仕込槽	10	1		25	10
その他の設備	10	1		9	10
味りん製造設備	28	2	飲料・たばこ・飼料製造業用設備	12	10
水あめ製造設備	22	1	食料品製造業用設備	10	10
水屋製造設備	62	5	家具・装備品製造業用設備	10	11
明ばん石鉱業設備	333	29	鉱業、採石業、砂利採取業用設備	9	6
民間放送設備	344	36	放送業用設備	6	6
民生用電気機器製造設備	267	21	電気機械器具製造業用設備	11	7
むち（革製）製造設備	193	12	なめし革・同製品・毛皮製造業用設備	11	9
無機顔料製造設備	160	8	化学工業用設備	7	8
無水クロム酸製造設備	105	8	化学工業用設備	7	8
無水ぼう硝製造設備	87	8	化学工業用設備	7	8
無線送受信機・部分品製造設備	268	22	情報通信機械器具製造業用設備	10	8
麦わら帽子製造設備	325	24	その他の製造業用設備	15	9
メスフラスコ製造設備	287	19	業務用機械器具製造業用設備	11	7
メタノール・メタノール誘導体製造設備	125	8	化学工業用設備	9	8
メラミン系合成樹脂製造設備	145	8	化学工業用設備	9	8
メラミン製造設備	129	8	化学工業用設備	8	8
メリヤス生地製造設備	45	3	繊維工業用設備	10	7
メリヤス機械・部分品・附属品製造設備	260	18	生産用機械器具製造業用設備	12	12
メリヤス針製造設備	260	18	生産用機械器具製造業用設備	12	12
めのう鉱業設備	333	29	鉱業、採石業、砂利採取業用設備	9	6
目立機械製造設備	258	18	生産用機械器具製造業用設備	12	12
眼鏡レンズ・枠製造設備	289	24	その他の製造業用設備	10	9
眼鏡用ガラス製造設備			窯業・土石製品製造業用設備		
るつぼ炉・データンク炉	195	13		3	9
溶解炉	195	13		13	9
その他の設備	195	13		9	9
綿織物設備	44	3	繊維工業用設備	10	7
モーターグレーダー	334	30	総合工事業用設備　など	5	※
モーテル業用設備			宿泊業用設備		
引湯管	358	47		5	10
その他の設備	358	47		9	10
モップ製造設備	325	24	その他の製造業用設備	15	9
モリブデン製錬設備	226	15	非鉄金属製造業用設備	10	7
最中かわ製造設備	23	1	食料品製造業用設備	9	10
模型（紙製を除く。）製造設備	325	24	その他の製造業用設備	15	9
模写電送装置・部分品製造設備	268	22	情報通信機械器具製造業用設備	10	8
模造真珠（ガラス製）製造設備			窯業・土石製品製造業用設備		
るつぼ炉・データンク炉	195	13		3	9
溶解炉	195	13		13	9
その他の設備	195	13		9	9

設備の名称	別表第二の旧番号	別表第二の新番号	用途	旧耐用年数	新耐用年数
毛筆製造設備	303	24	その他の製造業用設備	11	9
木栓製造設備	62	4	木材・木製品（家具を除く。）製造業用設備	10	8
木ろう製造・精製設備	320	8	化学工業用設備	12	8
木材チップ製造業用設備	60	4	木材・木製品（家具を除く。）製造業用設備	8	8
木材化学製品製造設備	168	8	化学工業用設備	7	8
木材加工用機械・木工施盤製造設備	258	18	生産用機械器具製造業用設備	12	12
木材小割業用設備			木材・木製品（家具を除く。）製造業用設備		
製材用自動送材装置	59	4		8	8
その他の可搬式設備	59	4		12	8
木材伐出・伐木運材請負設備			林業用設備		
動力伐採機	58	26		3	5
その他の可搬式設備	58	26		6	5
木材防腐処理設備	63	4	木材・木製品（家具を除く。）製造業用設備	13	8
木製組立建築材料製造設備	62	4	木材・木製品（家具を除く。）製造業用設備	10	8
木製履物製造・塗装設備	62	4	木材・木製品（家具を除く。）製造業用設備	10	8
木造船製造・修理設備	283	23	輸送用機械器具製造業用設備	13	9
木毛製造設備	62	4	木材・木製品（家具を除く。）製造業用設備	10	8
没食子酸製造設備	130	8	化学工業用設備	8	8
物差し製造設備	287	19	業務用機械器具製造業用設備	11	7

設備の名称	別表第二の旧番号	別表第二の新番号	用途	旧耐用年数	新耐用年数
やすり製造・目立て設備	246	16	金属製品製造業用設備	12	10
野菜缶詰・瓶詰製造設備	8	1	食料品製造業用設備	8	10
野菜つくだ煮製造設備	36	1	食料品製造業用設備	16	10
野菜漬物製造設備	5	1	食料品製造業用設備	7	10
屋根板製造設備	62	4	木材・木製品（家具を除く。）製造業用設備	10	8
焼のり製造設備	4	1	食料品製造業用設備	8	10
薬味酒製造設備	29	2	飲料・たばこ・飼料製造業用設備	10	10
ユニットヒータ（電気機器を除く。）製造設備	266	16	金属製品製造業用設備	13	10
ゆば製造設備	36	1	食料品製造業用設備	16	10
油圧機器製造業用設備	263	17	はん用機械器具製造業用設備	10	12
油脂加工紙製造設備	68	6	パルプ・紙・紙加工品製造業用設備	12	12
油田用機械器具製造設備	256	18	生産用機械器具製造業用設備	11	12
有機ゴム薬品製造設備	165	8	化学工業用設備	8	8
有機顔料製造設備	160	8	化学工業用設備	7	8
有機質肥料製造設備	85	2	飲料・たばこ・飼料製造業用設備	13	10
有刺鉄線製造設備	239	16	金属製品製造業用設備	14	10
有線通信機械器具製造設備	268	22	情報通信機械器具製造業用設備	10	8
有線放送電話設備	345	35	通信業用設備	9	9
遊園地用遊戯設備	367	51	娯楽業用設備 遊園地用設備	9	7
床板製造設備	62	4	木材・木製品（家具を除く。）製造業用設備	10	8
よう素・よう素化合物製造設備			化学工業用設備 臭素、よう素又は塩素、臭素若しくはよう素化合物製造設備		
よう素用坑井設備	97	8		3	5
その他の設備	97	8		7	5
よだれ掛製造業用設備	56	3	繊維工業用設備	7	7
よろい戸（木製）製造設備	62	5	家具・装備品製造業用設備	10	11
洋傘製造設備	325	24	その他の製造業用設備	15	9
洋傘骨・洋傘手元（金属製）製造設備	252	24	その他の製造業用設備	15	9
洋酒製造設備	29	2	飲料・たばこ・飼料製造業用設備	10	10
羊毛トップ製造業用設備	48	3	繊維工業用設備	10	7
溶解アセチレン製造設備	114	8	化学工業用設備	10	8
溶成りん肥製造設備	83	8	化学工業用設備	8	8
溶接金網製造設備（線材から一貫作業によるもの）	238	14	鉄鋼業用設備	11	14
溶接金網製造設備（上記のものを除く）	238	16	金属製品製造業用設備	11	10
溶接形鋼製造業用設備	222	14	鉄鋼業用設備	15	14
溶接棒製造設備	236	16	金属製品製造業用設備	11	10
養蚕用・養きん用・養ほう用機器（主として金属製のもの）製造設備	247	16	金属製品製造業用設備	12	10
養毛料製造設備	170	8	化学工業用設備	9	8
寄木細工製造設備	62	4	木材・木製品（家具を除く。）製造業用設備	10	8

設備の名称	別表第二の旧番号	別表第二の新番号	用途	旧耐用年数	新耐用年数
ラジエータ（車両用）製造設備	280	23	輸送用機械器具製造業用設備	12	9
ラジオ送信装置・ラジオ受信機製造設備	268	22	情報通信機械器具製造業用設備	10	8
ラジオ放送設備	344	36	放送業用設備	6	6
ラベル貼付機械製造設備	264	18	生産用機械器具製造業用設備	13	12
ラムネ製造設備	26	2	飲料・たばこ・飼料製造業用設備	10	10
酪農製品製造機械装置製造設備	266	18	生産用機械器具製造業用設備	13	12
リサージ製造設備	103	8	化学工業用設備	11	8
リトポン製造設備	104	8	化学工業用設備	9	8
リノリウム・リノタイル製造設備	317	24	その他の製造業用設備	12	9
リフト設備			鉄道業用設備		
鋼索	337	38		3	12
その他の設備	337	38		12	12
リベット製造業用設備	237	16	金属製品製造業用設備	12	10
リヤカー製造設備	286	23	輸送用機械器具製造業用設備	13	9
リンター製造設備	32	1	食料品製造業用設備	12	10
りゅう脳製造設備	169	8	化学工業用設備	9	8
りん・りん化合物製造設備	101	8	化学工業用設備	10	8
りん鉱鉱業設備	333	29	鉱業、採石業、砂利採取業用設備	9	6
りん酸製造設備	100	8	化学工業用設備	7	8
理化学用ガラス器具製造設備			窯業・土石製品製造業用設備		
るつぼ炉・データンク炉	195	13		3	9
溶解炉	195	13		13	9
その他の設備	195	13		9	9
理化学用機器製造設備	288の２	19	業務用機械器具製造業用設備	11	7
硫化ソーダ製造設備	87	8	化学工業用設備	7	8
硫化りん製造設備	100	8	化学工業用設備	7	8
硫酸アンモニウム製造設備	84	8	化学工業用設備	10	8
硫酸製造設備	82	8	化学工業用設備	8	8
硫酸鉄製造設備	95	8	化学工業用設備	7	8
猟銃製造設備	293	24	その他の製造業用設備	12	9
猟銃用実包・空包製造設備	156	8	化学工業用設備	7	8
ルームクーラー製造設備	267	21	電気機械器具製造業用設備	11	7
レーザー装置製造設備	268	21	電気機械器具製造業用設備	10	7
レース機械・部分品・附属品製造設備	260	18	生産用機械器具製造業用設備	12	12
レース製造設備			繊維工業用設備		
ラッセルレース機	53	3		12	7
その他の設備	53	3		14	7
レーダ・部分品製造設備	268	22	情報通信機械器具製造業用設備	10	8
レーヨン糸・レーヨンステープル製造設備	147	3	繊維工業用設備	9	7
レストラン業用設備			飲食店業用設備		
引湯管	358	48		5	8
その他の設備	358	48		9	8
レトルト食品製造設備	36	1	食料品製造業用設備	16	10
レンズ製造設備（眼鏡レンズを除く）	289	19	業務用機械器具製造業用設備	10	7

設備の名称	別表第二の旧番号	別表第二の新番号	用途	旧耐用年数	新耐用年数
レンチ製造設備	246	16	金属製品製造業用設備	12	10
れんが製造設備			窯業・土石製品製造業用設備		
倒炎がま					
塩融式のもの	196	13		3	9
その他のもの	196	13		5	9
トンネルがま	196	13		7	9
その他の炉	196	13		8	9
その他の設備	196	13		12	9
冷蔵倉庫業用設備			倉庫業用設備		
結氷缶・凍結皿	33	40		3	12
その他の設備	33	40		13	12
冷凍機・冷蔵装置・冷却塔製造設備	261の2	17	はん用機械器具製造業用設備	11	12
冷凍水産食品・冷凍水産物製造設備	4	1	食料品製造業用設備	8	10
冷凍調理肉食品製造設備	1	1	食料品製造業用設備	9	10
練炭製造設備	184	9	石油製品・石炭製品製造業用設備	8	7
練乳製造設備	3	1	食料品製造業用設備	9	10
ローション製造設備	170	8	化学工業用設備	9	8
ロータリーラック	369	40	倉庫業用設備　など	17	※
ロードスタビライザー	334	30	総合工事業用設備　など	5	※
ロードローラー	334	30	総合工事業用設備　など	5	※
ロードローラ製造設備	256	18	生産用機械器具製造業用設備	11	12
ロープウェイ設備			鉄道業用設備		
鋼索	337	38		3	12
その他の設備	337	38		12	12
ロープ製造設備	52	3	繊維工業用設備	10	7
ログローダ	334	30	総合工事業用設備　など	5	※
ロケット製造設備	286	23	輸送用機械器具製造業用設備	13	9
ロケット弾弾体製造設備	293	19	業務用機械器具製造業用設備	12	7
ロッカー（金属製）製造設備			家具・装備品製造業用設備		
めっき・アルマイト加工設備	249	5		7	11
溶接設備	249	5		10	11
その他の設備	249	5		13	11
ろうそく製造設備	316	8	化学工業用設備	7	8
ろう石鉱業・ろう石クレー製造設備	333	29	鉱業、採石業、砂利採取業用設備	9	6
露出計・部分品製造設備	289	19	業務用機械器具製造業用設備	10	7
録音装置・部分品製造設備	268	22	情報通信機械器具製造業用設備	10	8

設備の名称	別表第二の 旧　番　号	別表第二の 新　番　号	用　　途	旧耐用 年　数	新耐用 年　数
ワイシャツ製造業用設備	56	3	繊維工業用設備	7	7
ワイパー製造設備	280	23	輸送用機械器具製造業用設備	12	9
ワイヤチェーン製造設備	235	16	金属製品製造業用設備	12	10
ワクチン製造設備	154	8	化学工業用設備	7	8
ワニス製造設備	158	8	化学工業用設備	9	8
わかめ類・わかめ種苗養殖設備			水産養殖業用設備		
竹製のもの	324	28		2	5
その他のもの	324	28		4	5
わら工品製造設備	319の２	24	その他の製造業用設備	8	9
和傘製造設備	325	24	その他の製造業用設備	15	9
和楽器製造設備	297	24	その他の製造業用設備	11	9
和漢生薬製造設備	154	8	化学工業用設備	7	8
和装製品製造業用設備	56	3	繊維工業用設備	7	7

ワ

別表第二の新旧資産区分の耐用年数対照表

本表は「耐用年数の適用等に関する取扱通達の付表９」（機械及び装置の耐用年数表（別表第二）における新旧資産区分の対照表）の「改正後の資産区分」及び「改正前の資産区分」を入れ替えて逆引きができるようにしたものです。（＊一部、補正しています。）

75ページ以下の「別表第二（機械及び装置）の50音順耐用年数早見表」の「新耐用年数」欄に※印があるものをみるときの参考にしてください。

〔例〕

改正前の資産区分			改正後の資産区分		
番号	設備の種類及び細目	耐用年数	番号	設備の種類及び細目	耐用年数
334	ブルドーザー、パワーショベルその他の自走式作業用機械設備	5	26	林業用設備	5
			30	総合工事業用設備	6
			41	運輸に附帯するサービス業用設備	10
			55	前掲の機械及び装置以外のもの並びに前掲の区分によらないもの ブルドーザー、パワーショベルその他の自走式作業用機械設備	8

設備の名称	別表第二の旧番号	別表第二の新番号	用途	旧耐用年数	新耐用年数
アスファルトスプレッダー	334	30	総合工事業用設備　など	5	※
アスファルトスプレヤー	334	30	総合工事業用設備　など	5	※
アスファルトタイル製造設備	317	24	その他の製造業用設備	12	9
アスファルトディストリビューター	334	30	総合工事業用設備　など	5	※
アスファルトフィニッシャー	334	30	総合工事業用設備　など	5	※

改正前の資産区分			改正後の資産区分		
番号	設備の種類及び細目	耐用年数	番号	設備の種類及び細目	耐用年数
1	食肉又は食鳥処理加工設備	9	1	食料品製造業用設備	10
			42	飲食料品卸売業用設備	10
			44	飲食料品小売業用設備	9
			54	その他のサービス業用設備	12
2	鶏卵処理加工又はマヨネーズ製造設備	8	1	食料品製造業用設備	10
3	市乳処理設備及び発酵乳、乳酸菌飲料その他の乳製品製造設備（集乳設備を含む。）	9	1	食料品製造業用設備	10
4	水産練製品、つくだ煮、寒天その他の水産食料品製造設備	8	1	食料品製造業用設備	10
5	つけ物製造設備	7	1	食料品製造業用設備	10
6	トマト加工品製造設備	8	1	食料品製造業用設備	10
7	その他の果実又はそ菜処理加工設備		1	食料品製造業用設備	10
	むろ内用バナナ熟成装置	6	42	飲食料品卸売業用設備	10
	その他の設備	9			
8	かん詰又はびん詰製造設備	8	1	食料品製造業用設備	10
9	化学調味料製造設備	7	1	食料品製造業用設備	10
10	味そ又はしよう油（だしの素類を含む。）製造設備		1	食料品製造業用設備	10
	コンクリート製仕込そう	25			
	その他の設備	9			
10の2	食酢又はソース製造設備	8	1	食料品製造業用設備	10
11	その他の調味料製造設備	9	1	食料品製造業用設備	10
12	精穀設備	10	1	食料品製造業用設備	10
			42	飲食料品卸売業用設備	10
13	小麦粉製造設備	13	1	食料品製造業用設備	10
14	豆腐類、こんにやく又は食ふ製造設備	8	1	食料品製造業用設備	10
15	その他の豆類処理加工設備	9	1	食料品製造業用設備	10
			2	飲料、たばこ又は飼料製造業用設備	10
			42	飲食料品卸売業用設備	10
16	コーンスターチ製造設備	10	1	食料品製造業用設備	10
17	その他の農産物加工設備		1	食料品製造業用設備	10
	粗製でん粉貯そう	25			
	その他の設備	12			
18	マカロニ類又は即席めん類製造設備	9	1	食料品製造業用設備	10
19	その他の乾めん、生めん又は強化米製造設備	10	1	食料品製造業用設備	10
20	砂糖製造設備	10	1	食料品製造業用設備	10
21	砂糖精製設備	13	1	食料品製造業用設備	10
22	水あめ、ぶどう糖又はカラメル製造設備	10	1	食料品製造業用設備	10
23	パン又は菓子類製造設備	9	1	食料品製造業用設備	10
24	荒茶製造設備	8	2	飲料、たばこ又は飼料製造業用設備	10
25	再製茶製造設備	10	2	飲料、たばこ又は飼料製造業用設備	10
26	清涼飲料製造設備	10	2	飲料、たばこ又は飼料製造業用設備	10
27	ビール又は発酵法による発ぽう酒製造設備	14	2	飲料、たばこ又は飼料製造業用設備	10
28	清酒、みりん又は果実酒製造設備	12	2	飲料、たばこ又は飼料製造業用設備	10
29	その他の酒類製造設備	10	2	飲料、たばこ又は飼料製造業用設備	10
30	その他の飲料製造設備	12	1	食料品製造業用設備	10
			2	飲料、たばこ又は飼料製造業用設備	10

改正前の資産区分			改正後の資産区分		
番号	設備の種類及び細目	耐用年数	番号	設備の種類及び細目	耐用年数
31	酵母、酵素、種菌、麦芽又はこうじ製造設備(医薬用のものを除く。)	9	1	食料品製造業用設備	10
32	動植物油脂製造又は精製設備（マーガリン又はリンター製造設備を含む。）	12	1	食料品製造業用設備	10
33	冷凍、製氷又は冷蔵業用設備 結氷かん及び凍結さら その他の設備	 3 13	2	飲料、たばこ又は飼料製造業用設備	10
			40	倉庫業用設備	12
34	発酵飼料又は酵母飼料製造設備	9	2	飲料、たばこ又は飼料製造業用設備	10
35	その他の飼料製造設備	10	2	飲料、たばこ又は飼料製造業用設備	10
36	その他の食料品製造設備	16	1	食料品製造業用設備	10
36の2	たばこ製造設備	8	2	飲料、たばこ又は飼料製造業用設備	10
37	生糸製造設備 自動繰糸機 その他の設備	 7 10	3	繊維工業用設備 その他の設備	 7
38	繭乾燥業用設備	13	3	繊維工業用設備 その他の設備	 7
39	紡績設備	10	3	繊維工業用設備 その他の設備	 7
42	合成繊維かさ高加工糸製造設備	8	3	繊維工業用設備 その他の設備	 7
43	ねん糸業用又は糸（前号に掲げるものを除く。）製造業用設備	11	3	繊維工業用設備 その他の設備	 7
44	織物設備	10	3	繊維工業用設備 その他の設備	 7
45	メリヤス生地、編み手袋又はくつ下製造設備	10	3	繊維工業用設備 その他の設備	 7
46	染色整理又は仕上設備 圧縮用電極板 その他の設備	 3 7	3	繊維工業用設備 その他の設備	 7
48	洗毛、化炭、羊毛トップ、ラップペニー、反毛、製綿又は再生綿業用設備	10	3	繊維工業用設備 その他の設備	 7
			50	その他の生活関連サービス業用設備	6
49	整経又はサイジング業用設備	10	3	繊維工業用設備 その他の設備	 7
50	不織布製造設備	9	3	繊維工業用設備 その他の設備	 7
51	フエルト又はフエルト製品製造設備	10	3	繊維工業用設備 その他の設備	 7
52	綱、網又はひも製造設備	10	3	繊維工業用設備 その他の設備	 7
53	レース製造設備 ラッセルレース機 その他の設備	 12 14	3	繊維工業用設備 その他の設備	 7
54	塗装布製造設備	14	3	繊維工業用設備 その他の設備	 7
55	繊維製又は紙製衛生材料製造設備	9	3	繊維工業用設備 その他の設備	 7
			6	パルプ、紙又は紙加工品製造業用設備	12
56	縫製品製造業用設備	7	3	繊維工業用設備 その他の設備	 7
			23	輸送用機械器具製造業用設備	9
57	その他の繊維製品製造設備	15	3	繊維工業用設備 その他の設備	 7
58	可搬式造林、伐木又は搬出設備 動力伐採機 その他の設備	 3 6	26	林業用設備	5

改正前の資産区分			改正後の資産区分		
番号	設備の種類及び細目	耐用年数	番号	設備の種類及び細目	耐用年数
59	製材業用設備 製材用自動送材装置 その他の設備	 8 12	4	木材又は木製品（家具を除く。）製造業用設備	8
60	チップ製造業用設備	8	4	木材又は木製品（家具を除く。）製造業用設備	8
61	単板又は合板製造設備	9	4	木材又は木製品（家具を除く。）製造業用設備	8
62	その他の木製品製造設備	10	4	木材又は木製品（家具を除く。）製造業用設備	8
			5	家具又は装備品製造業用設備	11
			24	その他の製造業用設備	9
63	木材防腐処理設備	13	4	木材又は木製品（家具を除く。）製造業用設備	8
64	パルプ製造設備	12	6	パルプ、紙又は紙加工品製造業用設備	12
65	手すき和紙製造設備	7	6	パルプ、紙又は紙加工品製造業用設備	12
66	丸網式又は短網式製紙設備	12	6	パルプ、紙又は紙加工品製造業用設備	12
67	長網式製紙設備	14	6	パルプ、紙又は紙加工品製造業用設備	12
68	ヴァルカナイズドファイバー又は加工紙製造設備	12	6	パルプ、紙又は紙加工品製造業用設備	12
69	段ボール、段ボール箱又は板紙製容器製造設備	12	6	パルプ、紙又は紙加工品製造業用設備	12
70	その他の紙製品製造設備	10	6	パルプ、紙又は紙加工品製造業用設備	12
71	枚葉紙樹脂加工設備	9	7	印刷業又は印刷関連業用設備 その他の設備	 10
72	セロファン製造設備	9	6	パルプ、紙又は紙加工品製造業用設備	12
73	繊維板製造設備	13	6	パルプ、紙又は紙加工品製造業用設備	12
74	日刊新聞紙印刷設備 モノタイプ、写真又は通信設備 その他の設備	 5 11	7	印刷業又は印刷関連業用設備 新聞業用設備 モノタイプ、写真又は通信設備 その他の設備	 3 10
75	印刷設備	10	7	印刷業又は印刷関連業用設備 デジタル印刷システム設備 その他の設備	 4 10
76	活字鋳造業用設備	11	7	印刷業又は印刷関連業用設備 その他の設備	 10
77	金属板その他の特殊物印刷設備	11	7	印刷業又は印刷関連業用設備 その他の設備	 10
78	製本設備	10	7	印刷業又は印刷関連業用設備 製本業用設備	 7
79	写真製版業用設備	7	7	印刷業又は印刷関連業用設備 デジタル印刷システム設備	 4
80	複写業用設備	6	7	印刷業又は印刷関連業用設備 その他の設備	 10
81	アンモニア製造設備	9	8	化学工業用設備 その他の設備	 8
82	硫酸又は硝酸製造設備	8	8	化学工業用設備 その他の設備	 8
83	溶成りん肥製造設備	8	8	化学工業用設備 その他の設備	 8
84	その他の化学肥料製造設備	10	8	化学工業用設備 その他の設備	 8
85	配合肥料その他の肥料製造設備	13	2	飲料、たばこ又は飼料製造業用設備	10
86	ソーダ灰、塩化アンモニウム、か性ソーダ又はか性カリ製造設備（塩素処理設備を含む。）	7	8	化学工業用設備 その他の設備	 8

改正前の資産区分			改正後の資産区分		
番号	設備の種類及び細目	耐用年数	番号	設備の種類及び細目	耐用年数
87	硫化ソーダ、水硫化ソーダ、無水ぼう硝、青化ソーダ又は過酸化ソーダ製造設備	7	8	化学工業用設備 その他の設備	8
88	その他のソーダ塩又はカリ塩（第97号（塩素酸塩を除く。）、第98号及び第106号に掲げるものを除く。）製造設備	9	8	化学工業用設備 その他の設備	8
89	金属ソーダ製造設備	10	8	化学工業用設備 その他の設備	8
90	アンモニウム塩（硫酸アンモニウム及び塩化アンモニウムを除く。）製造設備	9	8	化学工業用設備 その他の設備	8
91	炭酸マグネシウム製造設備	7	8	化学工業用設備 その他の設備	8
92	苦汁製品又はその誘導体製造設備	8	8	化学工業用設備 その他の設備	8
93	軽質炭酸カルシウム製造設備	8	8	化学工業用設備 その他の設備	8
94	カーバイド製造設備（電極製造設備を除く。）	9	8	化学工業用設備 その他の設備	8
95	硫酸鉄製造設備	7	8	化学工業用設備 その他の設備	8
96	その他の硫酸塩又は亜硫酸塩製造設備（他の号に掲げるものを除く。）	9	8	化学工業用設備 その他の設備	8
97	臭素、よう素又は塩素、臭素若しくはよう素化合物製造設備 よう素用坑井設備 その他の設備	 3 7	8	化学工業用設備 臭素、よう素又は塩素、臭素若しくはよう素化合物製造設備	5
98	ふつ酸その他のふつ素化合物製造設備	6	8	化学工業用設備 その他の設備	8
99	塩化りん製造設備	5	8	化学工業用設備 塩化りん製造設備	4
100	りん酸又は硫化りん製造設備	7	8	化学工業用設備 その他の設備	8
101	りん又はりん化合物製造設備（他の号に掲げるものを除く。）	10	8	化学工業用設備 その他の設備	8
102	べんがら製造設備	6	8	化学工業用設備 その他の設備	8
103	鉛丹、リサージ又は亜鉛華製造設備	11	8	化学工業用設備 その他の設備	8
104	酸化チタン、リトポン又はバリウム塩製造設備	9	8	化学工業用設備 その他の設備	8
105	無水クロム酸製造設備	7	8	化学工業用設備 その他の設備	8
106	その他のクロム化合物製造設備	9	8	化学工業用設備 その他の設備	8
107	二酸化マンガン製造設備	8	8	化学工業用設備 その他の設備	8
108	ほう酸その他のほう素化合物製造設備（他の号に掲げるものを除く。）	10	8	化学工業用設備 その他の設備	8
109	青酸製造設備	8	8	化学工業用設備 その他の設備	8
110	硝酸銀製造設備	7	8	化学工業用設備 その他の設備	8
111	二硫化炭素製造設備	8	8	化学工業用設備 その他の設備	8

改正前の資産区分			改正後の資産区分		
番号	設備の種類及び細目	耐用年数	番号	設備の種類及び細目	耐用年数
112	過酸化水素製造設備	10	8	化学工業用設備 その他の設備	8
113	ヒドラジン製造設備	7	8	化学工業用設備 その他の設備	8
114	酸素、水素、二酸化炭素又は溶解アセチレン製造設備	10	8	化学工業用設備 その他の設備	8
115	加圧式又は真空式製塩設備	10	8	化学工業用設備 その他の設備	8
116	その他のかん水若しくは塩製造又は食塩加工設備 合成樹脂製濃縮盤及びイオン交換膜 その他の設備	 3 7	8	化学工業用設備 その他の設備	8
117	活性炭製造設備	6	8	化学工業用設備 活性炭製造設備	5
118	その他の無機化学薬品製造設備	12	8	化学工業用設備 その他の設備	8
119	石炭ガス、オイルガス又は石油を原料とする芳香族その他の化合物分離精製設備	8	8	化学工業用設備 その他の設備	8
120	染料中間体製造設備	7	8	化学工業用設備 その他の設備	8
121	アルキルベンゾール又はアルキルフェノール製造設備	8	8	化学工業用設備 その他の設備	8
122	カプロラクタム、シクロヘキサノン又はテレフタル酸（テレフタル酸ジメチルを含む。）製造設備	7	8	化学工業用設備 その他の設備	8
123	イソシアネート類製造設備	7	8	化学工業用設備 その他の設備	8
124	炭化水素の塩化物、臭化物又はふつ化物製造設備	7	8	化学工業用設備 その他の設備	8
125	メタノール、エタノール又はその誘導体製造設備（他の号に掲げるものを除く。）	9	8	化学工業用設備 その他の設備	8
126	その他のアルコール又はケトン製造設備	8	8	化学工業用設備 その他の設備	8
127	アセトアルデヒド又は酢酸製造設備	7	8	化学工業用設備 その他の設備	8
128	シクロヘキシルアミン製造設備	7	8	化学工業用設備 その他の設備	8
129	アミン又はメラミン製造設備	8	8	化学工業用設備 その他の設備	8
130	ぎ酸、しゆう酸、乳酸、酒石酸（酒石酸塩類を含む。）、こはく酸、くえん酸、タンニン酸又は没食子酸製造設備	8	8	化学工業用設備 その他の設備	8
131	石油又は天然ガスを原料とするエチレン、プロピレン、ブチレン、ブタジエン又はアセチレン製造設備	9	8	化学工業用設備 その他の設備	8
132	ビニールエーテル製造設備	8	8	化学工業用設備 その他の設備	8
133	アクリルニトリル又はアクリル酸エステル製造設備	7	8	化学工業用設備 その他の設備	8

改正前の資産区分			改正後の資産区分		
番号	設備の種類及び細目	耐用年数	番号	設備の種類及び細目	耐用年数
134	エチレンオキサイド、エチレングリコール、プロピレンオキサイド、プロピレングリコール、ポリエチレングリコール又はポリプロピレングリコール製造設備	8	8	化学工業用設備 その他の設備	8
135	スチレンモノマー製造設備	9	8	化学工業用設備 その他の設備	8
136	その他オレフィン系又はアセチレン系誘導体製造設備（他の号に掲げるものを除く。）	8	8	化学工業用設備 その他の設備	8
137	アルギン酸塩製造設備	10	8	化学工業用設備 その他の設備	8
138	フルフラル製造設備	11	8	化学工業用設備 その他の設備	8
139	セルロイド又は硝化綿製造設備	10	8	化学工業用設備 その他の設備	8
140	酢酸繊維素製造設備	8	8	化学工業用設備 その他の設備	8
141	繊維素グリコール酸ソーダ製造設備	10	8	化学工業用設備 その他の設備	8
142	その他の有機薬品製造設備	12	8	化学工業用設備 その他の設備	8
143	塩化ビニリデン系樹脂、酢酸ビニール系樹脂、ナイロン樹脂、ポリエチレンテレフタレート系樹脂、ふつ素樹脂又はけい素樹脂製造設備	7	8	化学工業用設備 その他の設備	8
144	ポリエチレン、ポリプロピレン又はポリブテン製造設備	8	8	化学工業用設備 その他の設備	8
145	尿素系、メラミン系又は石炭酸系合成樹脂製造設備	9	8	化学工業用設備 その他の設備	8
146	その他の合成樹脂又は合成ゴム製造設備	8	8	化学工業用設備 その他の設備	8
147	レーヨン糸又はレーヨンステープル製造設備	9	3	繊維工業用設備 その他の設備	7
148	酢酸繊維製造設備	8	3	繊維工業用設備 その他の設備	7
149	合成繊維製造設備	7	3	繊維工業用設備 その他の設備	7
150	石けん製造設備	9	8	化学工業用設備 その他の設備	8
151	硬化油、脂肪酸又はグリセリン製造設備	9	8	化学工業用設備 その他の設備	8
152	合成洗剤又は界面活性剤製造設備	7	8	化学工業用設備 その他の設備	8
153	ビタミン剤製造設備	6	8	化学工業用設備 その他の設備	8
154	その他の医薬品製造設備（製剤又は小分包装設備を含む。）	7	8	化学工業用設備 その他の設備	8
155	殺菌剤、殺虫剤、殺そ剤、除草剤その他の動植物用製剤製造設備	8	8	化学工業用設備 その他の設備	8
156	産業用火薬類（花火を含む。）製造設備	7	8	化学工業用設備 その他の設備	8
			24	その他の製造業用設備	9

改正前の資産区分			改正後の資産区分		
番号	設備の種類及び細目	耐用年数	番号	設備の種類及び細目	耐用年数
157	その他の火薬類製造設備（弾薬装てん又は組立設備を含む。）	6	8	化学工業用設備 その他の設備	8
			19	業務用機械器具（業務用又はサービスの生産の用に供されるもの（これらのものであつて物の生産の用に供されるものを含む。）をいう。）製造業用設備（第17号、第21号及び第23号に掲げるものを除く。）	7
158	塗料又は印刷インキ製造設備	9	8	化学工業用設備 その他の設備	8
159	その他のインキ製造設備	13	8	化学工業用設備 その他の設備	8
160	染料又は顔料製造設備（他の号に掲げるものを除く。）	7	8	化学工業用設備 その他の設備	8
161	抜染剤又は漂白剤製造設備（他の号に掲げるものを除く。）	7	8	化学工業用設備 その他の設備	8
162	試薬製造設備	7	8	化学工業用設備 その他の設備	8
163	合成樹脂用可塑剤製造設備	8	8	化学工業用設備 その他の設備	8
164	合成樹脂用安定剤製造設備	7	8	化学工業用設備 その他の設備	8
165	有機ゴム薬品、写真薬品又は人造香料製造設備	8	8	化学工業用設備 その他の設備	8
166	つや出し剤、研摩油剤又は乳化油剤製造設備	11	8	化学工業用設備 その他の設備	8
167	接着剤製造設備	9	8	化学工業用設備 その他の設備	8
168	トール油精製設備	7	8	化学工業用設備 その他の設備	8
169	りゅう脳又はしよう脳製造設備	9	8	化学工業用設備 その他の設備	8
170	化粧品製造設備	9	8	化学工業用設備 その他の設備	8
171	ゼラチン又はにかわ製造設備	6	8	化学工業用設備 ゼラチン又はにかわ製造設備	5
172	写真フイルムその他の写真感光材料（銀塩を使用するものに限る。）製造設備（他の号に掲げるものを除く。）	8	8	化学工業用設備 その他の設備	8
173	半導体用フォトレジスト製造設備	5	8	化学工業用設備 半導体用フォトレジスト製造設備	5
174	磁気テープ製造設備	6	20	電子部品、デバイス又は電子回路製造業用設備 その他の設備	8
175	化工でん粉製造設備	10	8	化学工業用設備 その他の設備	8
176	活性白土又はシリカゲル製造設備	10	8	化学工業用設備 その他の設備	8
177	選鉱剤製造設備	9	8	化学工業用設備 その他の設備	8
178	電気絶縁材料（マイカ系を含む。）製造設備	12	8	化学工業用設備 その他の設備	8
179	カーボンブラック製造設備	8	8	化学工業用設備 その他の設備	8
180	その他の化学工業製品製造設備	13	8	化学工業用設備 その他の設備	8

<table>
<tr><th colspan="3">改正前の資産区分</th><th colspan="3">改正後の資産区分</th></tr>
<tr><th>番号</th><th>設備の種類及び細目</th><th>耐用年数</th><th>番号</th><th>設備の種類及び細目</th><th>耐用年数</th></tr>
<tr><td>181</td><td>石油精製設備（廃油再生又はグリース類製造設備を含む。）</td><td>8</td><td>9</td><td>石油製品又は石炭製品製造業用設備</td><td>7</td></tr>
<tr><td>182</td><td>アスファルト乳剤その他のアスファルト製品製造設備</td><td>14</td><td>9</td><td>石油製品又は石炭製品製造業用設備</td><td>7</td></tr>
<tr><td>183</td><td>ピッチコークス製造設備</td><td>7</td><td>9</td><td>石油製品又は石炭製品製造業用設備</td><td>7</td></tr>
<tr><td rowspan="2">184</td><td rowspan="2">練炭、豆炭類、オガライト（オガタンを含む。）又は炭素粉末製造設備</td><td rowspan="2">8</td><td>9</td><td>石油製品又は石炭製品製造業用設備</td><td>7</td></tr>
<tr><td>24</td><td>その他の製造業用設備</td><td>9</td></tr>
<tr><td>185</td><td>その他の石油又は石炭製品製造設備</td><td>14</td><td>9</td><td>石油製品又は石炭製品製造業用設備</td><td>7</td></tr>
<tr><td>186</td><td>タイヤ又はチューブ製造設備</td><td>10</td><td>11</td><td>ゴム製品製造業用設備</td><td>9</td></tr>
<tr><td>187</td><td>再生ゴム製造設備</td><td>10</td><td>11</td><td>ゴム製品製造業用設備</td><td>9</td></tr>
<tr><td>188</td><td>フォームラバー製造設備</td><td>10</td><td>11</td><td>ゴム製品製造業用設備</td><td>9</td></tr>
<tr><td>189</td><td>糸ゴム製造設備</td><td>9</td><td>11</td><td>ゴム製品製造業用設備</td><td>9</td></tr>
<tr><td>190</td><td>その他のゴム製品製造設備</td><td>10</td><td>11</td><td>ゴム製品製造業用設備</td><td>9</td></tr>
<tr><td>191</td><td>製革設備</td><td>9</td><td>12</td><td>なめし革、なめし革製品又は毛皮製造業用設備</td><td>9</td></tr>
<tr><td rowspan="2">192</td><td rowspan="2">機械ぐつ製造設備</td><td rowspan="2">8</td><td>11</td><td>ゴム製品製造業用設備</td><td>9</td></tr>
<tr><td>12</td><td>なめし革、なめし革製品又は毛皮製造業用設備</td><td>9</td></tr>
<tr><td>193</td><td>その他の革製品製造設備</td><td>11</td><td>12</td><td>なめし革、なめし革製品又は毛皮製造業用設備</td><td>9</td></tr>
<tr><td>194</td><td>板ガラス製造設備（みがき設備を含む。）
溶解炉
その他の設備</td><td>

14
14</td><td>13</td><td>窯業又は土石製品製造業用設備</td><td>9</td></tr>
<tr><td rowspan="2">195</td><td rowspan="2">その他のガラス製品製造設備（光学ガラス製造設備を含む。）
るつぼ炉及びデータンク炉
溶解炉
その他の設備</td><td rowspan="2">

3
13
9</td><td>13</td><td>窯業又は土石製品製造業用設備</td><td>9</td></tr>
<tr><td>24</td><td>その他の製造業用設備</td><td>9</td></tr>
<tr><td>196</td><td>陶磁器、粘土製品、耐火物、けいそう土製品、はい土又はうわ薬製造設備
倒炎がま　塩融式のもの
倒炎がま　その他のもの
トンネルがま
その他の炉
その他の設備</td><td>

3
5
7
8
12</td><td>13</td><td>窯業又は土石製品製造業用設備</td><td>9</td></tr>
<tr><td>197</td><td>炭素繊維製造設備

黒鉛化炉
その他の設備</td><td>

4
10</td><td>3</td><td>繊維工業用設備
炭素繊維製造設備
黒鉛化炉
その他の設備</td><td>

3
7</td></tr>
<tr><td rowspan="2">197の2</td><td rowspan="2">その他の炭素製品製造設備
黒鉛化炉
その他の設備</td><td rowspan="2">
4
12</td><td>8</td><td>化学工業用設備
その他の設備</td><td>
8</td></tr>
<tr><td>13</td><td>窯業又は土石製品製造業用設備</td><td>9</td></tr>
<tr><td>198</td><td>人造研削材製造設備
溶解炉
その他の設備</td><td>
5
9</td><td>13</td><td>窯業又は土石製品製造業用設備</td><td>9</td></tr>
<tr><td>199</td><td>研削と石又は研摩布紙製造設備
加硫炉
トンネルがま
その他の焼成炉
その他の設備</td><td>
8
7
5
10</td><td>13</td><td>窯業又は土石製品製造業用設備</td><td>9</td></tr>
<tr><td>200</td><td>セメント製造設備</td><td>13</td><td>13</td><td>窯業又は土石製品製造業用設備</td><td>9</td></tr>
<tr><td>201</td><td>生コンクリート製造設備</td><td>9</td><td>13</td><td>窯業又は土石製品製造業用設備</td><td>9</td></tr>
</table>

改正前の資産区分			改正後の資産区分		
番号	設備の種類及び細目	耐用年数	番号	設備の種類及び細目	耐用年数
202	セメント製品（気ほうコンクリート製品を含む。）製造設備 移動式製造又は架設設備及び振動加圧式成形設備 その他の設備	 7 12	13	窯業又は土石製品製造業用設備	9
204	石灰又は苦石灰製造設備	8	13	窯業又は土石製品製造業用設備	9
205	石こうボード製造設備 焼成炉 その他の設備	 5 12	13	窯業又は土石製品製造業用設備	9
206	ほうろう鉄器製造設備 るつぼ炉 その他の炉 その他の設備	 3 7 12	13	窯業又は土石製品製造業用設備	9
207	石綿又は石綿セメント製品製造設備	12	13	窯業又は土石製品製造業用設備	9
208	岩綿（鉱さい繊維を含む。）又は岩綿製品製造設備	12	13	窯業又は土石製品製造業用設備	9
209	石工品又は擬石製造設備	12	5	家具又は装備品製造業用設備	11
			13	窯業又は土石製品製造業用設備	9
210	その他の窯業製品又は土石製品製造設備 トンネルがま その他の炉 その他の設備	 12 10 5	13	窯業又は土石製品製造業用設備	9
211	製銑設備	14	14	鉄鋼業用設備 その他の設備	14
212	純鉄又は合金鉄製造設備	10	14	鉄鋼業用設備 純鉄、原鉄、ベースメタル、フェロアロイ、鉄素形材又は鋳鉄管製造業用設備	9
213	製鋼設備	14	14	鉄鋼業用設備 その他の設備	14
214	連続式鋳造鋼片製造設備	12	14	鉄鋼業用設備 その他の設備	14
215	鉄鋼熱間圧延設備	14	14	鉄鋼業用設備 その他の設備	14
216	鉄鋼冷間圧延又は鉄鋼冷間成形設備	14	14	鉄鋼業用設備 その他の設備	14
217	鋼管製造設備	14	14	鉄鋼業用設備 その他の設備	14
218	鉄鋼伸線（引き抜きを含む。）設備及び鉄鋼卸売業用シャーリング設備並びに伸鉄又はシャーリング業用設備	11	14	鉄鋼業用設備 その他の設備	14
			15	非鉄金属製造業用設備 その他の設備	7
			43	建築材料、鉱物又は金属材料等卸売業用設備 その他の設備	8
218の2	鉄くず処理業用設備	7	14	鉄鋼業用設備 表面処理鋼材若しくは鉄粉製造業又は鉄スクラップ加工処理業用設備	5
			43	建築材料、鉱物又は金属材料等卸売業用設備 その他の設備	8

改正前の資産区分			改正後の資産区分		
番号	設備の種類及び細目	耐用年数	番号	設備の種類及び細目	耐用年数
219	鉄鋼鍛造業用設備	12	14	鉄鋼業用設備 純鉄、原鉄、ベースメタル、フェロアロイ、鉄素形材又は鋳鉄管製造業用設備	9
220	鋼鋳物又は銑鉄鋳物製造業用設備	10	14	鉄鋼業用設備 純鉄、原鉄、ベースメタル、フェロアロイ、鉄素形材又は鋳鉄管製造業用設備	9
221	金属熱処理業用設備	10	16	金属製品製造業用設備 その他の設備	10
222	その他の鉄鋼業用設備	15	14	鉄鋼業用設備 その他の設備	14
223	銅、鉛又は亜鉛製錬設備	9	15	非鉄金属製造業用設備 その他の設備	7
224	アルミニウム製錬設備	12	15	非鉄金属製造業用設備 その他の設備	7
225	ベリリウム銅母合金、マグネシウム、チタニウム、ジルコニウム、タンタル、クロム、マンガン、シリコン、ゲルマニウム又は希土類金属製錬設備	7	15	非鉄金属製造業用設備 その他の設備	7
226	ニッケル、タングステン又はモリブデン製錬設備	10	15	非鉄金属製造業用設備 その他の設備	7
227	その他の非鉄金属製錬設備	12	15	非鉄金属製造業用設備 その他の設備	7
228	チタニウム造塊設備	10	15	非鉄金属製造業用設備 その他の設備	7
229	非鉄金属圧延、押出又は伸線設備	12	15	非鉄金属製造業用設備 その他の設備	7
230	非鉄金属鋳物製造業用設備 ダイカスト設備 その他の設備	 8 10	15	非鉄金属製造業用設備 その他の設備	7
231	電線又はケーブル製造設備	10	15	非鉄金属製造業用設備 その他の設備	7
231の2	光ファイバー製造設備	8	15	非鉄金属製造業用設備 その他の設備	7
232	金属粉末又ははく（圧延によるものを除く。）製造設備	8	14	鉄鋼業用設備 表面処理鋼材若しくは鉄粉製造業又は鉄スクラップ加工処理業用設備	5
			15	非鉄金属製造業用設備 その他の設備	7
			16	金属製品製造業用設備 金属被覆及び彫刻業又は打はく及び金属製ネームプレート製造業用設備	6
233	粉末冶金製品製造設備	10	16	金属製品製造業用設備 その他の設備	10
234	鋼索製造設備	13	14	鉄鋼業用設備 その他の設備	14
			16	金属製品製造業用設備 その他の設備	10
235	鎖製造設備	12	16	金属製品製造業用設備 その他の設備	10
236	溶接棒製造設備	11	16	金属製品製造業用設備 その他の設備	10

<table>
<tr><th colspan="3">改正前の資産区分</th><th colspan="3">改正後の資産区分</th></tr>
<tr><th>番号</th><th>設備の種類及び細目</th><th>耐用年数</th><th>番号</th><th>設備の種類及び細目</th><th>耐用年数</th></tr>
<tr><td rowspan="2">237</td><td rowspan="2">くぎ、リベット又はスプリング製造業用設備</td><td rowspan="2">12</td><td>14</td><td>鉄鋼業用設備
その他の設備</td><td>14</td></tr>
<tr><td>16</td><td>金属製品製造業用設備
その他の設備</td><td>10</td></tr>
<tr><td>237の2</td><td>ねじ製造業用設備</td><td>10</td><td>16</td><td>金属製品製造業用設備
その他の設備</td><td>10</td></tr>
<tr><td rowspan="2">238</td><td rowspan="2">溶接金網製造設備</td><td rowspan="2">11</td><td>14</td><td>鉄鋼業用設備
その他の設備</td><td>14</td></tr>
<tr><td>16</td><td>金属製品製造業用設備
その他の設備</td><td>10</td></tr>
<tr><td rowspan="2">239</td><td rowspan="2">その他の金網又は針金製品製造設備</td><td rowspan="2">14</td><td>16</td><td>金属製品製造業用設備
その他の設備</td><td>10</td></tr>
<tr><td>24</td><td>その他の製造業用設備</td><td>9</td></tr>
<tr><td>240</td><td>縫針又はミシン針製造設備</td><td>13</td><td>24</td><td>その他の製造業用設備</td><td>9</td></tr>
<tr><td>241</td><td>押出しチューブ又は自動組立方式による金属かん製造設備</td><td>11</td><td>16</td><td>金属製品製造業用設備
その他の設備</td><td>10</td></tr>
<tr><td>242</td><td>その他の金属製容器製造設備</td><td>14</td><td>16</td><td>金属製品製造業用設備
その他の設備</td><td>10</td></tr>
<tr><td>243</td><td>電気錫めつき鉄板製造設備</td><td>12</td><td>14</td><td>鉄鋼業用設備
その他の設備</td><td>14</td></tr>
<tr><td rowspan="2">244</td><td rowspan="2">その他のめつき又はアルマイト加工設備</td><td rowspan="2">7</td><td>14</td><td>鉄鋼業用設備
表面処理鋼材若しくは鉄粉製造業又は鉄スクラップ加工処理業用設備</td><td>5</td></tr>
<tr><td>16</td><td>金属製品製造業用設備
金属被覆及び彫刻業又は打はく及び金属製ネームプレート製造業用設備</td><td>6</td></tr>
<tr><td>245</td><td>金属塗装設備
脱脂又は洗浄設備及び水洗塗装装置
その他の設備</td><td>7
9</td><td>16</td><td>金属製品製造業用設備
金属被覆及び彫刻業又は打はく及び金属製ネームプレート製造業用設備</td><td>6</td></tr>
<tr><td rowspan="2">245の2</td><td rowspan="2">合成樹脂被覆、彫刻又はアルミニウムはくの加工設備
脱脂又は洗浄設備及び水洗塗装装置
その他の設備</td><td rowspan="2">7
11</td><td>14</td><td>鉄鋼業用設備
表面処理鋼材若しくは鉄粉製造業又は鉄スクラップ加工処理業用設備</td><td>5</td></tr>
<tr><td>16</td><td>金属製品製造業用設備
金属被覆及び彫刻業又は打はく及び金属製ネームプレート製造業用設備</td><td>6</td></tr>
<tr><td>246</td><td>手工具又はのこぎり刃その他の刃物類（他の号に掲げるものを除く。）製造設備</td><td>12</td><td>16</td><td>金属製品製造業用設備
その他の設備</td><td>10</td></tr>
<tr><td>247</td><td>農業用機具製造設備</td><td>12</td><td>16</td><td>金属製品製造業用設備
その他の設備</td><td>10</td></tr>
<tr><td>248</td><td>金属製洋食器又はかみそり刃製造設備</td><td>11</td><td>16</td><td>金属製品製造業用設備
その他の設備</td><td>10</td></tr>
<tr><td rowspan="2">249</td><td rowspan="2">金属製家具若しくは建具又は建築金物製造設備
めつき又はアルマイト加工設備
溶接設備
その他の設備</td><td rowspan="2">7
10
13</td><td>5</td><td>家具又は装備品製造業用設備</td><td>11</td></tr>
<tr><td>16</td><td>金属製品製造業用設備
その他の設備</td><td>10</td></tr>
<tr><td>250</td><td>鋼製構造物製造設備</td><td>13</td><td>16</td><td>金属製品製造業用設備
その他の設備</td><td>10</td></tr>
</table>

改正前の資産区分			改正後の資産区分		
番号	設備の種類及び細目	耐用年数	番号	設備の種類及び細目	耐用年数
251	プレス、打抜き、しぼり出しその他の金属加工品製造業用設備 めつき又はアルマイト加工設備 その他の設備	 7 12	16	金属製品製造業用設備 その他の設備	10
251の2	核燃料物質加工設備	11	15	非鉄金属製造業用設備 核燃料物質加工設備	11
252	その他の金属製品製造設備	15	15	非鉄金属製造業用設備 その他の設備	7
			16	金属製品製造業用設備 その他の設備	10
			19	業務用機械器具（業務用又はサービスの生産の用に供されるもの（これらのものであつて物の生産の用に供されるものを含む。）をいう。）製造業用設備（第17号、第21号及び第23号に掲げるものを除く。）	7
			24	その他の製造業用設備	9
253	ボイラー製造設備	12	17	はん用機械器具（はん用性を有するもので、他の器具及び備品並びに機械及び装置に組み込み、又は取り付けることによりその用に供されるものをいう。）製造業用設備（第20号及び第22号に掲げるものを除く。）	12
254	エンジン、タービン又は水車製造設備	11	17	はん用機械器具（はん用性を有するもので、他の器具及び備品並びに機械及び装置に組み込み、又は取り付けることによりその用に供されるものをいう。）製造業用設備（第20号及び第22号に掲げるものを除く。）	12
			23	輸送用機械器具製造業用設備	9
255	農業用機械製造設備	12	18	生産用機械器具（物の生産の用に供されるものをいう。）製造業用設備（次号及び第21号に掲げるものを除く。） その他の設備	12
256	建設機械、鉱山機械又は原動機付車両（他の号に掲げるものを除く。）製造設備	11	18	生産用機械器具（物の生産の用に供されるものをいう。）製造業用設備（次号及び第21号に掲げるものを除く。） その他の設備	12
			19	業務用機械器具（業務用又はサービスの生産の用に供されるもの（これらのものであつて物の生産の用に供されるものを含む。）をいう。）製造業用設備（第17号、第21号及び第23号に掲げるものを除く。）	7
			23	輸送用機械器具製造業用設備	9
257	金属加工機械製造設備	10	18	生産用機械器具（物の生産の用に供されるものをいう。）製造業用設備（次号及び第21号に掲げるものを除く。） 金属加工機械製造設備	9
258	鋳造用機械、合成樹脂加工機械又は木材加工用機械製造設備	12	18	生産用機械器具（物の生産の用に供されるものをいう。）製造業用設備（次号及び第21号に掲げるものを除く。） その他の設備	12
259	機械工具、金型又は治具製造業用設備	10	16	金属製品製造業用設備 その他の設備	10

改正前の資産区分			改正後の資産区分		
番号	設備の種類及び細目	耐用年数	番号	設備の種類及び細目	耐用年数
			17	はん用機械器具（はん用性を有するもので、他の器具及び備品並びに機械及び装置に組み込み、又は取り付けることによりその用に供されるものをいう。）製造業用設備（第20号及び第22号に掲げるものを除く。）	12
			18	生産用機械器具（物の生産の用に供されるものをいう。）製造業用設備（次号及び第21号に掲げるものを除く。）その他の設備	12
260	繊維機械（ミシンを含む。）又は同部分品若しくは附属品製造設備	12	18	生産用機械器具（物の生産の用に供されるものをいう。）製造業用設備（次号及び第21号に掲げるものを除く。）その他の設備	12
261	風水力機器、金属製弁又は遠心分離機製造設備	12	17	はん用機械器具（はん用性を有するもので、他の器具及び備品並びに機械及び装置に組み込み、又は取り付けることによりその用に供されるものをいう。）製造業用設備（第20号及び第22号に掲げるものを除く。）	12
			18	生産用機械器具（物の生産の用に供されるものをいう。）製造業用設備（次号及び第21号に掲げるものを除く。）その他の設備	12
261の2	冷凍機製造設備	11	17	はん用機械器具（はん用性を有するもので、他の器具及び備品並びに機械及び装置に組み込み、又は取り付けることによりその用に供されるものをいう。）製造業用設備（第20号及び第22号に掲げるものを除く。）	12
262	玉又はコロ軸受若しくは同部分品製造設備	10	17	はん用機械器具（はん用性を有するもので、他の器具及び備品並びに機械及び装置に組み込み、又は取り付けることによりその用に供されるものをいう。）製造業用設備（第20号及び第22号に掲げるものを除く。）	12
263	歯車、油圧機器その他の動力伝達装置製造業用設備	10	17	はん用機械器具（はん用性を有するもので、他の器具及び備品並びに機械及び装置に組み込み、又は取り付けることによりその用に供されるものをいう。）製造業用設備（第20号及び第22号に掲げるものを除く。）	12
263の2	産業用ロボット製造設備	11	18	生産用機械器具（物の生産の用に供されるものをいう。）製造業用設備（次号及び第21号に掲げるものを除く。）その他の設備	12
264	その他の産業用機器又は部分品若しくは附属品製造設備	13	17	はん用機械器具（はん用性を有するもので、他の器具及び備品並びに機械及び装置に組み込み、又は取り付けることによりその用に供されるものをいう。）製造業用設備（第20号及び第22号に掲げるものを除く。）	12
			18	生産用機械器具（物の生産の用に供されるものをいう。）製造業用設備（次号及び第21号に掲げるものを除く。）その他の設備	12

改正前の資産区分			改正後の資産区分		
番号	設備の種類及び細目	耐用年数	番号	設備の種類及び細目	耐用年数
265	事務用機器製造設備	11	19	業務用機械器具（業務用又はサービスの生産の用に供されるもの（これらのものであつて物の生産の用に供されるものを含む。）をいう。）製造業用設備（第17号、第21号及び第23号に掲げるものを除く。）	7
			24	その他の製造業用設備	9
266	食品用、暖ちゆう房用、家庭用又はサービス用機器（電気機器を除く。）製造設備	13	16	金属製品製造業用設備 その他の設備	10
			18	生産用機械器具（物の生産の用に供されるものをいう。）製造業用設備（次号及び第21号に掲げるものを除く。） その他の設備	12
			19	業務用機械器具（業務用又はサービスの生産の用に供されるもの（これらのものであつて物の生産の用に供されるものを含む。）をいう。）製造業用設備（第17号、第21号及び第23号に掲げるものを除く。）	7
267	産業用又は民生用電気機器製造設備	11	21	電気機械器具製造業用設備	7
268	電気計測器、電気通信用機器、電子応用機器又は同部分品（他の号に掲げるものを除く。）製造設備	10	20	電子部品、デバイス又は電子回路製造業用設備 その他の設備	8
			21	電気機械器具製造業用設備	7
			22	情報通信機械器具製造業用設備	8
268の2	フラットパネルディスプレイ又はフラットパネル用フィルム材料製造設備	5	8	化学工業用設備 フラットパネル用カラーフィルター、偏光板又は偏光板用フィルム製造設備	5
			20	電子部品、デバイス又は電子回路製造業用設備 フラットパネルディスプレイ、半導体集積回路又は半導体素子製造設備	5
268の3	光ディスク（追記型又は書換え型のものに限る。）製造設備	6	20	電子部品、デバイス又は電子回路製造業用設備 光ディスク（追記型又は書換え型のものに限る。）製造設備	6
269	交通信号保安機器製造設備	12	22	情報通信機械器具製造業用設備	8
270	電球、電子管又は放電燈製造設備	8	20	電子部品、デバイス又は電子回路製造業用設備 その他の設備	8
			21	電気機械器具製造業用設備	7
			24	その他の製造業用設備	9
271	半導体集積回路（素子数が五百以上のものに限る。）製造設備	5	20	電子部品、デバイス又は電子回路製造業用設備 フラットパネルディスプレイ、半導体集積回路又は半導体素子製造設備	5
271の2	その他の半導体素子製造設備	7	20	電子部品、デバイス又は電子回路製造業用設備 フラットパネルディスプレイ、半導体集積回路又は半導体素子製造設備	5
272	抵抗器又は蓄電器製造設備	9	20	電子部品、デバイス又は電子回路製造業用設備 その他の設備	8
			21	電気機械器具製造業用設備	7

改正前の資産区分			改正後の資産区分		
番号	設備の種類及び細目	耐用年数	番号	設備の種類及び細目	耐用年数
272の2	プリント配線基板製造設備	6	20	電子部品、デバイス又は電子回路製造業用設備 プリント配線基板製造設備	6
272の3	フェライト製品製造設備	9	20	電子部品、デバイス又は電子回路製造業用設備 その他の設備	8
273	電気機器部分品製造設備	12	20	電子部品、デバイス又は電子回路製造業用設備 その他の設備	8
			21	電気機械器具製造業用設備	7
274	乾電池製造設備	9	21	電気機械器具製造業用設備	7
274の2	その他の電池製造設備	12	21	電気機械器具製造業用設備	7
275	自動車製造設備	10	23	輸送用機械器具製造業用設備	9
276	自動車車体製造又は架装設備	11	23	輸送用機械器具製造業用設備	9
277	鉄道車両又は同部分品製造設備	12	23	輸送用機械器具製造業用設備	9
278	車両用エンジン、同部分品又は車両用電装品製造設備（ミッション又はクラッチ製造設備を含む。）	10	17	はん用機械器具（はん用性を有するもので、他の器具及び備品並びに機械及び装置に組み込み、又は取り付けることによりその用に供されるものをいう。）製造業用設備（第20号及び第22号に掲げるものを除く。）	12
			21	電気機械器具製造業用設備	7
			23	輸送用機械器具製造業用設備	9
279	車両用ブレーキ製造設備	11	23	輸送用機械器具製造業用設備	9
280	その他の車両部分品又は附属品製造設備	12	16	金属製品製造業用設備 その他の設備	10
			19	業務用機械器具（業務用又はサービスの生産の用に供されるもの（これらのものであつて物の生産の用に供されるものを含む。）をいう。）製造業用設備（第17号、第21号及び第23号に掲げるものを除く。）	7
			23	輸送用機械器具製造業用設備	9
281	自転車又は同部分品若しくは附属品製造設備 めつき設備 その他の設備	 7 12	23	輸送用機械器具製造業用設備	9
			24	その他の製造業用設備	9
282	鋼船製造又は修理設備	12	23	輸送用機械器具製造業用設備	9
283	木船製造又は修理設備	13	23	輸送用機械器具製造業用設備	9
284	舶用推進器、甲板機械又はハッチカバー製造設備 鋳造設備 その他の設備	 10 12	23	輸送用機械器具製造業用設備	9
285	航空機若しくは同部分品（エンジン、機内空気加圧装置、回転機器、プロペラ、計器、降着装置又は油圧部品に限る。）製造又は修理設備	10	19	業務用機械器具（業務用又はサービスの生産の用に供されるもの（これらのものであつて物の生産の用に供されるものを含む。）をいう。）製造業用設備（第17号、第21号及び第23号に掲げるものを除く。）	7
			23	輸送用機械器具製造業用設備	9
286	その他の輸送用機器製造設備	13	17	はん用機械器具（はん用性を有するもので、他の器具及び備品並びに機械及び装置に組み込み、又は取り付けることによりその用に供されるものをいう。）製造業用設備（第20号及び第22号に掲げるものを除く。）	12
			23	輸送用機械器具製造業用設備	9

改正前の資産区分			改正後の資産区分		
番号	設備の種類及び細目	耐用年数	番号	設備の種類及び細目	耐用年数
287	試験機、測定器又は計量機製造設備	11	19	業務用機械器具（業務用又はサービスの生産の用に供されるもの（これらのものであつて物の生産の用に供されるものを含む。）をいう。）製造業用設備（第17号、第21号及び第23号に掲げるものを除く。）	7
288	医療用機器製造設備	12	19	業務用機械器具（業務用又はサービスの生産の用に供されるもの（これらのものであつて物の生産の用に供されるものを含む。）をいう。）製造業用設備（第17号、第21号及び第23号に掲げるものを除く。）	7
288の2	理化学用機器製造設備	11	19	業務用機械器具（業務用又はサービスの生産の用に供されるもの（これらのものであつて物の生産の用に供されるものを含む。）をいう。）製造業用設備（第17号、第21号及び第23号に掲げるものを除く。）	7
289	レンズ又は光学機器若しくは同部分品製造設備	10	19	業務用機械器具（業務用又はサービスの生産の用に供されるもの（これらのものであつて物の生産の用に供されるものを含む。）をいう。）製造業用設備（第17号、第21号及び第23号に掲げるものを除く。）	7
			24	その他の製造業用設備	9
290	ウオッチ若しくは同部分品又は写真機用シャッター製造設備	10	19	業務用機械器具（業務用又はサービスの生産の用に供されるもの（これらのものであつて物の生産の用に供されるものを含む。）をいう。）製造業用設備（第17号、第21号及び第23号に掲げるものを除く。）	7
			24	その他の製造業用設備	9
291	クロック若しくは同部分品、オルゴールムーブメント又は写真フイルム用スプール製造設備	12	24	その他の製造業用設備	9
292	銃弾製造設備	10	19	業務用機械器具（業務用又はサービスの生産の用に供されるもの（これらのものであつて物の生産の用に供されるものを含む。）をいう。）製造業用設備（第17号、第21号及び第23号に掲げるものを除く。）	7
293	銃砲、爆発物又は信管、薬きようその他の銃砲用品製造設備	12	19	業務用機械器具（業務用又はサービスの生産の用に供されるもの（これらのものであつて物の生産の用に供されるものを含む。）をいう。）製造業用設備（第17号、第21号及び第23号に掲げるものを除く。）	7
			24	その他の製造業用設備	9
294	自動車分解整備業用設備	13	53	自動車整備業用設備	15
295	前掲以外の機械器具、部分品又は附属品製造設備	14	17	はん用機械器具（はん用性を有するもので、他の器具及び備品並びに機械及び装置に組み込み、又は取り付けることによりその用に供されるものをいう。）製造業用設備（第20号及び第22号に掲げるものを除く。）	12
			19	業務用機械器具（業務用又はサービスの生産の用に供されるもの（これらのものであつて物の生産の用に供されるものを含む。）をいう。）製造業用設備（第17号、第21号及び第23号に掲げるものを除く。）	7
296	機械産業以外の設備に属する修理工場用又は工作工場用機械設備	14	24	その他の製造業用設備	9
297	楽器製造設備	11	24	その他の製造業用設備	9

<table>
<tr><th colspan="3">改正前の資産区分</th><th colspan="3">改正後の資産区分</th></tr>
<tr><th>番号</th><th>設備の種類及び細目</th><th>耐用年数</th><th>番号</th><th>設備の種類及び細目</th><th>耐用年数</th></tr>
<tr><td>298</td><td>レコード製造設備
吹込設備
その他の設備</td><td>
8
12</td><td>24</td><td>その他の製造業用設備</td><td>9</td></tr>
<tr><td>299</td><td>がん具製造設備
合成樹脂成形設備
その他の設備</td><td>
9
11</td><td>24</td><td>その他の製造業用設備</td><td>9</td></tr>
<tr><td>300</td><td>万年筆、シャープペンシル又はペン先製造設備</td><td>11</td><td>24</td><td>その他の製造業用設備</td><td>9</td></tr>
<tr><td>301</td><td>ボールペン製造設備</td><td>10</td><td>24</td><td>その他の製造業用設備</td><td>9</td></tr>
<tr><td>302</td><td>鉛筆製造設備</td><td>13</td><td>24</td><td>その他の製造業用設備</td><td>9</td></tr>
<tr><td>303</td><td>絵の具その他の絵画用具製造設備</td><td>11</td><td>24</td><td>その他の製造業用設備</td><td>9</td></tr>
<tr><td>304</td><td>身辺用細貨類、ブラシ又はシガレットライター製造設備
製鎖加工設備
その他の設備
前掲の区分によらないもの</td><td>

8
12
11</td><td>24</td><td>その他の製造業用設備</td><td>9</td></tr>
<tr><td>305</td><td>ボタン製造設備</td><td>9</td><td>24</td><td>その他の製造業用設備</td><td>9</td></tr>
<tr><td>306</td><td>スライドファスナー製造設備
自動務歯成形又はスライダー製造機
自動務歯植付機
その他の設備</td><td>
7
5
11</td><td>24</td><td>その他の製造業用設備</td><td>9</td></tr>
<tr><td rowspan="2">307</td><td rowspan="2">合成樹脂成形加工又は合成樹脂製品加工業用設備</td><td rowspan="2">8</td><td>10</td><td>プラスチック製品製造業用設備（他の号に掲げるものを除く。）</td><td>8</td></tr>
<tr><td>11</td><td>ゴム製品製造業用設備</td><td>9</td></tr>
<tr><td>308</td><td>発ぽうポリウレタン製造設備</td><td>8</td><td>10</td><td>プラスチック製品製造業用設備（他の号に掲げるものを除く。）</td><td>8</td></tr>
<tr><td>309</td><td>繊維壁材製造設備</td><td>9</td><td>24</td><td>その他の製造業用設備</td><td>9</td></tr>
<tr><td>310</td><td>歯科材料製造設備</td><td>12</td><td>19</td><td>業務用機械器具（業務用又はサービスの生産の用に供されるもの（これらのものであつて物の生産の用に供されるものを含む。）をいう。）製造業用設備（第17号、第21号及び第23号に掲げるものを除く。）</td><td>7</td></tr>
<tr><td>311</td><td>真空蒸着処理業用設備</td><td>8</td><td>24</td><td>その他の製造業用設備</td><td>9</td></tr>
<tr><td>312</td><td>マッチ製造設備</td><td>13</td><td>24</td><td>その他の製造業用設備</td><td>9</td></tr>
<tr><td>313</td><td>コルク又はコルク製品製造設備</td><td>14</td><td>4</td><td>木材又は木製品（家具を除く。）製造業用設備</td><td>8</td></tr>
<tr><td>314</td><td>つりざお又は附属品製造設備</td><td>13</td><td>24</td><td>その他の製造業用設備</td><td>9</td></tr>
<tr><td>315</td><td>墨汁製造設備</td><td>8</td><td>24</td><td>その他の製造業用設備</td><td>9</td></tr>
<tr><td>316</td><td>ろうそく製造設備</td><td>7</td><td>8</td><td>化学工業用設備
その他の設備</td><td>
8</td></tr>
<tr><td>317</td><td>リノリウム、リノタイル又はアスファルトタイル製造設備</td><td>12</td><td>24</td><td>その他の製造業用設備</td><td>9</td></tr>
<tr><td>318</td><td>畳表製造設備
織機、い草選別機及びい割機
その他の設備</td><td>
5
14</td><td>24</td><td>その他の製造業用設備</td><td>9</td></tr>
<tr><td>319</td><td>畳製造設備</td><td>5</td><td>24</td><td>その他の製造業用設備</td><td>9</td></tr>
<tr><td>319の2</td><td>その他のわら工品製造設備</td><td>8</td><td>24</td><td>その他の製造業用設備</td><td>9</td></tr>
<tr><td>320</td><td>木ろう製造又は精製設備</td><td>12</td><td>8</td><td>化学工業用設備
その他の設備</td><td>
8</td></tr>
<tr><td>321</td><td>松脂その他樹脂の製造又は精製設備</td><td>11</td><td>26</td><td>林業用設備</td><td>5</td></tr>
<tr><td>322</td><td>蚕種製造設備
人工ふ化設備
その他の設備</td><td>
8
10</td><td>25</td><td>農業用設備</td><td>7</td></tr>
<tr><td>323</td><td>真珠、貴石又は半貴石加工設備</td><td>7</td><td>24</td><td>その他の製造業用設備</td><td>9</td></tr>
</table>

改正前の資産区分			改正後の資産区分		
番号	設備の種類及び細目	耐用年数	番号	設備の種類及び細目	耐用年数
324	水産物養殖設備 竹製のもの その他のもの	 2 4	28	水産養殖業用設備	5
324の2	漁ろう用設備	7	27	漁業用設備（次号に掲げるものを除く。）	5
325	前掲以外の製造設備	15	24	その他の製造業用設備	9
326	砂利採取又は岩石の採取若しくは砕石設備	8	13	窯業又は土石製品製造業用設備	9
			29	鉱業、採石業又は砂利採取業用設備 その他の設備	 6
327	砂鉄鉱業設備	8	29	鉱業、採石業又は砂利採取業用設備 その他の設備	 6
328	金属鉱業設備（架空索道設備を含む。）	9	29	鉱業、採石業又は砂利採取業用設備 その他の設備	 6
329	石炭鉱業設備（架空索道設備を含む。） 採掘機械及びコンベヤ その他の設備 前掲の区分によらないもの	 5 9 8	29	鉱業、採石業又は砂利採取業用設備 その他の設備	 6
330	石油又は天然ガス鉱業設備 坑井設備 掘さく設備 その他の設備	 3 5 12	29	鉱業、採石業又は砂利採取業用設備 石油又は天然ガス鉱業用設備 坑井設備 掘さく設備 その他の設備	 3 6 12
331	天然ガス圧縮処理設備	10	29	鉱業、採石業又は砂利採取業用設備 石油又は天然ガス鉱業用設備 その他の設備	 12
332	硫黄鉱業設備（製錬又は架空索道設備を含む。）	6	29	鉱業、採石業又は砂利採取業用設備 その他の設備	 6
333	その他の非金属鉱業設備（架空索道設備を含む。）	9	29	鉱業、採石業又は砂利採取業用設備 その他の設備	 6
334	ブルドーザー、パワーショベルその他の自走式作業用機械設備	5	26	林業用設備	5
			30	総合工事業用設備	6
			41	運輸に附帯するサービス業用設備	10
			55	前掲の機械及び装置以外のもの並びに前掲の区分によらないもの ブルドーザー、パワーショベルその他の自走式作業用機械設備	 8
335	その他の建設工業設備 排砂管及び可搬式コンベヤ ジーゼルパイルハンマー アスファルトプラント及びバッチャープラント その他の設備	 3 4 6 7	30	総合工事業用設備	6
336	測量業用設備 カメラ その他の設備	 5 7	46	技術サービス業用設備（他の号に掲げるものを除く。） その他の設備	 14
337	鋼索鉄道又は架空索道設備 鋼索 その他の設備	 3 12	38	鉄道業用設備 その他の設備	 12
338	石油又は液化石油ガス卸売用設備（貯そうを除く。）	13	43	建築材料、鉱物又は金属材料等卸売業用設備 石油又は液化石油ガス卸売用設備（貯そうを除く。）	 13
338の2	洗車業用設備	10	53	自動車整備業用設備	15
339	ガソリンスタンド設備	8	45	その他の小売業用設備 ガソリン又は液化石油ガススタンド設備	 8

改正前の資産区分			改正後の資産区分		
番号	設備の種類及び細目	耐用年数	番号	設備の種類及び細目	耐用年数
339の2	液化石油ガススタンド設備	8	45	その他の小売業用設備 ガソリン又は液化石油ガススタンド設備	8
339の3	機械式駐車設備	15	55	前掲の機械及び装置以外のもの並びに前掲の区分によらないもの 機械式駐車設備	10
340	荷役又は倉庫業用設備及び卸売又は小売業の荷役又は倉庫用設備 移動式荷役設備 くん蒸設備 その他の設備	7 10 12	39	道路貨物運送業用設備	12
			40	倉庫業用設備	12
			41	運輸に附帯するサービス業用設備	10
341	計量証明業用設備	9	41	運輸に附帯するサービス業用設備	10
			46	技術サービス業用設備（他の号に掲げるものを除く。） 計量証明業用設備	8
342	船舶救難又はサルベージ設備	8	41	運輸に附帯するサービス業用設備	10
343	国内電気通信事業用設備 デジタル交換設備及び電気通信処理設備 アナログ交換設備 その他の設備	6 16 9	35	通信業用設備	9
343の2	国際電気通信事業用設備 デジタル交換設備及び電気通信処理設備 アナログ交換設備 その他の設備	6 16 7	35	通信業用設備	9
344	ラジオ又はテレビジョン放送設備	6	36	放送業用設備	6
345	その他の通信設備（給電用指令設備を含む。）	9	35	通信業用設備	9
346	電気事業用水力発電設備	22	31	電気業用設備 電気業用水力発電設備	22
347	その他の水力発電設備	20	31	電気業用設備 その他の水力発電設備	20
348	汽力発電設備	15	31	電気業用設備 汽力発電設備	15
349	内燃力又はガスタービン発電設備	15	31	電気業用設備 内燃力又はガスタービン発電設備	15
350	送電又は電気事業用変電若しくは配電設備 需要者用計器 柱上変圧器 その他の設備	15 18 22	31	電気業用設備 送電又は電気業用変電若しくは配電設備 需要者用計器 柱上変圧器 その他の設備	15 18 22
351	鉄道又は軌道事業用変電設備	20	31	電気業用設備 鉄道又は軌道業用変電設備	15
351の2	列車遠隔又は列車集中制御設備	12	38	鉄道業用設備 その他の設備	12
352	蓄電池電源設備	6	55	前掲の機械及び装置以外のもの並びに前掲の区分によらないもの その他の設備 主として金属製のもの その他のもの	17 8
353	フライアッシュ採取設備	13	55	前掲の機械及び装置以外のもの並びに前掲の区分によらないもの その他の設備 主として金属製のもの その他のもの	17 8

改正前の資産区分			改正後の資産区分		
番号	設備の種類及び細目	耐用年数	番号	設備の種類及び細目	耐用年数
354	石炭ガス、石油ガス又はコークス製造設備（ガス精製又はガス事業用特定ガス発生設備を含む。）	10	9	石油製品又は石炭製品製造業用設備	7
			32	ガス業用設備 製造用設備	10
356	ガス事業用供給設備 ガス導管　鋳鉄製のもの ガス導管　その他のもの 需要者用計量器 その他の設備	22 13 13 15	32	ガス業用設備 供給用設備 鋳鉄製導管 鋳鉄製導管以外の導管 需要者用計量器 その他の設備	22 13 13 15
357	上水道又は下水道業用設備	12	34	水道業用設備	18
358	ホテル、旅館又は料理店業用設備及び給食用設備 引湯管 その他の設備	5 9	47	宿泊業用設備	10
			48	飲食店業用設備	8
359	クリーニング設備	7	49	洗濯業、理容業、美容業又は浴場業用設備	13
360	公衆浴場設備 かま、温水器及び温かん その他の設備	3 8	49	洗濯業、理容業、美容業又は浴場業用設備	13
360の2	故紙梱包設備	7	43	建築材料、鉱物又は金属材料等卸売業用設備 その他の設備	8
361	火葬設備	16	50	その他の生活関連サービス業用設備	6
362	電光文字設備	10	55	前掲の機械及び装置以外のもの並びに前掲の区分によらないもの その他の設備 主として金属製のもの その他のもの	17 8
363	映画製作設備（現像設備を除く。） 照明設備 撮影又は録音設備 その他の設備	3 6 8	37	映像、音声又は文字情報制作業用設備	8
364	天然色写真現像焼付設備	6	50	その他の生活関連サービス業用設備	6
365	その他の写真現像焼付設備	8	50	その他の生活関連サービス業用設備	6
366	映画又は演劇興行設備 照明設備 その他の設備	5 7	51	娯楽業用設備 映画館又は劇場用設備	11
367	遊園地用遊戯設備（原動機付のものに限る。）	9	51	娯楽業用設備 遊園地用設備	7
367の2	ボウリング場用設備 レーン その他の設備	5 10	51	娯楽業用設備 ボウリング場用設備	13
368	種苗花き園芸設備	10	25	農業用設備	7
369	前掲の機械及び装置以外のもの並びに前掲の区分によらないもの 主として金属製のもの その他のもの	17 8	31	電気業用設備 その他の設備 主として金属製のもの その他のもの	17 8
			32	ガス業用設備 その他の設備 主として金属製のもの その他のもの	17 8
	前掲の機械及び装置以外のもの並びに前掲の区分によらないもの 主として金属製のもの	17	33	熱供給業用設備	17
			38	鉄道業用設備 自動改札装置	5

改正前の資産区分			改正後の資産区分		
番号	設備の種類及び細目	耐用年数	番号	設備の種類及び細目	耐用年数
	前掲の機械及び装置以外のもの並びに前掲の区分によらないもの 主として金属製のもの その他のもの	 17 8	45	その他の小売業用設備 その他の設備 主として金属製のもの その他のもの	 17 8
			51	娯楽業用設備 その他の設備 主として金属製のもの その他のもの	 17 8
	前掲の機械及び装置以外のもの並びに前掲の区分によらないもの 主として金属製のもの	 17	52	教育業（学校教育業を除く。）又は学習支援業用設備 教習用運転シミュレータ設備	 5
	前掲の機械及び装置以外のもの並びに前掲の区分によらないもの 主として金属製のもの その他のもの	 17 8	52	教育業（学校教育業を除く。）又は学習支援業用設備 その他の設備 主として金属製のもの その他のもの	 17 8
			55	前掲の機械及び装置以外のもの並びに前掲の区分によらないもの その他の設備 主として金属製のもの その他のもの	 17 8
旧別表第七	電動機	10	25	農業用設備	7
〃	内燃機関、ボイラー及びポンプ	8	25	農業用設備	7
〃	トラクター 歩行型トラクター その他のもの	 5 8	25	農業用設備	7
〃	耕うん整地用機具	5	25	農業用設備	7
〃	耕土造成改良用機具	5	25	農業用設備	7
〃	栽培管理用機具	5	25	農業用設備	7
〃	防除用機具	5	25	農業用設備	7
〃	穀類収穫調製用機具 自脱型コンバイン、刈取機（ウインドロウアーを除くものとし、バインダーを含む。）、稲わら収集機（自走式のものを除く。）及びわら処理カッター その他のもの	 5 8	25	農業用設備	7
〃	飼料作物収穫調製用機具 モーア、ヘーコンディショナー（自走式のものを除く。）、ヘーレーキ、ヘーテッダー、ヘーテッダーレーキ、フォレージハーベスター（自走式のものを除く。）、ヘーベーラー（自走式のものを除く。）、ヘープレス、ヘーローダー、ヘードライヤー（連続式のものを除く。）、ヘーエレベーター、フォレージブロアー、サイレージディストリビューター、サイレージアンローダー及び飼料細断機 その他のもの	 5 8	25	農業用設備	7

改正前の資産区分			改正後の資産区分		
番号	設備の種類及び細目	耐用年数	番号	設備の種類及び細目	耐用年数
旧別表第七	果樹、野菜又は花き収穫調製用機具 野菜洗浄機、清浄機及び掘取機 その他のもの	 5 8	25	農業用設備	7
〃	その他の農作物収穫調製用機具 い苗分割機、い草刈取機、い草選別機、い割機、粒選機、収穫機、掘取機、つる切機及び茶摘機 その他のもの	 5 8	25	農業用設備	7
〃	農産物処理加工用機具（精米又は精麦機を除く。） 花莚織機及び畳表織機 その他のもの	 5 8	25	農業用設備	7
〃	家畜飼養管理用機具 自動給じ機、自動給水機、搾乳機、牛乳冷却機、ふ卵機、保温機、畜衡機、牛乳成分検定用機具、人工授精用機具、育成機、育すう機、ケージ、電牧器、カウトレーナー、マット、畜舎清掃機、ふん尿散布機、ふん尿乾燥機及びふん焼却機 その他のもの	 5 8	25	農業用設備	7
〃	養蚕用機具 条桑刈取機、簡易保温用暖房機、天幕及び回転まぶし その他のもの	 5 8	25	農業用設備	7
〃	運搬用機具	4	25	農業用設備	7
〃	造林又は伐木用機具 自動穴掘機、自動伐木機及び動力刈払機 その他のもの	 3 6	26	林業用設備	5
〃	その他の機具 その他のもの　主として金属製のもの その他のもの　その他のもの	 10 5	25	農業用設備	7
〃	その他の機具 乾燥用バーナー その他のもの　主として金属製のもの その他のもの　その他のもの	 5 10 5	26	林業用設備	5

減価償却関係書類の様式

※　書類の様式は、令和５年分のものを掲載しています。令和６年分の様式は変更される場合がありますのでご注意ください。

別表十六(一) 令五・四・一以後終了事業年度分

旧定額法又は定額法による減価償却資産の償却額の計算に関する明細書

事業年度	・・ ・・	法人名	

資産区分	種類		1					
	構造		2					
	細目		3					
	取得年月日		4	・・	・・	・・	・・	・・
	事業の用に供した年月		5					
	耐用年数		6	年	年	年	年	年
取得価額	取得価額又は製作価額		7	外　円	外　円	外　円	外　円	外　円
	(7)のうち積立金方式による圧縮記帳の場合の償却額計算の対象となる取得価額に算入しない金額		8					
	差引取得価額 (7)−(8)		9					
帳簿価額	償却額計算の対象となる期末現在の帳簿記載金額		10					
	期末現在の積立金の額		11					
	積立金の期中取崩額		12					
	差引帳簿記載金額 (10)−(11)−(12)		13	外△	外△	外△	外△	外△
	損金に計上した当期償却額		14					
	前期から繰り越した償却超過額		15	外	外	外	外	外
	合計 (13)+(14)+(15)		16					
当期分の普通償却限度額等	平成19年3月31日以前取得分	残存価額	17					
		差引取得価額×5% (9)× $\frac{5}{100}$	18					
	(16)>(18)の場合	旧定額法の償却額計算の基礎となる金額 (9)−(17)	19					
		旧定額法の償却率	20					
		算出償却額 (19)×(20)	21	円	円	円	円	円
		増加償却額 (21)×割増率	22	(　)	(　)	(　)	(　)	(　)
		計 ((21)+(22))又は((16)−(18))	23					
	(16)≦(18)の場合	算出償却額 ((18)−1円)× $\frac{\ }{60}$	24					
	平成19年4月1日以後取得分	定額法の償却額計算の基礎となる金額 (9)	25					
		定額法の償却率	26					
		算出償却額 (25)×(26)	27	円	円	円	円	円
		増加償却額 (27)×割増率	28	(　)	(　)	(　)	(　)	(　)
		計 (27)+(28)	29					
当期分の償却限度額	当期分の普通償却限度額等 (23)、(24)又は(29)		30					
	特別償却又は割増償却による特別償却限度額	租税特別措置法適用条項	31	条　項 (　)	条　項 (　)	条　項 (　)	条　項 (　)	条　項 (　)
		特別償却限度額	32	外　円	外　円	外　円	外　円	外　円
	前期から繰り越した特別償却不足額又は合併等特別償却不足額		33					
	合計 (30)+(32)+(33)		34					
当期償却額			35					
差引	償却不足額 (34)−(35)		36					
	償却超過額 (35)−(34)		37					
償却超過額	前期からの繰越額		38	外	外	外	外	外
	当期損金認容額	償却不足によるもの	39					
		積立金取崩しによるもの	40					
	差引合計翌期への繰越額 (37)+(38)−(39)−(40)		41					
特別償却不足額	翌期に繰り越すべき特別償却不足額 (((36)−(39))と((32)+(33))のうち少ない金額)		42					
	当期において切り捨てる特別償却不足額又は合併等特別償却不足額		43					
	差引翌期への繰越額 (42)−(43)		44					
	翌期への繰越額の内訳	・・ ・・	45					
		当期分不足額	46					
適格組織再編成により引き継ぐべき合併等特別償却不足額 (((36)−(39))と(32)のうち少ない金額)			47					

備考

別表十六(二)　令五・四・一以後終了事業年度分

旧定率法又は定率法による減価償却資産の償却額の計算に関する明細書

事業年度	・・ ・・	法人名	

資産区分	種類	1					
	構造	2					
	細目	3					
	取得年月日	4	・・	・・	・・	・・	・・
	事業の用に供した年月	5					
	耐用年数	6	年	年	年	年	年
取得価額	取得価額又は製作価額	7	外　円	外　円	外　円	外　円	外　円
	(7)のうち積立金方式による圧縮記帳の場合の償却額計算の対象となる取得価額に算入しない金額	8					
	差引取得価額 (7) − (8)	9					
償却額計算の基礎となる額	償却額計算の対象となる期末現在の帳簿記載金額	10					
	期末現在の積立金の額	11					
	積立金の期中取崩額	12					
	差引帳簿記載金額 (10) − (11) − (12)	13	外△	外△	外△	外△	外△
	損金に計上した当期償却額	14					
	前期から繰り越した償却超過額	15	外	外	外	外	外
	合計 (13) + (14) + (15)	16					
	前期から繰り越した特別償却不足額又は合併等特別償却不足額	17					
	償却額計算の基礎となる金額 (16) − (17)	18					
当期分の普通償却限度額等	平成19年3月31日以前取得分　差引取得価額×5% (9) × $\frac{5}{100}$	19					
	平成19年3月31日以前取得分　(16) > (19)の場合　旧定率法の償却率	20					
	平成19年3月31日以前取得分　(16) > (19)の場合　算出償却額 (18) × (20)	21	円	円	円	円	円
	平成19年3月31日以前取得分　(16) > (19)の場合　増加償却額 (21) × 割増率	22	(　)	(　)	(　)	(　)	(　)
	平成19年3月31日以前取得分　(16) > (19)の場合　計 ((21) + (22))又は((18) − (19))	23					
	平成19年3月31日以前取得分　(16) ≦ (19)の場合　算出償却額 ((19) − 1円) × $\frac{}{60}$	24					
	平成19年4月1日以後取得分　定率法の償却率	25					
	平成19年4月1日以後取得分　調整前償却額 (18) × (25)	26	円	円	円	円	円
	平成19年4月1日以後取得分　保証率	27					
	平成19年4月1日以後取得分　償却保証額 (9) × (27)	28	円	円	円	円	円
	平成19年4月1日以後取得分　(26) < (28)の場合　改定取得価額	29					
	平成19年4月1日以後取得分　(26) < (28)の場合　改定償却率	30					
	平成19年4月1日以後取得分　(26) < (28)の場合　改定償却額 (29) × (30)	31	円	円	円	円	円
	平成19年4月1日以後取得分　増加償却額 ((26)又は(31)) × 割増率	32	(　)	(　)	(　)	(　)	(　)
	平成19年4月1日以後取得分　計 ((26)又は(31)) + (32)	33					
当期分の償却限度額	当期分の普通償却限度額等 (23)、(24)又は(33)	34					
	特別償却限度額又は割増償却による特別償却限度額　租税特別措置法適用条項	35	条　項 (　)	条　項 (　)	条　項 (　)	条　項 (　)	条　項 (　)
	特別償却限度額又は割増償却による特別償却限度額　特別償却限度額	36	外　円	外　円	外　円	外　円	外　円
	前期から繰り越した特別償却不足額又は合併等特別償却不足額	37					
	合計 (34) + (36) + (37)	38					
当期償却額		39					
差引	償却不足額 (38) − (39)	40					
	償却超過額 (39) − (38)	41					
償却超過額	前期からの繰越額	42	外	外	外	外	外
	当期損金認容額　償却不足によるもの	43					
	当期損金認容額　積立金取崩しによるもの	44					
	差引合計翌期への繰越額 (41) + (42) − (43) − (44)	45					
特別償却不足額	翌期に繰り越すべき特別償却不足額 (((40) − (43))と((36) + (37))のうち少ない金額)	46					
	当期において切り捨てる特別償却不足額又は合併等特別償却不足額	47					
	差引翌期への繰越額 (46) − (47)	48					
	翌期への繰越額の内訳　・・ ・・	49					
	翌期への繰越額の内訳　当期分不足額	50					
適格組織再編成により引き継ぐべき合併等特別償却不足額 (((40) − (43))と(36)のうち少ない金額)		51					

備考

旧生産高比例法又は生産高比例法による鉱業用減価償却資産の償却額の計算に関する明細書

事業年度	・・ ・・	法人名	

別表十六(三)　令五・四・一以後終了事業年度分

資産区分		種類	1					
		構造	2					
		細目	3					
		取得年月日	4	・・	・・	・・	・・	・・
		事業の用に供した年月	5					
取得価額		取得価額又は製作価額	6	外 円	外 円	外 円	外 円	外 円
		(6)のうち積立金方式による圧縮記帳の場合の償却額計算の対象となる取得価額に算入しない金額	7					
		差引取得価額 (6) − (7)	8					
帳簿価額		償却額計算の対象となる期末現在の帳簿記載金額	9					
		期末現在の積立金の額	10					
		積立金の期中取崩額	11					
		差引帳簿記載金額 (9) − (10) − (11)	12	外△	外△	外△	外△	外△
		損金に計上した当期償却額	13					
		前期から繰り越した償却超過額	14	外	外	外	外	外
		合計 (12) + (13) + (14)	15					
鉱山の命数			16	年	年	年	年	年
当該鉱業用減価償却資産の耐用年数			17					
同上の期間内における採掘予定数量			18	トン	トン	トン	トン	トン
経済的採掘可能数量			19					
当期産出鉱量			20					
当期分の普通償却限度額	平成19年3月31日以前取得分	残存価額	21	円	円	円	円	円
		差引取得価額×5% $(8) \times \frac{5}{100}$	22					
	(15) > (22)の場合	旧生産高比例法の償却額計算の基礎となる金額 (8) − (21)	23					
		鉱量1トン当たり償却金額 $\frac{(23)}{((18)\text{又は}(19)\text{のうち少ないトン数})}$	24					
		算出償却額 ((20) × (24)) 又は ((15) − (22))	25					
	(15) ≦ (22)の場合	算出償却額 $((22) - 1\text{円}) \times \frac{}{60}$	26					
	平成19年4月1日以後取得分	生産高比例法の償却額計算の基礎となる金額 (8)	27					
		鉱量1トン当たり償却金額 $\frac{(27)}{((18)\text{又は}(19)\text{のうち少ないトン数})}$	28					
		算出償却額 (20) × (28)	29					
当期分の償却限度額		当期分の普通償却限度額 (25)、(26) 又は (29)	30					
	特別償却又は割増償却による特別償却限度額	租税特別措置法適用条項	31	条 項 ( )	条 項 ( )	条 項 ( )	条 項 ( )	条 項 ( )
		特別償却限度額	32	外 円	外 円	外 円	外 円	外 円
		前期から繰り越した特別償却不足額又は合併等特別償却不足額	33					
		合計 (30) + (32) + (33)	34					
当期償却額			35					
差引		償却不足額 (34) − (35)	36					
		償却超過額 (35) − (34)	37					
償却超過額		前期からの繰越額	38	外	外	外	外	外
	当期損金認容額	償却不足によるもの	39					
		積立金取崩しによるもの	40					
		差引合計翌期への繰越額 (37) + (38) − (39) − (40)	41					
特別償却不足額		翌期に繰り越すべき特別償却不足額 (((36) − (39)) と ((32) + (33)) のうち少ない金額)	42					
		当期において切り捨てる特別償却不足額又は合併等特別償却不足額	43					
		差引翌期への繰越額 (42) − (43)	44					
	翌期への繰越額の内訳	・・　・・	45					
		当期分不足額	46					
適格組織再編成により引き継ぐべき合併等特別償却不足額 (((36) − (39)) と (32) のうち少ない金額)			47					

備考

別表十六(四) 令五・四・一以後終了事業年度分

旧国外リース期間定額法若しくは旧リース期間定額法又はリース期間定額法による償却額の計算に関する明細書

事業年度	・・ ・・	法人名	

資産区分		種類	1					
		構造	2					
		細目	3					
		契約年月日	4	・・	・・	・・	・・	・・
		賃貸の用又は事業の用に供した年月	5					
償却額計算の基礎となる金額	旧国外リース期間定額法	取得価額又は製作価額	6	外 円	外 円	外 円	外 円	外 円
		(6)のうち積立金方式による圧縮記帳の場合の償却額計算の対象となる取得価額に算入しない金額	7					
		差引取得価額 (6)－(7)	8					
		見積残存価額	9					
		償却額計算の基礎となる金額 (8)－(9)	10					
	旧リース期間定額法	旧リース期間定額法を採用した事業年度	11	::	::	::	::	::
		取得価額又は製作価額	12	外 円	外 円	外 円	外 円	外 円
		(12)のうち(11)の事業年度前に損金の額に算入された金額	13					
		差引取得価額 (12)－(13)	14					
		残価保証額	15					
		償却額計算の基礎となる金額 (14)－(15)	16					
	リース期間定額法	取得価額	17	外	外	外	外	外
		残価保証額	18					
		償却額計算の基礎となる金額 (17)－(18)	19					
帳簿記載金額		償却額計算の対象となる期末現在の帳簿記載金額	20					
		期末現在の積立金の額	21					
		積立金の期中取崩額	22					
		差引帳簿記載金額 (20)－(21)－(22)	23	外△	外△	外△	外△	外△
リース期間又は改定リース期間の月数			24	( )月	( )月	( )月	( )月	( )月
当期におけるリース期間又は改定リース期間の月数			25					
当期分の普通償却限度額 ((10)、(16)又は(19))× (25)/(24)			26	円	円	円	円	円
当期償却額			27					
差引		償却不足額 (26)－(27)	28					
		償却超過額 (27)－(26)	29					
償却超過額		前期からの繰越額	30	外	外	外	外	外
	当期損金認容額	償却不足によるもの	31					
		積立金取崩しによるもの	32					
		差引合計翌期への繰越額 (29)＋(30)－(31)－(32)	33					
備考								

取替法による取替資産の償却額の計算に関する明細書

事業年度	・・ ・・	法人名	

別表十六(五) 令五・四・一以後終了事業年度分

資産区分	種類	1					
	第10条各号の該当号	2	第　号	第　号	第　号	第　号	第　号
	細目	3					
	取得年月日	4	・・	・・	・・	・・	・・
	事業の用に供した年月	5					
	耐用年数	6	年	年	年	年	年
取得価額	取得価額又は製作価額	7	外　円	外　円	外　円	外　円	外　円
	(7)のうち積立金方式による圧縮記帳の場合の償却額計算の対象となる取得価額に算入しない金額	8					
	差引取得価額 (7)－(8)	9					
帳簿価額	償却額計算の対象となる期末現在の帳簿記載金額	10					
	期末現在の積立金の額	11					
	積立金の期中取崩額	12					
	差引帳簿記載金額 (10)－(11)－(12)	13	外△	外△	外△	外△	外△
	損金に計上した当期償却額	14					
	前期から繰り越した償却超過額	15	外	外	外	外	外
	合計 (13)＋(14)＋(15)	16					
	前期から繰り越した特別償却不足額又は合併等特別償却不足額	17					
	旧定率法又は定率法の償却額の計算の基礎となる金額 (16)－(17)	18					
当期分の普通償却限度額 平成19年3月31日以前取得分 旧定額法	旧定額法による償却額計算の基礎となる金額 $(9)-(9)\times\frac{10}{100}$	19					
	旧定額法の償却率	20					
旧定率法	旧定率法による償却額計算の基礎となる金額 (18)	21	円	円	円	円	円
	旧定率法の償却率	22					
	算出償却額 ((19)×(20))又は((21)×(22))	23	円	円	円	円	円
平成19年4月1日以後取得分 定額法	定額法による償却額計算の基礎となる金額 (9)	24					
	定額法の償却率	25					
定率法	定率法による償却額計算の基礎となる金額 (18)	26	円	円	円	円	円
	定率法の償却率	27					
	算出償却額 ((24)×(25))又は((26)×(27))	28	円	円	円	円	円
当期分の償却限度額	当期分の普通償却限度額 (23)又は(28)	29					
	特別償却限度額	30	(　) 外	(　) 外	(　) 外	(　) 外	(　) 外
	前期から繰り越した特別償却不足額又は合併等特別償却不足額	31					
	合計 (29)＋(30)＋(31)	32					
	差引取得価額×50％　$(9)\times\frac{50}{100}$	33					
	当期償却可能限度額	34					
	当期の通常償却額 ((32)又は(34)のうち少ない金額)	35					
	取り替えた新たな資産に係る損金算入額	36					
	償却限度額 (35)＋(36)	37					
当期償却額		38					
差引	償却不足額 (37)－(38)	39					
	償却超過額 (38)－(37)	40					
償却超過額	前期からの繰越額	41	外	外	外	外	外
	当期損金認容額 償却不足によるもの	42					
	当期損金認容額 積立金取崩しによるもの	43					
	差引合計翌期への繰越額 (40)＋(41)－(42)－(43)	44					
特別償却不足額	翌期に繰り越すべき特別償却不足額 (((39)－(42))と((30)＋(31))のうち少ない金額)	45					
	当期において切り捨てる特別償却不足額又は合併等特別償却不足額	46					
	差引翌期への繰越額 (45)－(46)	47					
	翌期への繰越額の内訳 ・・	48					
	翌期への繰越額の内訳 当期分不足額	49					
適格組織再編成により引き継ぐべき合併等特別償却不足額 (((39)－(42))と(30)のうち少ない金額)		50					

備考

少額減価償却資産の取得価額の損金算入の特例に関する明細書

事業年度	・・ ・・	法人名	

別表十六(七) 令五・四・一以後終了事業年度分

資産区分	種類	1					
	構造	2					
	細目	3					
	事業の用に供した年月	4					
取得価額	取得価額又は製作価額	5	円	円	円	円	円
	法人税法上の圧縮記帳による積立金計上額	6					
	差引改定取得価額 (5)－(6)	7					
資産区分	種類	1					
	構造	2					
	細目	3					
	事業の用に供した年月	4					
取得価額	取得価額又は製作価額	5	円	円	円	円	円
	法人税法上の圧縮記帳による積立金計上額	6					
	差引改定取得価額 (5)－(6)	7					
資産区分	種類	1					
	構造	2					
	細目	3					
	事業の用に供した年月	4					
取得価額	取得価額又は製作価額	5	円	円	円	円	円
	法人税法上の圧縮記帳による積立金計上額	6					
	差引改定取得価額 (5)－(6)	7					
当期の少額減価償却資産の取得価額の合計額 ((7)の計)		8	円				

別表十六(八) 令五・四・一以後終了事業年度分

一括償却資産の損金算入に関する明細書

事業年度	・・ ・・	法人名	

事業の用に供した事業年度		1	・・ ・・	・・ ・・	・・ ・・	・・ ・・	・・ ・・	(当期分)
同上の事業年度において事業の用に供した一括償却資産の取得価額の合計額		2	円	円	円	円	円	円
当期の月数 (事業の用に供した事業年度の中間申告の場合は、当該事業年度の月数)		3	月	月	月	月	月	月
当期分の損金算入限度額 $(2) \times \frac{(3)}{36}$		4	円	円	円	円	円	円
当期損金経理額		5						
差引	損金算入不足額 (4) − (5)	6						
	損金算入限度超過額 (5) − (4)	7						
損金算入限度超過額	前期からの繰越額	8						
	同上のうち当期損金認容額 ((6)と(8)のうち少ない金額)	9						
	翌期への繰越額 (7) + (8) − (9)	10						

特別償却準備金の損金算入に関する明細書

事業年度	・・ ・・	法人名	

別表十六(九) 令五・四・一以後終了事業年度分

資産区分	特別償却に関する規定の該当条項	1	第　条第　項 第　号	第　条第　項 第　号	第　条第　項 第　号	計
	種類	2				
	構造、用途、設備の種類又は区分	3				
	細目	4				
	事業の用に供した年月	5				
	耐用年数等	6	年	年	年	
当期積立額		7	円	円	円	円
当期積立限度額	当期の特別償却限度額	8				
	前期から繰り越した積立不足額又は合併等特別償却準備金積立不足額	9				
	積立限度額 (8)＋(9)	10				
差引	積立限度超過額 (7)－(10)	11				
	積立不足額　割増償却の場合 (8)－(7)	12				
	積立不足額　初年度特別償却の場合 (8)－((7)－(9)) ((7)－(9)≦0の場合は(8))	13				
積立不足額	翌期に繰り越すべき積立不足額 (10)－(7)	14				
	当期において切り捨てる積立不足額又は合併等特別償却準備金積立不足額	15				
	差引翌期への繰越額 (14)－(15)	16				
	翌期への繰越額の内訳　・・ ・・	17				
	翌期への繰越額の内訳　当期分 (12)又は(13)	18				
	翌期への繰越額の内訳　計 (17)＋(18)	19				
当期積立額のうち損金算入額 ((7)と(10)のうち少ない金額)		20				
合併等特別償却準備金積立不足額 (8)－(7)		21				
翌期繰越額の計算	積立事業年度	22	・・ ・・	・・ ・・	・・ ・・	
	各積立事業年度の積立額のうち損金算入額	23	円	円	円	円
	期首特別償却準備金の金額	24				
	当期益金算入額　均等益金算入による場合 (23)× ――――― 84、60又は(耐用年数等×12)	25				
	当期益金算入額　同上以外の場合による益金算入額	26				
	当期益金算入額　合計 (25)＋(26)	27				
	期末特別償却準備金の金額 (24)－(27)	28				

税務署受付印

減価償却資産の償却方法の届出書

※整理番号	

令和　年　月　日

税務署長殿

納税地	〒 電話(　　)　　－
(フリガナ)	
法人名等	
法人番号	
(フリガナ)	
代表者氏名	
代表者住所	〒
事業種目	業

連結子法人(届出の対象が連結子法人である場合に限り記載)			※税務署処理欄	
(フリガナ)			整理番号	
法人名等			部門	
本店又は主たる事務所の所在地	〒　　　　(　局　署) 電話(　　)　　－		決算期	
(フリガナ)			業種番号	
代表者氏名				
代表者住所	〒		整理簿	
事業種目	業		回付先	□ 親署 ⇒ 子署 □ 子署 ⇒ 調査課

減価償却資産の償却方法を下記のとおり届け出ます。

記

資産、設備の種類	償却方法	資産、設備の種類	償却方法
建物附属設備			
構築物			
船舶			
航空機			
車両及び運搬具			
工具			
器具及び備品			
機械及び装置			
(　　　)設備			
(　　　)設備			

参考事項	1 新設法人等の場合には、設立等年月日　　令和　年　月　日 2 その他

税理士署名	

※税務署処理欄	部門		決算期		業種番号		番号		整理簿		備考		通信日付印	年 月 日	確認	

04.03改正

(規格A4)

減価償却資産の償却方法の届出書の記載要領等

1　この届出書は、法人が減価償却資産の償却方法を選定しようとする場合に使用するもので、次の区分に応じそれぞれの提出期限までに、その法人（連結子法人にあっては、当該連結子法人に係る連結親法人）が必要事項を記載して提出してください。

区　　　分	提　出　期　限
⑴　普通法人を設立した場合	設立第１期の確定申告書又は連結確定申告書の提出期限（法人税法第 72 条又は第 144 条の４の規定による仮決算をした場合の中間申告書を提出するときはその中間申告書の提出期限とし、所得税法等の一部を改正する法律（令和２年法律第８号）による改正前の法人税法（以下「令和２年旧法人税法」といいます。）第 81 条の 20 の規定による仮決算をした場合の連結中間申告書を提出するときはその連結中間申告書の提出期限とします。以下この表において同じです。）
⑵　公益法人等及び人格のない社団等が新たに収益事業を開始した場合	新たに収益事業を開始した日の属する事業年度の確定申告書の提出期限
⑶　公共法人が収益事業を行う公益法人等に該当することとなった場合	当該公益法人等に該当することとなった日の属する事業年度の確定申告書の提出期限
⑷　公共法人又は収益事業を行っていない公益法人等が普通法人又は協同組合等に該当することとなった場合	当該普通法人又は協同組合等に該当することとなった日の属する事業年度の確定申告書の提出期限
⑸　設立後（上記⑵の場合は収益事業開始後、上記⑶の場合は当該公益法人等に該当することとなった後、上記⑷の場合は当該普通法人又は協同組合等に該当することとなった後）既に償却方法を選定している減価償却資産以外の減価償却資産を取得した場合	その減価償却資産を取得した日の属する事業年度又は連結事業年度の確定申告書又は連結確定申告書の提出期限
⑹　新たに事業所を設けた法人で、その事業所に属する減価償却資産につき、その減価償却資産と同一区分の減価償却資産について既に採用している償却方法と異なる償却方法を選定しようとする場合又は既に事業所ごとに異なった償却方法を採用している場合	新たに事業所を設けた日の属する事業年度又は連結事業年度の確定申告書又は連結確定申告書の提出期限
⑺　新たに船舶の取得をした法人で、その船舶につき、その船舶以外の船舶について既に採用している償却方法と異なる償却方法を選定しようとする場合又は既に船舶ごとに異なった償却方法を採用している場合	新たに船舶の取得をした日の属する事業年度又は連結事業年度の確定申告書又は連結確定申告書の提出期限

（注）外国法人については、法人税法施行令第 184 条第５項の規定によって提出してください。

2　この届出書は、納税地の所轄税務署長に１通（調査課所管法人にあっては２通）提出してください。

この場合、事業所別に償却方法を選定して届け出るときには、事業所別に届出書を別葉に作成して提出してください。

なお、鉱業権（試掘権を除きます。）及び坑道については、この届出書のほかに減価償却資産の耐用年数等に関する省令（以下「耐用年数省令」といいます。）第１条第２項に定める鉱業権及び坑道の耐用年数の認定申請書を提出することが必要ですからご注意ください。

3　減価償却資産の償却方法の選定は、一般減価償却資産、鉱業用減価償却資産及び鉱業権の別に、かつ、耐用年数省令に定める区分ごとに、また、２以上の事業所又は船舶を有する法人は事業所又は船舶ごとに行うことができることとなっていますから、その区別ごとに償却方法を定めて明確に記入してください。

（注）1　平成 28 年４月１日以後に取得した建物附属設備及び構築物並びに平成 19 年４月１日以後に取得した建物、法人税法施行令第 13 条第８号に掲げる無形固定資産及び同条第９号に掲げる生物の償却方法は、鉱業用減価償却資産、鉱業権及びリース資産に該当するものを除き、定額法によることとされていますので、償却方法の届出を要しません。

2　鉱業用減価償却資産とは、鉱業経営上直接必要な減価償却資産で、鉱業の廃止により著しくその価値を減ずるものをいいます。

4　各欄は、次により記入してください。

(1)　「連結子法人」欄には、この届出の対象が連結子法人である場合における当該連結子法人の「法人名等」、「本店又は主たる事務所の所在地」、「代表者氏名」、「代表者住所」及び「事業種目」を記載してください。

(2)　「資産、設備の種類」欄には、次の区分ごとに所有する減価償却資産の種類を記入してください。

この場合、機械及び装置については、耐用年数省令別表第二の番号を（　　）内に記載してください。

また、鉱業用減価償却資産を有する場合には、一般の減価償却資産と区別して鉱業用資産と明示するとともに、平成 28 年４月１日以後に取得したものと同日前に取得したもので区別してください。

イ　機械及び装置以外の減価償却資産については、耐用年数省令別表第一に規定する種類（この欄に既に表示されている７つの種類）ごと。

ロ　機械及び装置については、耐用年数省令別表第二に規定する設備の種類ごと。

ハ　公害防止の用に供されている減価償却資産については、耐用年数省令別表第五に規定する種類ごと。

ニ　開発研究の用に供されている減価償却資産については、耐用年数省令別表第六に規定する種類ごと。
ホ　坑道及び鉱業権（試掘権を除きます。）については、当該坑道及び鉱業権に係る耐用年数省令別表第二に規定する設備の種類ごと。
ヘ　試掘権については、当該試掘権に係る耐用年数省令別表第二に規定する設備の種類ごと。
(3)「償却方法」欄には、「資産、設備の種類」に記載した区分に応じて、採用しようとする旧定額法、旧定率法若しくは旧生産高比例法又は定額法、定率法若しくは生産高比例法の別を記入してください。
(4)「税理士署名」欄は、この届出書を税理士又は税理士法人が作成した場合に、その税理士等が署名してください。
(5)「※」欄は、記載しないでください。

5　留意事項

○　法人課税信託の名称の併記

法人税法第2条第29号の2に規定する法人課税信託の受託者がその法人課税信託について、国税に関する法律に基づき税務署長等に申請書等を提出する場合には、申請書等の「法人名等」の欄には、受託者の法人名又は氏名のほか、その法人課税信託の名称を併せて記載してください。

特別な償却方法の承認申請書

税務署受付印

※整理番号

令和　年　月　日

税務署長殿

納税地	〒 電話(　　)　　－
(フリガナ) 法人名等	
法人番号	
(フリガナ) 代表者氏名	
代表者住所	〒
事業種目	業

連結子法人(申請の対象が連結子法人である場合に限り記載)

(フリガナ) 法人名等	
本店又は主たる事務所の所在地	〒　（　局　署） 電話（　）　－
(フリガナ) 代表者氏名	
代表者住所	〒
事業種目	業

※税務署処理欄

整理番号	
部門	
決算期	
業種番号	
整理簿	
回付先	□ 親署 ⇒ 子署 □ 子署 ⇒ 調査課

次の資産の減価償却については、特別な償却方法によりたいので申請します。

承認を受けようとする特別な償却方法等		
種類	1	
構造又は用途	2	
細目	3	
耐用年数	4	
取得価額	5	
帳簿価額	6	
所在する場所	7	

承認を受けようとする特別な償却方法

特別な償却方法を採用しようとする理由

期中取得資産の償却方法	第　1　号	第　2　号

税理士署名	

※税務署処理欄	部門		決算期		業種番号		番号		整理簿		備考	

（規格A4）

04.03改正

特別な償却方法の承認申請書の記載要領等

1　この申請書は、法人が減価償却資産の減価償却を旧定額法、旧定率法、旧生産高比例法、定額法、定率法又は生産高比例法以外の特別な償却方法により行おうとする場合に、その法人（連結子法人にあっては、当該連結子法人に係る連結親法人）が必要事項を記載して提出してください。

（注）取替法又は特別な償却率により償却を行っている減価償却資産についてはこの申請の対象となりません。

2　この申請書は、納税地の所轄税務署長に２通提出してください。

3　申請書の各欄は、次により記載してください。

(1)「連結子法人」欄には、この申請の対象が連結子法人である場合における当該連結子法人の「法人名等」、「本店又は主たる事務所の所在地」、「代表者氏名」、「代表者住所」及び「事業種目」を記載してください。

(2)「種類１」欄には、特別な償却方法により減価償却を行おうとする資産について、法人税法施行規則第 14 条に掲げる償却の方法の選定の単位ごとにその種類（設備の種類を含みます。）を記載してください。

(3)　特別な償却方法は、前記の「種類」につき構造、用途又は細目の区分が定められているものについては、その構造、用途又は細目の区分ごとに、かつ、耐用年数の異なるものについてはその異なるものごとに選定できることに取り扱われていますので、この取扱いによる場合は、「構造又は用途２」、「細目３」及び「耐用年数４」の各欄に減価償却資産の耐用年数等に関する省令に定める構造、用途、細目及び耐用年数を記載してください。

(4)「承認を受けようとする特別な償却方法」欄には、その採用しようとする特別な償却方法を算式等により明細に記載してください。

なお、記載しきれない場合には、別紙に記載して添付してください。

(5)「特別な償却方法を採用しようとする理由」欄には、特別な償却方法を採用しようとする理由を詳細に記載してください。

なお、記載しきれない場合には、別紙に記載して添付してください。

(6)「期中取得資産の償却方法」欄には、その採用しようとする特別な償却の方法が法人税法施行令第 59 条第１項第１号又は第２号（事業年度の中途で事業の用に供した減価償却資産の償却限度額の特例）に掲げる償却限度額の特例のいずれに類するかにより該当する文字を○で囲んでください。

（注）　承認を受けようとする特別な償却の方法が旧定額法、旧定率法、定額法、定率法又は取替法に類する場合……………………………………………………………………第１号

承認を受けようとする特別な償却の方法が旧生産高比例法又は生産高比例法に類する場合………………………………………………………………………………………第２号

(7)「税理士署名」欄は、この申請書を税理士又は税理士法人が作成した場合に、その税理士等が署名してください。

(8)「※」欄は、記載しないでください。

4　留意事項

○　法人課税信託の名称の併記

法人税法第２条第 29 号の２に規定する法人課税信託の受託者がその法人課税信託について、国税に関する法律に基づき税務署長等に申請書等を提出する場合には、申請書等の「法人名等」の欄には、受託者の法人名又は氏名のほか、その法人課税信託の名称を併せて記載してください。

税務署受付印

取替法採用承認申請書

※整理番号	

令和　年　月　日

税務署長殿

納税地	〒 電話(　　)　　－
(フリガナ) 法人名等	
法人番号	
(フリガナ) 代表者氏名	
代表者住所	〒
事業種目	業

連結子法人(申請の対象が連結子法人である場合に限り記載)			※税務署処理欄	
(フリガナ) 法人名等			整理番号	
本店又は主たる事務所の所在地	〒　（　局　署） 電話（　）　－		部門	
			決算期	
(フリガナ) 代表者氏名			業種番号	
代表者住所	〒		整理簿	
事業種目	業		回付先	□ 親署 ⇒ 子署 □ 子署 ⇒ 調査課

自 令和　年　月　日
至 令和　年　月　日　事業年度から、次の資産の減価償却については、取替法によりたいので申請します。

取替法を採用しようとする減価償却資産の明細				
取替資産の名称	1			
同上の法人税法施行規則第10条各号の区分	2			
所在する場所	3			
数量	4			
取得価額	5	千円	千円	千円
帳簿価額	6	千円	千円	千円

参考事項

税理士署名	

※税務署処理欄	部門		決算期		業種番号		番号		整理簿		備考		通信日付印	年 月 日	確認	

04.03 改正

（規格A4）

取替法採用承認申請書の記載要領等

1　この申請書は、法人が法人税法施行規則（以下「法規」といいます。）第10条各号に掲げる資産の減価償却を取替法により行おうとする場合に、その法人（連結子法人にあっては、当該連結子法人に係る連結親法人）が必要事項を記載して提出してください。
2　この申請書は、取替法を採用しようとする事業年度又は連結事業年度開始の日の前日までに、納税地の所轄税務署長に１通（調査課所管法人にあっては２通）提出してください。
3　申請書の各欄は、次により記載してください。
(1)　「連結子法人」欄には、この申請の対象が連結子法人である場合における当該連結子法人の「法人名等」、「本店又は主たる事務所の所在地」、「代表者氏名」、「代表者住所」及び「事業種目」を記載してください。
(2)　申請本文の（自令和　年　月　日　至令和　年　月　日　事業年度から）について、連結親法人がこの申請書を提出する場合は、（自令和　年　月　日　至令和　年　月　日　連結事業年度から）と読み替えて記載してください。
(3)　「取替資産の名称１」欄には、取替法を採用しようとする資産について法規第10条各号に掲げる資産の異なるものごと（当該取替資産で種類及び品質を異にするものがあるときは、その種類及び品質の異なるものごと）に、その名称を記載してください。
(4)　「同上の法人税法施行規則第10条各号の区分２」欄には、(3)の資産の法規第10条各号の区分を記載してください。
(5)　「所在する場所３」欄には、(3)の資産の所在する場所の名称、路線名等を記載してください。
(6)　「数量４」、「取得価額５」及び「帳簿価額６」の各欄には、(3)の資産の取替法を採用しようとする事業年度開始の時における数量、取得価額（昭和27年12月31日以前に取得された取替資産については、その取得価額にその取得の時期に応じて定められた資産再評価法別表第三の倍数を乗じて計算した金額）及び帳簿価額の合計額を記載してください。
(7)　「参考事項」欄には、(3)の資産について１年間で使用に耐えなくなって取り替える見込みの数量等取替資産について参考となるべき事項を記載してください。
(8)　「税理士署名」欄は、この申請書を税理士又は税理士法人が作成した場合に、その税理士等が署名してください。
(9)　「※」欄は、記載しないでください。
4　留意事項
○　法人課税信託の名称の併記
法人税法第２条第29号の２に規定する法人課税信託の受託者がその法人課税信託について、国税に関する法律に基づき税務署長等に申請書等を提出する場合には、申請書等の「法人名等」の欄には、受託者の法人名又は氏名のほか、その法人課税信託の名称を併せて記載してください。

税務署受付印

リース賃貸資産の償却方法に係る旧リース期間定額法の届出書

※整理番号	

令和　年　月　日	納税地	〒 電話(　　)　　―
	(フリガナ) 法人名等	
	法人番号	
	(フリガナ) 代表者氏名	
	代表者住所	〒
税務署長殿	事業種目	業

連結子法人(届出の対象が連結子法人である場合に限り記載)			※税務署処理欄	
(フリガナ) 法人名等			整理番号	
本店又は主たる事務所の所在地	〒　　　(　　局　　署) 電話(　　)　　―		部門	
			決算期	
(フリガナ) 代表者氏名			業種番号	
代表者住所	〒		整理簿	
事業種目	業		回付先	□ 親署 ⇒ 子署 □ 子署 ⇒ 調査課

リース賃貸資産について旧リース期間定額法を採用することを下記のとおり届け出ます。

記

資産、設備の種類	改定取得価額の合計額	資産、設備の種類	改定取得価額の合計額
建物			
建物附属設備			
構築物			
船舶			
航空機			
車両及び運搬具			
工具			
器具及び備品			
機械及び装置			
(　　　)設備			

参考事項	
	1　採用する事業年度　自 令和　年　月　日 至 令和　年　月　日 2　その他

税理士署名	

※税務署処理欄	部門		決算期		業種番号		番号		整理簿		備考	

04.03改正

(規格A4)

リース賃貸資産の償却方法に係る旧リース期間定額法の届出書の記載要領等

1　この届出書は、法人が法人税法施行令第 49 条の 2 の規定に基づき、リース賃貸資産（法人税法施行令第 48 条第 1 項第 6 号に規定する改正前リース取引の目的とされている減価償却資産（同号に規定する国外リース資産を除きます。））の償却方法に旧リース期間定額法を選定しようとする場合に使用するもので、その旧リース期間定額法を採用しようとする事業年度又は連結事業年度の確定申告書又は連結確定申告書の提出期限（法人税法第 72 条に規定する仮決算をした場合の中間申告書を提出するときは、その中間申告書の提出期限とし、所得税法等の一部を改正する法律（令和２年法律第８号）による改正前の法人税法第 81 条の 20 の規定による仮決算をした場合の連結中間申告書を提出するときは、その連結中間申告書の提出期限とします。）までに、その法人（連結子法人にあっては、当該連結子法人に係る連結親法人）が必要事項を記載して提出してください。

2　この届出書は、納税地の所轄税務署長に１通（調査課所管法人にあっては２通）提出してください。

3　各欄は、次により記入してください。

(1)「連結子法人」欄には、この届出の対象が連結子法人である場合における当該連結子法人の「法人名等」、「本店又は主たる事務所の所在地」、「代表者氏名」、「代表者住所」及び「事業種目」を記載してください。

(2)「資産、設備の種類」欄には、リース賃貸資産について、次の区分ごとにその資産の種類を記入してください。

この場合、機械及び装置については、減価償却資産の耐用年数等に関する省令（以下「耐用年数省令」といいます。）別表第二又は別表第五の番号を（　　）内に記載してください。また、鉱業用減価償却資産を有する場合には、一般の減価償却資産と区別して鉱業用資産と明示してください。

イ　機械及び装置以外の減価償却資産については、耐用年数省令別表第一に規定する種類（この欄に既に表示されている８つの種類）ごと。

ロ　機械及び装置については、耐用年数省令別表第二に規定する設備の種類ごと。

ハ　公害防止の用に供されている減価償却資産については、耐用年数省令別表第五に規定する種類ごと。

ニ　開発研究の用に供されている減価償却資産については、耐用年数省令別表第六に規定する種類ごと。

ホ　坑道及び鉱業権（試掘権を除きます。）については、当該坑道及び鉱業権に係る耐用年数省令別表第二に規定する設備の種類ごと。

ヘ　試掘権については、当該試掘権に係る耐用年数省令別表第二に規定する設備の種類ごと。

(3)「改定取得価額の合計額」欄には、区分された資産の種類ごとにリース賃貸資産の改定取得価額（法人税法施行令第 49 条の２第３項に規定する「改定取得価額」をいいます。）の合計額を記載します。

(4)「税理士署名」欄は、この届出書を税理士又は税理士法人が作成した場合に、その税理士等が署名してください。

(5)「※税務署処理欄」には、何も記載しないでください。

4　留意事項

○　法人課税信託の名称の併記

法人税法第２条第 29 号の２に規定する法人課税信託の受託者がその法人課税信託について、国税に関する法律に基づき税務署長等に申請書等を提出する場合には、申請書等の「法人名等」の欄には、受託者の法人名又は氏名のほか、その法人課税信託の名称を併せて記載してください。

特別な償却率の認定申請書

※整理番号	

税務署受付印

令和　年　月　日

国税局長殿

納税地	〒 電話(　)　―
(フリガナ) 法人名等	
法人番号	
(フリガナ) 代表者氏名	
代表者住所	〒
事業種目	業

連結子法人(申請の対象が連結子法人である場合に限り記載)			※税務署処理欄	
	(フリガナ) 法人名等		整理番号	
	本店又は主たる事務所の所在地	〒　(　局　署) 電話(　)　―	部門	
			決算期	
	(フリガナ) 代表者氏名		業種番号	
	代表者住所	〒	整理簿	
	事業種目	業	回付先	□ 親署 ⇒ 子署 □ 子署 ⇒ 調査課

次の資産の減価償却については、特別な償却率によりたいので申請します。

認定を受けようとする特別な償却率等の明細			
種類	1		
構造又は用途	2		
細目	3		
名称	4		
所在する場所	5		
数量	6		
取得価額	7	千円	千円
帳簿価額	8	千円	千円
認定を受けようとする償却率	9		

参考事項

認定を受けようとする償却率の算定の基礎

税理士署名	

※税務署処理欄	部門		決算期		業種番号		番号		整理簿		備考	

(規格A4)

04.03改正

特別な償却率の認定申請書の記載要領等

1　この申請書は、法人が漁網、活字に常用されている金属その他法人税法施行規則（以下「法規」といいます。）第12条各号に掲げる資産の減価償却を特別な償却率により行おうとする場合に、その法人（連結子法人にあっては、当該連結子法人に係る連結親法人）が必要事項を記載して提出してください。

2　この申請書は、納税地の所轄税務署長を経由して国税局長に2通提出してください。

3　申請書の各欄は、法規第12条各号に掲げる資産の異なるごと、かつ、認定を受けようとする償却率の異なるごとに、次により記載してください。

(1)「連結子法人」欄には、この申請の対象連結子法人である場合における当該連結子法人の「法人名等」、「本店又は主たる事務所の所在地」、「代表者氏名」、「代表者住所」及び「事業種目」を記載してください。

(2)「種類1」、「構造又は用途2」及び「細目3」の各欄には、特別な償却率により減価償却を行おうとする資産の減価償却資産の耐用年数等に関する省令別表第一に掲げる種類、構造又は用途及び細目を記載してください。

(3)「名称4」欄には、法規第12条各号に掲げる資産の名称を記載してください。

(4)「所在する場所5」欄には、その所在する事業場名及びその所在地を記載してください。

(5)「数量6」、「取得価額7」及び「帳簿価額8」の各欄には、申請書を提出する日の属する事業年度又は連結事業年度開始の日における(4)の資産の数量、取得価額の合計額及び帳簿価額の合計額を記載してください。

(6)「認定を受けようとする償却率9」欄には、(4)の資産について認定を受けようとする償却率を記載してください。

(7)「認定を受けようとする償却率の算定の基礎」欄には、認定を受けようとする償却率の算定の根拠、算出の過程等を詳細に、かつ、具体的に記載してください。

　なお、記載しきれない場合には、別紙に記載して添付してください。

(8)「税理士署名」欄は、この申請書を税理士又は税理士法人が作成した場合に、その税理士等が署名してください。

(9)「※」欄は、記載しないでください。

4　留意事項

○　法人課税信託の名称の併記

　法人税法第2条第29号の2に規定する法人課税信託の受託者がその法人課税信託について、国税に関する法律に基づき税務署長等に申請書等を提出する場合には、申請書等の「法人名等」の欄には、受託者の法人名又は氏名のほか、その法人課税信託の名称を併せて記載してください。

減価償却資産の償却方法の変更承認申請書

税務署受付印

※整理番号	

令和　年　月　日

税務署長殿

納税地	〒 電話(　　)　　－
(フリガナ) 法人名等	
法人番号	
(フリガナ) 代表者氏名	
代表者住所	〒
事業種目	業

連結子法人(申請の対象が連結子法人である場合に限り記載)			※税務署処理欄	
	(フリガナ) 法人名等		整理番号	
	本店又は主たる事務所の所在地	〒　　　(　　局　　署) 電話(　　)　　－	部門	
			決算期	
	(フリガナ) 代表者氏名		業種番号	
	代表者住所	〒	整理簿	
	事業種目	業	回付先	□ 親署 ⇒ 子署 □ 子署 ⇒ 調査課

自 令和　年　月　日
至 令和　年　月　日　事業年度から減価償却資産の償却方法を下記のとおり変更したいので申請します。

記

資産、設備の種類	現によっている償却方法	現によっている償却方法を採用した年月日	採用しようとする新たな償却方法
		年　月　日	
		年　月　日	
		年　月　日	
		年　月　日	
		年　月　日	
		年　月　日	

変更しようとする理由	

税理士署名	

※税務署処理欄	部門		決算期		業種番号		番号		整理簿		備考		通信日付印	年　月　日	確認	

(規格A4)

04.03改正

減価償却資産の償却方法の変更承認申請書の記載要領等

1　この申請書は、法人が既に選定している減価償却資産の償却方法を変更しようとする場合に、その法人（連結子法人にあっては、当該連結子法人に係る連結親法人）が必要事項を記載して提出してください。

なお、償却方法の変更承認申請は、法人が既に選定した減価償却資産の償却方法を、その取得の時期に応じて選定可能な他の償却方法に変更しようとする場合のほか、取替法若しくは特別な償却率による償却方法を定率法等に変更しようとする場合又は取替資産について既に選定した償却方法をいずれか他の償却方法に変更しようとする場合にも必要ですから注意してください。

（注）　鉱業権（試掘権を除く。）及び坑道について、生産高比例法から他の償却方法に変更しようとする場合には、この申請書のほかに「採掘権、租鉱権、採石権又は坑道の耐用年数の認定申請書」を提出しなければなりません。

2　この申請書は、新たな償却方法を採用しようとする事業年度開始の日の前日までに、納税地の所轄税務署長に1通（調査課所管法人にあっては2通）提出してください。

この場合、事業所別に償却方法を選定しているものにつき、その償却方法の変更を届け出るときには、事業所別に申請書を別葉に作成して提出してください。

3　減価償却資産の償却方法の選定は、減価償却資産の取得の時期に応じて、一般減価償却資産、鉱業用減価償却資産及び鉱業権の別に、かつ、減価償却資産の耐用年数等に関する省令（以下「耐用年数省令」といいます。）に定める区分ごとに、また、2以上の事業所又は船舶を有する法人は事業所又は船舶ごとに行うことができることとなっていますから、償却方法を変更しようとする場合もその区別ごとに償却方法を変更するかどうかを定めて、変更しようとする当該区別ごとの資産、設備だけについて明確に記入してください。

4　各欄は、次により記入してください。

(1)　「連結子法人」欄には、この申請の対象が連結子法人である場合における当該連結子法人の「法人名等」、「本店又は主たる事務所の所在地」、「代表者氏名」、「代表者住所」及び「事業種目」を記載してください。

(2)　申請本文の（自令和　年　月　日／至令和　年　月　日　事業年度から）について、連結親法人がこの申請書を提出する場合は、（自令和　年　月　日／至令和　年　月　日　連結事業年度から）と読み替えて記載してください。

(3)　「資産、設備の種類」欄には、選定する減価償却資産の償却方法に応じた減価償却資産の区分及び次の区分にしたがって減価償却資産の種類を記入してください。

なお、鉱業用減価償却資産について変更しようとする場合には、一般の減価償却資産と区別して鉱業用資産と明示するとともに、平成28年4月1日以後に取得したものと、同日前に取得したもので区別してください。

この場合、機械及び装置については、耐用年数省令別表第二の番号を（　）内に記載してください。

イ　機械及び装置以外の減価償却資産については、耐用年数省令別表第一に規定する種類（建物、建物附属設備、構築物、船舶、航空機、車両運搬具、工具、器具備品）ごと。

ロ　機械及び装置については、耐用年数省令別表第二に規定する設備の種類ごと。

ハ　公害防止の用に供されている減価償却資産については、耐用年数省令別表第五に規定する種類ごと。

ニ　開発研究の用に供されている減価償却資産については、耐用年数省令別表第六に規定する種類ごと。

ホ　坑道及び鉱業権（試掘権を除く。）については、当該坑道及び鉱業権に係る耐用年数省令別表第二に規定する設備の種類ごと。

ヘ　試掘権については、当該試掘権に係る耐用年数省令別表第二に規定する設備の種類ごと。

(4)「現によっている償却方法」欄には、現在採用している償却方法（償却方法の届出を行わなかった等のため、法定償却方法によることとされている減価償却資産については、その償却方法。以下同じ。）を記入してください。

(5)　「現によっている償却方法を採用した年月日」欄には、現在採用している償却方法を採用した事業年度又は連結事業年度の開始の日を記入してください。

(6)「採用しようとする新たな償却方法」欄には、これから採用しようとする償却方法を記入してください。

(7)「税理士署名」欄は、この申請書を税理士又は税理士法人が作成した場合に、その税理士等が署名してください。

(8)「※」欄は記載しないでください。

5　留意事項

○　法人課税信託の名称の併記

法人税法第２条第 29 号の２に規定する法人課税信託の受託者がその法人課税信託について、国税に関する法律に基づき税務署長等に申請書等を提出する場合には、申請書等の「法人名等」の欄には、受託者の法人名又は氏名のほか、その法人課税信託の名称を併せて記載してください。

税務署受付印

耐用年数の短縮の承認申請書

※整理番号	

令和　年　月　日

国税局長殿

納税地	〒 電話(　　)　　―
(フリガナ) 法人名等	
法人番号	
(フリガナ) 代表者氏名	
代表者住所	〒
事業種目	業

連結子法人（申請の対象が連結子法人である場合に限り記載）			※税務署処理欄	
(フリガナ) 法人名等			整理番号	
本店又は主たる事務所の所在地	〒　　（　局　署） 電話（　　）　―		部門	
			決算期	
(フリガナ) 代表者氏名			業種番号	
代表者住所	〒		整理簿	
事業種目	業		回付先	□ 親署 ⇒ 子署 □ 子署 ⇒ 調査課

次の減価償却資産については、耐用年数の短縮の承認を申請します。

申請の事由		1	
資産の種類及び名称		2	
同上の資産の	所在する場所	3	
	承認を受けようとする使用可能期間	4	
	承認を受けようとする未経過使用可能期間	5	
	法定耐用年数	6	
使用可能期間が法定耐用年数に比して著しく短い事由及びその事実の概要		7	
参考となるべき事項		8	

税理士署名	

※税務署処理欄	部門		決算期		業種番号		番号		整理簿		備考	

（規格A4）

04.03改正

耐用年数の短縮の承認申請書の記載要領等

1　この申請書は、法人が耐用年数の短縮の承認を受けようとする場合に、その法人（連結子法人にあっては、当該連結子法人に係る連結親法人）が必要事項を記載して提出してください。
2　この申請書は、納税地の所轄税務署長を経由して所轄国税局長に２通提出してください。
　なお、この申請に係る耐用年数の短縮の規定については、所轄国税局長から書面による承認の通知があった日の属する事業年度又は連結事業年度から適用できます。
3　申請書の各欄は、次により記載してください。
(1)　「連結子法人」欄には、この申請の対象が連結子法人である場合における当該連結子法人の「法人名等」、「本店又は主たる事務所の所在地」、「代表者氏名」、「代表者住所」及び「事業種目」を記載してください。
(2)　「申請の事由１」欄には、耐用年数の短縮の承認を受けようとする減価償却資産（以下「申請資産」といいます。）のその申請の事由が、法人税法施行令第 57 条第１項第１号から第６号まで及び法人税法施行規則第 16 条各号に掲げる事由のいずれの事由に該当するかの区分を記載してください。
(3)　「資産の種類及び名称２」欄には、申請資産につき、減価償却資産の耐用年数等に関する省令別表に掲げる種類又は設備の種類及びその名称を記載してください。
(4)　「同上の資産の（３～６）」欄には、申請資産につき、その所在する事業所名及び所在地、承認を受けようとする使用可能期間の年数、未経過使用可能期間の年数及び法定耐用年数をそれぞれ記載してください。
(5)　「使用可能期間が法定耐用年数に比して著しく短い事由及びその事実の概要７」欄には、実際の耐用年数が法定耐用年数に比し著しく短いことについての具体的な事由及びその事実の概要を記載してください。
(6)　「税理士署名」欄は、この申請書を税理士又は税理士法人が作成した場合に、その税理士等が署名してください。
(7)　「※」欄は、記載しないでください。
4　申請書の提出にあたっては、次の書類を添付してください。
(1)　「承認を受けようとする使用可能期間及び未経過使用可能期間の算定の明細書」
(2)　申請資産の取得価額が確認できる資料（例：請求書等）
(3)　個々の資産の内容及び使用可能期間が確認できる資料
　（例：見積書、仕様書、メーカー作成資料等）
(4)　申請資産の状況が明らかとなる資料（例：写真、カタログ、設計図等）
(5)　申請資産がリース物件の場合、貸与を受けている者の用途等が確認できる書類
　（例：リース契約書の写し、納品書の写し等）
5　留意事項
○　法人課税信託の名称の併記
　法人税法第２条第 29 号の２に規定する法人課税信託の受託者がその法人課税信託について、国税に関する法律に基づき税務署長等に申請書等を提出する場合には、申請書等の「法人名等」の欄には、受託者の法人名又は氏名のほか、その法人課税信託の名称を併せて記載してください。

（規格A4）

承認を受けようとする使用可能期間及び未経過使用可能期間の算定の明細書

番号	種類（設備の種類を含む。）	構造又は用途	細目（個々の資産の名称）	数量	法定耐用年数	取得価額	承認を受けようとする使用可能期間の算定の基礎			年要償却額 $\frac{g}{j}$	経過期間に係る償却費相当額（h×k）	未経過期間対応償却基礎価額（g－l）	算出使用可能期間 $\frac{g\text{の計}}{k\text{の計}}$	承認を受けようとする使用可能期間	算出未経過使用可能期間 $\frac{m\text{の計}}{k\text{の計}}$	承認を受けようとする未経過使用可能期間	取得年月	帳簿価額	所在地
							経過年数	その後の使用可能期間	計										
a	b	c	d	e	f	g	h	i	j	k	l	m	n	o	p	q	r	s	t
						千円	年 月 .	年 月 .										千円	
							.	.											
							.	.											
							.	.											
							.	.											
							.	.											
							.	.											
							.	.											
							.	.											
							.	.											
							.	.											
							.	.											
							.	.											
計																			

03.06改正

承認を受けようとする使用可能期間及び未経過使用可能期間の算定の明細書の記載要領等

1　「番号ａ」欄には、一連番号を付してください。

2　「種類（設備の種類を含む。）ｂ」及び「構造又は用途ｃ」の各欄には、申請資産の減価償却資産の耐用年数等に関する省令（以下「耐用年数省令」といいます。）別表に掲げる種類、設備の種類及び構造又は用途を記載してください。

3　「細目（個々の資産の名称）ｄ」欄には、申請資産ごと（当該申請資産が総合償却資産（機械及び装置並びに構築物で、当該資産に属する個々の資産の全部につき、その償却の基礎となる価額を個々の資産の全部を総合して定められた耐用年数により償却することとされているものをいう。以下同じ。）である場合には、当該総合償却資産に含まれる個々の資産で、その型式、性能等の仕様及び取得年月の異なるごと、車両及び運搬具又は工具、器具及び備品である場合には、耐用年数省令別表第一の細目に掲げる資産の名称の異なるものごと）にその名称を記載してください。

4　「数量ｅ」欄には、「細目（個々の資産の名称）ｄ」欄の区分ごとの資産の数量を記載してください。

5　「法定耐用年数ｆ」欄には、申請資産について定められている法定耐用年数（当該申請資産が機械及び装置に含まれる個々の資産である場合には、当該機械及び装置について定められている法定耐用年数）を記載してください。

6　「取得価額ｇ」欄には、「細目（個々の資産の名称）ｄ」欄の区分ごとの資産の取得価額（申請資産が機械及び装置であり、申請の理由が法人税法施行規則第16条第２号に掲げる事由及びこれに準ずる同条第３号に掲げる事由に該当するものについては、再取得価額）を記載し、申請資産が総合償却資産である場合には、総合償却資産ごとにその合計額を記載してください。

7　「承認を受けようとする使用可能期間の算定の基礎」欄には、「細目（個々の資産の名称）ｄ」欄の区分ごとの資産につき申請時までの「経過年数ｈ」とその後の実際の「その後の使用可能期間ｉ」の年数を記載し、「計ｊ」欄にはその年数の合計（その合計に１年未満の端数が生じたときはこれを切り捨てます。）を記載してください。

この場合において、機械及び装置に含まれる資産で、耐用年数の短縮の事実がないものについては、その「計ｊ」欄に当該機械及び装置の法定耐用年数の算定の基礎となった個々の資産の年数（昭和40年４月国税庁公表　「機械装置の個別年数」に掲げる年数）を記載してください。

8　「年要償却額ｋ」欄には、申請資産が総合償却資産である場合に「細目（個々の資産の名称）ｄ」欄の区分ごとの資産について「取得価額ｇ」欄の金額を「計ｊ」欄の年数で除して算出した金額を記載し、総合償却資産ごとにその合計額を記載してください。

9　「経過期間に係る償却費相当額ｌ」欄には、申請資産が総合償却資産である場合に、個々の資産の年要償却額に経過期間の月数（１月に満たない端数を生じたときは、これを１月とします。）を乗じて、これを12で除して計算した金額を記載し、総合償却資産ごとにその合計額を記載してください。

10　「算出使用可能期間ｎ」欄には、申請資産が総合償却資産である場合に、当該総合償却資産の「取得価額ｇ」の金額の合計額を「年要償却額ｋ」の金額の合計額で除して算出した数（小数点１位以下の数は切り捨て、その数が２に満たない場合には２とします。）を記載してください。

11　「承認を受けようとする使用可能期間ｏ」欄には、申請資産が総合償却資産である場合には「算出使用可能期間ｎ」欄に記載した数を、総合償却資産以外の資産である場合には「承認を受けようとする使用可能期間の算定の基礎　計ｊ」欄に記載した年数を記載してください。

12　「算出未経過使用可能期間ｐ」欄には、申請資産が総合償却資産である場合に「未経過期間対応償却基礎価額ｍ」欄の金額の合計額を「年要償却額ｋ」欄の金額の合計額で除して算出した数（小数点１位以下の数は切り捨て、その数が２に満たない場合には２とします。）を記載してください。

13　「承認を受けようとする未経過使用可能期間ｑ」欄には、申請資産が総合償却資産である場合には「算出未経過使用可能期間ｐ」欄に記載した数を、総合償却資産以外の資産である場合には「承認を受けようとする使用可能期間の算定の基礎　その後の使用可能期間ｉ」欄に記載した年数（１年未満の端数は切り捨てます。）を記載してください。

14　「帳簿価額ｓ」欄には、申請資産が総合償却資産である場合には、当該総合償却資産ごとに合計額を記載した行に申請の日の属する事業年度開始の日における帳簿価額を、総合償却資産以外の資産である場合には、当該資産の同日における帳簿価額を記載してください。

15　「所在地ｔ」欄には、その所在する事業所名及び所在地を記載してください。

2通提出（添付書類含む）

税務署受付印

短縮特例承認資産の一部の資産を取り替えた場合の届出書

※整理番号	

令和　年　月　日

国税局長殿

納税地	〒 電話(　　)　　－
(フリガナ)	
法人名等	
法人番号	
(フリガナ)	
代表者氏名	
代表者住所	〒
事業種目	業

連結子法人（届出の対象が連結子法人である場合に限り記載）		※税務署処理欄	
(フリガナ)		整理番号	
法人名等		部門	
本店又は主たる事務所の所在地	〒　　　（　局　署） 電話（　　）　　－	決算期	
(フリガナ)		業種番号	
代表者氏名		整理簿	
代表者住所	〒	備考	□ 子署から送付物有
事業種目	業	回付先	□ 親署 ⇒ 子署 □ 子署 ⇒ 調査課

次の減価償却資産について、法人税法施行令第57条第7項の規定の適用を受けることを下記のとおり届け出ます。

更新資産の取得をした日の属する事業年度	1	自 令和　年　月　日　至 令和　年　月　日	
届出の事由	2	法人税法施行規則第18条第1項 第1号 該当	第2号 該当
みなし承認を受けようとする使用可能期間（付表のo）	3	年	
未経過使用可能期間（付表のp）	4	年	
短縮特例承認資産の種類及び名称	5		
短縮特例承認資産に係る「耐用年数の短縮の承認通知書」の文書番号及び発行年月日	6	法第　　号 平成・令和　年　月　日	※「耐用年数の短縮の承認通知書」の写し及び直前の事業年度に適用を受けた届出書に添付した「更新資産に取り替えた後の使用可能期間の算定の明細書」の写しを添付する場合は、6、7欄を記載する必要はありません。
直前の事業年度に適用を受けた届出書の提出年月日	7	平成・令和　年　月　日	
参考となるべき事項	8		
添付書類	「更新資産に取り替えた後の使用可能期間の算定の明細書」（付表）		

税理士署名	

※税務署処理欄	部門		決算期		業種番号		番号		整理簿		備考		通信日付印	年 月 日	確認	

（規格A4）

04.03改正

短縮特例承認資産の一部の資産を取り替えた場合の届出書の記載要領等

1　この届出書は、法人が既に耐用年数の短縮の承認を受けている資産(以下「短縮特例承認資産」といいます。）の一部についてこれに代わる新たな資産（以下「更新資産」といいます。）と取り替えた場合において、耐用年数の短縮のみなし承認を受けようとするときに、その法人（連結子法人にあっては、当該連結子法人に係る連結親法人）が必要事項を記載して提出してください。

2　この届出書は、納税地の所轄税務署長を経由して所轄国税局長に２通提出してください。

なお、この届出書は更新資産の取得をした日の属する事業年度又は連結事業年度の確定申告書又は連結確定申告書の提出期限（法人税法第 72 条の規定による仮決算をした場合の中間申告書を提出するときはその中間申告書の提出期限とし、所得税法等の一部を改正する法律（令和２年法律第８号）による改正前の法人税法第 81 条の 20 の規定による仮決算をした場合の連結中間申告書を提出するときはその連結中間申告書の提出期限とします。）までに提出する必要があります。

3　届出書の各欄は、次により記載してください。

(1)　「連結子法人」欄には、この届出の対象が連結子法人である場合における当該連結子法人の「法人名等」、「本店又は主たる事務所の所在地」、「代表者氏名」、「代表者住所」及び「事業種目」を記載してください。

(2)　「更新資産の取得をした日の属する事業年度１」欄には、法人税法施行令第 57 条第７項に規定する更新資産を取得した日の属する事業年度又は連結事業年度を記載してください。

(3)　「届出の事由２」欄には、耐用年数の短縮のみなし承認を受けようとする事由が、法人税法施行規則第 18 条第１項各号に掲げる事由のいずれの事由に該当するかについて、該当する号を○で囲んでください。各号の該当事由は次のとおりとされています。

該当号	届　出　の　事　由
第１号	短縮特例承認資産の一部の資産について、種類及び品質を同じくするこれに代わる新たな資産と取り替えた場合
第２号	短縮特例承認資産の一部の資産について、これに代わる新たな資産（その資産の購入の代価又はその資産の建設等のために要した原材料費、労務費及び経費の額並びにその資産を事業の用に供するために直接要した費用の額の合計額がその短縮特例承認資産の取得価額の 10%相当額を超えるものを除きます。）と取り替えた場合であって、その取り替えた後の使用可能期間の年数とその短縮特例承認資産の承認に係る使用可能期間の年数とに差異が生じない場合

【第１号該当の場合】

(4)　第１号該当の場合の届出に当たっては、更新資産が、法人税法施行規則第 18 条第１項第１号に定める要件（更新資産の種類及び品質が取り替えた短縮特例承認資産の一部と同じであること）を満たしている必要がありますので御注意ください。

【第２号該当の場合】

(5)　第２号該当の場合の届出に当たっては、更新資産が、法人税法施行規則第 18 条第１項第２号に定める次の要件をそれぞれ満たしている必要がありますので御注意ください。

イ　更新資産の購入代価等の額が短縮特例承認資産の取得価額の 10%以下であること

具体的には、「更新資産に取り替えた後の使用可能期間の算定の明細書」(以下(5)において「付表」といいます。）のｇの計に内書きした金額が、短縮特例承認資産に係る「承認を受けようとする使用可能期間及び未経過使用可能期間の算定の明細書」（以下(5)において「短縮特例承認資産の明細書」といいます。）(※)のｇの計に記載した金額の 10%以下であるかどうかにより判定します。

※　短縮特例承認資産について、この届出によるみなし承認を受けようとする事業年度（又は連結事業年度）の直前の事業年度（又は連結事業年度）において、法人税法施行令第 57 条第７項の規定の適用を受けている場合には、当該直前の事業年度（又は連結事業年度）の届出書に添付した「更新資産に取り替えた後の使用可能期間の算定の明細書」のｇの計に記載した金額により判定します。

ロ　みなし承認を受けようとする使用可能期間と短縮特例承認資産の承認を受けている使用可能期間との年数に差異が生じないこと

具体的には、付表のｏ欄の年数と短縮特例承認資産の明細書のｏ欄の年数が同じであるかどうかにより判定します。

【共通記載項目】

(6)　「みなし承認を受けようとする使用可能期間３」欄には、付表「更新資産に取り替えた後の使用可能期間の算定の明細書」のｏ欄の年数を記載してください。

(7)　「未経過使用可能期間４」欄には、付表「更新資産に取り替えた後の使用可能期間の算定の明細書」のｐ欄の年数を記載してください。

(8)　「短縮特例承認資産の種類及び名称５」欄には、短縮特例承認資産につき、減価償却資産の耐用年数等に関する省令別表又は平成20年改正前の減価償却資産の耐用年数等に関する省令別表第二「機械及び装置の耐用年数表」に掲げる種類又は設備の種類及びその名称を記載してください。

(9)　「短縮特例承認資産に係る『耐用年数の短縮の承認通知書』の文書番号及び発行年月日６」の欄には、短縮特例承認資産に係る「耐用年数の短縮の承認通知書」の右上に記載されている文書番号及び発行年月日を記載してください。ただし、「耐用年数の短縮の承認通知書」の写しをこの届出書に添付する場合は、この欄を記載する必要はありません。

(10)　「直前の事業年度に適用を受けた届出書の提出年月日７」の欄には、短縮特例承認資産について、この届出によるみなし承認を受けようとする事業年度（又は連結事業年度）の直前の事業年度（又は連結事業年度）において、法人税法施行令第57条第７項の規定の適用を受けている場合に、当該直前の事業年度（又は連結事業年度）の届出書の提出年月日を記載してください。ただし、その届出書に添付した「更新資産に取り替えた後の使用可能期間の算定の明細書」の写しをこの届出書に添付する場合は、この欄を記載する必要はありません。

(11)　「税理士署名」欄は、この申請書を税理士又は税理士法人が作成した場合に、その税理士等が署名してください。

(12)　「※」欄は、記載しないでください。

4　届出書の提出に当たっては、「更新資産に取り替えた後の使用可能期間の算定の明細書」（付表）を添付してください。

5　留意事項

○　法人課税信託の名称の併記

法人税法第２条第29号の２に規定する法人課税信託の受託者がその法人課税信託について、国税に関する法律に基づき税務署長等に申請書等を提出する場合には、申請書等の「法人名等」の欄には、受託者の法人名又は氏名のほか、その法人課税信託の名称を併せて記載してください。なお、受託者が個人である場合には「代表者氏名」及び「代表者住所」をそれぞれ「氏名」及び「住所」と読み替えて記載してください。

付表（更新資産に取り替えた後の使用可能期間の算定の明細書）

番号（更新資産の番号を○で囲む。） a	種類（設備の種類を含む。） b	構造又は用途 c	細目（個々の資産の名称） d	数量 e	法定耐用年数 f	取得価額 g	更新資産に取り替えた後の使用可能期間の算定の基礎 経過年数 h	その後の使用可能期間 i	計 j	年要償却額 $\frac{g}{j}$ k	経過期間に係る償却費相当額 h×k l	未経過期間対応償却基礎価額 g－l m	更新資産に取り替えた後の使用可能期間 $\frac{g の計}{k の計}$ n	みなし承認を受けようとする使用可能期間 o	算出未経過使用可能期間 $\frac{m の計}{k の計}$ p	取得年月 q	帳簿価額 r	所在地 s
						千円	年　月 ・	年　月 ・								年　月	千円	
							・	・										
							・	・										
							・	・										
							・	・										
							・	・										
							・	・										
							・	・										
							・	・										
							・	・										
							・	・										
							・	・										
計						（内 更新資産 千円）												

03.06改正

（規格A4）

付表（更新資産に取り替えた後の使用可能期間の算定の明細書）の記載要領等

1　この明細書は、短縮特例承認資産（法人が有する法人税法施行令第 57 条第１項の承認に係る減価償却資産をいいます。以下同じ。）の一部について、これに代わる新たな資産（以下「更新資産」といいます。）と取り替えた場合に、その取り替えた後の使用可能期間の算定の基礎となる個々の資産の明細等を記載し、「短縮特例承認資産の一部の資産を取り替えた場合の届出書」に添付してください。

2　「番号ａ」欄には、一連番号を付してください。なお、更新資産については、その一連番号を○で囲んでください。

3　「種類（設備の種類を含む。）ｂ」及び「構造又は用途ｃ」の各欄には、更新資産に取り替えた後の減価償却資産について、減価償却資産の耐用年数等に関する省令（以下「耐用年数省令」といいます。）別表に掲げる種類及び構造若しくは用途又は平成 20 年改正前の耐用年数省令別表第二「機械及び装置の耐用年数表」に掲げる設備の種類を記載してください。

4　「細目（個々の資産の名称）ｄ」欄には、更新資産に取り替えた後の減価償却資産に含まれる個々の資産で、その型式、性能等の仕様及び取得年月の異なるごとにその名称を記載してください。

5　「数量ｅ」欄には、「細目（個々の資産の名称）ｄ」欄の区分ごとの資産の数量を記載してください。

6　「法定耐用年数ｆ」欄には、その個々の資産が含まれる減価償却資産について法人税法施行令第 57 条第１項の適用を受けないこととした場合に適用される法定耐用年数を記載してください。

7　「取得価額ｇ」欄には、「細目（個々の資産の名称）ｄ」欄の区分ごとの資産の取得価額を記載してください。また、「取得価額ｇ」欄の合計額を「計」欄に記載するとともに、「細目（個々の資産の名称）ｄ」欄の区分ごとの資産のうち一の計画に基づく更新資産の「取得価額ｇ」欄の額の合計額を内書きしてください。

8　「更新資産に取り替えた後の使用可能期間の算定の基礎」欄には、「細目（個々の資産の名称）ｄ」欄の区分ごとの資産につきこの届出により法人税法施行令第 57 条第７項の規定の適用を受けようとする事業年度（又は連結事業年度）の終了の日までの「経過年数ｈ」とその後の実際の「その後の使用可能期間ｉ」の年数とを記載し、「計ｊ」欄にはその年数の合計（その合計に１年未満の端数が生じたときはこれを切り捨てます。）を記載してください。

この場合において、機械及び装置に含まれる資産で、耐用年数の短縮の事実がないものについては、その「計ｊ」欄に当該機械及び装置の法定耐用年数の算定の基礎となった個々の資産の年数（昭和 40 年４月国税庁公表　「機械装置の個別年数」に掲げる年数）を記載してください。

9　「年要償却額ｋ」欄には、「細目（個々の資産の名称）ｄ」欄の区分ごとの資産について「取得価額ｇ」欄の金額を「計ｊ」欄の年数で除して算出した金額を記載するとともに、その合計額を「計」欄に記載してください。

10　「更新資産に取り替えた後の使用可能期間ｎ」の「計」欄には、「取得価額ｇ」欄の額の合計額を「年要償却額ｋ」欄の額の合計額で除して算出した数（小数点１以下の数は切り捨て、その数が２に満たない場合は２とします。）を記載してください。

11　「みなし承認を受けようとする使用可能期間ｏ」の「計」欄には、みなし承認を受けようとする使用可能期間を記載してください。

12　「算出未経過使用可能期間ｐ」欄には、「未経過期間対応償却基礎価額ｍ」欄の額の合計額を「年要償却額ｋ」欄の額の合計額で除して算出した数（小数点１以下の数は切り捨て、その数が２に満たない場合は２とします。）を記載してください。

13　「帳簿価額ｒ」欄には、更新資産を取得した日の属する事業年度（又は連結事業年度）終了の日における個々の資産の帳簿価額を記載してください。

14　「所在地ｓ」欄には、その資産の所在する事業所名及び所在地を記載してください。

2通提出（添付書類含む）

税務署受付印

耐用年数の短縮の承認を受けた減価償却資産と材質又は製作方法を同じくする減価償却資産を取得した場合等の届出書

※整理番号	

令和　年　月　日

国税局長殿

納税地	〒 電話(　　)　　－
（フリガナ） 法人名等	
法人番号	
（フリガナ） 代表者氏名	
代表者住所	〒
事業種目	業

連結子法人（届出の対象が連結子法人である場合に限り記載）

（フリガナ） 法人名等		
本店又は主たる事務所の所在地	〒　（　局　署） 電話（　　）　　－	
（フリガナ） 代表者氏名		
代表者住所	〒	
事業種目	業	

※税務署処理欄

整理番号	
部門	
決算期	
業種番号	
整理簿	
備考	□ 子署から送付物有
回付先	□ 親署 ⇒ 子署 □ 子署 ⇒ 調査課

次の減価償却資産について、法人税法施行令第57条第８項の規定の適用を受けることを下記のとおり届け出ます。

届出資産の取得をした日の属する事業年度		1	自 令和　年　月　日　至 令和　年　月　日		
届出の事由		2	法人税法施行令第57条第１項第１号 該当	法人税法施行規則第16条第１号 該当	法人税法施行規則第16条第３号 該当
届出資産の種類及び名称		3			
同上の資産の	所在する場所	4			
	みなし承認を受けようとする使用可能期間（付表のｏ）	5	年		
	未経過使用可能期間（付表のｐ）	6	年		
既承認資産に係る「耐用年数の短縮の承認通知書」の文書番号及び発行年月日		7	法第　号 平成・令和　年　月　日 ※既承認資産に係る「耐用年数の短縮の承認通知書」の写しを添付する場合は、この欄を記載する必要はありません。		
参考となるべき事項		8			
添付書類			「みなし承認を受けようとする使用可能期間の算定の明細書」（付表）		

税理士署名	

※税務署処理欄	部門		決算期		業種番号		番号		整理簿		備考		通信日付印	年 月 日	確認	

（規格Ａ４）

04.03改正

耐用年数の短縮の承認を受けた減価償却資産と材質又は製作方法を同じくする減価償却資産を取得した場合等の届出書の記載要領等

1　この届出書は、法人が、既に耐用年数の短縮の承認を受けている減価償却資産（以下「既承認資産」といいます。）と材質又は製作方法を同じくする減価償却資産（以下「届出資産」といいます。）を新たに取得した場合等に、その新たに取得した減価償却資産について、耐用年数の短縮のみなし承認を受けようとする場合に、その法人（連結子法人にあっては、当該連結子法人に係る連結親法人）が必要事項を記載して提出してください。

2　この届出書は、納税地の所轄税務署長を経由して所轄国税局長に２通提出してください。
　なお、この届出書はみなし承認を受けようとする届出資産の取得をした日の属する事業年度又は連結事業年度の確定申告書又は連結確定申告書の提出期限（法人税法第 72 条の規定による仮決算をした場合の中間申告書を提出するときはその中間申告書の提出期限とし、所得税法等の一部を改正する法律（令和２年法律第８号）による改正前の法人税法第 81 条の 20 第１項の規定による仮決算をした場合の連結中間申告書を提出するときはその連結中間申告書の提出期限とします。）までに提出する必要があります。

3　届出書の各欄は、次により記載してください。

(1)　「連結子法人」欄には、この届出の対象が連結子法人である場合における当該連結子法人の「法人名」、「本店又は主たる事務所の所在地」、「代表者氏名」、「代表者住所」及び「事業種目」を記載してください。

(2)　「届出資産の取得をした日の属する事業年度１」欄には、届出資産を取得した日の属する事業年度又は連結事業年度を記載してください。

(3)　「届出の事由２」欄には、既承認資産の承認事由が、法人税法施行令第 57 条第１項第１号、法人税法施行規則第 16 条第１号又は同条第３号（法人税法施行令第 57 条第１項第１号及び法人税法施行規則第 16 条第１号に係る部分に限ります。）に掲げる事由のいずれに該当するかについて、該当する号を○で囲んでください。なお、届出に当たっては、届出資産が法人税法施行令第 57 条第８項又は法人税法施行規則第 18 条第３項各号に掲げる要件を満たしている必要がありますので御注意ください。

　届出資産の要件は、既承認資産の承認事由に応じ、それぞれ次のとおりとされています。

	既承認資産の承認事由	届出の対象となる減価償却資産
1	その材質又は製作方法がこれと種類及び構造を同じくする他の減価償却資産の通常の材質又は製作方法と著しく異なること （法人税法施行令第 57 条第１項第１号）	左の既承認資産と材質又は製作方法を同じくする減価償却資産 （法人税法施行令第 57 条第８項）
2	その構成が同一種類の他の減価償却資産の通常の構成と著しく異なること （法人税法施行規則第 16 条第１号）	左の既承認資産と構成を同じくする減価償却資産 （法人税法施行規則第 18 条第３項第１号）
3	上記１又は２に準ずる事由 （法人税法施行規則第 16 条第３号）	左の既承認資産と材質若しくは製作方法又は構成に準ずるものを同じくする減価償却資産 （法人税法施行規則第 18 条第３項第２号）

(4)　「届出資産の種類及び名称３」欄には、届出資産につき、減価償却資産の耐用年数等に関する省令（以下「耐用年数省令」といいます。）別表又は平成 20 年改正前の耐用年数省令（以下「旧耐用年数省令」といいます。）別表第二「機械及び装置の耐用年数表」に掲げる種類又は設備の種類及びその名称を記載してください。

(5)　「同上の資産の（４～６）」欄には、届出資産につき、その所在する事業所名及び所在地、みなし承認を受けようとする使用可能期間及び未経過使用可能期間の年数をそれぞれ記載してください。

(6)　「既承認資産に係る『耐用年数の短縮の承認通知書』の文書番号及び発行年月日７」欄には、既承認資産に係る「耐用年数の短縮の承認通知書」の右上に記載されている文書番号及び発行年月日を記載してください。ただし、「耐用年数の短縮の承認通知書」の写しをこの届出書に添付する場合は、この欄を記載する必要はありません。

(7)　「参考となるべき事項８」欄には、既承認資産の承認事由が法人税法施行令第 57 条第１項第１号によるもの又はこれに準ずるものである場合において、既承認資産及び届出資産の材質又は製作方法を簡記してください。（例：事務所等として定着的に使用する建物を、通常の建物とは異なる簡易な材質と製作方法により建設している等）

(8)　「税理士署名」欄は、この申請書を税理士又は税理士法人が作成した場合に、その税理士等が署名してください。

(9)　「※」欄は、記載しないでください。

4　届出書の提出に当たっては、「みなし承認を受けようとする使用可能期間の算定の明細書」（付表）を添付してください。

5　留意事項

○　法人課税信託の名称の併記

法人税法第２条第29号の２に規定する法人課税信託の受託者がその法人課税信託について、国税に関する法律に基づき税務署長等に申請書等を提出する場合には、申請書等の「法人名等」の欄には、受託者の法人名又は氏名のほか、その法人課税信託の名称を併せて記載してください。なお、受託者が個人である場合には「代表者氏名」及び「代表者住所」をそれぞれ「氏名」及び「住所」と読み替えて記載してください。

付表（みなし承認を受けようとする使用可能期間の算定の明細書）

（規格A4）

番号	種類（設備の種類を含む。）	構造又は用途	細目（個々の資産の名称）	数量	法定耐用年数	取得価額	みなし承認を受けようとする使用可能期間の算定の基礎			年要償却額	経過期間に係る償却費相当額	未経過期間対応償却基礎価額	算出使用可能期間	みなし承認を受けようとする使用可能期間	算出未経過使用可能期間	取得年月	帳簿価額	所在地
							経過年数	その後の使用可能期間	計	$\frac{g}{j}$	h×k	g−l	$\frac{g\text{の計}}{k\text{の計}}$		$\frac{m\text{の計}}{k\text{の計}}$			
a	b	c	d	e	f	g	h	i	j	k	l	m	n	o	p	q	r	s
						千円	年　月 .	年　月 .								年　月	千円	
							.	.										
							.	.										
							.	.										
							.	.										
							.	.										
							.	.										
							.	.										
							.	.										
							.	.										
							.	.										
							.	.										
計	／	／	／	／	／		／	／	／							／		／

03.06改正

付表（みなし承認を受けようとする使用可能期間の算定の明細書）の記載要領等

1　「番号ａ」欄には、一連番号を付してください。

2　「種類（設備の種類を含む。）ｂ」及び「構造又は用途ｃ」の各欄には、届出資産の減価償却資産の耐用年数等に関する省令（以下「耐用年数省令」といいます。）別表又は平成20年改正前の耐用年数省令別表第二「機械及び装置の耐用年数表」に掲げる種類、設備の種類及び構造又は用途を記載してください。

3　「細目（個々の資産の名称）ｄ」欄には、届出資産ごと（当該届出資産が総合償却資産（機械及び装置並びに構築物で、当該資産に属する個々の資産の全部につき、その償却の基礎となる価額を個々の資産の全部を総合して定められた耐用年数により償却することとされているものをいう。以下同じ。）である場合には、当該総合償却資産に含まれる個々の資産で、その型式、性能等の仕様及び取得年月の異なるごと、車両及び運搬具又は工具、器具及び備品である場合には、耐用年数省令別表第一の細目に掲げる資産の名称の異なるものごと）にその名称を記載してください。

4　「数量ｅ」欄には、「細目（個々の資産の名称）ｄ」欄の区分ごとの資産の数量を記載してください。

5　「法定耐用年数ｆ」欄には、届出資産について定められている法定耐用年数（当該届出資産が機械及び装置に含まれる個々の資産である場合には、当該機械及び装置について定められている法定耐用年数）を記載してください。

6　「取得価額ｇ」欄には、「細目（個々の資産の名称）ｄ」欄の区分ごとの資産の取得価額を記載し、届出資産が総合償却資産である場合には、総合償却資産ごとにその合計額を記載してください。

7　「みなし承認を受けようとする使用可能期間の算定の基礎」欄には、「細目（個々の資産の名称）ｄ」欄の区分ごとの資産につきこの届出により法人税法施行令第57条第８項の規定の適用を受けようとする事業年度（又は連結事業年度）終了の日までの「経過年数ｈ」とその後の実際の「その後の使用可能期間ｉ」の年数とを記載し、「計ｊ」欄にはその年数の合計（その合計に１年未満の端数が生じたときはこれを切り捨てます。）を記載してください。

この場合において、機械及び装置に含まれる資産で、耐用年数の短縮の事実がないものについては、その「計ｊ」欄に当該機械及び装置の法定耐用年数の算定の基礎となった個々の資産の年数（昭和40年４月国税庁公表　「機械装置の個別年数」に掲げる年数）を記載してください。

8　「年要償却額ｋ」欄には、届出資産が総合償却資産である場合に「細目（個々の資産の名称）ｄ」欄の区分ごとの資産について「取得価額ｇ」欄の金額を「計ｊ」欄の年数で除して算出した金額を記載し、総合償却資産ごとにその合計額を記載してください。

9　「算出使用可能期間ｎ」欄には、届出資産が総合償却資産である場合に、当該総合償却資産の「取得価額ｇ」の金額の合計額を「年要償却額ｋ」の金額の合計額で除して算出した数（小数点１位以下の数は切り捨て、その数が２に満たない場合には２とします。）を記載してください。

10　「みなし承認を受けようとする使用可能期間ｏ」欄には、届出資産が総合償却資産である場合には「算出使用可能期間ｎ」欄に記載した数を、総合償却資産以外の資産である場合には「みなし承認を受けようとする使用可能期間の算定の基礎　計ｊ」欄に記載した年数を記載してください。

11　「算出未経過使用可能期間ｐ」欄には、届出資産が総合償却資産である場合に「未経過期間対応償却基礎価額ｍ」欄の金額の合計額を「年要償却額ｋ」欄の金額の合計額で除して算出した数（小数点１位以下の数は切り捨て、その数が２に満たない場合には２とします。）を記載してください。

12　「帳簿価額ｒ」欄には、届出資産が総合償却資産である場合には、当該総合償却資産ごとに合計額を記載した行に当該届出資産を取得した日の属する事業年度（又は連結事業年度）終了の日における帳簿価額を、総合償却資産以外の資産である場合には、当該届出資産の同日における帳簿価額の合計額を記載してください。

13　「所在地ｓ」欄には、その所在する事業所名及び所在地を記載してください。

増加償却の届出書

※整理番号	

税務署受付印

令和　年　月　日

税務署長殿

納税地	〒 電話(　　)　　―
(フリガナ) 法人名等	
法人番号	
(フリガナ) 代表者氏名	
代表者住所	〒
事業種目	業

連結子法人（届出の対象が連結子法人である場合に限り記載）

		※税務署処理欄	
(フリガナ) 法人名等		整理番号	
本店又は主たる事務所の所在地	〒　(　局　署) 電話(　　)　　―	部門	
		決算期	
(フリガナ) 代表者氏名		業種番号	
代表者住所	〒	整理簿	
事業種目	業	回付先	□ 親署 ⇒ 子署 □ 子署 ⇒ 調査課

自　令和　年　月　日
至　令和　年　月　日
事業年度における次の機械及び装置については、増加償却を行いますので届け出ます。

設備の種類	1		
細目	2		
所在する場所	3		
通常の経済事情における1日当りの平均的な使用時間	4		
通常使用されるべき日数	5		
平均的な使用時間を超えて使用した時間の合計時間	6		
1日当りの超過使用時間	7		
同上の時間の計算方法	8	第一号該当	第二号該当
増加償却割合［35／1000×「7」］	9		

操業度上昇の理由

超過使用したことを証する書類として保存するものの名称

税理士署名	

※税務署処理欄	部門		決算期		業種番号		番号		整理簿		備考		通信日付印	年　月　日	確認	

（規格A4）

04.03 改正

増加償却の届出書の記載要領等

1 この届出書は、法人が通常の使用時間を超えて使用される機械及び装置の償却限度額の計算について、法人税法施行令第60条に規定する増加償却を適用しようとする場合に、その法人（連結子法人にあっては、当該連結子法人に係る連結親法人）が必要事項を記載して提出してください。
2 増加償却を適用する場合には、その適用を受けようとする事業年度又は連結事業年度の確定申告書又は連結確定申告書の提出期限までに、納税地の所轄税務署長に１通（調査課所管法人にあっては２通）提出してください。
3 届出書の各欄は、次により記載してください。
(1) 「連結子法人」欄には、この届出の対象が連結子法人である場合における当該連結子法人の「法人名等」、「本店又は主たる事務所の所在地」、「代表者氏名」、「代表者住所」及び「事業種目」を記載してください。
(2) 届出本文の（自令和　年　月　日 至令和　年　月　日 事業年度における）について、連結親法人がこの届出書を提出する場合は、（自令和　年　月　日 至令和　年　月　日 連結事業年度における）と読み替えて記載してください。
(3) 「設備の種類１」欄には、適用を受ける機械及び装置の減価償却資産の耐用年数等に関する省令（以下「耐用年数省令」といいます。）別表第二に掲げる設備の種類を記載してください。
(4) 「細目２」欄には、増加償却を適用しようとする機械及び装置について、耐用年数省令別表第二の細目（細目がない資産については個々の資産の名称）を記載してください。
(5) 「所在する場所３」欄には、機械及び装置の所在する事業場名及びその所在地を記載してください。
(6) 「通常の経済事情における１日当りの平均的な使用時間４」欄には、法人の営む事業の通常の経済事情における１日当りの平均使用時間を記載してください。
(7) 「通常使用されるべき日数５」欄には、増加償却を適用する事業年度の日数から、日曜、祭日、年末年始の休日等貴社の属する業種において通常休日とされている日数を控除した日数を記載してください。
(8) 「平均的な使用時間を超えて使用した時間の合計時間６」欄には、増加償却を適用しようとする事業年度において、その対象となる機械及び装置を、(6)に掲げる時間を超えて使用した時間の合計時間を記載してください。
(9) 「１日当りの超過使用時間７」欄には、次のイ又はロに掲げる方法のいずれか一の方法で計算した１日当りの超過使用時間を記載してください。
イ 機械及び装置に属する個々の機械及び装置ごとに次の算式により計算した時間の合計時間を１日当りの超過使用時間とする方法

（個々の機械及び装置の増加償却を実施しようとする事業年度における平均超過使用時間）× $\frac{\text{個々の機械及び装置の取得価額}}{\text{機械及び装置の取得価額}}$

ロ 次の算式により計算する方法

１日当りの超過使用時間 ＝ $\frac{\text{（個々の機械及び装置の増加償却を実施しようとする事業年度における平均超過使用時間の合計時間）}}{\text{個々の機械及び装置の総数}}$

(10) 「同上の時間の計算方法８」欄には、１日当りの超過使用時間の計算を(9)のイの方法によったときは第一号該当を、(9)のロの方法によったときは第二号該当を○で囲んでください。
(11) 「増加償却割合９」欄には、次の算式により計算した割合（その割合に小数点以下２位未満の端数があるときは、切り上げます。）を記載してください。

$\frac{35}{1,000}$ ×「１日当りの超過使用時間７」

(12) 「操業度上昇の理由」欄には、適用を受ける機械及び装置の操業度上昇の理由及び超過操業の状況を記載します。
(13) 「税理士署名」欄は、この届出書を税理士又は税理士法人が作成した場合に、その税理士等が署名してください。

(14) 「※」欄は、記載しないでください。

4 留意事項

○ 法人課税信託の名称の併記

法人税法第２条第29号の２に規定する法人課税信託の受託者がその法人課税信託について、国税に関する法律に基づき税務署長等に申請書等を提出する場合には、申請書等の「法人名等」の欄には、受託者の法人名又は氏名のほか、その法人課税信託の名称を併せて記載してください。

2通提出（添付書類含む）

税務署受付印

堅固な建物等の残存使用可能期間の認定申請書

※整理番号	

令和　年　月　日	納税地	〒 電話(　　)　　－
	(フリガナ) 法人名等	
	法人番号	
	(フリガナ) 代表者氏名	
	代表者住所	〒
税務署長殿	事業種目	業

連結子法人（申請の対象が連結子法人である場合に限り記載）			※税務署処理欄		
	(フリガナ) 法人名等			整理番号	
	本店又は主たる事務所の所在地	〒　（　局　署） 電話（　）　－		部門	
				決算期	
	(フリガナ) 代表者氏名			業種番号	
	代表者住所	〒		整理簿	
	事業種目	業		回付先	□ 親署 ⇒ 子署 □ 子署 ⇒ 調査課

次の資産の減価償却について、取得価額の100分の95相当額に達した後の残存使用可能期間の月数の認定を申請します。

認定を受ける減価償却資産の明細		
種類（設備の種類を含む）	1	
構造又は用途	2	
細目（資産の名称）	3	
所在する場所	4	
取得年月日	5	年　月　日
取得価額	6	円
取得価額の100分の95相当額に達した事業年度終了の日	7	令和　年　月　日
同上における帳簿価額	8	円
認定を受けようとする月数	9	
月数の算定根基		

税理士署名	

※税務署処理欄	部門		決算期		業種		番号		整理簿		備考		通信日付印		確認	

04.03改正

（規格A4）

堅固な建物等の残存使用可能期間の認定申請書の記載要領等

1　この申請書は、法人が堅固な建物等（法人税法施行令第61の2条第1項に掲げる減価償却資産）のうち、償却額の累積額が当該資産の取得価額の100分の95相当額に達したものについて、さらにその帳簿価額が1円に達するまで償却しようとする場合の残存使用可能期間の月数の認定を受けようとするときに、その法人（連結子法人にあっては、当該連結子法人に係る連結親法人）が必要事項を記載して提出してください。

2　この申請書は、1の認定を受けようとする事業年度又は連結事業年度開始の日の前日までに、納税地の所轄税務署長に2通提出してください。

3　申請書の各欄は、次により記載してください。

(1)　「連結子法人」欄には、この申請の対象が連結子法人である場合における当該連結子法人の「法人名等」、「本店又は主たる事務所の所在地」、「代表者氏名」、「代表者住所」及び「事業種目」を記載してください。

(2)　「種類（設備の種類を含む。）1」、「構造又は用途2」及び「細目（資産の名称）3」の各欄には、認定を受けようとする資産の減価償却資産の耐用年数等に関する省令別表に掲げる種類、設備の種類、構造又は用途及び細目（細目がない資産については個々の資産の名称）を記載してください。

(3)　「所在する場所4」欄には、その所在する事業場名及び所在地を記載してください。

(4)　「同上における帳簿価額8」欄には、認定を受けようとする資産についてした償却の額の累積額が当該資産の取得価額の100分の95相当額に達することとなった日の属する事業年度又は連結事業年度終了の日における帳簿価額を記載してください。

(5)　「月数の算定根基」欄には、認定を受けようとする資産の現況に基づき予測される残存使用可能期間等を基礎として、認定を受けようとする月数の算定の根基を詳細に記載してください。

(6)　「税理士署名」欄は、この申請書を税理士又は税理士法人が作成した場合に、その税理士等が署名してください。

(7)　「※」欄は、記載しないでください。

4　この申請書には、残存使用可能期間について参考となるべき書類その他の参考書類（近い将来において当該資産を撤去することが確実に予測される場合には、その旨を記載した書類）を別紙として添付してください。

5　留意事項

○　法人課税信託の名称の併記

法人税法第2条第29号の2に規定する法人課税信託の受託者がその法人課税信託について、国税に関する法律に基づき税務署長等に申請書等を提出する場合には、申請書等の「法人名等」の欄には、受託者の法人名又は氏名のほか、その法人課税信託の名称を併せて記載してください。

税務署受付印

採掘権、租鉱権、採石権又は坑道の耐用年数の認定申請書

※整理番号	

令和　年　月　日

税務署長殿

納税地	〒 電話(　　)　　－
(フリガナ) 法人名等	
法人番号	
(フリガナ) 代表者氏名	
代表者住所	〒
事業種目	業

連結子法人(申請の対象が連結子法人である場合に限り記載)		
	(フリガナ) 法人名等	
	本店又は主たる事務所の所在地	〒　　　(　局　署) 電話(　　)　　－
	(フリガナ) 代表者氏名	
	代表者住所	〒
	事業種目	業

※税務署処理欄	
整理番号	
部門	
決算期	
業種番号	
整理簿	
回付先	□ 親署 ⇒ 子署 □ 子署 ⇒ 調査課

次の減価償却資産について耐用年数の認定を申請します。

認定を受けようとする減価償却資産

番号	資産の区分	呼称	所在地	取得の年月日	取得価額	帳簿価額	認定を受けようとする年数
				・　・	千円	千円	年
				・　・			
				・　・			
				・　・			
				・　・			
				・　・			
				・　・			

税理士署名	

※税務署処理欄	部門		決算期		業種番号		番号		整理簿		備考	

04.03改正

(規格A4)

令和５年12月改訂　すぐわかる
減価償却資産の50音順耐用年数早見表

2023年12月28日　発行

編　者　公益財団法人 納税協会連合会 編集部

発行者　新木 敏克

発行所　公益財団法人 納税協会連合会
〒540-0012 大阪市中央区谷町１－５－４　電話(編集部) 06(6135)4062

発売所　株式会社 清文社
大阪市北区天神橋２丁目北２－６(大和南森町ビル)
〒530-0041　電話 06(6135)4050　FAX 06(6135)4059
東京都文京区小石川１丁目３－25(小石川大国ビル)
〒112-0002　電話 03(4332)1375　FAX 03(4332)1376
URL https://www.skattsei.co.jp/

印刷：㈱広済堂ネクスト

■本書の内容に関するお問い合わせは編集部までFAX(06-6135-4063)又はe-mail(edit-w@skattsei.co.jp)でお願いします。
＊本書の追録情報等は、発売所（清文社）のホームページ（https://www.skattsei.co.jp）をご覧ください。

ISBN978-4-433-70043-0